clave

Mihaly Csikszentmihalyi es el director del Quality of Life Research Center de la Claremont Graduate University, en California, y anteriormente fue profesor y decano del departamento de psicología de la universidad de Chicago. Su campo de investigación son los aspectos positivos del pensamiento, como el optimismo, la creatividad, la motivación intrínseca y la responsabilidad. *Fluir (Flow)* ha sido traducido a nueve idiomas, ha consagrado internacionalmente a su autor y se ha convertido en un influyente manual para las nuevas escuelas de psicología positivista.

Fluir

MIHALY CSIKSZENTMIHALYI

Traducción de
Núria López

DEBOLS!LLO

Fluir

Título original: *Flow. The Pshychology of Optimal Experience*

Segunda edición en esta colección en España: mayo, 2012
Primera edición en México: marzo, 2016
Primera reimpresión: junio, 2019
Segunda reimpresión: noviembre, 2020

D. R. © 1990, Mihaly Csikszentmihalyi

D. R. © 1996, Editorial Kairós, S. A.

D. R. © 2008, Penguin Random House Grupo Editorial, S. A.
Travessera de Gràcia, 47-49, 08021, Barcelona

D. R. © 2020, derechos de edición mundiales en lengua castellana:
Penguin Random House Grupo Editorial, S. A. de C. V.
Blvd. Miguel de Cervantes Saavedra núm. 301, 1er piso,
colonia Granada, alcaldía Miguel Hidalgo, C. P. 11520,
Ciudad de México

www.megustaleer.mx

D. R. © Nuria López, por la traducción, cedida por Editorial Kairós, S. A.

Penguin Random House Grupo Editorial apoya la protección del *copyright*.
El *copyright* estimula la creatividad, defiende la diversidad en el ámbito de las ideas y el conocimiento,
promueve la libre expresión y favorece una cultura viva. Gracias por comprar una edición autorizada
de este libro y por respetar las leyes del Derecho de Autor y *copyright*. Al hacerlo está respaldando a los autores
y permitiendo que PRHGE continúe publicando libros para todos los lectores.

Queda prohibido bajo las sanciones establecidas por las leyes escanear, reproducir total o parcialmente esta
obra por cualquier medio o procedimiento así como la distribución de ejemplares
mediante alquiler o préstamo público sin previa autorización.
Si necesita fotocopiar o escanear algún fragmento de esta obra diríjase a CemPro
(Centro Mexicano de Protección y Fomento de los Derechos de Autor, http://cempro.com.mx).

ISBN: 978-607-314-097-3

Impreso en México – *Printed in Mexico*

El papel utilizado para la impresión de este libro ha sido fabricado a partir de madera procedente
de bosques y plantaciones gestionadas con los más altos estándares ambientales, garantizando
una explotación de los recursos sostenible con el medio ambiente y beneficiosa para las personas.

Penguin
Random House
Grupo Editorial

Para Isabella, Mark y Christopher

Para Isabella, Mark y Christopher

PRÓLOGO

Este libro está dirigido al público general y en él se resumen varias décadas de investigación sobre los aspectos positivos de la experiencia humana (la alegría, la creatividad y el proceso de involucración total con la vida que yo denomino *flujo*). Dar este paso es algo peligroso porque, tan pronto uno se aleja de las estilizadas obligaciones de la prosa académica, es fácil caer en el descuido o en el entusiasmo exagerado, especialmente en un tema como éste. Sin embargo, lo que hallarán a continuación no es una obra popular que ofrece consejos sobre cómo ser feliz. Hacer esto sería totalmente imposible, puesto que tener una vida llena de alegría es una creación individual que no puede copiarse de una receta. En lugar de recetas, este libro les ofrece principios generales, junto a ejemplos concretos de cómo algunas personas han utilizado estos principios para transformar unas vidas aburridas y sin sentido en vidas llenas de satisfacción. En estas páginas no encontrará atajos fáciles, pero los lectores interesados hallarán en ellas suficiente información como para hacer posible la transición de la teoría a la práctica.

A fin de hacer la lectura de este libro lo más directa y agradable posible, he evitado las notas a pie de página, referencias u otros recursos que los académicos suelen utilizar en sus escritos técnicos. He intentado presentar los resultados de las investigaciones psicológicas y las ideas que se derivan de la interpretación de tales investigaciones de un modo que cualquier lector pueda evaluarlas y aplicarlas a su propia vida, sin necesidad de tener unos conocimientos específicos previos.

Sin embargo, para aquellos lectores que tengan la curiosidad de buscar las fuentes académicas sobre las que baso mis conclusiones, al final de la obra he incluido un apéndice con notas y comentarios. No están ligadas a una referencia en concreto, pero sí doy el número de la página donde comento un tema específico. Por ejemplo, menciono la felicidad desde la primera página del libro. Los lectores interesados en saber cuáles son los trabajos en que baso mis afirmaciones pueden ir a la sección de notas que empieza en la página 359, y al buscar las referencias a la página 12 encontrarán una mención del punto de vista de Aristóteles sobre la felicidad y también cuáles son las investigaciones actuales sobre este tema, junto a la bibliografía apropiada. Las notas pueden ser leídas como una segunda versión, muy resumida y más técnica, del texto original.

Al inicio de cualquier libro, es correcto dar las gracias a los que han influido en su desarrollo. En este caso resulta imposible hacerlo puesto que la lista de nombres sería como mínimo tan larga como el propio libro. De todos modos, le debo una especial gratitud a unas cuantas personas, a quienes deseo dar las gracias aprovechando esta oportunidad. Primero de todo a Isabella, que como esposa y amiga ha enriquecido mi vida durante veinticinco años y cuya crítica me ha ayudado a dar forma a este trabajo. A Mark y Christopher, nuestros hijos, de quienes tal vez yo he aprendido tanto como ellos de mí. A Jacob Getzels, mi maestro ayer y siempre. De entre mis amigos y colegas, me gustaría destacar a Donald Campbell, Howard Gardner, Jean Hamilton, Philip Hefner, Hiroaki Imamura, David Kipper, Doug Kleiber, George Klein, Fausto Massimini, Elisabeth Noelle-Neumann, Jerome Singer, James Stigler y Brian Sutton-Smith; todos ellos, de un modo u otro, me han ofrecido generosamente su ayuda, inspiración o apoyo.

De entre todos mis antiguos estudiantes y colaboradores, Ronald Graef, Robert Kubey, Reed Larson, Jean Nakamura,

Kevin Rathunde, Rick Robinson, Ikuya Sato, Sam Whalen y Maria Wong han realizado las aportaciones más importantes a la investigación que subyace bajo las ideas que expongo en estas páginas. John Brockman y Richard P. Kot me ofrecieron su apoyo profesional a este proyecto y me han ayudado desde su inicio hasta su finalización. Y en último lugar, pero no por ello de menor importancia puesto que su apoyo ha sido indispensable durante esta pasada década, deseo dar las gracias a la financiación generosamente aportada por la Fundación Spencer para reunir y analizar los datos. Y estoy especialmente agradecido a su anterior presidente, H. Thomas James, al actual, Lawrence A. Cremin, y a Marion Faldet, vicepresidenta de la fundación. Por supuesto, ninguno de los aquí mencionados sería responsable de cualquier inexactitud que pudiese existir en el libro, responsabilidad que es exclusivamente mía.

Chicago, marzo de 1990

1. LA REVISIÓN DEL CONCEPTO DE LA FELICIDAD

Introducción

Hace veintitrés siglos, Aristóteles llegó a la conclusión de que lo que buscan los hombres y las mujeres, más que cualquier otra cosa, es la felicidad. Mientras que deseamos la felicidad por sí misma, cualquier otra meta (salud, belleza, dinero o poder) la valoramos únicamente porque esperamos que nos haga felices. Muchas cosas han cambiado desde el tiempo de Aristóteles. Nuestra comprensión de los mundos de estrellas y de átomos se ha ensanchado más allá de lo que jamás podríamos creer. Los dioses de los griegos son niños indefensos comparados con la humanidad de hoy en día y con los poderes que poseemos. Y sin embargo, sobre este tema tan importante poco ha cambiado en los siglos que han transcurrido. Hoy no sabemos más acerca de la felicidad de lo que sabía Aristóteles y, respecto a saber cómo obtener esta condición tan valorada, casi podríamos decir que no hemos realizado ningún progreso.

A pesar del hecho de que hoy estamos más sanos y nuestra vida es más larga que en siglos pasados, a pesar de que incluso el menos rico entre nosotros se halla rodeado de unos lujos materiales impensables hace solo unas pocas décadas (había poquísimos cuartos de baño en el palacio del Rey Sol, las sillas eran escasas hasta en las mansiones medievales más lujosas y ningún emperador romano podría encender la televisión cuando estaba aburrido) y a pesar del inmenso conocimiento científico que podemos citar a voluntad, las personas a menudo acaban sintiendo que han malgastado su vida y que sus años han transcurrido entre la ansiedad y el aburrimiento.

¿Es así porque el destino de la humanidad es permanecer siempre insatisfecha? ¿O es porque cada persona desea más de lo que pueda obtener? ¿O el malestar penetrante que a menudo nos amarga hasta los instantes más preciosos es el resultado de buscar la felicidad en el lugar equivocado? El propósito de este libro es utilizar algunas de las herramientas de la psicología moderna para analizar esta pregunta tan antigua ¿Cuándo se sienten felices las personas? Si sabemos empezar a encontrar respuestas tal vez llegue el momento en que podamos organizar nuestra vida de modo que la felicidad forme una parte mayor de ella.

Veinticinco años antes de empezar a escribir estas frases, hice un descubrimiento que he tardado todo este tiempo en darme cuenta de que lo hice. Llamarlo "descubrimiento" es tal vez un error, porque las personas han sido conscientes de ello desde el alba de la humanidad. De todos modos, la palabra es la adecuada porque, aunque mi hallazgo ya era algo conocido, no ha sido escrito o explicado teóricamente por rama académica alguna, en este caso por la psicología. Por ello dediqué el siguiente cuarto de siglo a investigar este fenómeno tan elusivo.

Lo que "descubrí" es que la felicidad no es algo que sucede. No es el resultado de la buena suerte o del azar. No es algo que pueda comprarse con dinero o con poder. No parece depender de los acontecimientos externos, sino más bien de cómo los interpretamos. De hecho, la felicidad es una condición vital que cada persona debe preparar, cultivar y defender individualmente. Las personas que saben controlar su experiencia interna son capaces de determinar la calidad de sus vidas, eso es lo más cerca que podemos estar de ser felices.

De todos modos, no se puede alcanzar la felicidad mediante la búsqueda consciente de ella. «Pregúntese a sí mismo si es feliz –decía J.S. Mill– y dejará de serlo». Es al estar totalmente involucrados en cada detalle de nuestras vidas, sea bueno o malo, cuando encontramos la felicidad, no intentando buscarla directamente. Viktor Frankl, el psicólogo austríaco, lo resumió bellamente en el prefacio de su libro *Man's Search for Meaning*: «No aspiren al éxito: cuanto más aspiren a él y más lo conviertan en su objetivo, con mayor probabilidad lo perderán. Puesto que el éxito, como la felicidad, no puede conseguirse, debe seguirse... como si fuese el efecto secundario no intencionado de la dedicación personal a algo mayor que uno mismo.»

Así, ¿cómo podemos alcanzar esta meta tan escurridiza que no puede alcanzarse por una ruta directa? Mis estudios durante este último cuarto de siglo me han convencido de que existe un modo. Es un camino tortuoso que empieza consiguiendo el control sobre los contenidos de nuestra conciencia.

Nuestras percepciones sobre nuestras vidas son el resultado de muchas fuerzas que conforman nuestra experiencia, y cada una provoca un impacto que hace que nos sintamos bien o mal. Muchas de estas fuerzas están fuera de nuestro control. No es mucho lo que podemos hacer acerca de nuestra apariencia física, nuestro temperamento o nuestra constitución. No podemos decidir –al menos no demasiado– cuán altos queremos ser, o cuán guapos. No podemos elegir tampoco a nuestros padres ni el momento de nuestro nacimiento, y no está ni en su poder ni en el mío decidir cuándo va a haber una guerra o una depresión económica. Las instrucciones que contienen nuestros genes, la fuerza de la gravedad, el polen en el aire, el período histórico en que nacemos..., estas y otras innumerables condiciones determinan lo que vemos, cómo nos sentimos y lo que hacemos. No es sorprendente creer que nuestro destino está determinado primordialmente por fuerzas externas.

Sin embargo, todos hemos vivido ocasiones en las que en lugar que ser abofeteados por fuerzas anónimas, hemos sentido que teníamos el control de nuestras acciones, que éramos los dueños de nuestro propio destino. En las raras ocasiones en que esto sucede sentimos una especie de regocijo, un profundo sentimiento de alegría que habíamos deseado durante largo tiempo y que se convierte en un hito en el recuerdo de cómo debería ser la vida.

Esto es lo que queremos decir con *experiencia óptima*. Es lo que el marinero que sujeta tensa una cuerda siente cuando el viento sopla entre sus cabellos, cuando el bote se lanza a través de las olas como un potro: las velas, el casco, el viento y el mar tarareando una canción que vibra en las venas del marinero. Es lo que un pintor siente cuando los colores en el cuadro empiezan a mostrar una tensión magnética los unos con los otros, y una *cosa* nueva, una forma viva, se dibuja frente al asombrado creador. O es el sentimiento de un padre cuando su hijo responde por primera vez a su sonrisa. Pero tales acontecimientos no suceden únicamente cuando las condiciones externas son favorables; personas que han sobrevivido a los campos de concentración o que han vivido peligros casi mortales a menudo recuerdan que, en medio de las pruebas, experimentaron epifanías extraordinariamente ricas como respuesta a acontecimientos tan simples como escuchar la canción de un pájaro en el bosque, finalizar un trabajo difícil o compartir un pedazo de pan con un amigo.

Contrariamente a lo que creemos normalmente, los momentos como estos, los mejores momentos de nuestra vida, no son momentos pasivos, receptivos o relajados (aunque tales experiencias también pueden ser placenteras si hemos trabajado duramente para conseguirlas). Los mejores momentos suelen suceder cuando el cuerpo o la mente de una persona han llegado hasta su límite en un esfuerzo voluntario para conseguir algo difícil y que valiera la pena. Una experiencia óptima es algo que *hacemos* que suceda. Para un niño puede ser poner con sus temblorosos dedos el último bloque de una torre que ha construido, más alta que todas las que ha construido hasta entonces;

para un nadador puede ser intentar batir su propio récord; para un violinista, dominar un pasaje musical complicado. Para cada persona existen miles de oportunidades, de desafíos para expandirnos.

Tales experiencias no tienen que ser necesariamente agradables en el momento en que ocurren. Los músculos del nadador pueden haberle dolido durante su carrera memorable, sus pulmones puede que hayan estado a punto de explotar, y tal vez haya sufrido un poco de mareo y fatiga; sin embargo, pueden haber sido los mejores momentos de su vida. Tener el control en la vida nunca es fácil, y a veces puede ser hasta doloroso, pero a largo plazo las experiencias óptimas añaden un sentimiento de maestría (o tal vez mejor sea decir, un sentimiento de *participación* al determinar el contenido de la vida) que está tan cerca de lo que queremos decir normalmente como felicidad como cualquier otra cosa que podamos imaginarnos.

A lo largo de mis estudios he intentado comprender tan exactamente como me fuese posible cómo se sentían las personas cuando más disfrutaban de sí mismas y por qué. Mis primeras investigaciones fueron hechas con unos cientos de "expertos" (artistas, atletas, músicos, maestros del ajedrez y cirujanos), en otras palabras, gente que parecía dedicar su tiempo a hacer, precisamente, las actividades que prefería. De sus relatos sobre cómo se sentían al hacer lo que estaban haciendo, elaboré una teoría de la experiencia óptima basada en el concepto del *flujo*, el estado en el cual las personas se hallan tan involucradas en la actividad que nada más parece importarles; la experiencia, por sí misma, es tan placentera que las personas la realizarán incluso aunque tenga un gran coste, por el puro motivo de hacerla.

Con la ayuda de este modelo teórico mi equipo de investigación en la Universidad de Chicago y luego mis colegas de todo el mundo entrevistaron a miles de individuos de muchas y diferentes edades y maneras de vivir. Estos estudios sugerían que las experiencias óptimas eran descritas del mismo modo por hombres y mujeres, por jóvenes o viejos, sin importar las diferencias culturales. La experiencia del flujo no era únicamente una peculiaridad de las élites ricas de los países industrializados. La explicaban esencialmente con las mismas palabras mujeres ancianas de Corea, adultos de Tailandia y la India, adolescentes de Tokio, pastores navajos, campesinos de los Alpes italianos o trabajadores de una cadena de montaje de Chicago.

Al principio nuestros datos consistían en entrevistas y cuestionarios. Para conseguir una mayor precisión desarrollamos con el tiempo un nuevo método para medir la calidad de la experiencia subjetiva. Esta técnica, llamada el Método de Muestreo de la Experiencia, pide a los sujetos que lleven un aparato electrónico de recepción de mensajes durante una semana y que escriban cómo se sienten cada vez que el buscapersonas suena. El buscapersonas se activa por radiotransmisor aproximadamente ocho veces al día, en intervalos al azar. Al final de la semana, cada sujeto nos ofrece un informe casi continuo, una película escrita de su vida, fabricada con una selección de momentos representativos. Hasta ahora hemos recogido cien mil de estos retazos de experiencias en diferentes lugares del mundo. Las conclusiones de este libro se basan en este conjunto de datos.

El estudio del flujo que empecé en la Universidad de Chicago ahora se ha diseminado por todo el mundo. Investigadores en Canadá, Alemania, Italia, Japón y Australia se han lanzado a su análisis. Actualmente la colección de datos más amplia, fuera de Chicago, está en el Instituto de Psicología de la Facultad de Medicina de la Universidad de Milán, en Italia. El concepto de flujo ha sido útil para los psicólogos que estudian la felicidad, la satisfacción vital y la motivación intrínseca; para los sociólogos que ven en él lo opuesto a la anomia y a la alienación; para los antropólogos que están interesados en el fenómeno de la efervescencia colectiva y los rituales. Algunos han extendido las implicaciones del flujo intentando comprender la evolución de la humanidad, otros para clarificar la experiencia religiosa.

Pero el flujo no es únicamente un tema académico. Solo unos pocos años después de su publicación, la teoría empezó a aplicarse a una gran variedad de cuestiones prácticas. Siempre que el objetivo sea mejorar la calidad de vida, la teoría del flujo puede señalar el camino. Ha inspirado la creación de planes de estudio experimentales, la formación de ejecutivos de negocios, el diseño de productos para el ocio y los servicios. Se utiliza el flujo para generar ideas y aplicaciones prácticas en psicoterapia clínica, en la organización de actividades en los asilos de ancianos, en el diseño de exposiciones museísticas y en terapia ocupacional para minusválidos. Todo esto ha ocurrido en el período de doce años que ha pasado desde la aparición en las revistas académicas de los primeros artículos acerca del flujo y parece que el impacto de la teoría va a ser aún mayor en los próximos años.

Repaso

Aunque se han escrito muchos artículos y libros sobre el flujo, se han escrito pensando en los especialistas. Esta es la primera vez que la investigación sobre la experiencia óptima se presenta al público en general y se comentan sus implicaciones para la vida de cada persona. Pero lo que hallarán a continuación no va a ser un libro de *How to...* Hay literalmente miles de libros imprimiéndose o en las estanterías de las librerías que explican cómo hacerse rico, cómo ser poderoso, cómo conseguir amor o cómo adelgazar. Al igual que los libros de recetas culinarias, le dicen cómo conseguir un objetivo específico y limitado al cual pocas personas llegan. Pero aunque sus consejos funcionasen, ¿cuál sería el resultado después del poco probable acontecimiento de que uno se convirtiese en un millonario delgado, amado y fuerte? Lo que pasa normalmente es que la persona se halla otra vez en la casilla inicial, con una nueva lista de deseos y tan insatisfecha como antes. Lo que satisfaría realmente a las personas no es adelgazar o ser rico, sino sentirse bien con su vida. En la búsqueda de la felicidad las soluciones parciales no funcionan.

A pesar de sus buenas intenciones, los libros no pueden darnos recetas de cómo ser felices. Puesto que la experiencia óptima depende de la capacidad de controlar lo que sucede en nuestra conciencia momento a momento, cada persona lo consigue basándose en su propio esfuerzo y creatividad. Lo que un libro sí puede hacer, y éste va a intentar conseguirlo, es mostrar ejemplos de cómo podemos disfrutar más de la vida, ordenados en el marco de una teoría para que sus lectores reflexionen y puedan llegar a sus propias conclusiones.

En lugar de presentarles una lista de qué hacer y qué no hacer, este libro intenta ser un viaje a través del reino de la mente con los planos que nos ofrecen las herramientas de la ciencia. Como todas las aventuras que valen la pena, esta no va a ser fácil. Sin un poco de esfuerzo intelectual, sin un compromiso de reflexionar y pensar críticamente acerca de su propia experiencia, usted no va a ganar demasiado con lo que sigue a continuación.

Flujo va a examinar el proceso de conseguir felicidad gracias al control de nuestra vida interna. Vamos a empezar considerando *Cómo funciona la conciencia y cómo se controla* (capítulo 2), puesto que solo si comprendemos la manera en que se forma la subjetividad podemos dominarla. Todo lo que experimentamos –gozo o dolor, interés o aburrimiento– se representa en la mente como información. Si somos capaces de controlar esta información, podremos decidir cómo será nuestra vida.

El estado óptimo de experiencia interna es cuando hay *orden en la conciencia*. Esto sucede cuando la energía psíquica (o atención) se utiliza para obtener metas realistas y cuando las habilidades encajan con las oportunidades para actuar. La búsqueda de un objetivo trae orden a la conciencia porque una persona debe concentrar su atención en la tarea que está llevando a cabo y olvidarse momentáneamente de todo lo demás.

Estos períodos de lucha para superar desafíos son lo que la gente define como los mejores momentos de su vida (capítulo 3). Una persona que ha conseguido controlar la energía psíquica y la ha utilizado conscientemente para obtener una meta no puede más que desarrollarse y convertirse en un ser más complejo. Al adiestrar nuestras habilidades, al enfrentarnos a desafíos superiores, tal persona se convierte, cada vez más, en un individuo extraordinario.

Para comprender por qué algunas cosas que hacemos nos hacen disfrutar más que otras, debemos revisar las *condiciones de la experiencia de flujo* (capítulo 4). "Flujo" es la manera en que la gente describe su estado mental cuando la conciencia está ordenada armoniosamente; gente que desea dedicarse a lo que hace por lo que le satisface en sí. Al repasar algunas de las actividades que de forma consistente producen flujo (como los deportes, los juegos, el arte, las aficiones) es más fácil entender qué hace feliz a la gente.

Pero no podemos confiar solo en los juegos y en el arte para mejorar la calidad de vida. Para conseguir control sobre lo que sucede en nuestra mente podemos recurrir a un infinito abanico de oportunidades de diversión; por ejemplo, gracias al uso de las *habilidades físicas y sensoriales* que abarcan desde el atletismo a la música o al yoga (capítulo 5), o gracias al desarrollo de las *habilidades simbólicas* como la poesía, la filosofía o las matemáticas (capítulo 6).

El común de las personas dedica la mayor parte de su vida a trabajar y a relacionarse con otras personas, especialmente con los miembros de su familia. Así pues, es crucial que uno aprenda a *transformar el trabajo en actividades que produzcan flujo* (capítulo 7) y a pensar la manera de conseguir que las *relaciones con los padres, esposos, hijos y amigos sean más placenteras* (capítulo 8).

Muchas vidas son truncadas por trágicos accidentes, e incluso los más afortunados están sujetos a tensiones de diversos tipos. De todos modos, tales reveses no disminuyen necesariamente la felicidad. Es cómo las personas responden a las tensiones lo que determina si van a sacar provecho de su mala fortuna o van a sentirse fatal. El capítulo 9 describe las *maneras con que las personas consiguen disfrutar de la vida a pesar de la adversidad*.

Y finalmente, el último paso que vamos a describir es cómo las personas consiguen *unir todas sus experiencias en un conjunto con sentido* (capítulo 10). Cuando esto se consigue y la persona se siente con control sobre su vida y siente, además, que tiene sentido, no hay nada más que desear. El hecho de que uno no sea delgado, rico o fuerte, deja de importar. La marea de incesantes expectativas se aquieta, las necesidades no satisfechas ya no preocupan a nuestra mente. Incluso las experiencias más humildes se convierten en algo placentero.

Así, *Flujo* va a describir lo que está involucrado en alcanzar estos objetivos. ¿Cómo se controla la conciencia? ¿Cómo se ordena para hacer que la experiencia sea placentera? ¿Cómo se consigue la complejidad? Y por último, ¿cómo podemos crear sentido? La manera de conseguir estos objetivos es relativamente fácil en teoría, pero es bastante difícil en la práctica. Las reglas son por sí mismas lo suficientemente claras y están al alcance de cualquiera. Pero hay muchas fuerzas, tanto en nuestro interior como en el entorno, que obstaculizan el camino. De todos modos, el premio final es elevado. No es simplemente un asunto de perder unos cuantos kilos de más. Se trata de perder la oportunidad de tener una vida que valga la pena vivir.

Antes de describir cómo podemos conseguir la experiencia de flujo óptimo, es necesario repasar brevemente alguno de los obstáculos que impiden la realización implícita en la condición humana. En los viejos cuentos, antes de vivir felices para siempre, el héroe tenía que enfrentarse a fieros dragones y guerreros perversos a lo largo de su búsqueda. Esta metáfora se aplica también a la exploración de la psique. Debo argumentar que la razón principal por la cual es tan difícil conseguir la felicidad se centra en el hecho de que, contrariamente a los mitos que la humanidad ha creado para reafirmarse a sí misma, el universo no ha sido creado para satisfacer nuestras necesidades. La frustración está profundamente entretejida en la tela de la vida. Y cuando alguna de nuestras necesidades son temporalmente cubiertas, inmediatamente empezamos a desear más. Esta insatisfacción crónica es el segundo obstáculo que hallamos en el camino de la satisfacción.

Para tratar con estos obstáculos, cada cultura desarrolla con el tiempo sus instrumentos protectores (religiones, filosofías, artes y comodidades) que sirven de escudo frente al caos. Nos ayudan a creer que tenemos el control de lo que está sucediendo y nos proporcionan razones para sentirnos satisfechos con lo que nos ha tocado vivir. Pero estos escudos solo son efectivos un cierto tiempo; tras unos cuantos siglos, a veces solo tras unas cuantas décadas, una religión o creencia pierden su valor y ya no ofrecen el apoyo espiritual que daban antes.

Cuando las personas intentan conseguir la felicidad por su cuenta, sin el apoyo de una fe, normalmente buscan maximizar los placeres que se hallan programados en sus genes o que son atractivos para la sociedad en la que viven. La riqueza, el poder y el sexo son los objetivos principales que dan dirección a sus esfuerzos. Pero la calidad de vida no puede mejorarse de ese modo. Solo el control directo de la experiencia y la habilidad para encontrar alegría momento a momento en todo lo que hacemos pueden superar los obstáculos en el camino hacia la realización.

Las raíces del descontento

La razón más importante por la cual es tan difícil alcanzar la felicidad es que el universo no fue diseñado pensando en la comodidad de los seres humanos. Es casi inconmensurablemente enorme y en su mayor parte está hostilmente vacío y frío. Es un lugar de gran violencia, como cuando de forma ocasional una estrella explota y convierte en cenizas todo lo que hay en miles de millones de kilómetros alrededor. El raro planeta cuyo campo gravitatorio no rompería nuestros huesos está probablemente nadando en gases letales. Incluso en el planeta Tierra, que puede ser tan idílico y bello, nada puede darse por seguro. Para sobrevivir en él, hombres y mujeres han tenido que luchar durante millones de años contra el hielo, el fuego, las inundaciones, los animales salvajes y los invisibles microorganismos que aparecen de la nada para matarnos.

Parece que cada vez que evitamos un peligro que nos acecha, una amenaza más sofisticada aparece en el horizonte. Tan pronto inventamos una substancia, sus productos derivados empiezan a contaminar el entorno. A lo largo de la historia, las armas que fueron diseñadas para proporcionarnos seguridad, se han vuelto contra nosotros y han amenazado con destruir a quienes las construyeron. A la vez que vencemos algunas enfermedades, surgen otras nuevas más virulentas, y si, durante un cierto tiempo, la mortandad se reduce, luego la superpoblación empieza a amenazarnos. Los cuatro jinetes del Apocalipsis nunca han estado muy lejos. La tierra puede ser nuestro único hogar, pero es un hogar lleno de trampas que pueden saltar en cualquier momento.

Y no es que el universo se comporte por azar, en un sentido matemático abstracto. La velocidad de las estrellas, la transformación de la energía que se sucede en él pueden predecirse y explicarse bastante bien. Pero los procesos naturales no tienen en cuenta los deseos humanos. Son sordos y ciegos ante nuestras necesidades y por ello son como el azar, en contraste con el orden que intentamos establecer gracias a nuestros objetivos. Un meteorito en ruta de colisión con la ciudad de Nueva York puede estar obedeciendo todas las leyes del universo, pero seguirá siendo un maldito inconveniente. El virus que ataca las células de un Mozart solo está haciendo lo que su naturaleza le ordena, incluso aunque esté infligiendo una gran pérdida para la humanidad. «El universo no es hostil, pero tampoco es amigable– en palabras de J.H. Holmes–; sencillamente es indiferente.»

El *caos* es uno de los conceptos más antiguos que hallamos en los mitos y en la religión. Es algo extraño a la ciencia física y a la biología puesto que, en términos de sus leyes, los acontecimientos del cosmos son perfectamente razonables. Por ejemplo, la "teoría del caos" en la ciencia intenta describir regularidades que parecen ser debidas enteramente al azar. Pero el caos tiene un significado distinto en psicología y en las demás ciencias humanas ya que si los objetivos y los deseos humanos se toman como el punto de partida, entonces hay un desorden irreconciliable en el cosmos.

Y no es mucho lo que podemos hacer como individuos para cambiar el modo en que actúa el universo. En nuestra vida podemos tener muy poca influencia sobre las fuerzas que interfieren en nuestro bienestar. Es importante que hagamos lo que podamos para impedir una guerra nuclear, para abolir las injusticias sociales, para erradicar el hambre y la enfermedad. Pero es prudente no esperar que los esfuerzos por cambiar las condiciones externas vayan a mejorar de inmediato la calidad de nuestra vida. Como J.S. Mill escribió, «No son posibles los grandes cambios en el destino de la humanidad hasta que tenga lugar un gran cambio en la constitución fundamental de su modo de pensar».

Cómo nos sentimos, la alegría de vivir, dependen en último término y directamente de cómo la mente filtra e interpreta las experiencias cotidianas. Si somos o no felices depende de nuestra armonía interna y no del control que somos capaces de ejercer sobre las grandes fuerzas del universo. Ciertamente deberemos seguir aprendiendo cómo dominar el entorno externo, porque nuestra supervivencia física depende de ello, pero este dominio no va a añadir ni un ápice a que nos sintamos bien como individuos, o a reducir el caos del mundo tal y como lo experimentamos. Para hacerlo, debemos aprender a conseguir el dominio también sobre la conciencia.

Cada uno de nosotros tiene una idea, aunque sea vaga, de lo que le gustaría conseguir antes de morirse. Lo cerca o lejos que lleguemos a conseguir este objetivo se convierte en la medida de la calidad de nuestra vida; si al menos lo hemos conseguido en parte, sentimos felicidad y satisfacción.

Para la mayoría de personas sobre el planeta, los objetivos vitales son simples: sobrevivir, dejar descendencia que a su vez sobreviva y, si es posible, hacer todo esto con una cierta cantidad de comodidad y dignidad. En los barrios de chabolas que se extienden por los alrededores de las ciudades sudamericanas, en las regiones barridas por el hambre de África, entre los millones de asiáticos que tienen que solucionar día a día el problema del hambre, no se puede tener esperanzas de mucho más.

Pero tan pronto estos problemas básicos están resueltos, tener solamente la comida suficiente y un refugio confortable no satisface a las personas. Se sienten nuevas necesidades. El dinero y el poder son las expectativas en alza y, mientras nuestro nivel de salud y comodidad sigue incrementándose, el sentimiento de bienestar que esperábamos conseguir con ello sigue retrocediendo en la distancia. Cuando Ciro el Grande tenía diez mil cocineros preparándole nuevos platos para su mesa, el resto de Persia casi no tenía qué comer. En nuestros días cada hogar del "primer mundo" tiene acceso a recetas de los lugares más diversos y puede duplicar los festines de los emperadores del pasado. ¿Pero esto nos hace sentir más satisfechos?

Esta paradoja de las expectativas en alza sugiere que mejorar la calidad de vida es una tarea inacabable. De hecho no hay ningún problema inherente en nuestro deseo de ir escalando objetivos mientras disfrutemos con la lucha que debemos realizar durante el camino. El problema existe cuando las personas están tan obsesionadas en lo que quieren conseguir que ya no obtienen placer con el presente. Cuando esto sucede, pierden su oportunidad para contentarse.

A pesar de que la evidencia sugiere que la mayoría de personas están atrapadas en esta noria de las expectativas al alza, muchas de ellas han hallado el modo de escaparse. Son personas que, sin importar sus condiciones materiales, han sido capaces de mejorar la calidad de sus vidas, se sienten satisfechas y han logrado que las personas que les rodean también se sientan algo más felices.

Tales individuos tienen ganas de vivir, están abiertos a una gran variedad de experiencias, siguen aprendiendo hasta el día de su muerte y tienen fuertes lazos y compromisos con otras personas y con el entorno en que viven. Disfrutan de todo lo que hacen, incluso aunque sea algo tedioso o difícil, pocas veces se aburren y pueden tomarse con calma cualquier cosa que les suceda. Tal vez su mayor fuerza resida en que *controlan sus vidas*. Más tarde veremos cómo han logrado alcanzar este estado. Pero antes de que lo hagamos, necesitamos revisar alguno de los instrumentos que se han ido desarrollando a lo largo del tiempo como protección contra la amenaza del caos y las razones de por qué a menudo estas defensas no funcionan.

Los escudos de la cultura

A lo largo del curso de la evolución humana cada grupo de personas se fue dando cuenta gradualmente de la enormidad de su soledad en el cosmos y de la precariedad de su lucha por la supervivencia; por ello elaboró mitos y creencias capaces de transformar las fuerzas destructoras e imprevisibles de la naturaleza en comportamientos manejables o al menos comprensibles. Una de las principales funciones de cada cultura ha sido proteger a sus miembros frente al caos, reafirmando su propia importancia y su éxito final. Los esquimales, los cazadores de la cuenca del Amazonas, los chinos, los navajos, los aborígenes australianos y los residentes en Nueva York, todos están seguros de vivir en el centro del universo y de tener una dispensa especial que los sitúa en el carril directo que lleva al futuro. Sin esas creencias en privilegios exclusivos sería difícil enfrentarse a las pruebas de la existencia.

Así es como debería ser. Pero hay momentos en los que el sentimiento de que uno ha encontrado la seguridad en el seno de un cosmos amigable se convierte en algo peligroso. Una confianza poco realista en los escudos, en los mitos culturales, puede llevar al desencanto extremo cuando caen. Esto suele suceder cuando una cultura ha tenido buena suerte durante un cierto tiempo y parece entonces haber hallado el modo de controlar las fuerzas de la naturaleza. Llegados a este punto es lógico empezar a pensar que son un pueblo elegido y que no necesitan temer al fracaso. Los romanos llegaron a este punto tras varios siglos de dominar el Mediterráneo, los chinos confiaban en su superioridad inmutable sobre los mongoles antes de que estos les conquistaran, y los aztecas se sentían así antes de la llegada de los españoles.

El orgullo cultural, o la presunción de haber sido salvados de un universo que básicamente no tiene sensibilidad ante las necesidades humanas, generalmente trae problemas. El inmerecido sentimiento de seguridad, más pronto o más tarde, resulta en un duro despertar. Cuando las personas empiezan a pensar que el progreso es inevitable y que la vida es fácil, pueden perder rápidamente el valor y la determinación a la hora de enfrentarse a los primeros signos de la adversidad. Y mientras se dan cuenta de que lo que creían no era del todo verdad, abandonan la fe en todo lo demás que habían aprendido. Faltos del apoyo al que estaban acostumbrados gracias a los valores culturales que poseían, se hunden en un pantano de ansiedad y apatía.

Tales síntomas de desencanto no es difícil observarlos hoy a nuestro alrededor. Los más obvios tienen que ver con la negligencia que se extiende y que afecta a tantas vidas. Las personas genuinamente felices son pocas y dispersas. ¿Cuántas personas que usted conoce disfrutan con lo que están haciendo, cuántas están lo suficientemente satisfechas con lo que les ha tocado en suerte, cuántas no se lamentan del pasado y miran hacia el futuro con confianza? Si Diógenes con su linterna hace veintitrés siglos tuvo problemas para hallar un hombre cabal, hoy tal vez hubiese tenido más dificultades para hallar un hombre feliz.

Este malestar general no es debido directamente a causas externas. A diferencia de muchos otros países de nuestro mundo contemporáneo, no podemos culpar de nuestros problemas al entorno hostil, a la pobreza o a la opresión ejercida por un ejército extranjero que ocupa nuestra tierra. Las raíces del descontento son internas y cada persona debe enfrentarse a ellas individualmente, con su propio poder. Los escudos que han funcionado en el pasado (el orden que ofrecían la religión, el patriotismo, las tradiciones étnicas y las costumbres propias de cada clase social) ya no son efectivos para un número creciente de personas que se sienten expuestas a los duros vientos del caos.

La falta de orden interno se manifiesta en una condición subjetiva que algunos denominan ansiedad ontológica o angustia existencial. Básicamente es un miedo a ser, un sentimiento de que no hay sentido en la vida y de que la existencia no vale la pena. Nada parece tener sentido. En las últimas generaciones, el espectro de la guerra nuclear ha añadido una amenaza sin precedentes a nuestras esperanzas. Ya no parecen tener sentido los anhelos históricos de la humanidad. Somos simples partículas olvidadas flotando en el vacío. Con cada año que pasa, el caos del universo físico se convierte en algo más poderoso en las mentes de la multitud.

Y mientras las personas viven su vida, pasando de la ignorancia llena de esperanzas de la juventud a la madurez más sobria, tarde o temprano van a tener que afrontar la pregunta cada vez más persistente: ¿Esto es todo lo que hay? La infancia puede ser dolorosa y la adolescencia confusa pero, para muchas personas, tras todo ello está la esperanza de que, una vez hayamos crecido, las cosas van a ir mejor. En los primeros años de madurez el futuro aún parece prometedor y uno conserva la esperanza de lograr sus objetivos. Pero inevitablemente el espejo del baño nos muestra las primeras canas y confirma el hecho de que estos kilos de más no los vamos a perder. Inevitablemente empezamos a perder la vista y dolores misteriosos empiezan a surgir por todo el cuerpo. Como los camareros de un restaurante que empiezan a poner las mesas para el desayuno mientras uno está terminando de cenar, estas señales de mortalidad nos comunican claramente su mensaje: tu tiempo se está acabando, es la hora de marcharse. Y cuando esto sucede, pocas personas están listas: «espera un minuto, esto no puede estar sucediéndome. Aún no he empezado a vivir. ¿Dónde está todo el dinero que se supone que he acumulado? ¿Dónde están esos buenos momentos que iba a disfrutar?»

Un sentimiento de que nos han mentido, de que nos han engañado, es la consecuencia comprensible de todo ello. Desde nuestra más temprana edad nos han condicionado para que creamos que un destino benigno cuidará de nosotros. Después de todo, todo el mundo parece estar de acuerdo en que ha sido una gran suerte vivir en este país, que ahora es más rico que nunca, en el período más científicamente avanzado de la historia, rodeados de la tecnología más eficaz y protegidos por la más sabia Constitución. Por ello tiene sentido esperar que tuviésemos una vida más rica y con más sentido que cualquiera de los miembros anteriores de la raza humana. Si nuestros abuelos, que vivían en un pasado espantosamente primitivo, pudieran gozar de los avances de hoy, ¡imagínense lo felices que serían! Los científicos nos contaron que así era, lo predicaron los sacerdotes en los púlpitos de sus iglesias y lo confirmaron miles de anuncios de televisión que celebraban la buena vida. Pero, a pesar de todas estas afirmaciones, más pronto o más tarde nos despertamos solos, y vemos que de ningún modo este mundo rico, científico y avanzado va a darnos la felicidad.

Y mientras esta toma de conciencia va asentándose lentamente, distintas personas reaccionan de forma diferente. Algunos intentan ignorarlo y renuevan sus esfuerzos para adquirir más de las cosas que se supone que mejoran la vida: coches más grandes, casas más grandes, más poder en el trabajo o un estilo de vida lleno de atractivo. Renuevan sus esfuerzos determinados a conseguir la satisfacción que hasta ahora les ha eludido. A veces esta solución funciona, simplemente porque uno está tan inmerso en la lucha competitiva que no tiene ocasión para darse cuenta de que el objetivo ni siquiera está más cercano que antes. Pero si una persona se toma unos momentos para reflexionar, el desencanto vuelve: tras cada éxito se ve con mayor claridad que el dinero, el poder, la posición social y las posesiones, por sí mismas, no añaden ni un ápice a la calidad de vida.

Otros deciden atacar directamente los síntomas amenazantes. Si es el cuerpo el que da la primera señal de alarma, van a seguir dieta, apuntarse a un gimnasio, hacer *aerobic*, comprar un nautilus o hacerse la cirugía plástica. Si el problema parece consistir en que nadie les presta atención, compran libros sobre cómo tener poder o hacer amigos, o se apuntan a cursos prácticos sobre cómo tener seguridad en sí mismos y sentirse más poderosos. De todos modos, tras un breve tiempo, estas soluciones parciales tampoco funcionan. No importa cuánta energía dediquemos al cuidado corporal; llegará el momento en que el cuerpo nos ganará la partida. Si estamos aprendiendo a tener más seguridad en nosotros mismos, podemos distanciar a nuestros amigos sin advertirlo. Y si dedicamos mucho tiempo a cultivar nuevas amistades, podemos amenazar la relación que tenemos con nuestra pareja o familia. Hay tantas cosas de las que debemos preocuparnos y tan poco tiempo para atenderlas todas…

Intimidados por la inutilidad de intentar atender todas las demandas que no pueden controlar, algunos simplemente abandonan y se retiran grácilmente al olvido relativo. Siguiendo el consejo de Cándido, abandonan el mundo y cultivan su pequeño jardín. Pueden tener escarceos con formas de evasión como desarrollar alguna afición no dañina o acumular una colección de pintura abstracta o figuras de porcelana. O pueden perderse en el alcohol o en el mundo de ensueño de las drogas. Y aunque los placeres exóticos y las diversiones caras pueden temporalmente alejar de la mente la pregunta básica de «¿es esto todo lo que hay?», pocos afirman haber hallado la respuesta de este modo.

Tradicionalmente el problema de la existencia ha sido enfrentado directamente por la religión, y un número creciente de desilusionados vuelven a ella escogiendo alguna de las creencias más comunes u otras variantes orientales más esotéricas. Pero las religiones solo son intentos que han tenido un éxito temporal en manejar la falta de sentido de la vida; no hay respuestas permanentes. En algunos momentos de la historia las religiones han explicado de forma convincente lo que estaba mal en la existencia humana y le han ofrecido respuestas creíbles. Desde el siglo cuarto al octavo de nuestra era, el cristianismo se extendió a través de toda Europa, el islam arrasó en el Próximo Oriente y el budismo conquistó Asia. Durante cientos de años estas religiones dieron a la gente objetivos que les satisfacían para que pasaran toda su vida persiguiéndolos. Pero hoy es más difícil aceptar sus visiones del mundo como verdades definitivas. La forma en la cual las religiones han presentado sus verdades (mitos, revelaciones, textos sagrados) ya no es creída a ciegas en una era de racionalismo científico, aunque la sustancia que conforma estas verdades haya permanecido sin cambios. Una nueva religión vital puede algún día levantarse de nuevo. Mientras tanto, los que buscan consuelo en las iglesias existentes a menudo pagan por su paz mental con un compromiso tácito de ignorar lo que se sabe acerca de cómo funciona el mundo.

La evidencia de que ninguna de estas soluciones resulta efectiva a largo plazo es irrefutable. En el colmo de su esplendor material, nuestra sociedad sufre de una sorprendente variedad de extrañas enfermedades. Los beneficios producidos por la extendida dependencia de las drogas ilegales están enriqueciendo a los asesinos y a los terroristas. Parece posible que en un futuro próximo estemos regidos por una oligarquía de antiguos traficantes de drogas que rápidamente está ganando riqueza y poder a expensas de los ciudadanos que obedecen la ley. En nuestra vida sexual, al sacudir las cadenas de la moral "hipócrita" hemos liberado virus destructivos entre nosotros.

A menudo las tendencias futuras son tan terribles que nos desalentamos y desconectamos la radio cuando escuchamos las últimas estadísticas. Pero la estrategia del avestruz para evitar las malas noticias no es productiva; es mejor enfrentarse a los hechos y tener cuidado para no ser uno más entre las estadísticas. Hay algunas que pueden ser de consuelo para algunos, por ejemplo: en los últimos treinta años hemos doblado el uso per cápita de energía, mayormente gracias a que se multiplicó por cinco el uso de aparatos eléctricos. Otras tendencias, de todos modos, no gustarían a nadie. En 1984 aún había en Estados Unidos treinta y cuatro millones de personas viviendo por debajo del umbral de la pobreza (definido por unos ingresos anuales de 10.609 dólares o menos para una familia de cuatro personas); esta cifra ha cambiado muy poco durante generaciones.

En los Estados Unidos la frecuencia per cápita de crímenes violentos (asesinatos, violaciones, robos y asaltos) se ha incrementado más del 300% entre 1960 y 1986. En un año tan próximo como 1978 se denunciaron 1.085.500 crímenes violentos, y en 1986 el número había subido a 1.488.140. La proporción de asesinatos se ha mantenido firme en torno al 1000% por encima de otros países industrializados como Canadá, Noruega o Francia. En aproximadamente el mismo período, la proporción de divorcios subió un 400%, de 31 de cada 1000 parejas casadas en 1950 pasó a 121 en 1984. Durante estos veinticinco años las enfermedades venéreas se triplicaron: en 1960 había 259.000 casos de gonorrea y en 1984 eran casi 900.000. Aún no tenemos una idea clara del precio trágico en vidas humanas que la última plaga, el sida, va a reclamar antes de ser vencido.

La triplicación o cuadruplicación de la patología social durante la última generación es cierta en un increíble número de ámbitos. Por ejemplo, en 1955 hubo 1.700.000 peticiones de intervención clínica relacionada con pacientes mentales en todo el país, y en 1975 el número había subido a 6.400.000. Tal vez no sea coincidencia, pero datos similares ilustran el incremento de nuestra paranoia nacional: durante la década de 1975 a 1985 el presupuesto autorizado de gastos del Departamento de Defensa subió de 87,9 miles de millones de dólares al año a 284,7 miles de millones (un incremento de más del triple). Es cierto que el presupuesto del Departamento de Educación también se triplicó durante el mismo período, pero en 1985 ascendió a "solo" 17,4 miles de millones. Al menos en lo que respecta a la distribución de los recursos, la espada es dieciséis veces más importante que el lápiz.

El futuro no parece tener mejor aspecto. Los adolescentes de hoy muestran los síntomas del malestar que afecta a sus padres, a veces incluso de forma más virulenta. Pocas personas jóvenes son educadas hoy en día en familias donde ambos padres están presentes para compartir las responsabilidades que supone educar a los hijos. En 1960 solo 1 de cada 10 adolescentes estaba viviendo en una familia con un solo progenitor. En 1980 la proporción se ha doblado y en 1990 se espera que se triplique. En 1982 había más de 80.000 delincuentes juveniles (con una edad media de 15 años) condenados en diversas cárceles. Las estadísticas sobre el abuso de drogas, las enfermedades venéreas, el abandono del hogar y los embarazos no deseados son todas desagradables, aunque probablemente no reflejan toda la verdad. Entre 1950 y 1980 los suicidios de adolescentes se incrementaron un 300%, especialmente entre los chicos jóvenes blancos de las clases ricas. De los 29.253 suicidios registrados en 1985, 1.339 eran chicos jóvenes blancos de entre 15 y 19 años de edad; las chicas blancas de las mismas edades se suicidan cuatro veces menos, y los chicos negros diez veces menos (los jóvenes negros, de todos modos, forman el grueso del número de muertes de jóvenes por homicidio). Y lo último, pero no lo menos importante, el nivel de conocimientos de la población parece estar en declive en todas partes. Por ejemplo, la puntuación media en matemáticas de los exámenes SAT era de 466 en 1967, en 1984 era de 426. Un bajón similar se ha registrado en las puntuaciones verbales. Y estas estadísticas lamentables podrían seguir y seguir.

Y ¿por qué sucede esto a pesar de haber alcanzado milagros del progreso que no podríamos ni soñar, por qué parecemos más desamparados al enfrentarnos a la vida que nuestros antepasados menos privilegiados? La respuesta parece clara: mientras que la humanidad ha incrementado colectivamente sus poderes materiales cientos de veces, no ha avanzado mucho en términos de mejorar el contenido de su experiencia.

Recuperar la experiencia

No hay modo de salir de este trance si el individuo no toma personalmente el asunto en su manos. Si los valores y las instituciones ya no nos ofrecen el apoyo ni el marco de referencia que antes nos daban, cada persona debe utilizar cualquier instrumento a su alcance para construir una vida con sentido y que le permita gozar de ella. Uno de los instrumentos más importantes en esta búsqueda lo ofrece la psicología. Hasta ahora las principales contribuciones de esta ciencia, que apenas está empezando a volar, ha sido descubrir cómo los acontecimientos del pasado arrojan luz en la conducta presente. Nos ha hecho ser conscientes de que la irracionalidad adulta es a menudo el resultado de las frustraciones infantiles. Pero existe otro modo en el que puede utilizarse esta disciplina de la psicología. Puede ayudarnos a responder a la pregunta: siendo como somos, con todos nuestros errores y represiones, ¿qué podemos hacer para mejorar nuestro futuro?

Para sobreponerse a las ansiedades y depresiones de la vida actual, los individuos deben independizarse del entorno social hasta un grado en el que no respondan exclusivamente en términos de sus recompensas o castigos. Para obtener esta autonomía una persona debe aprender a darse recompensas. Tiene que desarrollar la habilidad de encontrar diversión y propósito sin tener en cuenta las circunstancias externas. Este desafío es a la vez más fácil y más difícil de lo que parece: más fácil porque la habilidad para hacer esto está al alcance de todas las personas, y más difícil porque requiere de una disciplina y perseverancia que han sido algo escasas en todas las épocas y tal vez lo son más aún en el presente. Y antes de todo esto, conseguir el control sobre la experiencia requiere un cambio drástico de actitud sobre lo que es importante y lo que no lo es.

Crecemos creyendo que lo que más cuenta en nuestras vidas es lo que va a ocurrir en el futuro. Los padres enseñan a sus hijos que si aprenden buenas costumbres ahora, cuando sean adultos la vida les irá mejor. Los maestros aseguran a sus alumnos que estas aburridas clases van a serles beneficiosas más adelante, cuando los estudiantes estén buscando trabajo. El vicepresidente de la compañía les dice a los empleados jóvenes que deben tener paciencia y trabajar duro, porque uno de estos días serán ascendidos a la categoría de los ejecutivos. Y al final de la larga lucha por avanzar, llegan los años dorados del retiro. «Nosotros siempre estamos luchando por vivir –solía decir Ralph Waldo Emerson–, pero nunca vivimos.» O como la pobre Frances aprendió en el cuento para niños: siempre habrá pan y jamón mañana, pero nunca habrá pan y jamón hoy.

Desde luego el énfasis en posponer la gratificación es, hasta cierto punto, inevitable. Como Freud y muchos otros antes y después de él han afirmado, la civilización se construye sobre la represión de los deseos individuales. Sería imposible mantener cualquier tipo de orden social, cualquier división compleja del trabajo, a menos que los miembros de la sociedad fuesen obligados a aprender los hábitos y las habilidades que la cultura requería, les gustase o no a los individuos. La socialización, o la transformación de un organismo humano en persona que funciona con éxito en un sistema social en particular, no puede evitarse. La esencia de la socialización es hacer depender a las personas de los controles sociales, hacerlos responder de forma predecible a las recompensas y a los castigos. Y la forma más efectiva de socialización se consigue cuando las personas se identifican tan profundamente con el orden social que no pueden imaginarse a sí mismos rompiendo alguna de sus reglas.

Al hacernos trabajar para sus objetivos, la sociedad se ayuda mediante poderosos aliados: nuestras necesidades biológicas y nuestro condicionamiento genético. Por ejemplo, todos los controles sociales se basan en último término en una amenaza al instinto de supervivencia. Las personas de un país conquistado obedecen al conquistador porque desean seguir viviendo. Hasta hace muy poco, las leyes de una de las naciones más civilizadas (como es Gran Bretaña) eran reforzadas con amenazas de castigos corporales, mutilaciones o muerte.

Cuando no utilizan el dolor, los sistemas sociales utilizan el placer para inducir a aceptar las normas. La "buena vida" prometida como recompensa a una vida dedicada al trabajo y al cumplimiento de la ley se construye gracias a los deseos que contiene nuestro programa genético. Prácticamente todos los deseos que se han convertido en parte de la naturaleza humana, desde la sexualidad a la agresión, desde el deseo de seguridad a la receptividad al cambio, han sido utilizados como fuente de control social por los políticos, las iglesias, las empresas y los publicistas. Para atraer a los reclutas a fin de que formasen parte del ejército turco, los sultanes del siglo XVI prometían la recompensa de violar a las mujeres de los territorios conquistados; en nuestros días los carteles prometen a los jóvenes que si se unen al ejército "verán mundo".

Es importante darse cuenta de que buscar el placer es una respuesta refleja que se halla en nuestros genes para asegurar la conservación de la especie, no con el propósito de nuestro disfrute propio y personal. El placer que tenemos al comer es una manera eficiente de asegurarse que el cuerpo va a obtener el alimento que necesita. El placer del acto sexual es igualmente un método práctico que los genes utilizan con el propósito de programar al cuerpo para que se reproduzca y con ello asegurar la continuidad de los genes. Cuando un hombre se siente físicamente atraído por una mujer, o viceversa, normalmente imagina –asumiendo que piensa en ello, si es que lo hace– que este deseo es una expresión de sus intereses individuales, un resultado de sus propias intenciones. En realidad, es más frecuente que su interés esté siendo manipulado por el invisible código genético, que está siguiendo sus propios planes. Y mientras la atracción siga siendo un reflejo basado puramente en reacciones físicas, los planes conscientes de la persona probablemente solo jueguen un papel muy pequeño. No hay nada malo en seguir esta programación genética y disfrutar de los placeres que nos proporciona, mientras los reconozcamos como lo que son y mientras tengamos algún control sobre ellos cuando sea necesario perseguir otros objetivos a los que hayamos decidido darles prioridad.

El problema es que recientemente se ha convertido en una moda creer que, sintamos lo que sintamos dentro, se trata de la verdadera voz de la naturaleza hablándonos. La única autoridad en la que creen muchas personas hoy en día es el instinto. Si algo parece bueno y es natural y espontáneo, entonces es bueno. Pero cuando seguimos las sugerencias de la genética y las instrucciones sociales sin cuestionarlas, abandonamos el control de la conciencia y nos convertimos en juguetes sin poder en manos de fuerzas impersonales. La persona que no puede resistirse a la comida o al alcohol, o cuya mente está siempre pensando en el sexo, no es libre para dirigir su energía psíquica.

La visión "liberada" de la naturaleza humana, que acepta y sigue cada impulso o instinto que siente simplemente porque está ahí, tiene como resultado unas consecuencias bastante reaccionarias. Mucho "realismo" contemporáneo resulta ser una variación del viejo y anticuado fatalismo: las personas se sienten liberadas de la responsabilidad mediante el recurso al concepto de "naturaleza". Por naturaleza, sin embargo, todos nacemos ignorantes. Entonces ¿deberíamos evitar el aprender?

Algunas personas producen una cantidad de andrógenos mayor de la normal y por ello son excesivamente agresivas. ¿Significa eso que deberían expresar libremente su violencia? No podemos negar los hechos de la naturaleza, pero ciertamente debemos intentar mejorarlos.

El sometimiento al programa genético puede ser algo muy peligroso, porque nos deja indefensos. Una persona que no puede desoír las instrucciones genéticas cuando es necesario siempre resulta vulnerable. En lugar de decidir cómo actuar en términos de sus objetivos personales, debe rendirse ante las cosas para las que ha sido programado (o mal programado) su cuerpo. Uno debe conseguir especialmente el control sobre los impulsos instintivos para conseguir una independencia sana en la sociedad, puesto que mientras respondamos de forma predecible a lo que sentimos como bueno y a lo que sentimos como malo, es fácil que los demás exploten nuestras preferencias para sus propios fines.

Un persona totalmente socializada es la que desea solo las recompensas que aquellos que la rodean han decidido que debe desear (recompensas que a menudo se apoyan en los deseos genéticamente programados). Puede encontrase con miles de experiencias que potencialmente podrían llenarle, pero no se da cuenta porque no son las cosas que desea. Lo que importa no es lo que tiene ahora, sino lo que podría obtener si hace lo que los otros desean que haga. Atrapado por la trampa de los controles sociales, esta persona sigue luchando por un premio que siempre se disuelve entre sus manos. En una sociedad compleja, muchos grupos poderosos se ocupan de la socialización, y a veces con objetivos aparentemente contradictorios. Por un lado, las instituciones oficiales como las escuelas, iglesias y bancos intentan convertirnos en ciudadanos responsables que desean trabajar duro y ahorrar. Por otro lado, estamos siendo tentados constantemente por los comerciantes, fabricantes y publicistas para que nos gastemos nuestras ganancias en productos que van a darles la mayoría de beneficios a ellos. Y finalmente, el sistema subterráneo de los placeres prohibidos regido por jugadores, proxenetas y traficantes de droga, que es lo opuesto dialécticamente a las instituciones oficiales, nos promete sus propias recompensas de placer fácil (en el caso de que podamos pagarlo). Los mensajes son muy diferentes, pero su resultado es esencialmente el mismo: hacernos dependientes de un sistema social que explota nuestras energías para sus propios propósitos.

Aquí no cuestionamos que para sobrevivir, y en concreto para sobrevivir en una sociedad compleja, sea necesario trabajar por unos objetivos externos y posponer la gratificación inmediata. Pero una persona no tiene que convertirse por ello en un muñeco manejado por los controles sociales. La solución es liberarse de forma gradual de las recompensas de la sociedad y aprender cómo sustituirlas por recompensas que estén bajo el poder propio de uno. Esto no significa que debamos abandonar todos los objetivos que nos propone la sociedad; significa que además o en lugar de los objetivos con los que otros nos seducen, debemos desarrollar unos objetivos propios.

El paso más importante para emanciparse de los controles sociales es la habilidad de encontrar recompensas en los acontecimientos de cada momento. Si una persona aprende a disfrutar y a encontrar significado en la corriente incesante de experiencias, en el propio proceso de vivir por sí misma, el peso de los controles sociales cae automáticamente de nuestros hombros. El poder regresa a la persona cuando las recompensas dejan de estar delegadas a fuerzas exteriores a ella misma. Ya no es necesario luchar por objetivos que siempre están alejándose en el futuro y finalizar cada aburrido día con la esperanza de que tal vez mañana suceda algo bueno. En lugar de estar siempre esforzándonos para alcanzar el premio que, como en el suplicio de Tántalo, está fuera de nuestro alcance, uno empieza a recoger las recompensas verdaderas de la vida. Pero no es abandonándonos a los deseos instintivos como nos liberaremos de los controles sociales. También debemos independizarnos de los dictados del cuerpo, aprender a tomar el control de lo que sucede en nuestra mente. El placer y el dolor suceden en la conciencia y existen solo en ella. Mientras obedezcamos los hábitos de estímulo-respuesta socialmente condicionados que utilizan nuestras inclinaciones biológicas, estaremos controlados por el exterior. Mientras un anuncio deslumbrante nos haga salivar de deseo por el producto que anuncia o una bronca del jefe nos amargue el día, no seremos libres para determinar el contenido de la experiencia. Y ya que lo que experimentamos *es* la realidad, al menos en lo que a nosotros nos concierne, podemos transformar la realidad todo cuanto podamos influenciar lo que sucede en la conciencia y así nos liberaremos de las amenazas y los halagos del mundo exterior. «Los hombres no tienen miedo de las cosas, sino de cómo las ven», dijo Epicteto hace mucho tiempo. Y el gran emperador Marco Aurelio escribió: «Si te sientes dolido por las cosas externas, no son estas las que te molestan, sino tu propio juicio acerca de ellas. Y está en tu poder el cambiar este juicio ahora mismo».

Vías de liberación

La sencilla verdad de que el control de la conciencia determina la calidad de vida se conoce desde hace mucho tiempo; de hecho es tan antigua como la humanidad. El consejo del oráculo de Delfos que decía «conócete a ti mismo», lo implicaba de cierto modo. Y era claramente reconocido por Aristóteles, cuya idea de la "actividad virtuosa del alma" prefigura en muchos aspectos los argumentos de este libro y fue desarrollada por los filósofos estoicos en la antigüedad clásica. Las órdenes monásticas cristianas perfeccionaron varios métodos para aprender cómo canalizar los pensamientos y los deseos. Ignacio de Loyola lo racionalizó en sus famosos ejercicios espirituales. El último gran intento de liberar a la conciencia del dominio de los impulsos y del control social fue el psicoanálisis; como Freud señaló, los dos tiranos que luchan por el control de la mente son el Inconsciente y el Superyó, el primero es un criado de los genes y el segundo un lacayo de la sociedad (ambos representan el "Otro"). Opuesto a ellos está el Yo, que se ocupa de las necesidades genuinas de la persona relacionadas con su entorno concreto.

En Oriente, las técnicas para conseguir el control sobre la conciencia han proliferado y han alcanzado niveles de enorme perfección. Aunque sean muy diferentes la una a la otra en muchos aspectos, las disciplinas yoguis de la India, el enfoque taoísta elaborado en China y las variedades zen del budismo buscan liberar la conciencia de las influencias deterministas de las fuerzas exteriores (que son de naturaleza biológica o social). Así, por ejemplo, un yogui disciplina su mente para que ignore el dolor que la persona corriente no tendría otro remedio que dejar pasar a su conciencia; de forma similar puede ignorar las peticiones insistentes del hambre o del impulso sexual que muchas personas serían incapaces de resistir. El mismo efecto puede conseguirse de diferentes maneras, ya sea a través de perfeccionarse en una disciplina mental severa como el yoga o gracias a cultivar una espontaneidad constante como en el zen. Pero el resultado que buscan es idéntico: liberar la vida interna de la amenaza del caos, por un lado, y del rígido condicionamiento de los impulsos biológicos, por el otro, para convertirse, de esta manera, en personas independientes de los controles sociales que explotan ambos.

Pero si es cierto que las personas han conocido durante miles de años lo que nos hace libres y nos permite tener el control de la propia vida, ¿por qué no hemos hecho más progresos en esta dirección? ¿Por qué estamos tan indefensos, más incluso que nuestros antepasados, cuando nos enfrentamos al caos que interfiere en nuestra búsqueda de la felicidad? Hay al menos dos buenas explicaciones de este fracaso. En primer lugar, el tipo de conocimiento o sabiduría que uno precisa para emancipar la conciencia no es acumulativo. No puede condensarse en una fórmula, no puede memorizarse y luego aplicarse de forma rutinaria. Al igual que otras formas complejas de aprendizaje, como un juicio político maduro o un sentido estético refinado, deben aprenderse a través de las experiencias de ensayo y error de cada individuo, generación tras generación. El control sobre la conciencia no es simplemente una habilidad cognitiva, al menos tanto como la inteligencia. Necesita de la colaboración de las emociones y de la voluntad. No es suficiente saber cómo hacerlo; uno debe hacerlo de forma continuada, del mismo modo como los atletas o los músicos deben practicar lo que saben en teoría. Y esto nunca es fácil. El progreso es algo relativamente rápido en los campos que aplican el conocimiento al mundo material, tales como la física o la genética. Pero es dolorosamente lento cuando el conocimiento se aplica a modificar nuestros propios hábitos y deseos.

En segundo lugar, el conocimiento de cómo controlar la conciencia debe reformularse cada vez que el contexto cultural varía. La sabiduría de los místicos, de los sufíes, de los grandes yoguis o de los maestros zen debe de haber sido algo extraordinario en su tiempo (y tal vez fuese lo mejor en aquella época y cultura en concreto). Pero si lo trasplantamos a la California moderna, estos sistemas pierden bastante de su poder original. Contienen elementos que son específicos de su contexto original, y cuando estos componentes accidentales no se diferencian de lo que es esencial, el camino hacia la libertad se encuentra obstruido por zarzas de supercherías sin sentido. La forma ritual gana la partida al contenido y el buscador se vuelve a encontrar en el punto de partida.

El control sobre la conciencia no puede institucionalizarse. Tan pronto como se convierte en parte de un conjunto de normas y reglas sociales deja de ser una forma eficaz del modo que originalmente se pretendía. Por desgracia la rutinización se instala muy pronto. Freud aún estaba vivo cuando su búsqueda para liberar al Yo de sus opresores se convirtió en una ideología estática y en un profesión rígidamente regulada por normas. Marx fue aún menos afortunado: sus intentos para liberar a la conciencia de la tiranía de la explotación económica pronto se convirtieron en un sistema de represión que habría asustado a la mente de su fundador. Y como observaron Dostoievski y muchos otros, si Cristo hubiese regresado para predicar su mensaje de liberación en la Edad Media, habría sido crucificado de nuevo por los dirigentes de la misma iglesia cuyo poder mundano se había levantado en su nombre.

En cada nueva época –tal vez en cada generación, o incluso cada pocos años si las condiciones en que vivimos cambian con tanta rapidez– es necesario repensar y reformular qué es lo que permite tener autonomía en la conciencia. Los primeros cristianos ayudaron a las masas a liberarse del poder anquilosado del régimen imperial y de una ideología que solo podía ofrecer sentido a las vidas de los ricos y poderosos. La Reforma liberó a un gran número de personas de su explotación política y económica en manos de la Iglesia Romana. Los *filósofos* y más tarde los hombres de estado que diseñaron la Constitución de los Estados Unidos se resistieron a los controles establecidos por los reyes, los papas y la aristocracia. Cuando las condiciones de trabajo inhumanas se convirtieron en los obstáculos más evidentes para la libertad de los trabajadores de organizar su propia experiencia, como sucedió en la Europa industrial del siglo XIX, el mensaje de Marx se convirtió en algo especialmente importante. Los controles mucho más sutiles, pero igualmente coercitivos, de la Viena burguesa hicieron que el camino de liberación descubierto por Freud fuera adecuado para las personas cuyas mentes habían sido encadenadas por tales condiciones de vida. Los pensamientos de los Evangelios, de Martín Lutero, de los escritores de la Constitución, de Marx y de Freud –por solo mencionar unos pocos intentos realizados en Occidente para incrementar la felicidad mediante la proclamación de la libertad– siempre serán útiles y válidos aunque algunos de ellos hayan sufrido cambios negativos en su aplicación práctica. Pero ciertamente no se han terminado ni los problemas, ni las soluciones.

Una y otra vez volvemos a la pregunta central: ¿cómo conseguir el dominio sobre la propia vida y qué tiene que decir acerca de esto el presente estado de conocimiento? Y ¿cómo puede este dominio ayudar a una persona a liberarse de sus ansiedades y miedos y con ello liberarse de los controles de la sociedad, cuyas recompensas puede ahora tomar o dejar de lado? Tal y como sugerimos anteriormente, el modo es a través del control sobre la conciencia, lo que nos conduce al control sobre la calidad de la experiencia. Cualquier ganancia, por pequeña que sea, en esta dirección va a hacer que nuestra vida sea más rica, más divertida, con más significado. Antes de empezar a describir los modos en los cuales podemos mejorar la calidad de la experiencia, va a ser útil recordar brevemente cómo funciona la conciencia y qué significa realmente tener "experiencias". Si sabemos esto, podemos conseguir con mayor facilidad la liberación personal.

2. LA ANATOMÍA DE LA CONCIENCIA

En ciertos momentos de la historia, las culturas han dado por sentado que una persona no era totalmente tal hasta que aprendía a dominar sus pensamientos y sus sentimientos. En la China de Confucio, en la antigua Esparta, en la Roma republicana, en los primeros asentamientos de Nueva Inglaterra y entre las clases altas de la Inglaterra victoriana, las personas tenían la responsabilidad de mantener bien firmes las riendas de sus emociones. Cualquiera que se permitiese tener lástima de sí mismo, o quien dejase que el instinto dictase sus acciones en lugar de la razón, perdía el derecho de ser aceptado como miembro de la comunidad. En otros períodos históricos, como el que ahora estamos viviendo, la capacidad de controlarse a sí mismo no se tiene en tan alta estima. A las personas que lo intentan se las considera ridículas, "estiradas" o que no "están en la onda". Pero dicte lo que dicte la moda, parece que los que se toman en serio dominar lo que sucede en su conciencia viven una vida más feliz.

Para conseguir ese dominio, es obviamente importante comprender cómo funciona la conciencia. En el presente capítulo vamos a dar unos pasos en este sentido. Para empezar y precisamente para alejarnos de toda sospecha de que al hablar de la conciencia nos estamos refiriendo a algún proceso misterioso, debemos reconocer que, como cualquier otra dimensión de la conducta humana, es el resultado de unos procesos biológicos. Existe solo gracias a la increíblemente compleja arquitectura de nuestro sistema nervioso, que a su vez está construido según las instrucciones que contienen las moléculas proteínicas de nuestros cromosomas. Al mismo tiempo debemos reconocer que el modo en que trabaja la conciencia no está totalmente controlado por su programación biológica: en muchos de los aspectos que vamos a repasar en la páginas siguientes, se autodirige. En otras palabras, la conciencia ha desarrollado la capacidad de pasar por encima de sus instrucciones genéticas y dirigir su propio e independiente curso de acción.

La función de la conciencia es representar la información sobre lo que está sucediendo dentro y fuera del organismo de tal modo que el cuerpo pueda evaluarla y actuar en consecuencia. En este sentido, funciona como una central telefónica para las sensaciones, las percepciones, los sentimientos y las ideas, estableciendo prioridades entre toda esa información diversa. Sin la conciencia seguiríamos "sabiendo" qué sucede, pero reaccionaríamos de manera refleja, instintiva. Con la conciencia podemos evaluar de forma deliberada lo que los sentidos nos dicen y responder según esta evaluación. Y también podemos inventar información que no existía antes: puesto que tenemos conciencia podemos soñar despiertos, podemos mentir y también escribir bellos poemas o teorías científicas.

A lo largo de los oscuros siglos sin fin de su evolución, el sistema nervioso humano se ha convertido en algo tan complejo que ahora puede afectar sus propios estados, funcionando así, y hasta cierto punto, de forma independiente de su impronta genética y de su entorno objetivo. Una persona puede hacerse a sí misma feliz o miserable independientemente de lo que esté realmente sucediendo "fuera", tan solo cambiando los contenidos de su conciencia. Todos conocemos individuos que pueden transformar situaciones desesperadas en desafíos que superar, simplemente por la fuerza de su personalidad. Esta capacidad de perseverar a pesar de los obstáculos y retrocesos es la cualidad que la gente más admira en los demás, y con justicia, porque es probablemente el rasgo más importante, no solo para tener éxito en la vida, sino también para disfrutarla.

Para adquirir este rasgo de la personalidad, uno debe hallar la manera de ordenar la conciencia y ser capaz de controlar los sentimientos y pensamientos. Y lo mejor es no creer que existen atajos para lograrlo. Algunas personas tienen la tendencia a ponerse muy místicas cuando hablan de la conciencia y esperan que consiga milagros que de momento no está preparada para hacer. Les gustaría creer que todo es posible en lo que consideran como un reino espiritual. Otros individuos dicen tener el poder de sintonizar con vidas pasadas, comunicarse con entidades espirituales o realizar increíbles proezas de percepción extrasensorial. Cuando no son directamente fraudes, estos relatos suelen ser autoengaños, mentiras que la mente demasiado receptiva se dice a sí misma.

Los increíbles logros de los fakires hindúes y de otros practicantes de disciplinas mentales se presentan a menudo como ejemplos de los poderes ilimitados de la mente, y con mayor justificación. Pero incluso muchas de estas afirmaciones se vienen abajo cuando sometemos estos logros a investigación; los que superan el examen pueden explicarse en términos de un entrenamiento extremadamente especializado de la mente normal. Después de todo, no es necesario tener en cuenta las explicaciones místicas para explicar la actuación de un gran violinista o de un gran atleta, incluso cuando la mayoría de nosotros no podríamos ni imitar de lejos sus habilidades. De forma parecida, el yogui es un virtuoso del control de la conciencia. Y como todos los virtuosos debe estar muchos años aprendiendo y debe practicar constantemente. Al ser un especialista, no tiene el tiempo o la energía mental para hacer otra cosa que afinar su habilidad en manipular sus experiencias internas. Las habilidades que los yoguis poseen las logran a expensas de unas habilidades más mundanas que otras personas aprenden a realizar y que damos por sentadas. Lo que un yogui puede hacer es maravilloso, pero también lo es lo que hace un fontanero o un buen mecánico.

Tal vez con el tiempo descubramos poderes ocultos de la mente que nos permitan hacer saltos cuánticos en los que hoy en día solo podemos soñar. Y no hay razón alguna para descartar la posibilidad de que en un futuro seamos capaces de doblar cucharas con las ondas cerebrales. Pero en el momento en que estamos, cuando hay muchas otras tareas mundanas (no por ello menos urgentes) que realizar, parece una pérdida de tiempo desear poderes que están más allá de nuestro alcance cuando la conciencia, con todas sus limitaciones, podría utilizarse de manera mucho más efectiva. Aunque en su estado presente no pueda hacer lo que algunas personas desearían que hiciese, la mente tiene un enorme potencial desaprovechado que desesperadamente necesitamos aprender cómo usarlo.

Puesto que ninguna rama de la ciencia trata directamente de la conciencia, no hay una única descripción aceptada de cómo funciona. Muchas disciplinas tocan el tema y nos ofrecen acercamientos periféricos. La neurociencia, la neuroanatomía, la ciencia cognitiva, la inteligencia artificial, el psicoanálisis y la fenomenología son algunos de estos campos directamente relevantes donde elegir. Pero intentar resumir sus hallazgos sería algo parecido a las descripciones que los ciegos dieron del elefante: cada una distinta y cada una diferente a las demás. Sin duda deberíamos seguir aprendiendo de estas disciplinas cosas importantes sobre la conciencia, pero mientras tanto estamos solos frente a la tarea de obtener un modelo que se apoye en los hechos y que se exprese de una forma tan sencilla que todo el mundo pueda utilizarlo.

Aunque pueda sonar a jerga académica indescifrable, la descripción más breve del enfoque que creo más claro para examinar las facetas más importantes de lo que sucede en la mente, de un modo que pueda ser útil en la práctica de la vida cotidiana actual, es «un modelo fenomenológico de la conciencia basado en la teoría de la información». Esta representación de la conciencia es fenomenológica puesto que trata directamente con los eventos –fenómenos– tal y como los experimentamos e interpretamos, en lugar de centrarse en las estructuras anatómicas, los procesos neuroquímicos o los propósitos inconscientes que hacen posibles estos eventos. Por supuesto, se entiende que lo que sucede en la mente es el resultado de los cambios electroquímicos en el sistema nervioso central, tal y como ha sido construido por millones de años de evolución biológica. Pero la fenomenología cree que podemos entender mejor un evento mental si observamos directamente cómo se experimentó, en vez de mirarlo a través de la óptica especializada de una disciplina en particular. Así, en contraste con la fenomenología pura, que intencionadamente excluye cualquier otra teoría o ciencia de su método, el modelo que vamos a comentar adopta los principios de la *teoría de la información* como algo importante para comprender lo que sucede en la conciencia. Estos principios son el conocimiento de cómo se procesan, almacenan y utilizan los datos sensoriales (es decir, la dinámica de la atención y de la memoria).

Con este esquema en mente, ¿qué significa ser consciente? Simplemente significa que ciertos *eventos conscientes* concretos (sensaciones, sentimientos, pensamientos, intenciones) están ocurriendo y que nosotros somos capaces de dirigir su curso. Al contrario, cuando estamos soñando, algunos de estos mismos eventos también están presentes, pero no somos conscientes de ellos porque no podemos controlarlos. Por ejemplo, puedo estar soñando que recibo noticias de que un pariente se ha visto involucrado en un accidente y sentirme muy preocupado. Puedo pensar: «ojalá pudiese ayudar en algo». A pesar del hecho de que puedo percibir, sentir, pensar y tener intenciones mientras sueño, no puedo actuar en consecuencia con estos procesos (por ejemplo, verificando si lo que me han dicho acerca del accidente es cierto); por lo tanto, no soy consciente. En los sueños nos hallamos atrapados en un solo escenario que no podemos cambiar a voluntad, mientras que los eventos que constituyen la conciencia –las "cosas" que vemos, sentimos, pensamos y deseamos– son informaciones que podemos manipular y utilizar. Así, podemos pensar que la conciencia es *información intencionalmente ordenada*.

Esta seca definición, tan precisa como es, no sugiere en su totalidad la importancia que implica. Puesto que para nosotros los acontecimientos externos no existen a menos que seamos conscientes de ellos, la conciencia corresponde a la realidad tal y como la experimentamos subjetivamente. Mientras que todo lo que sentimos, olemos, escuchamos o recordamos es potencialmente un candidato para entrar a formar parte de nuestra conciencia, las experiencias que realmente forman parte de ella son muchas menos que las que dejamos fuera de la conciencia. Así, mientras que la conciencia es un espejo que refleja lo que nuestros sentidos nos cuentan sobre lo que sucede tanto fuera de nuestro cuerpo como dentro del sistema nervioso, refleja estos cambios de forma selectiva, da forma de manera activa a los eventos y les impone una realidad propia. La conciencia reflexiva nos ofrece lo que denominamos nuestra vida: la suma de todo lo que hemos oído, visto, sentido, esperado y sufrido desde el nacimiento a la muerte. Aunque creamos que existen cosas que están fuera de la conciencia, solo tenemos una evidencia directa de las que han encontrado un lugar en ella.

Como la central telefónica en la cual acontecimientos de todo tipo, procesados por los diferentes sentidos, se representan y se comparan, la conciencia puede contener una escasez de alimentos en África, el olor de una rosa, los resultados del índice Dow Jones y un plan para detenerse en una tienda y comprar pan; todo al mismo tiempo. Pero esto no significa que sus contenidos sean un caos sin sentido.

Podemos denominar *intenciones* a la fuerza que mantiene de forma ordenada a la información que se halla en la conciencia. Las intenciones surgen en la conciencia cuando una persona se da cuenta de que desea algo o quiere conseguir alguna cosa.

Las intenciones también son información, asimismo formada por las necesidades biológicas o por los objetivos sociales internalizados. Actúan como campos magnéticos, atrayendo la atención hacia algunos objetos y alejándola de otros, manteniendo nuestra mente centrada en algún estímulo con preferencia a los demás. A menudo denominamos a la manifestación de la intencionalidad con otros nombres, tales como instinto, necesidad, impulso o deseo. Pero todos estos son términos explicativos, que nos dicen por qué las personas actuamos de un modo y no de otro. La intención es un término más neutral y descriptivo. No dice *por qué* una persona va a hacer alguna cosa, simplemente afirma *que* lo hace.

Por ejemplo, cuando el nivel de azúcar en sangre baja más allá de un punto crítico, empezamos a sentirnos intranquilos: podemos sentirnos irritables y sudorosos, y tener dolor de estómago. Puesto que existen unas instrucciones genéticamente programadas que nos obligan a restaurar el nivel de azúcar en sangre, podemos empezar a pensar en comer. Buscamos comida hasta que comemos y ya no sentimos hambre. En este caso podríamos decir que el impulso del hambre ha organizado el contenido de la conciencia y nos ha obligado a centrar nuestra atención en la comida. Pero esto es ya una interpretación de los hechos, sin duda químicamente acertada, pero fenomenológicamente irrelevante. La persona hambrienta no sabe cuál es su nivel de azúcar en sangre, sabe únicamente que hay una información en su conciencia que ha aprendido a identificar como "hambre".

Una vez la persona sabe que tiene hambre, puede muy bien formar la intención de obtener algo que comer. Si hace esto su conducta sería la misma que si estuviese obedeciendo una necesidad o un impulso. Pero, alternativamente, podría despreciar por entero los síntomas del hambre. Puede tener alguna intención más fuerte y opuesta, como perder peso, querer ahorrar dinero o hacer ayuno por razón de sus creencias. A veces, como en el caso de los manifestantes políticos que desean morirse de hambre, la intención de mostrar sus opiniones ideológicas puede pasar por encima de las instrucciones genéticas y tener como resultado una muerte voluntaria.

Las intenciones, tanto las que adquirimos como las que heredamos se organizan en jerarquías de objetivos que especifican el orden de prioridad entre ellas. Para el manifestante, conseguir una determinada reforma política puede ser más importante que cualquier otra cosa, incluyendo su vida. Este objetivo tiene prioridad sobre todos los demás. De todos modos, la mayoría de las personas adopta objetivos "inteligentes" basados en las necesidades de su cuerpo (vivir una vida larga y saludable, obtener sexo, alimentarse bien y sentir bienestar) o en los deseos implantados por el sistema social (ser bueno, trabajar duro, gastar tanto como sea posible, vivir según las expectativas de los demás). Pero en todas las culturas hay suficientes excepciones como para demostrar que estos objetivos son bastante flexibles. Los individuos que se separan de las normas (héroes, santos, sabios, artistas y poetas, también locos y criminales) buscan en la vida cosas distintas a lo que buscan los demás. La existencia de estas personas muestra que la conciencia puede organizarse en términos de diferentes objetivos e intenciones. Cada uno de nosotros tiene esta libertad para controlar su realidad subjetiva.

Los límites de la conciencia

Si fuese posible expandir indefinidamente lo que la conciencia es capaz de abarcar, uno de los sueños fundamentales de la humanidad se convertiría en realidad. Sería algo casi tan bueno como ser inmortal u omnipotente, en resumen, ser dios. Podríamos pensarlo todo, sentirlo todo, hacerlo todo, registrar tanta información que podríamos llenar cada fracción de segundo con un rico tapiz de experiencias. En el espacio de una vida podríamos vivir un millón de vidas o –¿por qué no?– un infinito número de vidas.

Por desgracia, el sistema nervioso tiene unas limitaciones muy definidas acerca de cuánta información puede procesar en un momento dado. Sencillamente, aparecen demasiados "eventos" en la conciencia para que esta pueda reconocerlos y manejarlos de forma adecuada antes de que el siguiente evento, y el siguiente a este, desplacen al anterior. Atravesar una habitación al mismo tiempo que se mastica un chicle no es muy difícil, incluso aunque de algunos políticos se haya dicho que serían incapaces de hacerlo; pero, de hecho, no podemos hacer muchas más cosas de forma simultánea. Los pensamientos deben ir uno tras otro o nos liamos. Si estamos pensando sobre un problema no podemos experimentar realmente ni tristeza ni felicidad. No podemos correr, cantar y hacer el balance de nuestros gastos a la vez, porque cada una de estas actividades precisa de casi toda nuestra capacidad de atención.

Nuestro conocimiento científico ha llegado a esta conclusión, estamos a punto de ser capaces de estimar cuánta información puede procesar el sistema nervioso central. Parece que podemos manejar como máximo siete señales informativas (tales como sonidos distintos, estímulos visuales o cambios reconocibles de emoción o de pensamiento) en cualquier instante determinado; el tiempo más corto que tenemos para discriminar entre un grupo de señales y el siguiente es de 1/18 de segundo. Utilizando estas cifras se llega a la conclusión de que es posible procesar 126 bits por segundo, 7.560 por minuto o casi medio millón por hora. A lo largo de una vida de setenta años, y contando 16 horas despiertos al día, esto suma un total cercano a los 185 miles de millones de bits de información. Este total es todo lo que puede sucedernos en esta vida; cada pensamiento, recuerdo, sentimiento o acción. Parece un total enorme, pero en realidad no es tan grande.

La limitación de la conciencia viene demostrada por el hecho de que para comprender lo que otra persona está diciendo debemos procesar 40 bits de información cada segundo. Si asumimos que el límite máximo de nuestra capacidad son 126 bits por segundo, se concluye que entender lo que tres personas están diciendo simultáneamente es teóricamente posible, pero solo logrando mantener fuera de nuestra conciencia todos los demás pensamientos o sensaciones. Por ejemplo, no podemos tener conciencia de la expresión de quien está hablando, ni podemos preguntarnos por qué estará diciendo lo que dice, ni darnos cuenta de cómo está vestido.

Por supuesto, estas cifras solo sugieren cómo funciona la mente teniendo en cuenta las limitaciones de nuestro conocimiento actual. Se podría argumentar de forma plausible tanto que estamos sobrestimando la capacidad de la mente para procesar información como que la estamos subestimando. Los optimistas afirman que durante el curso de la evolución el sistema nervioso se ha convertido en un experto en comprimir señales informativas y por ello la capacidad de procesarlas aumenta constantemente. Funciones simples como sumar todos los números de una columna o conducir un coche pueden automatizarse, dejando libre a la mente para que se ocupe de más datos. También aprendemos cómo comprimir y almacenar información gracias a métodos simbólicos: el lenguaje, las matemáticas, los conceptos abstractos y las narraciones. Cada parábola de la Biblia, por ejemplo, intenta codificar la experiencia duramente adquirida por muchos individuos durante un número desconocido de eones de tiempo. La conciencia, argumentan los optimistas, es un "sistema abierto"; en efecto, puede expandirse indefinidamente y ahí no es necesario tener en cuenta sus limitaciones.

Pero la habilidad para comprimir estímulos no nos ayuda tanto como podríamos esperar. Los requerimientos de la vida siguen dictando que gastemos un 8% del tiempo en que estamos despiertos en comer, y casi la misma cantidad de tiempo cuidando de las necesidades personales del cuerpo, tales como lavarse, vestirse, afeitarse o ir al lavabo. Estas dos actividades, por sí solas, ocupan el 15% de la actividad de la conciencia y mientras estamos ocupados en ellas no podemos hacer otras cosas que requieran una concentración seria. Pero incluso cuando no haya nada más presionando para ocupar la mente, la mayoría de las personas está muy por debajo de esa capacidad máxima de procesamiento de la información. En ese espacio de tiempo próximo a un tercio del día que se hallan libres de obligaciones, en su precioso tiempo de "ocio", la mayoría de las personas parece utilizar su mente lo menos posible. La mayor parte del tiempo libre –casi la mitad de él en el caso de los norteamericanos adultos– se pasa frente al televisor. Los argumentos y los personajes de las series más populares son tan repetitivos que, aunque ver la televisión requiere procesar imágenes visuales, apenas se requiere el uso de la memoria, el pensamiento o la voluntad. No es sorprendente, pues, que la gente muestre los niveles más bajos en concentración, en uso de sus capacidades, en claridad de ideas y en sensación de fuerza cuando mira la televisión. Las otras actividades de ocio que suelen realizar las personas cuando están en su casa, solo les exigen algo más de esfuerzo. Leer la mayoría de periódicos o revistas, hablar con otras personas y mirar por la ventana también requieren procesar muy poca información nueva y, por lo tanto, precisan de muy poca concentración.

Así que los 185 mil millones de eventos de los que podríamos disfrutar en el total de nuestros días tanto pueden ser una estimación exagerada como pueden estar por debajo de la realidad. Si consideramos el total de datos que el cerebro podría procesar teóricamente, el número sería tal vez demasiado bajo; pero si observamos cómo las personas utilizan realmente su mente, definitivamente es demasiado alto. En cualquier caso, un individuo solo puede experimentar esa cantidad. Y así la información que permitimos que entre en nuestra conciencia se convierte en algo extremadamente importante, de hecho es lo que determina el contenido y la calidad de nuestra vida.

La atención como energía psíquica

La información entra en la conciencia ya sea porque hemos centrado la atención en ella o como resultado de nuestros hábitos basados en las instrucciones sociales o biológicas. Por ejemplo, al conducir por la autopista adelantamos cientos de coches sin ser realmente conscientes de ello. Su forma y su color pueden registrarse en una fracción de segundo para luego ser inmediatamente olvidados. Pero en ocasiones advertimos un vehículo en particular, tal vez porque está haciendo eses de forma rara entre los carriles o porque se mueve a muy poca velocidad o por su apariencia poco usual. La imagen de este coche poco corriente entra en el foco de la conciencia y nos damos cuenta de él. En la mente, la información visual sobre el coche (por ejemplo: hace eses) se relaciona con la información sobre otros coches errantes que tenemos guardada en la memoria, para determinar en qué categoría encaja la situación presente. ¿Es un conductor novato, un conductor borracho o un conductor competente que momentáneamente se ha distraído? Tan pronto como el acontecimiento encaja en una clase ya conocida de acontecimientos, está identificado. Ahora debemos evaluarlo: ¿hay algo de qué preocuparse? Si la respuesta es sí deberemos decidir una acción apropiada: ¿tenemos que acelerar, aminorar la velocidad, cambiar de carril, detenernos y avisar a la policía de tráfico?

Todas estas complejas operaciones mentales deben completarse en unos pocos segundos, a veces en una fracción de segundo. Cuando estamos formando este juicio nos parece que reaccionamos a la velocidad del rayo, pero esto ocurre en un tiempo muy real. Y no sucede de forma automática: existe un proceso que hace posible una reacción como ésta, y tal proceso se llama *atención*. Es la atención la que selecciona las señales de información relevantes entre los potenciales millones de señales posibles. También se precisa de la atención para recuperar de la memoria las referencias apropiadas, para evaluar el acontecimiento y luego elegir la acción correcta.

A pesar de sus grandes poderes, la atención no puede superar los límites anteriormente descritos. No puede percibir o mantener enfocada más información de la que puede ser procesada de forma simultánea. Recuperar información del almacén de la memoria y traerla al foco de la conciencia, comparar la información, evaluarla y decidir son exigencias que reclamamos a la limitada capacidad de la mente para procesar. Por ejemplo, el conductor que se da cuenta de un coche haciendo eses va a tener que dejar de hablar por su teléfono móvil si desea evitar un accidente.

Algunas personas aprenden a utilizar este recurso tan valioso de forma eficiente, mientras que otras lo desperdician. La señal de que una persona controla la conciencia es que tiene la habilidad de centrar su atención a voluntad, que puede evitar las distracciones y concentrarse tanto tiempo como lo necesite para alcanzar su objetivo, y no más. Y la persona que puede hacer esto normalmente disfruta con el curso normal de su vida cotidiana.

Me vienen a la mente dos personas muy diferentes con las que ilustrar cómo se puede utilizar la atención para ordenar la conciencia y para que sirva a nuestros fines. La primera es E., una europea que es una de las mujeres más famosas y poderosas en su país. Es una investigadora de reputación internacional que al mismo tiempo ha levantado un negocio en alza que emplea a cientos de personas y que ha estado en primera línea en su campo durante una generación. E. viaja constantemente y asiste a reuniones políticas, de negocios y profesionales, cambiando su lugar de residencia entre las varias casas que posee por todo el mundo. Si hay un concierto en una ciudad mientras E. está en ella, probablemente E. se encontrará entre el público; en sus momentos libres se dirigirá al museo o a la biblioteca. Y mientras está en la reunión, estará esperando visitar la galería de arte local o el museo y, de camino a casa, comentará con su empleado qué opina de las pinturas que ha visto.

No hay en la vida de E. ni un minuto desperdiciado. Normalmente está escribiendo, resolviendo problemas, leyendo uno de los cinco periódicos o los capítulos de libros previamente seleccionados que diariamente forman parte de su agenda, o simplemente haciendo preguntas, observando con curiosidad qué pasa o planeando su nueva tarea. Muy poco de su tiempo se dedica a las funciones rutinarias de la vida. Charlar o estar con otras personas por mera educación es algo que a veces debe hacer, pero lo evita siempre que sea posible. De todos modos, cada día dedica algún tiempo a recargar su mente mediante procedimientos tan simples como estar de pie a la orilla del lago durante quince minutos, de cara al sol y con los ojos cerrados. O puede llevar a pasear a sus perros por las colinas que están cerca de la ciudad. E. tiene tanto control de sus procesos de atención que puede desconectar su conciencia a voluntad y permitirse una cabezadita reparadora cada vez que tiene algún momento libre.

La vida de E. no ha sido fácil. Su familia se empobreció tras la Primera Guerra Mundial y ella misma perdió todo lo que tenía, incluso su libertad, en la Segunda Guerra Mundial. Hace unas décadas tuvo una enfermedad crónica que sus médicos creían que iba a serle fatal. Pero ella lo recuperó todo, incluso su salud, disciplinando su atención y evitando dispersarla en pensamientos o actividades improductivas. Hoy en día irradia puro brillo de energía. Y a pesar de las dificultades por las que ha pasado y de la intensidad de su vida actual, parece disfrutar cada minuto de ella.

La segunda persona que me acude a la mente es, en muchos aspectos, lo opuesto a E.; su único parecido es la misma agudeza en la atención. A primera vista, R. es un hombre menudo en el que apenas si nos fijaríamos. Tímido hasta el punto de casi desaparecer, podría olvidarlo fácilmente si tuviese con él un breve encuentro. Aunque solo lo conocen unas cuantas personas, su reputación es muy grande. Es un maestro en una arcana especialidad universitaria y al mismo tiempo es un poeta de versos exquisitos traducidos a muchos idiomas. Cada vez que alguien habla de él nos sugiere la imagen de un pozo profundo lleno de energía. Cuando habla, sus ojos se fijan en todo, cada frase que escucha la analiza de tres o cuatro maneras distintas antes de que quien la dice la haya terminado. Las cosas que las personas dan por supuestas, a él le sorprenden, y hasta que las imagina en su manera original y perfecta no deja de pensar en ellas.

Aun a pesar de su esfuerzo constante por centrar su inteligencia, R. da la impresión de calma y serenidad. Siempre parece ser consciente de los detalles más pequeños de las actividades que le rodean. Pero R. no advierte las cosas para cambiarlas o para juzgarlas, se contenta con registrar la realidad, entenderla y, tal vez entonces, expresar su comprensión. R. no va a causar el impacto inmediato en la sociedad que provoca E., pero su conciencia es tan ordenada y compleja como la suya; su atención se emplea al máximo interactuando con el mundo que le rodea y, como E., parece disfrutar intensamente de su vida.

Cada persona distribuye su limitada atención ya sea centrándola intencionadamente como un rayo de energía –así hacen E. y R. en los ejemplos anteriores– o dispersándola en movimientos aleatorios. La forma y el contenido de la vida dependen de cómo utilicemos la atención. Según cómo lo hagamos, resultarán realidades totalmente diferentes. Los nombres que utilizamos para describir rasgos de la personalidad –como *extravertido, triunfador o paranoico*– se refieren a los esquemas que han utilizado las personas para estructurar su atención. En la misma fiesta, el extravertido va a buscar y disfrutar de la interacción con los demás, el triunfador va a buscar contactos que le serán útiles para hacer negocios y el paranoico estará en guardia buscando los signos de peligro que debe evitar. La atención puede emplearse de innumerables maneras, y estas maneras pueden conseguir que en la vida se disfrute o se sufra.

La flexibilidad de las estructuras de la atención es aún más obvia cuando la comparamos a través de diferentes culturas o clases profesionales. Los cazadores esquimales están entrenados para distinguir entre docenas de tipos de nieve y siempre son conscientes de la dirección y de la fuerza del viento. Los marineros tradicionales de la Melanesia pueden ser llevados con los ojos vendados a cualquier punto del océano dentro de un radio de varios cientos de kilómetros lejos de su isla y, si se les deja flotando en el agua durante unos minutos, son capaces de saber dónde se hallan por las corrientes que sienten con su cuerpo. Un músico estructura su atención para centrarla en matices del sonido que las personas normales no oímos, un financiero se da cuenta de los cambios más sutiles en el mercado (cambios que los demás no registramos), un buen médico tiene un ojo increíble para detectar los síntomas; todos ellos han entrenado su atención para procesar señales que de otro modo pasarían inadvertidas.

Puesto que la atención determina lo que aparecerá o no en la conciencia, y puesto que también es necesaria para que sucedan otros actos mentales –como el recuerdo, el pensamiento, el sentimiento y la toma de decisiones–, es útil pensar en ella como *energía psíquica*. La atención es como la energía sin la cual no podemos trabajar en nada y que mientras trabajamos se disipa. Somos capaces de crearnos a nosotros mismos según cómo invirtamos esa energía. Los recuerdos, pensamientos y sentimientos están definidos por cómo la utilizamos. Y es una energía bajo nuestro control, para hacer con ella lo que nos guste; por ello la atención es la herramienta más importante en la tarea de mejorar la calidad de la experiencia.

Entrar en la personalidad

Pero ¿a quiénes se refieren esos pronombres de primera persona de las líneas anteriores? ¿Quiénes son esos *nosotros* y *nuestros* que se supone que controlan la atención? ¿Dónde está el *Yo*, la entidad que decide qué hacer con la energía psíquica generada por el sistema nervioso? ¿Dónde está el capitán del barco? ¿Dónde reside el dueño del alma?

En cuanto consideramos estas preguntas siquiera por un momento, nos damos cuenta de que el *Yo*, o la *personalidad*, que será como nos referiremos a él a partir de ahora, también es uno de los contenidos de la conciencia. Es el que nunca está muy lejos del centro de la atención. Por supuesto, mi propia personalidad existe solamente en mi propia conciencia; en la conciencia de los que me conocen solo habrá versiones de mí mismo, y la mayoría serán irreconocibles para el "original" –yo, tal y como me percibo.

De todos modos, la personalidad no es un fragmento normal de información. De hecho, contiene todo lo que ha pasado por la conciencia: recuerdos, acciones, deseos, placeres y dolores. Y más que cualquier otra cosa, la personalidad representa la jerarquía de objetivos que he construido, pieza a pieza, a lo largo de los años. La personalidad del activista político puede convertirse en algo indistinguible de su ideología, o la personalidad del banquero puede estar atrapada en sus inversiones. Por lo general no pensamos en nuestra personalidad de este modo. Habitualmente solo somos conscientes de una pequeña parte de ella, como cuando conscientemente nos fijamos en nuestro aspecto, en qué impresión estamos causando o en lo que realmente nos gustaría hacer si pudiésemos. La gran mayoría de las veces relacionamos nuestra personalidad con nuestro cuerpo, a veces ampliamos sus fronteras para identificarlo con un coche, una casa o una familia. Pero, aunque no seamos muy conscientes de ello, la personalidad es el elemento más importante de la conciencia en muchos aspectos, puesto que representa simbólicamente todos los demás contenidos de la conciencia y también el esquema de sus interrelaciones.

El paciente lector que haya seguido esta reflexión hasta aquí puede tener en este punto una ligera impresión de circularidad. Si la atención, o la energía psíquica, se dirigen a la personalidad y la personalidad es la suma de los contenidos de la conciencia y la estructura de sus objetivos; y si los contenidos de la conciencia y los objetivos son el resultado de las diversas maneras de hacer trabajar a la atención, tenemos un sistema que está girando sobre sí mismo, sin causas o efectos claramente definidos. En un punto decimos que la personalidad dirige la atención y en el otro que la atención determina la personalidad. De hecho, ambas afirmaciones son ciertas: la conciencia no es un sistema estrictamente lineal, sino que es un sistema en el cual impera una causalidad circular. La atención da forma a la personalidad pero, a su vez, es formada por esta última.

Un ejemplo de este tipo de causalidad es la experiencia de Sam Browning, uno de los adolescentes que hemos seguido con nuestras investigaciones longitudinales. Sam, cuando tenía quince años, fue con su padre a las Bermudas durante unas vacaciones de Navidad. En aquella época no sabía qué quería hacer con su vida; su personalidad estaba relativamente poco formada, carecía de una identidad propia. Sam no tenía objetivos claramente diferenciados, quería exactamente lo que se supone que quieren otros niños de su edad, ya sea por su programación genética o porque su entorno social le decía que lo desease, de modo que pensaba vagamente en ir a la universidad, encontrar un trabajo bien pagado, casarse y vivir en las afueras. En las Bermudas, el padre de Sam le llevó de excursión a la barrera de coral y se sumergieron para explorar el arrecife. Sam no podía creer lo que veían sus ojos. Halló tan seductor aquel enigmático, bello y peligroso entorno que decidió familiarizarse más con él. Así que se apuntó a varios cursos de biología en la universidad y acabó convirtiéndose en un científico marino.

En el caso de Sam, un acontecimiento accidental se impuso en su conciencia: la belleza desafiante del océano. No había planificado tener esta experiencia, no fue el resultado de su personalidad ni de sus objetivos que dirigiera la atención hacia allí. Pero una vez fue consciente de lo que sucedió bajo el mar, a Sam *le gustó*, la experiencia resonó junto a otras cosas que previamente había disfrutado cuando las hacía, con los sentimientos que tenía acerca de la naturaleza y la belleza, con las prioridades que había establecido a lo largo de los años sobre lo que era importante. Sintió que la experiencia era algo bueno, algo que valía la pena buscar de nuevo. Así convirtió aquel acontecimiento accidental en una estructura de objetivos (aprender más acerca del océano, tomar cursos, seguir estudiando hasta llegar a la universidad, encontrar trabajo como biólogo marino) y todo ello se convirtió en una parte central de su personalidad. Desde entonces, sus objetivos dirigieron la atención de Sam para que se centrase más y más en el océano y en la vida que acoge, cerrando así el círculo de la causalidad. Al principio la atención ayudó a dar forma a su personalidad, es decir, cuando se dio cuenta de la belleza del mundo subacuático al que había llegado por accidente; más tarde, cuando buscó de forma intencionada el conocimiento de la biología marina, su personalidad empezó a dar forma a su atención. No hay nada poco usual en el caso de Sam, porque muchas personas desarrollan sus estructuras de atención de forma parecida.

En este punto ya tenemos casi todos los componentes que necesitamos para entender cómo se puede controlar la conciencia. Hemos visto que la experiencia depende de la manera en que utilizamos la energía psíquica (en la estructura de la atención), la cual, a su vez, está en relación con los objetivos y las intenciones. Estos procesos están conectados entre sí por la personalidad, o sea, por la dinámica representación mental que tenemos del sistema entero de nuestros objetivos.

Estas son las piezas que debemos mover si deseamos mejorar las cosas. Por supuesto, la existencia también puede ser mejorada por sucesos externos, como ganar unos millones de dólares en la lotería, casarse con la mujer o el hombre adecuados, o ayudar a cambiar un sistema social injusto. Pero incluso estos sucesos maravillosos deben tomar su lugar en la conciencia y deben conectarse positivamente a nuestra personalidad antes de que puedan afectar a nuestra calidad de vida.

La estructura de la conciencia comienza a surgir, pero lo que tenemos es un cuadro más bien estático, que ha esbozado los elementos, pero no los procesos mediante los cuales interactúan.

Ahora necesitamos considerar qué sigue a continuación, qué sucede cuando la atención trae una nueva información a la conciencia. Solo entonces estaremos listos para conseguir entender cómo podemos controlar la experiencia, y con ello habremos cambiado para mejorar.

El desorden en la conciencia: la entropía psíquica

Una de las principales fuerzas adversas que afectan a la conciencia es el desorden psíquico, es decir, cuando la información entra en conflicto con las intenciones previamente existentes o cuando nos distrae y nos impide llevarlas a cabo. Damos a esta condición muchos nombres, según cómo la vivamos: dolor, miedo, rabia, inquietud o celos. Todas estas variedades de desorden fuerzan a la atención a desviarse hacia objetivos indeseables, con lo que no somos libres para usarla según nuestras preferencias. La energía psíquica se convierte entonces en algo rígido e ineficaz.

La conciencia puede desordenarse de muchas maneras. Por ejemplo, en una fábrica que produce equipos audiovisuales, Julio Martínez –una de las personas que estudiamos con el Método del Muestreo de la Experiencia– se siente apático en su trabajo. Mientras los proyectores de cine pasan frente a él sobre la línea de montaje, se distrae y apenas mantiene el ritmo de movimientos necesario para soldar las conexiones de la que es responsable. Normalmente puede hacer su parte del trabajo con tiempo de sobra para relajarse un rato y bromear antes de que la próxima unidad se detenga ante él. Pero hoy le cuesta seguir el ritmo, y a veces es él quien demora la línea entera. Cuando el hombre que está en el puesto siguiente le regaña, Julio le devuelve irritado el comentario. Desde la mañana hasta la hora de irse a casa la tensión ha ido aumentando y explota en la relación con sus compañeros de trabajo.

El problema de Julio es simple, casi trivial, pero ha estado pesando en su mente. Una tarde de hace unos días, llegando a casa desde el trabajo, advirtió que uno de sus neumáticos estaba muy bajo. A la mañana siguiente el borde de la rueda casi tocaba el suelo. Julio no recibiría su paga hasta finales de la semana siguiente y estaba seguro de que no tendría dinero suficiente hasta entonces para reparar el neumático o para comprar otro nuevo. El crédito era algo que no había aprendido a usar. La fábrica estaba en los suburbios, a unos treinta kilómetros de distancia de donde vivía, y tenía que llegar a las ocho de la mañana. La única solución en que Julio podía pensar era en conducir con cuidado hasta la estación de servicio por la mañana, llenar el neumático de aire, y entonces conducir hacia su trabajo lo más rápidamente posible. Después del trabajo el neumático estaba nuevamente sin aire, así que lo inflaba en una gasolinera cerca de la fábrica y se iba a casa.

En la mañana en cuestión resulta que había estado haciendo esto durante tres días, esperando que el método funcionase hasta la próxima paga. Pero esta vez, por el tiempo que había empleado en llegar a la fábrica, difícilmente podría conducir el automóvil de vuelta porque la llanta estaba tocando el suelo. Durante todo el día se preocupó: «¿Llegaré a casa esta noche? ¿Cómo conseguiré ir a trabajar mañana por la mañana?» Estas preguntas estuvieron dando vueltas en su mente, distrayéndole de la concentración sobre su trabajo y poniéndole de mal humor.

Julio es un buen ejemplo de lo que sucede cuando el orden interno de la personalidad se desorganiza. El modelo básico es siempre el mismo: aparece en la conciencia alguna información que entra en conflicto con las metas de un individuo. Según lo central que sea esa meta para la personalidad y lo grave que sea la amenaza, cierta cantidad de atención tendrá que movilizarse para eliminar el peligro, por lo que quedará menos atención libre para ocuparse de otros asuntos. Para Julio, mantener un trabajo era una meta de prioridad muy alta. Si lo perdía, todas sus otras metas estarían comprometidas; por lo tanto, conservarlo era esencial para sustentar el orden de su personalidad. El pinchazo estaba poniendo en juego su trabajo y, consiguientemente, absorbió un gran cantidad de su energía psíquica.

Cuando la información desorganiza la conciencia al amenazar sus metas, sucede el desorden interior, o *entropía psíquica*, una desorganización de la personalidad que menoscaba su efectividad. Las experiencias prolongadas de este tipo pueden debilitar la personalidad hasta el punto de no ser capaz de prestar atención a las cosas y perseguir sus metas.

El problema de Julio era relativamente leve y transitorio. Un ejemplo más grave de entropía psíquica es el caso de Jim Harris, un estudiante con talento de segundo año de escuela superior que participó en una de nuestras encuestas. Solo en su casa, un miércoles por la tarde, estaba frente al espejo en la alcoba que sus padres solían compartir. En el radiocassette que se hallaba a sus pies sonaba una cinta de los Grateful Dead, como había estado sonando casi sin interrupción desde la semana pasada. Jim se puso una de las ropas favoritas de su padre, una gruesa camisa de gamuza verde que su padre había llevado puesta cuando los dos habían ido de acampada juntos. Al pasar su mano sobre la cálida tela, Jim recordó el sentimiento agradable de abrazarse a su papá en la tienda de campaña, mientras las gaviotas reían volando a través del lago. En su mano derecha, Jim sostenía un par de grandes tijeras de coser. Las mangas eran demasiado largas para él y se preguntaba si se atrevería a recortarlas. ¿Papá se pondría furioso... o tal vez no se daría cuenta? Unas horas más tarde, Jim yacía en su lecho. Sobre la mesilla de noche que había a su lado un bote de aspirinas estaba ahora vacío, aunque un momento antes había setenta pastillas.

Los padres de Jim se habían separado el año anterior y ahora estaban consiguiendo el divorcio. Durante la semana, mientras estaba en la escuela, Jim había vivido con su madre. El viernes por la tarde empaquetó sus cosas y se fue con su padre al nuevo apartamento que este tenía en las afueras. Uno de los problemas de este acuerdo era que nunca podía estar con sus amigos: durante la semana todos estaban demasiado ocupados y los fines de semana Jim se iba a un lugar donde no conocía a nadie. Pasaba sus ratos libres hablando por teléfono, tratando de relacionarse con sus amigos. O escuchando canciones que eran el eco de la soledad que lo corroía por dentro. Pero lo peor para Jim era que sus padres luchaban constantemente por ganarse su lealtad. Hacían comentarios despectivos el uno del otro, tratando de hacer sentir culpable a Jim si mostraba cualquier interés o amor hacia el uno en presencia del otro. «¡Ayudadme! –garabateó en su diario unos días antes de su intento suicida–. Yo no quiero odiar a mi mamá, yo no quiero odiar a mi papá. Quiero que paren de hacerme esto».

Por suerte la hermana de Jim se dio cuenta del bote vacío de aspirinas y llamó a su madre; Jim acabó en el hospital, donde le hicieron un lavado de estómago y se sostuvo sobre sus pies en unos pocos días. Miles de niños de su edad no son tan afortunados.

El pinchazo que provocó a Julio un pánico temporal y el divorcio que casi mata a Jim no actúan directamente como las causas físicas que provocan un efecto físico como, por ejemplo, una pelota de billar que golpea a otra y hace una carambola en una dirección predecible. El suceso externo aparece en la conciencia puramente como información, sin tener necesariamente un valor positivo o negativo adjunto. Es la personalidad la que interpreta esa información bruta dentro del marco de sus intereses y determina si es algo nocivo o no. Por ejemplo, si Julio hubiese tenido más dinero o crédito, su problema habría sido perfectamente inocuo. Si en el pasado hubiese invertido más energía psíquica en hacer amigos en el trabajo, el pinchazo no habría creado aquel pánico, porque podría haber pedido a uno de sus compañeros de trabajo que lo llevase en coche durante unos días. Y si hubiese tenido una mayor confianza en sí mismo, el problema no le habría afectado tanto porque habría confiado en su capacidad para superarlo de alguna manera. De forma similar, si Jim hubiese sido más independiente, el divorcio no le habría afectado tan profundamente. Pero a su edad sus metas deben de haber estado todavía demasiado estrechamente ligadas a las de su madre y su padre para que la crisis entre ellos también provocara una crisis en su personalidad. Si hubiese tenido a sus amigos más cerca o una mayor cantidad de metas logradas con éxito, su personalidad habría tenido la fortaleza necesaria para mantener su integridad. Tuvo la suerte de que después de la crisis sus padres se dieron cuenta del problema y buscaron ayuda para ellos mismos y para su hijo, restableciendo una relación lo suficientemente estable con Jim como para permitirle seguir con la tarea de construir una personalidad fuerte.

Cada información que procesamos se evalúa según su relación con la personalidad. ¿Es una amenaza a nuestras metas, las apoya o es neutral? La noticia de la caída de la bolsa trastornará al banquero, pero podría reforzar el sentido de personalidad del activista político. Una nueva información creará desorden en la conciencia y conseguirá que nos enfrentemos a la amenaza, o bien reforzará nuestras metas y así liberará energía psíquica.

Orden en la conciencia: flujo

El estado opuesto de la condición de entropía psíquica es la experiencia óptima. Cuando la información que llega a la conciencia es congruente con nuestras metas, la energía psíquica fluye sin esfuerzo. No hay necesidad de preocuparse, no existe ninguna razón para cuestionarse la propia capacidad. Pero cuando la persona se detiene a pensar sobre sí misma, la evidencia es alentadora: «lo estás haciendo bien». La retroalimentación positiva fortalece la personalidad y la atención es más libre para enfocarse en el entorno exterior y el interior.

Otro de nuestros sujetos, un trabajador llamado Rico Medellín, consigue este sentimiento con bastante frecuencia en su trabajo. Trabaja en la misma fábrica que Julio, un poco más adelante en la línea de montaje. La tarea que tiene que desempeñar sobre cada unidad que pasa frente a él le lleva cuarenta y tres segundos el realizarla; en un día de trabajo repite exactamente la misma operación casi seiscientas veces. La mayoría de la gente se cansaría muy pronto de un trabajo como éste. Pero Rico ha estado haciéndolo durante cerca de cinco de años y todavía disfruta realizándolo. La razón es que él se toma su tarea del mismo modo que un atleta olímpico se toma su entrenamiento: «¿cómo puedo bajar el tiempo de mi registro?» Como un corredor que se entrena desde hace años para bajar unos segundos la marca de su mejor resultado en las carreras, Rico se ha entrenado para mejorar su tiempo en la línea de montaje. Con el cuidado de un cirujano, ha desarrollado una rutina personal sobre cómo usar sus herramientas, cómo hacer sus movimientos. Después de cinco años, su mejor promedio al día ha sido de veintiocho segundos por unidad. En parte trata de mejorar su rendimiento para ganar una bonificación y el respeto de sus supervisores, pero frecuentemente ni siquiera deja que los demás se den cuenta de que va adelantado y deja que su éxito pase inadvertido. Para él es suficiente saber que puede hacerlo, porque cuando trabaja al máximo, la experiencia es tan maravillosa que le resulta casi doloroso bajar el ritmo. «Es mejor que cualquier otra cosa –dice Rico–. Es mucho mejor que ver la televisión.» Rico sabe que muy pronto alcanzará el límite más allá del cual ya no será capaz de mejorar su rendimiento en el trabajo. Por ello, dos veces a la semana va a clases nocturnas de electrónica. Cuando consiga su diploma, buscará un trabajo más complejo, uno que presumiblemente abordará con el mismo entusiasmo que ha mostrado hasta ahora.

Para Pam Davis es mucho más fácil lograr este armonioso estado de naturalidad mientras trabaja. Es abogada en una pequeña firma y se siente afortunada por llevar casos difíciles y que le supongan un desafío. Pasa las horas en la biblioteca, buscando referencias y planteando posibles cursos de acción para los socios más importantes de la firma. Frecuentemente la concentración es tan intensa que se olvida de almorzar, y cuando se da cuenta de que tiene hambre ya está oscuro afuera. Mientras se halla inmersa en su trabajo, todas las informaciones encajan: incluso cuando se siente temporalmente frustrada sabe cuál es la causa de esa frustración y cree que, finalmente, el obstáculo podrá superarse.

Estos ejemplos ilustran lo que queremos decir con la experiencia óptima. Son situaciones en las que la atención puede emplearse libremente para lograr las metas de una persona, porque no hay ningún desorden que corregir ni ninguna amenaza para la personalidad de la que haya que defenderse. Hemos llamado a este estado *experiencia de flujo*, porque este es el término que mucha gente que habíamos entrevistado usó en sus descripciones de cómo era sentirse en plena forma: «era como estar flotando», «me sentía llevada por el flujo». Es lo contrario a la entropía psíquica –de hecho, a veces se la llama *negentropía*– y quienes logran desarrollarla obtienen una personalidad más segura y más fuerte, porque su energía psíquica se ha invertido con éxito en las metas que ellos mismos habían elegido perseguir.

Cuando una persona es capaz de organizar su conciencia para experimentar flujo tan frecuentemente como le sea posible, la calidad de vida mejora inevitablemente porque, como en el caso de Rico y Pam, incluso las rutinas de trabajo, normalmente aburridas, llegar a ser agradables y a tener un propósito. En el flujo nosotros tenemos el control de nuestra energía psíquica y todo lo que hagamos añade más orden a la conciencia. Uno de nuestro sujetos, un conocido escalador de la Costa Oeste, explica de forma concisa la relación entre la ocupación que le da un sentido profundo de flujo y el resto de su vida: «Es maravilloso estar cada vez más y más cerca de la autodisciplina. Haces que tu cuerpo se trabaje y te duele todo; entonces admiras tu propia personalidad, lo que has hecho, tu mente da un vuelco. Llegas al éxtasis, la autorrealización. Si ganas un número suficiente de batallas en la lucha contra ti mismo, por lo menos durante un momento llega a ser más fácil ganar las batallas en el mundo».

La "batalla" no es realmente *contra* la personalidad, sino contra la entropía que trae desorden a la conciencia. Es realmente una batalla *por* la personalidad; es una pugna para establecer el control sobre la atención. La pugna no tiene que ser necesariamente física, como en el caso del alpinista, pero quien ha experimentado el flujo sabe que el disfrute profundo que provoca requiere un grado igual de concentración disciplinada.

La complejidad y el crecimiento de la personalidad

Tras una experiencia de flujo, la organización de la personalidad es más compleja de lo que había sido antes. Y como llega a ser cada vez más compleja, podría decirse que la personalidad crece. La complejidad es el resultado de dos procesos psicológicos: la *diferenciación* y la *integración*. La diferenciación implica un movimiento hacia la originalidad, hacia separarse de los demás. La integración se refiere a lo opuesto: a la unión con otras personas, con ideas y entidades más allá de la personalidad. Una personalidad compleja es la que logra combinar estas tendencias opuestas.

La personalidad se vuelve más diferenciada como resultado del flujo, porque al superar un desafío la persona se siente, inevitablemente, más capaz, más experta. Como el alpinista decía: «admiras tu propia personalidad, lo que has hecho, y tu mente da un vuelco». Después de cada episodio de flujo la persona se va convirtiendo en un individuo único, menos predecible, poseedor de habilidades poco comunes.

La complejidad frecuentemente se considera como algo negativo, sinónimo de dificultad y confusión. Y esto puede ser cierto, pero únicamente si lo igualamos solo con diferenciación. Porque la complejidad también involucra una segunda dimensión: la integración de las partes autónomas. Una máquina compleja, por ejemplo, no solamente tiene muchos componentes individuales, cada uno con una función diferente, sino que también manifiesta una alta sensibilidad porque cada uno de estos componentes está en contacto con los demás. Sin la integración un sistema diferenciado sería una masa confusa.

El flujo ayuda a integrar la personalidad porque en este estado de profunda concentración la conciencia está extraordinariamente bien ordenada. Los pensamientos, las intenciones, los sentimientos y todos los sentidos se enfocan hacia la misma meta. La experiencia está en armonía. Y cuando el episodio de flujo ha pasado, uno se siente más "integrado" que antes, no solo internamente, sino también respecto a otras personas y al mundo en general. En las palabras del alpinista que citamos anteriormente: «Ninguna situación es más capaz de extraer lo mejor del ser humano [...] que el montañismo. Nadie te distrae o te impide que pongas tu mente y tu cuerpo bajo la tensión tremenda de conseguir llegar a la cima [...] Tus camaradas están ahí, pero todos sienten lo mismo, todos están unidos. ¿En quién puedes confiar más, hoy día, que en estas personas? La gente que sigue la misma autodisciplina que tú, que tiene contigo el compromiso más profundo [...] Un lazo así con otras personas es en sí mismo el éxtasis».

Una personalidad que únicamente se diferencia –y que no se halla integrada– puede lograr grandes éxitos individuales, pero corre el riesgo de envilecerse con el egoísmo. Por lo mismo, alguien cuya personalidad se base exclusivamente en la integración se sentirá conectada y segura, pero no tendrá una individualidad autónoma. Solo cuando una persona invierte cantidades iguales de energía psíquica en estos dos procesos y evita tanto el egoísmo como la conformidad, es posible que la personalidad pueda llegar a la complejidad.

La personalidad llega a ser algo complejo como resultado de la experiencia de flujo. Paradójicamente, cuando actuamos libremente, más en aras de la acción en sí misma que por móviles ulteriores, es cuando aprendemos a ser más de lo que somos.

Cuando optamos por una meta y nos involucramos en ella llegando a los límites de nuestra concentración, cualquier cosa que hagamos será agradable. Y una vez que hayamos probado este goce, doblaremos nuestros esfuerzos para probarlo de nuevo. De esta manera crece la personalidad. Es la manera que permitía a Rico extraer tanto sentido de su ostensiblemente aburrido trabajo en la línea de montaje, o a R. de su poesía. Es la manera como E. superó su enfermedad para llegar a ser una erudita y una poderosa ejecutiva. El flujo es importante tanto porque consigue que el instante presente sea más agradable como porque construye la confianza en uno mismo que nos permite desarrollar habilidades y realizar importantes contribuciones al género humano.

El resto de este volumen explorará de forma más amplia todo lo que sabemos sobre las experiencias óptimas: cómo se perciben y bajo qué condiciones ocurren. Aunque no hay ningún camino fácil para tener una experiencia de flujo, es posible que uno pueda cambiar su vida si comprende cómo funciona, creando más armonía en ella y liberando la energía psíquica que de otra manera se derrocharía en el aburrimiento o en la preocupación.

3. EL DISFRUTE Y LA CALIDAD DE LA VIDA

Hay dos estrategias principales que podemos adoptar para mejorar la calidad de vida. La primera es intentar que las condiciones externas estén de acuerdo con nuestras metas. La segunda es cambiar nuestra experiencia de las condiciones externas para adaptarlas a nuestras metas. Por ejemplo, sentirse seguro es un componente importante de la felicidad. El sentimiento de seguridad puede mejorarse comprando un revólver, instalando una fuerte cerradura en la puerta principal, mudándose a un barrio más seguro, ejerciendo presión política sobre el ayuntamiento de la ciudad para tener la protección de más policías o ayudando a la comunidad para que llegue a ser más consciente de la importancia del orden ciudadano. Todas estas respuestas diferentes se dirigen a conseguir condiciones ambientales más en conformidad con nuestras metas. El otro método por el que podemos sentir más seguridad implica modificar lo que entendemos por seguridad. Si uno no espera que la seguridad sea perfecta, reconoce que los riesgos son inevitables y consigue disfrutar en un mundo menos ideal y menos predecible, la amenaza de inseguridad no tendrá tantas oportunidades de estropear su felicidad.

Ninguna de estas estrategias es efectiva utilizada aisladamente. Cambiar las condiciones externas puede parecer que funciona al principio, pero si una persona no tiene el control de su conciencia, los viejos temores o deseos volverán pronto y revivirá inquietudes previas. Uno no puede crear un sentido completo de seguridad interior aunque se compre su propia isla caribeña y la rodee de guardaespaldas armados y perros de presa.

El mito del rey Midas ilustra muy bien el argumento de que el control de las condiciones externas no mejora necesariamente la existencia. Como la mayoría de la gente, el rey Midas pensó que si llegase a ser inmensamente rico su felicidad estaría asegurada. Por ello hizo un pacto con los dioses, quienes tras regatear mucho rato le otorgaron su deseo: que todo lo que tocase se convirtiera en oro. El rey Midas pensó que había hecho un gran negocio. Nada le impediría ahora llegar a ser el hombre más rico y, por lo tanto, el más feliz del mundo. Pero nosotros sabemos cómo termina la historia: Midas pronto tuvo que lamentar su acuerdo, porque el alimento en su boca y el vino en su paladar se convertían en oro antes de que pudiese darles un bocado, así que murió rodeado de platos y tazas doradas.

La vieja fábula sigue repitiéndose a través de los siglos. Las salas de espera de los psiquiatras se llenan de pacientes ricos y con éxito que, al llegar a sus cuarenta o cincuenta años, se dan cuenta de repente de que una casa en las afueras, los automóviles caros e incluso una educación en Ivy League son no suficientes para tener paz mental. Pero la gente todavía tiene la esperanza de que cambiando las condiciones externas de su vida hallará la solución de sus problemas. Si pudiesen ganar más dinero, estar en mejor forma física o tener una pareja que les comprendiese más, realmente serían felices. Aunque reconozcamos que el éxito material no trae consigo la felicidad, nos enzarzamos en una pugna interminable por alcanzar metas externas, esperando que con ello mejore nuestra vida.

La riqueza, la condición social y el poder han llegado a ser en nuestra cultura los *símbolos* de la felicidad. Cuando vemos gente rica, famosa o apuesta, tendemos a pensar que sus vidas son maravillosas, aunque tengamos pruebas que nos indiquen que no es así. Y pensamos que si nosotros pudiésemos adquirir algunos de esos mismos símbolos, seríamos mucho más felices.

Si realmente triunfamos y llegamos a ser más ricos o más poderosos, creemos, por lo menos durante un tiempo, que nuestra vida ha mejorado en su totalidad. Pero los símbolos pueden defraudarnos: tienden a distraernos de la realidad que se supone que representan. Y la realidad es que la calidad de vida no depende directamente de lo que los demás piensen de nosotros o de lo que poseamos. Más bien depende de cómo nos sentimos con nosotros mismos y con lo que nos sucede. Para mejorar la vida hay que mejorar la calidad de la experiencia.

Esto no significa que el dinero, el bienestar físico o la fama no tengan importancia para conseguir la felicidad. Pueden ser auténticas bendiciones, pero solo si nos hacen sentirnos mejor. De otro modo, en el mejor de los casos son neutrales; en el peor son obstáculos a una vida feliz. La investigación sobre la satisfacción vital y la felicidad sugiere que, en general, existe una leve correlación entre la riqueza y el bienestar. Las personas que viven en los países económicamente más ricos (incluyendo los Estados Unidos) tienden a considerarse, en conjunto, más felices que la gente que vive en países menos ricos. Ed Diener, un investigador de la Universidad de Illinois, encontró que las personas muy ricas dicen ser felices como promedio el 77% del tiempo, mientras que personas con una riqueza media dicen ser felices únicamente el 62% del tiempo. Esta diferencia, aunque estadísticamente es importante, no es muy grande, especialmente si sabemos que el grupo de los "muy ricos" fue seleccionado gracias a una lista de los cuatrocientos estadounidenses más ricos. Es también interesante tener en cuenta que ninguno de los sujetos del estudio de Diener creyó que el dinero por sí mismo garantizase la felicidad. La mayoría estaba de acuerdo con la afirmación «el dinero puede disminuir o incrementar la felicidad según cómo se use». En un estudio anterior, Norman Bradburn encontró que el grupo de ingresos más elevados decía ser feliz un 25% más frecuentemente que el grupo de ingresos más bajos. Nuevamente la diferencia estaba ahí, pero no era muy grande. En una encuesta global denominada. "La calidad de vida estadounidense", publicada hace una década, los autores afirman que la situación financiera de la persona es uno de los factores menos importantes que afectan a la satisfacción general con la vida.

Dadas estas observaciones, en vez de preocuparnos acerca de cómo conseguir un millón de dólares o cómo hacer amigos e influir sobre las personas, parece ser más beneficioso averiguar cómo *puede* hacerse más armoniosa y más satisfactoria la vida cotidiana para lograr así la felicidad por una ruta directa, puesto que no podemos alcanzarla persiguiendo metas simbólicas.

Placer y disfrute

Cuando pensamos qué tipo de experiencia mejora la vida, la mayoría de la gente piensa, en primer lugar, que esa felicidad consiste en experimentar placer: la buena comida, el sexo y todas las comodidades que ese dinero puede comprar. Nos imaginamos la satisfacción de viajar a lugares exóticos y estar rodeados por gente interesante y caros artilugios. Si no podemos conseguir estas metas que los coloridos y vistosos anuncios nos recuerdan que debemos perseguir, entonces nos sentiremos felices decidiéndonos por una tarde tranquila frente al televisor con un vaso de licor cerca.

El placer es un sentimiento de satisfacción que uno logra cuando la información en la conciencia nos dice que hemos conseguido cumplir con las expectativas controladas por los programas biológicos o por el condicionamiento social. El sabor del alimento es agradable cuando tenemos hambre, porque reduce un desequilibrio fisiológico. Descansar por la noche, mientras estamos absorbiendo pasivamente información de los medios de comunicación, con alcohol o drogas para embotar la mente sobreexcitada por las exigencias del trabajo, es agradablemente relajante. Viajar a Acapulco es placentero porque la estimulante novedad recupera nuestro paladar harto de las repetitivas rutinas de la vida cotidiana, y porque sabemos que así es como la "gente guapa" también pasa el tiempo.

El placer es un componente importante de la calidad de vida, pero por sí mismo no trae la felicidad. El sueño, el descanso, el alimento y el sexo nos ofrecen reconstituyentes experiencias *homeostáticas* que ordenan de nuevo la conciencia después de que la intrusión de las necesidades del cuerpo haya provocado entropía psíquica. Pero no producen crecimiento psicológico. No agregan complejidad a la personalidad. El placer nos ayuda a mantener el orden, pero, por sí mismo, no puede crear un nuevo orden en la conciencia.

Cuando la gente cavila sobre qué hace que su vida sea más agradable, tiende a ir más allá de los recuerdos divertidos y comienza a recordar otros sucesos, otras experiencias que se superponen con las experiencias placenteras pero que caen en una categoría que merece un nombre aparte: el *disfrute*.

Los sucesos capaces de hacernos disfrutar ocurren cuando una persona no solamente ha cumplido alguna expectativa anterior o satisfizo una necesidad o un deseo, sino también cuando ha ido más allá de lo qué él o ella se habían programado hacer y logran algo inesperado, tal vez algo que nunca habían imaginado.

El disfrute está caracterizado por este movimiento hacia delante: por un sentimiento de novedad, de realización. Jugar un partido de tenis en que se ponga a prueba la propia capacidad es agradable, como leer un libro que nos revela las cosas bajo una nueva luz, como tener una conversación que nos conduce a expresar unas ideas que no sabíamos que tuviésemos. Es agradable cerrar un acuerdo comercial tras una difícil negociación, o contemplar el trabajo bien hecho. Ninguna de estas experiencias puede haber resultado particularmente placentera mientras la estábamos realizando, pero después, cuando pensamos sobre ella, decimos: «realmente era divertido» y deseamos que nos suceda otra vez. Después de un suceso agradable sabemos que hemos cambiado, que nuestra personalidad ha crecido: en algunos aspectos hemos llegado a ser más complejos como resultado de ello.

Las experiencias que dan placer pueden dar también disfrute, pero las dos sensaciones son bastantes diferentes. Por ejemplo, todos sentimos placer al comer. Pero disfrutar del alimento, sin embargo, es más difícil. Un *gourmet* disfruta comiendo, como lo haría cualquiera que ponga la atención suficiente en una comida como para discriminar las diversas sensaciones que nos produce. Como este ejemplo sugiere, podemos experimentar placer sin invertir en ello energía psíquica, considerando que el disfrute sucede únicamente como resultado de una atención poco usual. Una persona puede sentir placer sin realizar esfuerzo alguno si los centros apropiados en su cerebro se estimulan eléctricamente o como resultado de la estimulación química de las drogas. Pero es imposible disfrutar de un partido de tenis, de un libro o de una conversación a menos que la atención esté totalmente concentrada en esa actividad.

Es por esta razón por la que el placer es tan evanescente y por lo que la personalidad no crece como consecuencia de las experiencias placenteras. La complejidad requiere que se invierta energía psíquica en metas nuevas que sean relativamente un desafío. Es fácil de ver este proceso en los niños: durante los primeros años de vida cada niño es una pequeña "máquina de aprender" que intenta nuevos movimientos, nuevas palabras a diario. La absorta concentración que aparece en la cara del niño cada vez que aprende una nueva habilidad es un buen indicio de qué es el disfrute. Y cada ejemplo de agradable aprendizaje se agrega a la complejidad creciente de la personalidad del niño.

Por desgracia, esta conexión natural entre el crecimiento y el disfrute tiende a desaparecer con el tiempo. Quizá porque "aprender" llega a ser una imposición externa cuando empieza el proceso educativo; la excitación al dominar nuevas habilidades desaparece gradualmente. Llega a ser algo demasiado fácil quedarse dentro de los límites estrechos de la personalidad que se han desarrollado hasta llegar a la adolescencia. Pero si uno es demasiado complaciente y siente que la energía psíquica que podría invertir en nuevas direcciones se derrochará a menos que haya una buena oportunidad de conseguir gratificaciones extrínsecas, uno puede acabar por no disfrutar de la vida y el placer será la única fuente de experiencias positivas.

Por otra parte, muchos individuos continúan esforzándose para seguir disfrutando en lo que hacen. Conocí a un anciano en uno de los decrépitos suburbios de Nápoles que conseguía vivir precariamente gracias a una tienda de antigüedades que su familia había poseído durante generaciones. Una mañana, una próspera dama estadounidense entró en la tienda y, después de mirar alrededor durante un rato, preguntó el precio de un par de *putti* barrocos de madera, esos rechonchos querubines tan estimados por los artesanos napolitanos de hace unos siglos y por sus imitadores contemporáneos. El *signor* Orsini, el propietario, pidió un precio exorbitante. La mujer sacó su cartera de cheques de viaje y estaba dispuesta a pagar. Yo retuve la respiración, contento por el beneficio inesperado al alcance de mi amigo. Pero no conocía bien al *signor* Orsini. Se puso morado y con agitación apenas contenida acompañó a la clienta hasta fuera de la tienda: «No, no, *signora*, lo lamento, pero no puedo venderle esos ángeles». Y seguía repitiendo a la sorprendida mujer: «No puedo hacer negocios con usted, ¿comprende?» Después de que la turista finalmente se alejase, se calmó y me explicó: «Si me estuviese muriendo de hambre, habría tomado el dinero. Pero puesto que no me muero de hambre, ¿por qué tengo que hacer un negocio que no me divierte? Yo disfruto con el enfrentamiento de ingenios que implica regatear, cuando las dos personas tratan de superar el uno al otro con trucos y con elocuencia. Ella ni siquiera sabía fingir. No sabía regatear. Ni siquiera pensó que iba a tratar de aprovecharme de ella. Si hubiese vendido estas piezas a esa mujer a ese precio ridículo, me sentiría engañado». Poca gente, en el sur de Italia o en cualquier otra parte, tiene esta extraña actitud hacia las transacciones comerciales. Pero sospecho que no disfrutan de su trabajo tanto como el *signor* Orsini.

Sin el disfrute la vida puede soportarse, e incluso puede ser placentera. Pero puede ser así solo precariamente, y dependerá de la suerte y de la cooperación del ambiente externo. Sin embargo, para ganar control personal sobre la calidad de experiencia uno necesita aprender a cómo encontrar disfrute en lo que sucede día a día.

El resto de este capítulo ofrece una descripción de lo que hace agradable una experiencia. Esta descripción se basa en largas entrevistas, cuestionario, y otros datos recogidos de varios miles de sujetos durante una docena de años. Inicialmente entrevistamos solamente a personas que invirtieron un gran cantidad de tiempo y esfuerzo en actividades difíciles, aunque no consiguieran gratificaciones obvias, tales como dinero o prestigio: alpinistas, compositores musicales, jugadores de ajedrez, atletas aficionados. Luego nuestro estudio incluyó entrevistas con personas ordinarias que llevaban una existencia ordinaria; les pedimos que describieran cómo se sentían cuando sus vidas estaban en su apogeo, cuando lo que estaban haciendo era lo más agradable. Estas personas eran ciudadanos estadounidenses: cirujanos, profesores, clérigos, trabajadores en una cadena de montaje, madres jóvenes, jubilados y adolescentes. También incluimos personas de Corea, Japón, Tailandia, Australia, diversas culturas europeas y una reserva de indios navajos. Basándonos en estas entrevistas ahora podemos describir qué hace que una experiencia sea agradable y así les ofrecemos ejemplos que todos podemos usar para mejorar nuestra calidad de vida.

Los elementos del disfrute

La primera sorpresa que encontramos en nuestro estudio era cuán parecida era la descripción de las diferentes actividades cuando estas iban especialmente bien. Aparentemente, la manera como se siente un nadador de largas distancias cuando cruza el Canal de la Mancha es casi idéntica a la manera como se siente un jugador de ajedrez durante un torneo o un escalador que se encarama por una cara difícil de roca. Todos estos sentimientos eran compartidos, en aspectos importantes, por sujetos que eran desde músicos componiendo un nuevo cuarteto hasta adolescentes del gueto participando en un campeonato de baloncesto.

La segunda sorpresa fue que, sin importar la cultura, el grado de modernización, la clase social, la edad o el sexo, los sujetos describían el disfrute de la misma manera. *Lo que* hacían para experimentar el disfrute era totalmente diferente –a los viejos coreanos les gustaba meditar, al japonés adolescente le gustaba ir por ahí con su pandilla en motocicleta– pero describían *cómo* se sentían cuando disfrutaban con términos casi idénticos. Además, las *razones* por las que disfrutaron de la actividad compartían más similitudes que diferencias. En suma, la experiencia óptima y las condiciones psicológicas que la hacen posible parecen ser las mismas en todo el mundo.

Nuestros estudios sugieren que la fenomenología del disfrute tiene ocho componentes importantes. Cuando la gente reflexiona acerca de cómo se siente cuando su experiencia fue muy positiva, mencionan por lo menos uno, y frecuentemente todos los rasgos siguientes. Primero, la experiencia suele ocurrir cuando nos enfrentamos a tareas que tenemos al menos una oportunidad de lograr. Segundo, debemos ser capaces de concentrarnos en lo que hacemos. Tercero y cuarto, normalmente la concentración es posible porque la tarea emprendida tiene unas metas claras y nos ofrece una retroalimentación inmediata. Quinto, uno actúa sin esfuerzo, con una profunda involucración que aleja de la conciencia las preocupaciones y frustraciones de la vida cotidiana. Sexto, las experiencias agradables permiten a las personas ejercer un sentimiento de control sobre sus acciones. Séptimo, desaparece la preocupación por la personalidad aunque, paradójicamente, el sentimiento acerca de la propia personalidad surge más fuerte después de la experiencia de flujo. Finalmente, el sentido de la duración del tiempo se altera; las horas pasan en minutos y los minutos pueden prolongarse hasta parecer horas. La combinación de todos estos elementos ocasiona un sentimiento profundo de disfrute que recompensa tanto a las personas, que estas sienten que gastar un gran cantidad de energía para ser capaces de sentirlo es, simplemente, algo útil.

Observaremos más de cerca cada uno de estos elementos para poder entender mejor qué hace tan gratificantes las actividades agradables. Con este conocimiento es posible lograr el control de la conciencia y convertir incluso los momentos más monótonos de nuestras vidas cotidianas en acontecimientos que ayuden a que crezca nuestra personalidad.

Una actividad desafiante que requiere habilidades

A veces una persona nos comenta que ha tenido una experiencia de goce extremo, un sentimiento de éxtasis sin ninguna buena razón evidente: puede provocarlo una música o una vista maravillosa o, incluso, un simple sentimiento espontáneo de bienestar. Pero la proporción abrumadora de experiencias óptimas ocurre dentro de secuencias de actividades que se hallan dirigidas hacia una meta y reguladas por normas, actividades que requieren el empleo de energía psíquica y que no pueden realizarse sin las habilidades adecuadas. Por qué esto debe ser así lo aclararemos a continuación; de momento es suficiente con saber que esto parece ser algo universal.

Es importante aclarar desde un principio que una "actividad" no necesita serlo en el sentido físico y que la "habilidad" necesaria puede no ser una habilidad física. Por ejemplo, una de las actividades agradables mencionadas con más frecuencia en todo el mundo es leer. La lectura es una actividad porque requiere la concentración de la atención y tiene una meta, y para realizarla hay que saber las reglas del lenguaje escrito. Las habilidades implicadas en leer incluyen no solamente la alfabetización, también la capacidad de traducir las palabras en imágenes, de simpatizar con personajes ficticios, de reconocer contextos históricos y culturales, de anticipar los giros de la trama, de criticar y evaluar el estilo del autor, etc. En este amplio sentido, cualquier capacidad para manipular información simbólica es una "habilidad", como la habilidad del matemático para formar relaciones cuantitativas en su cabeza o la habilidad del músico para combinar notas musicales.

Otra actividad universalmente agradable es estar con otras personas. Socializar puede que a primera vista parezca ser una excepción a la afirmación de que uno necesita utilizar alguna habilidad para disfrutar de una actividad, porque no parece que chismear o bromear con otra persona requieran capacidades particulares. Pero por supuesto sí las requieren; como tanta gente tímida sabe, si una persona se siente ridícula, temerá establecer contactos informales y evitará estar en compañía siempre que le sea posible.

Cualquier actividad contiene una enorme cantidad de oportunidades para la acción, o "desafíos", que para su realización requieren poseer las habilidades apropiadas. Para aquellos que no poseen las habilidades adecuadas, la actividad no les desafía; simplemente no tiene sentido. Poner encima de la mesa un tablero de ajedrez consigue tentar a un jugador de ajedrez, pero deja frío a quien no conoce las reglas del juego. Para la mayoría de la gente, la pared vertical de El Capitán en el valle del Yosemite es simplemente un pedazo enorme de roca. Para el escalador es un lugar que le ofrece una sinfonía interminable y compleja de desafíos mentales y físicos.

Una manera simple de encontrar desafíos es entrando en una situación competitiva. He aquí el gran atractivo de todos los juegos y deportes que enfrentan a una persona o a un grupo contra otro. En muchos aspectos, la competición es una manera rápida de desarrollar complejidad: «Quien lucha con nosotros,

—escribió Edmund Burke—, fortalece nuestros nervios y agudiza nuestra habilidad. Nuestro antagonista es nuestro ayudante». Los desafíos de la competición pueden estimular y agradar. Pero cuando vencer al adversario tiene prioridad en la mente sobre hacerlo lo mejor posible, el disfrute tiende a desaparecer. La competición solo es agradable cuando es un medio para perfeccionar las propias habilidades; cuando llega a ser un fin en sí misma, deja de ser divertida.

Pero los desafíos no se limitan en modo alguno a las actividades competitivas o físicas. Son necesarios para ofrecernos disfrute incluso en las situaciones donde uno no lo esperaría. Por ejemplo, he aquí una frase obtenida en uno de nuestros estudios de una declaración realizada por un experto en arte que describe el disfrute que siente al mirar una pintura, algo que la mayoría de la gente creería que es un proceso intuitivo inmediato: «Muchas obras de las que me ocupo son muy sencillas [...] y no encuentro nada excitante en ellas, ¿sabe usted?, pero hay otras obras que tienen algún tipo de desafío [....] esas son las obras que se quedan en la mente, las más interesantes». En otras palabras, incluso el disfrute pasivo que uno obtiene de mirar una pintura o una escultura depende de los desafíos que contenga la obra de arte.

Las actividades que provocan disfrute frecuentemente han sido diseñadas con este propósito. Juegos, deportes, formas artísticas y literarias se desarrollaron durante siglos con el expreso propósito de enriquecer la vida con experiencias agradables. Pero sería una equivocación asumir que solo el ocio y el arte pueden ofrecernos experiencias óptimas. En una cultura saludable, el trabajo productivo y las necesarias rutinas cotidianas de la vida también satisfacen. De hecho, uno de los propósitos de este libro es explorar de qué manera incluso los detalles rutinarios pueden transformarse en juegos personalmente significativos que ofrezcan experiencias óptimas. Segar el césped o esperar turno para el dentista pueden llegar a ser actividades agradables si uno reestructura la actividad al ponerle metas, normas y los otros elementos del disfrute que comentaremos más adelante.

Heinz Maier-Leibnitz, el famoso físico experimental alemán y descendiente del filósofo y matemático del siglo XVIII, nos ofrece un ejemplo sorprendente de cómo uno puede tomar el control de una situación aburrida y convertirla en otra levemente agradable. El profesor Maier-Leibnitz sufre de una desventaja ocupacional común a muchos académicos: tiene que estar sentado escuchando interminables conferencias que frecuentemente son aburridas. Para aliviar esta situación tan pesada se inventó una actividad privada que le ofrecía los desafíos suficientes para no estar completamente aburrido durante una conferencia poco interesante, pero tan automatizada que dejara la suficiente atención libre para que, si se dijera algo interesante, quedara registrado en su conciencia.

Lo que hacía era esto: cuando el ponente empezaba a ponerse pesado, tamborileaba con su pulgar derecho una vez, luego con el dedo medio de la mano derecha, luego con el índice, luego con el anular, y entonces nuevamente con el dedo medio, a continuación tamborileaba el dedo meñique de la mano derecha. Entonces cambiaba a la mano izquierda y tamborileaba con el dedo meñique, el dedo medio, el anular, el índice y de nuevo el dedo medio para terminar con el pulgar de la mano izquierda. A continuación la mano derecha invertía la sucesión de movimientos, siguiendo con la serie inversa de la mano izquierda. Resulta que al introducir paradas a intervalos regulares, más cortas o más largas, pueden darse 888 combinaciones del movimiento sin repetir el mismo modelo. Al introducir las pausas entre los movimientos a intervalos regulares, el modelo adquiere una armonía casi musical y, de hecho, se representa fácilmente sobre un pentagrama.

Tras inventar este juego inocente, el profesor Maier-Leibnitz le encontró un uso interesante: era una manera de medir la longitud de los pensamientos. El modelo de 888 variantes, repetido tres veces, ofrece un total de 2.664 movimientos que, con la práctica, toman casi exactamente doce minutos realizarlos todos. Tan pronto como empieza el tamborileo, al enfocar su atención los dedos, el profesor Maier-Leibnitz puede decir exactamente en qué punto se halla de la serie. Así que supongamos que un pensamiento concerniente a uno de sus experimentos físicos aparece en su conciencia mientras mueve los dedos durante una aburrida conferencia. Inmediatamente dirige la atención a sus dedos y registra el hecho de que está haciendo el movimiento 300 de la segunda serie; entonces, en la misma fracción de segundo, regresa a sus pensamientos sobre el experimento. Llegados a cierto punto, el pensamiento se completa y él ha resuelto el problema. ¿Cuánto tiempo tardó en resolverlo? Al cambiar la atención de nuevo a sus dedos, se da cuenta de que está en el final de la segunda serie: el proceso de pensamiento ha tardado aproximadamente dos minutos y cuarto en desarrollarse.

Pocas personas se molestarían en inventar diversiones ingeniosas y complejas similares para mejorar la calidad de sus experiencias. Pero todos nosotros tenemos versiones más modestas de la misma. Todos elaboramos rutinas para llenar los momentos aburridos del día, o para sentirnos mejor cuando la inquietud nos amenaza. Alguna gente hace garabatos de forma compulsiva, otros mordisquean cosas o fuman, otros se alisan el pelo, tararean una canción o realizan rituales privados más esotéricos que tienen el mismo propósito: imponer orden en la conciencia mediante la ejecución de una acción repetida. Estas son las actividades de "microflujo" que nos ayudan a superar los malos momentos del día. Pero lo agradable que sea una actividad dependerá finalmente de su complejidad. Los pequeños entretenimientos automáticos entretejidos en la tela de la vida cotidiana ayudan a reducir el aburrimiento, pero agregan poco a la calidad positiva de la experiencia. Porque lo que necesitamos es enfrentarnos a desafíos cada vez más difíciles y usar nuestras mejores habilidades.

Las personas entrevistadas en nuestro estudio nos comunicaban que en todas aquellas actividades en que obtenían disfrute lo alcanzaban cuando llegaban a un punto muy específico: cuando las oportunidades para la acción, tal y como las percibía el individuo, estaban igualadas a sus capacidades. Jugar el tenis, por ejemplo, no es agradable si los dos adversarios están desigualados. El jugador menos diestro se sentirá ansioso; el mejor jugador se sentirá aburrido. Lo mismo es cierto para cualquier otra actividad: una pieza musical que es demasiado simple para las capacidades de los oyentes hará que estos se aburran, mientras que si la música es demasiado compleja se frustrarán. El disfrute aparece en el linde entre el aburrimiento y la inquietud, cuando los desafíos están justo en equilibrio con la capacidad de la persona para actuar.

La proporción áurea entre los desafíos y las habilidades no solamente es cierta para las actividades humanas. Cuando paseo por el campo a nuestro perro de caza, Hussar, le gusta jugar a un juego muy simple, el prototipo del juego más generalizado entre los niños humanos de todas las culturas: la escapada y la persecución. Corre en círculos a mi alrededor a su máxima velocidad, con su lengua afuera y los ojos vigilando cautelosamente cada movimiento que hago, por si intento cogerlo. Ocasionalmente lo intento y, si tengo suerte consigo tocarlo. Ahora bien, la parte más interesante es que cuando me canso y me muevo con indiferencia, Hussar corre cerrando más el círculo, haciendo que sea relativamente fácil para mí cogerlo; por otra parte, si estoy en buena forma y dispuesto a esforzarme, él agrandaría el diámetro de su círculo. De esta manera, la dificultad del juego se mantiene constante. Con un sentido sobrenatural para el equilibrio entre los desafíos y las habilidades, él se asegura de que el juego tenga el máximo de disfrute para los dos.

Combinar acción y conciencia

Cuando todas las habilidades pertinentes de una persona se necesitan para enfrentarse a los desafíos de una situación, su atención está completamente absorbida por la actividad. No queda casi energía psíquica para procesar otras informaciones excepto las que la propia actividad ofrece. Toda la atención está concentrada en los estímulos pertinentes.

Como resultado, sucede uno de los aspectos más distintivos y universales de la experiencia óptima: las personas están tan involucradas en lo que están haciendo que la actividad llega a ser algo espontáneo, casi automático; dejan de ser conscientes de sí mismos como seres separados de las acciones que están realizando.

Una bailarina describe cómo se siente cuando lo está haciendo bien: «Te sientes totalmente concentrada. La mente no divaga, no piensas en otras cosas; estás totalmente involucrada en lo que haces. [...] La energía fluye muy suavemente. Te sientes relajada, cómoda, y llena de energía».

Un escalador explica qué siente cuando sube una montaña: «Te involucras tanto en lo que haces [que] no piensas en ti mismo como algo separado de la actividad que haces. [...] Eres lo que estás haciendo».

Una madre que disfruta junto a su hija pequeña nos dice: «Leer es una de las cosas en las que ella se involucra realmente, y leemos las dos juntas. Ella lee para mí y yo leo para ella; son unos momentos en los que pierdo el contacto con el resto del mundo, estoy totalmente absorbida por lo que estoy haciendo».

Un jugador de ajedrez nos cuenta cómo es jugar en un torneo: «... la concentración es como respirar: nunca se piensa en ello. El techo podría caerse y, si no le cayese justo encima, usted no se daría ni cuenta».

Por esta razón denominamos a la experiencia óptima "flujo", porque esta palabra corta y simple describe muy bien el sentimiento de un movimiento aparentemente sin esfuerzo. Las palabras siguientes son de un alpinista y poeta, y son válidas para todos los miles de entrevistas que a lo largo de muchos años hemos realizado nosotros u otras personas sobre este tema: «La mística de la escalada es subir; consigues llegar a la cima contento de haberlo logrado, pero realmente tu deseo es que la ascensión hubiese durado para siempre. La justificación de la escalada es la propia escalada, como la justificación de la poesía se halla en la propia escritura; no conquistas nada excepto a ti mismo. […] El acto de escribir justifica la poesía. En la escalada sucede lo mismo: te das cuenta de que eres como un flujo. El propósito del flujo es seguir fluyendo, no subir a un pico o conseguir una utopía sino permanecer en el flujo. No es avanzar sino un continuo fluir; avanzas para lograr que el flujo siga fluyendo. No hay ninguna razón para escalar, exceptuando la propia escalada; es una autocomunicación».

Aunque la experiencia de flujo parezca suceder sin esfuerzo, está lejos de ser así. Frecuentemente requiere de un vigoroso esfuerzo físico o de una actividad mental altamente disciplinada. No sucede si no nos aplicamos en realizarla de forma hábil. Cualquier distracción en la concentración la hará desaparecer. Pero mientras dura, la conciencia trabaja suavemente y una acción sigue ininterrumpidamente a otra acción. En la vida normal nos interrumpimos constantemente con dudas y preguntas. «¿Por qué hago esto? ¿Debería quizás hacer eso otro?» Repetidamente nos cuestionamos la necesidad de nuestras acciones, y evaluamos críticamente las razones que nos llevan a realizarlas. Pero en el flujo no hay necesidad de reflexionar, porque la acción nos lleva hacia delante como por ensalmo.

Metas claras y retroalimentación

La razón que justifica una involucración tan completa en una experiencia de flujo es que, normalmente, las metas están claras y la retroalimentación es inmediata. Un jugador de tenis siempre sabe qué debe hacer: devolver la pelota a la cancha del adversario. Y cada vez que golpea la pelota sabe si lo ha hecho bien o no. Las metas del jugador de ajedrez son igualmente obvias: debe hacer jaque mate al rey del adversario antes de que este se lo haga al suyo. Con cada movimiento puede calcular si está o no más cerca de este objetivo. El alpinista que avanza subiendo una pared vertical de roca tiene una meta muy simple: completar el ascenso sin caerse. Cada segundo, hora tras hora, sabe si se está acercando a su meta. Por supuesto, si uno escoge una meta trivial, el éxito en sí no le proporcionará disfrute. Si me propongo como meta permanecer vivo mientras estoy sentado en el sofá del salón de mi casa también podría pasar los días sabiendo que lo estoy consiguiendo, al igual que un escalador sabe que está logrando su meta. Pero este logro no me haría especialmente feliz si me comparo con la alegría de un escalador tras conseguir realizar una peligrosa subida.

Ciertas actividades requieren de mucho tiempo para poder realizarlas y, sin embargo, las metas y la retroalimentación son todavía sumamente importantes. Un ejemplo es el que nos dio una anciana de sesenta y dos años que vive en los Alpes italianos, quien nos dijo que sus experiencias más agradables eran cuidar de las vacas y del huerto: «Yo encuentro una satisfacción muy especial cuidando las plantas: me gusta verlas crecer día a día. Es muy hermoso». Aunque esta actividad involucre un período de paciente espera, ver crecer las plantas que uno ha cuidado proporciona una poderosa retroalimentación incluso aunque vivamos en un piso en la ciudad.

Otro ejemplo es navegar en solitario por el océano; una persona sola puede estar navegando durante semanas en un barco pequeño sin ver tierra. Jim Macbeth, que realizó un estudio del flujo en la navegación transoceánica, comenta la excitación que siente un marinero cuando, después de otear ansiosamente el ancho vacío de agua a su alrededor, discierne que el contorno de la isla a la que se dirige empieza a subir sobre el horizonte. Un legendario navegante describe esta sensación así: «Experimenté, junto a un sentimiento de satisfacción, el asombro de que mis observaciones del sol efectuadas desde un barco inestable y el uso de unas simples tablas […] me permitieran encontrar una pequeña isla tras atravesar el océano». Y otro nos cuenta: «Cada vez siento la misma mezcla de asombro, amor y orgullo frente a esta nueva tierra que nace y que parece haber sido creada para mí y por mí».

Las metas de una actividad no están siempre tan claras como en el tenis y la retroalimentación frecuentemente es más ambigua que la simple información de «no me caigo» procesada por el escalador. Un compositor de música, por ejemplo, puede saber que desea escribir una canción o un concierto de flauta, pero a excepción de esto, sus metas están poco definidas. Y ¿cómo lo hace para saber si las notas que está escribiendo son "correctas" o "erróneas"? La misma situación sigue siendo cierta para el artista que pinta un cuadro y para todas las actividades creativas o las que se realizan en la naturaleza. Pero estas son las excepciones que confirman la regla: a menos que una persona aprenda a fijarse unas metas y reconocer y medir su retroalimentación en tales actividades, no las disfrutará.

En algunas actividades creativas, donde las metas no están claramente definidas de antemano, una persona debe desarrollar un fuerte significado personal de aquello que desea hacer. El artista podría no tener una imagen visual de cómo será la pintura una vez terminada, pero cuando el cuadro ha progresado hasta cierto punto debería saber si es lo que quiso lograr o no. Y un pintor que disfruta de la pintura debe tener interiorizados los criterios para saber qué es "bueno" o "malo", para que después de cada pincelada pueda decir: «sí, esto funciona; no, esto no». Sin tal guía interna es imposible experimentar el flujo.

A veces las metas y las reglas que gobiernan una actividad se inventan o se negocian sobre la marcha. Por ejemplo, los adolescentes disfrutan las interacciones improvisadas que tienen lugar entre ellos y con las que intentan "exagerar más que los demás", contar historias divertidas o burlarse de sus profesores. La meta en estas reuniones surge a fuerza de ensayo y error, y rara vez se hace explícita; frecuentemente permanece fuera del nivel de conciencia de los participantes. De todas formas está claro que estas actividades tienen sus reglas propias y que quienes participan en ellas tienen una idea muy clara de qué constituye un buen "movimiento" y de quién lo hace bien. En muchos aspectos sigue el modelo de una buena banda de jazz o de cualquier grupo de improvisación. Los eruditos o los participantes en un debate obtienen una satisfacción similar cuando los "pasos" de sus argumentaciones encajan suavemente y producen el resultado deseado.

Lo que constituye la retroalimentación varía apreciablemente en diferentes actividades. Alguna gente siente indiferencia ante cosas que otros desean con tanto afán que nunca pueden conseguir lo suficiente. Por ejemplo, hay cirujanos que sienten tal amor hacia las operaciones que realizan que no se cambiarían a la medicina interna aun cuando ganasen diez veces más dinero que con la cirugía, porque un especialista en medicina interna nunca sabe exactamente si lo está haciendo bien. Por otra parte, en una operación la condición del paciente casi siempre está clara: por ejemplo, una actuación específica ha tenido éxito, mientras no haya sangre en la incisión. Cuando el órgano enfermo ha sido extraído, la tarea del cirujano está ya cumplida; después, la sutura proporciona una sensación gratificadora de cierre de la actividad. Y el desdén del cirujano hacia la psiquiatría es aún mayor que hacia la medicina interna: según los cirujanos, el psiquiatra puede estar diez años con un paciente sin saber si el tratamiento le ayuda.

Sin embargo, el psiquiatra que disfruta de su trabajo también recibe retroalimentación constante: la manera en que el paciente se controla, la expresión de su cara, la vacilación en su voz, el contenido del material que expone durante la hora terapéutica…, todas estas informaciones son las pistas que usa el psiquiatra para conocer el progreso de la terapia. La diferencia entre un cirujano y un psiquiatra es que el primero considera la sangre y la extirpación como el único medio de retroalimentación que existe, mientras que el segundo evalúa las señales que reflejan el estado mental de un paciente, puesto que para él son una información muy importante. El cirujano juzga que el psiquiatra es un blando porque está interesado en metas efímeras; el psiquiatra piensa que el cirujano es un bruto por su concentración en lo mecánico.

El *tipo* de retroalimentación que buscamos frecuentemente es, de por sí, insignificante: ¿qué diferencia hay si golpeo la pelota de tenis dentro de la zona delimitada por las líneas blancas, si inmovilizo al rey de enemigo sobre el tablero o si noto una vislumbre de comprensión en los ojos de mi paciente al finalizar su hora de terapia? Lo que da valor a esta información es el mensaje simbólico que contiene: que he tenido éxito en lograr mi meta. Tal conocimiento crea orden en la conciencia y fortalece la estructura de la personalidad.

Casi cualquier tipo de retroalimentación puede ser agradable, siempre que esté lógicamente relacionada con la meta en que uno tiene empleada su energía psíquica. Si quiero colocar en equilibrio un palo sobre mi nariz, entonces la visión del palo que tiembla encima de mi cara me ofrece unos momentos agradables. Pero cada uno de nosotros es sensible, por su temperamento, a cierta gama de informaciones que aprendimos a valorar más de lo que la mayoría de gente hace, y es probable que consideremos que la retroalimentación que involucra esa información es más importante de lo que los demás piensan.

Por ejemplo, algunas personas nacen con una sensibilidad excepcional al sonido. Son capaces de discriminar entre diferentes tonos y niveles; reconocen y recuerdan combinaciones de sonidos mejor que la población en general. Es probable que tales individuos se sientan atraídos por los sonidos, y aprenderán a controlar y a crear información auditiva. Para ellos la retroalimentación más importante consistirá en ser capaces de combinar sonidos para crear o reproducir ritmos y melodías. Serán compositores, cantantes, músicos, directores o críticos musicales. Por contraste, algunas personas están genéticamente predispuestas a ser extraordinariamente sensibles hacia otras personas y aprenderán a prestar atención a las señales que estas personas envían. La retroalimentación que buscarán es la expresión de la emoción humana. Algunas personas tienen personalidades frágiles y necesitan constantemente de retroalimentación, para ellos la única información que cuenta es ganar en una situación competitiva. Otros han invertido tanto en gustar a los demás que la única retroalimentación que valoran es la aprobación y la admiración.

Un buen ejemplo de la importancia de la retroalimentación son las respuestas de un grupo de religiosas ciegas entrevistadas por el equipo de psicólogos del profesor Fausto Massimini en Milán, Italia. Como a otros sujetos de nuestros estudios, se les pidió que describieran las experiencias más agradables en sus vidas. Para estas mujeres, muchas de ellas ciegas de nacimiento, las experiencias de flujo más frecuentemente mencionadas eran leer libros en braille, rezar, hacer trabajos artesanales como hacer punto y encuadernar libros o ayudarse entre sí en caso de enfermedad u otra necesidad. Entre cerca de seiscientas personas entrevistadas por el equipo italiano, estas mujeres ciegas acentuaron más que ninguna otra la importancia de recibir una retroalimentación clara como condición para disfrutar de lo que hacían. Incapaces de ver qué sucedía a su alrededor, ellas necesitaban saber, aún más que la gente vidente, si realmente estaban consiguiendo realizar lo que querían.

La concentración sobre la tarea actual

Una de las dimensiones más frecuentemente mencionadas de la experiencia de flujo es que, mientras dura, uno es capaz de olvidar todos los aspectos desagradables de la vida. Este aspecto del flujo es un subproducto importante del hecho de que las actividades agradables requieren de un enfoque total de la atención en la tarea presente, y así no queda espacio alguno en la mente para las informaciones que no sean relevantes.

En la existencia cotidiana normal somos presa de pensamientos y preocupaciones que se entremeten sin desearlo en la conciencia. Puesto que la mayoría de los trabajos, y la vida doméstica en general, carecen de demandas urgentes de experiencias de flujo, la concentración rara vez es tan intensa como para que las preocupaciones y las inquietudes puedan descartarse automáticamente. Por consiguiente, el estado mental ordinario tiene episodios inesperados y frecuentes de entropía que se inmiscuye en el funcionamiento armónico de la energía psíquica. Esta es una razón por la cual el flujo mejora la calidad de la experiencia: las demandas claramente estructuradas de la actividad imponen orden y excluyen las interferencias de desorden en la conciencia.

Un profesor de física que además era un intrépido escalador describió su estado mental mientras ascendía a una montaña como se indica a continuación: «Es como si tuviese desconectada la memoria. Todo lo que puedo recordar son los últimos treinta segundos, y todo lo que puedo pensar hacia el futuro se concentra en los próximos cinco minutos». De hecho, cualquier actividad que requiere concentración tiene un lapso de tiempo similar.

Pero no es solo el foco temporal lo que cuenta. Tanto o más importante es que solo una gama de información muy selecta puede entrar en la conciencia. Por lo tanto, todos los pensamientos de preocupación que ordinariamente tenemos en nuestra mente se quedan temporalmente en suspenso. Como un joven jugador de baloncesto explica: «La cancha: es todo lo que importa. [...] A veces, cuando estoy fuera de la cancha pienso en un problema, como las peleas que tengo con mi chica, y pienso que no es nada comparado con el juego. Puedo pensar durante todo el día en este problema, pero tan pronto como entro a jugar, ¡que se vaya al infierno!» Y otro dice: «Los niños de mi edad piensan mucho [...], pero cuando están jugando al baloncesto, eso es todo lo que hay en su mente: solo baloncesto. [...] Y todo parece ir bien».

Un alpinista nos explica más sobre el mismo tema: «Cuando lo estás haciendo [escalar] no eres consciente de otras situaciones problemáticas de tu vida. Es un mundo en sí mismo, con significado únicamente por sí mismo. Es concentración. Una vez estás en la situación, esta es increíblemente real, y tienes el control. Llega a ser todo tu mundo».

Un bailarín nos cuenta una sensación similar: «Consigo una sensación que no consigo en ninguna otra parte. [...] Tengo más confianza en mí que en cualquier otro momento. Quizá sea un esfuerzo para olvidarme de mis problemas. El baile es como una terapia. Si algo me preocupa, lo dejo fuera en la puerta al entrar [en el estudio de baile]».

Tomando una escala de tiempo mayor, la navegación oceánica proporciona un equivalente al bendito olvido: «No importan los pequeños inconvenientes que surgen por estar en el mar; las preocupaciones y los problemas desaparecen de la vista como la silueta de la costa tras el horizonte. Una vez estábamos en mar abierto ya no había razón alguna en preocuparnos, ya no había nada que pudiésemos hacer acerca de nuestros problemas hasta que alcanzásemos el próximo puerto. [...] La vida estaba, por un instante, despojada de su artificialidad; [los otros problemas] nos parecían insignificantes comparados con el estado del viento y de la mar y la distancia recorrida durante el día».

Edwin Moses, el gran corredor de vallas, dice esto para describir la concentración necesaria en una carrera: «Tu mente tiene que estar absolutamente clara. El enfrentarte con tu adversario, el desfase horario por el viaje en avión, los alimentos distintos a lo habitual, el dormir en hoteles y los problemas personales deben ser eliminados de la conciencia, como si no existieran».

Aunque Moses hable de qué hay que hacer para ganar en las competiciones deportivas a nivel mundial, bien podría haber descrito el tipo de concentración que logramos cuando disfrutamos realizando cualquier actividad. La concentración producida por la experiencia de flujo –junto con la clarificación de las metas y la retroalimentación inmediata– pone orden en la conciencia e induce la agradable condición de negentropía psíquica.

La paradoja del control

Frecuentemente el disfrute se da en los juegos, los deportes, y otras actividades de ocio que son distintas a las realizadas en la vida ordinaria, donde puede sucedernos un gran número de cosas negativas. Si una persona pierde al ajedrez o realiza su afición de forma chapucera, no necesita preocuparse; en la vida "real", sin embargo, una persona que no sabe manejar bien un negocio puede perder su trabajo, perder la hipoteca sobre su casa y acabar en manos de la asistencia pública. Así, en casi todos los casos, la experiencia de flujo involucra además una sensación de control o, más exactamente, implica la falta de preocupación por perder el control que es típica en muchas situaciones de la vida normal.

He aquí cómo expresa una bailarina esta dimensión de la experiencia de flujo: «Me siento calmada y muy relajada. No tengo la preocupación del fracaso. ¡Qué sentimiento más poderoso y cálido! Quiero expresarme, abrazar al mundo. Siento un poder enorme para mostrar con mi baile la gracia y la belleza». Y un jugador de ajedrez: «... tengo un sentimiento generalizado de bienestar y controlo por completo mi mundo».

Realmente, lo que estos sujetos describen es la *posibilidad*, más que la *realidad*, de control. La bailarina de ballet puede caer, romperse la pierna y nunca volverá a hacer el giro perfecto, y el jugador de ajedrez quizá sea derrotado y nunca llegue a ser un campeón. Pero, por lo menos como posibilidad, en el mundo del flujo la perfección es realizable.

Esta sensación de control se comenta también de la realización de actividades agradables que comporten serios riesgos, actividades que al no iniciado le parecerán mucho más peligrosas que los asuntos de la vida normal. Las personas que practican el vuelo con ala delta, la espeleología, el alpinismo, las carreras de automóviles, el buceo a gran profundidad y otros muchos deportes similares simplemente por diversión, están poniéndose a propósito en situaciones que carecen de la seguridad de la vida civilizada. Así, cuando todos estos individuos nos explican sus experiencias de flujo, una parte importante de esta experiencia es un aumento considerable de su sensación de control.

Habitualmente, para explicar la motivación de aquellos que disfrutan con actividades peligrosas se recurre a algún tipo de necesidad patológica: tratan de exorcizar un temor profundo, compensan alguna carencia, están recreando de forma compulsiva una fijación edípica, son "buscadores de sensaciones fuertes". Estos móviles pueden estar involucrados ocasionalmente, sin embargo resulta muy llamativo, cuando se habla con especialistas en el riesgo, ver que su disfrute no deriva del peligro en sí mismo, sino de su capacidad para minimizarlo. Por ello, más que una emoción patológica que se siente cortejando el desastre, la emoción positiva que ellos disfrutan es la sensación perfectamente saludable de ser capaz de controlar unas fuerzas potencialmente peligrosas.

Lo importante aquí es que las actividades que producen las experiencias de flujo, incluso las aparentemente más arriesgadas, están diseñadas de tal modo que permiten a quienes las practican el desarrollo de las suficientes habilidades como para reducir el margen de error a cero o tan cerca de cero como sea posible. Los escaladores, por ejemplo, reconocen dos tipos de peligros: "el objetivo" y "el subjetivo". El primer tipo lo forman los sucesos físicos no predecibles a los que puede enfrentarse una persona en una montaña: una tormenta repentina, un alud, una roca que cae, una bajada drástica de la temperatura. Uno puede prepararse contra estas amenazas, pero nunca se pueden prever completamente. Los peligros subjetivos son los que provienen de la falta de habilidad del escalador, incluyendo la incapacidad de estimar correctamente la dificultad de un ascenso en relación a la propia capacidad.

El objetivo en la escalada es evitar los peligros objetivos tanto como sea posible y eliminar enteramente los peligros subjetivos mediante una rigurosa disciplina y una sólida preparación. Como resultado, los escaladores creen, de verdad, que escalar el Matterhorn es más seguro que cruzar una calle en Manhattan, donde los peligros objetivos (conductores de taxi, mensajeros en bicicleta, autobuses, asaltantes) son menos predecibles que en la montaña y las habilidades personales tienen menos oportunidades para asegurar la seguridad del peatón.

Como ilustra este ejemplo, lo que hace disfrutar a las personas no es el sentimiento de *tener* el control, sino el sentimiento de *ejercer* ese control en situaciones difíciles. No es posible experimentar un sentimiento de control a menos que uno esté dispuesto a abandonar la seguridad de las rutinas protectoras. Únicamente cuando está en juego un resultado dudoso, y cuando uno es capaz de influir en ese resultado, la persona podrá saber si realmente tiene o no el control.

Existe un tipo de actividad que parece constituir la excepción: los juegos de azar. Son agradables, aunque por definición tengan como base el azar, que presumiblemente no está influido por las habilidades personales. El giro de la ruleta o la carta que nos toca en el *blackjack* no pueden ser controlados por el jugador. En este caso, por lo menos, el sentimiento de control no está relacionado con la experiencia de disfrute.

Sin embargo, las condiciones "objetivas" pueden ser engañosas, y así les sucede a los jugadores que disfrutan con los juegos de azar y que están subjetivamente convencidos de que sus habilidades juegan un papel importante en el resultado. De hecho tienden a acentuar el tema del control más aún que los participantes en actividades donde las propias habilidades obviamente permiten un mayor control. Los jugadores de póker se convencen de que es su capacidad, y no el azar, lo que les lleva al éxito; si pierden, son mucho más proclives a echarle la culpa a la mala suerte, pero incluso en la derrota, están dispuestos a buscar un error personal que explique el resultado. Los jugadores de ruleta desarrollan complicados sistemas para predecir el giro de la rueda. En general, los jugadores de juegos de azar, frecuentemente creen que tienen el don de ver el futuro, por lo menos, dentro del conjunto restringido de metas y reglas que define su juego. Y este sentimiento tan antiguo de control –cuyos precursores son los rituales de adivinación tan frecuentes en todas las culturas– es una de las mayores atracciones que ofrece la experiencia de jugar.

Esta sensación de estar en un mundo donde la entropía se halla suspendida explica en parte por qué las actividades de flujo pueden llegar a ser tan adictivas. Los novelistas han escrito frecuentemente sobre el tema del ajedrez como una metáfora para escapar de la realidad. El relato de Vladimir Nabokov *La defensa Luchin* describe a un joven genio del ajedrez tan involucrado en el juego que el resto de su vida –su matrimonio, sus amistades, su subsistencia– se va a pique. Luchin trata de arreglar estos problemas, pero es incapaz de verlos excepto desde el punto de vista de las situaciones del ajedrez. Su esposa es la Reina Blanca, que está en el quinto cuadrado de la tercera línea, amenazada por el Alfil Negro, que es la representación del propio Luchin, etc. Al tratar de resolver sus conflictos personales, Luchin recurre a la estrategia del ajedrez y se empeña en inventar una "defensa Luchin", un conjunto de movimientos que lo hará invulnerable a los ataques externos. Como sus relaciones con la vida se desintegran, Luchin tiene una serie de alucinaciones en las que las personas importantes de su entorno se convierten en piezas que tratan de inmovilizarlo sobre un inmenso tablero. Finalmente tiene una visión de la defensa perfecta contra sus problemas… y salta por de la ventana de un hotel. Estas historias sobre el ajedrez no son tan improbables; muchos campeones, como el primero y el último de los grandes ajedrecistas estadounidenses, Paul Morphy y Bobby Fischer, llegaron a sentirse tan cómodos con el mundo lógicamente ordenado y bello del ajedrez, que volvieron la espaldas al desorden del mundo "real".

La embriaguez que sienten los jugadores al "deducir" un suceso aleatorio aún es más evidente. Los etnógrafos han descrito la costumbre de los indios norteamericanos según la cual se implicaban de una forma tan hipnótica cuando jugaban con los huesos de la costilla del búfalo que los perdedores salían frecuentemente de la tienda sin ropas, en lo más crudo del invierno, tras apostar sus armas, sus caballos y también sus esposas. Casi cualquier actividad agradable puede llegar a ser adictiva en el sentido de que, en vez de ser una elección consciente, llega a convertirse en algo que interfiere en las otras actividades. Los cirujanos, por ejemplo, cuentan que las operaciones llegan a producir adicción, es «como tomar heroína».

Cuando una persona depende tanto de la capacidad para controlar una actividad agradable que no puede prestar atención a nada más, entonces se pierde el control definitivo: la libertad para determinar el contenido de la conciencia. De modo que las actividades agradables que producen flujo tienen un potencial aspecto negativo: a la vez que son capaces de mejorar la calidad de la existencia por el orden que crean en la mente, pueden llegar a producir adicción si la personalidad se convierte en prisionera de un cierto tipo de orden, y entonces no desea enfrentarse a las ambigüedades de la vida.

La pérdida de autoconciencia

Hemos visto anteriormente que cuando una actividad acapara completamente la conciencia, no queda libre atención suficiente que permita que una persona piense acerca del pasado o del futuro, o acerca de cualquier otro estímulo temporalmente inconexo. Hay un tema que desaparece de la conciencia y que merece una mención especial, porque en la vida normal dedicamos mucho tiempo a pensar sobre él: nuestra propia personalidad. Un escalador describe este aspecto de la experiencia: «Es como un sentimiento zen, como la meditación o la concentración. Lo que se desea conseguir es la precisión mental. Puedes tener tu ego ocupándose en escalar de todas las maneras posibles y esto no es necesariamente la iluminación. Pero cuando las cosas llegan a convertirse en algo automático, de cierta forma es como no tener ego. De algún modo has hecho lo correcto sin estar pensando sobre ello o haciendo cualquier otra cosa. [...] Simplemente sucede. Y tú aún estás más concentrado». O en las palabras de un famoso navegante oceánico: «uno se olvida de sí mismo, se olvida de todo y ve únicamente el juego del barco con el mar, el juego del mar alrededor el barco, y se deja de lado todo lo que no es esencial en este juego ...».

La pérdida de la sensación de que uno es una personalidad separada del mundo que le rodea viene acompañada a veces por un sentimiento de unión con el entorno, bien sea en la montaña, formando parte de un equipo, o, en el caso de este miembro de una pandilla japonesa de motociclistas, la "carrera" de centenares de motos rugiendo calle abajo en Kyoto: «Comprendo una cosa cuando todos nuestros sentimientos consiguen sintonizarse en la mente. Cuando corremos, al principio no estamos en completa armonía. Pero si la carrera empieza a ir bien, todos nosotros, todos, sentimos lo mismo. ¿Cómo podría explicarlo? [...] Cuando nuestras mentes se unen, en ese momento es un placer verdadero. [...] Todos somos uno, percibo algo. [...] De pronto me doy cuenta, "Oh, somos uno" y pienso, "Si corremos tan rápido como podamos, será una verdadera Carrera". [...] Cuando nos damos cuenta de que llegamos a ser una sola carne, es algo supremo. Luego vamos a toda velocidad. Y este momento es realmente superior».

Este "llegar a ser una sola carne" tan vivamente descrito por el adolescente japonés es un aspecto muy real de la experiencia de flujo. Las personas dicen sentirlo tan concretamente como sienten el alivio del hambre o del dolor. Es una experiencia fabulosa, pero como veremos a continuación, presenta sus propios peligros.

La preocupación por la propia personalidad consume energía psíquica porque en la vida cotidiana frecuentemente nos sentimos amenazados. Cuando nos sentimos amenazados tenemos la necesidad de traer a la conciencia la imagen que tenemos de nosotros mismos, y así podemos averiguar si la amenaza es seria o no y cómo deberíamos enfrentarla. Por ejemplo, si caminando calle abajo noto que algunas personas vuelven el rostro y me miran con desagrado, lo norma es preguntarse inmediatamente con preocupación: «¿Algo va mal? ¿Tengo un aspecto raro? ¿Es por cómo ando o tengo la cara sucia?» Cientos de veces, cada día nos acordamos de la vulnerabilidad de nuestra personalidad. Y cada vez que esto sucede la energía psíquica se pierde tratando de restaurar el orden de la conciencia.

Pero en el flujo no hay lugar para el escrutinio de uno mismo. Puesto que las actividades agradables tienen unas metas claras, unas reglas estables, y los desafíos están bien equiparados a las habilidades, hay pocas oportunidades para que la personalidad se vea amenazada. Cuando un escalador realiza una subida difícil está totalmente absorbido por su rol. Es al 100% un escalador, o no sobrevivirá. No hay manera de que nada o nadie le haga plantearse ningún otro aspecto de su personalidad. Si su cara está sucia o no, no importa. La única amenaza posible es la que procede de la montaña; aunque un buen escalador se entrena bien para encarar esta amenaza y no necesita hacer entrar a la personalidad en el proceso.

La ausencia de la personalidad en la conciencia no significa que la persona en flujo haya abandonado el control de su energía psíquica, o que no sea consciente de lo que sucede en su cuerpo o en su mente; en realidad suele suceder lo contrario. Cuando la gente oye hablar por primera vez de la experiencia de flujo, a veces cree que la carencia de autoconciencia tiene algo que ver con una eliminación pasiva de la personalidad, un "dejarse llevar por la corriente" al estilo de California. Pero de hecho, la experiencia óptima involucra un papel activo para la personalidad. Un violinista debe ser sumamente consciente de cada movimiento de sus dedos, así como también del sonido que entra por sus oídos, y de la forma total de la pieza que está tocando, tanto analíticamente, nota por nota, como sintéticamente, desde el punto de vista de su totalidad. Un buen corredor es consciente de cada músculo de su cuerpo, del ritmo de su respiración, así como también del rendimiento de sus competidores dentro de la estrategia global de la carrera. Un jugador de ajedrez no podría disfrutar del juego si fuese incapaz de recobrar de su memoria las jugadas previas, las combinaciones realizadas en el pasado.

Por ello, la pérdida de autoconciencia no involucra una pérdida de personalidad y, desde luego, no es una pérdida de conciencia, sino que tan solo es una pérdida de la conciencia *de* la personalidad. Lo que se halla por debajo del umbral de la conciencia es el *concepto* de personalidad, la información que usamos para representarnos a nosotros mismos quiénes somos. Y ser capaces de olvidarnos temporalmente de quiénes somos parece ser muy agradable. Cuando no estamos preocupados por nuestras personalidades, realmente tenemos la oportunidad de expandir el concepto de quiénes somos. La pérdida de autoconciencia puede llevar a la transcendencia, un sentimiento de que se han sobrepasado los límites de nuestro yo.

Este sentimiento no es simplemente una fantasía de la imaginación, sino que está basado en una experiencia concreta de interacción cercana con un Otro, una interacción que produce un extraño sentimiento de unidad con esa entidad que no somos nosotros mismos. Durante las largas horas de la noche, el navegante solitario comienza a sentir que el barco es una extensión de sí mismo que se mueve al mismo ritmo hacia una meta común. El violinista, envuelto en el torrente de sonidos que ayuda a crear, siente como si formara parte de la "armonía de las esferas". El escalador, enfocando toda su atención en las pequeñas irregularidades de la pared de roca donde tendrá que apoyar su peso, habla del sentimiento de parentesco que se desarrolla entre los dedos y la roca, entre el frágil cuerpo y el entorno de piedras, cielo y viento. En un torneo de ajedrez, los jugadores cuya atención se ha fascinado durante horas con la batalla lógica que han sostenido sobre el tablero, dicen que sienten como si hubiesen entrado en un poderoso "campo de fuerza" y hubiesen chocado con otras fuerzas de alguna dimensión de existencia no material. Los cirujanos dicen que durante una operación difícil tienen la sensación que todo el equipo quirúrgico es un organismo único, movido por el mismo propósito; ellos lo describen como un "ballet" en que el individuo se subordina a la actividad del grupo y en el que toda la acción implica un sentimiento de armonía y energía.

Uno podría tratar estos testimonios como metáforas poéticas y dejar la cosa ahí. Pero es importante que nos demos cuenta de que se refieren a experiencias tan reales como tener hambre o como tropezar con una pared. No hay nada misterioso o místico en ellas. Cuando una persona invierte toda su energía psíquica en una interacción –bien sea con otra persona, con un barco, una montaña o un fragmento musical–, llega a ser parte de un sistema de acción mayor que la personalidad individual que había sido antes. Este sistema toma su forma a partir de las reglas de la actividad; su energía proviene de la atención de la persona. Pero es un verdadero sistema –subjetivamente tan verdadero como ser parte de una familia, de una empresa, o de un equipo–, y la personalidad que forma parte de él expande sus fronteras y se convierte en algo más complejo de lo que había sido.

Este crecimiento de la personalidad ocurre únicamente si la interacción ha producido disfrute, o lo que es igual, si ofrece oportunidades no triviales para actuar y requiere perfeccionar constantemente las propias habilidades. También es posible perderse uno mismo en sistemas de acción que no exigen nada excepto fe y lealtad. Las religiones fundamentalistas, los movimientos de masas y los partidos políticos extremistas también ofrecen oportunidades para la transcendencia de la personalidad, y hay millones de personas ávidas de aceptarlos. También proporcionan una bienvenida extensión de los límites de la personalidad, un sentimiento de que uno anda metido en algo grande y poderoso. El auténtico creyente también llega a ser parte del sistema en términos concretos, porque su energía psíquica va a ser formada y enfocada por las metas y normas de sus creencias. Pero el auténtico creyente no está realmente interactuando con el sistema de creencias, normalmente deja que su energía psíquica sea absorbida por este sistema. Y desde esta sumisión no puede aparecer nada nuevo, la conciencia puede alcanzar el orden deseado, pero será un orden impuesto en lugar de ser un orden logrado por la misma persona. Y, en el mejor de los casos, el auténtico creyente se parece a un cristal: fuerte y bellamente simétrico, pero de crecimiento muy lento.

He aquí la relación, muy importante y a primera vista aparentemente paradójica, entre perder la personalidad en una experiencia de flujo y sentir que emerge con más fuerza tras haber vivido la experiencia. Parece casi que sea necesario abandonar la autoconciencia de forma ocasional para construir un autoconcepto fuerte. El porqué de esta situación está bastante claro. En el flujo, una persona siente el desafío de hacerlo lo mejor posible y debe mejorar constantemente sus habilidades. En ese momento no tiene la oportunidad de reflexionar sobre qué es lo que esto significa en términos de su personalidad (y si se permitiera sentirse autoconsciente, la experiencia no sería muy profunda). Pero después, cuando la actividad ha finalizado y la autoconciencia tiene la oportunidad de volver, la personalidad de este individuo que ahora está reflexionando no es la misma que existió antes de la experiencia de flujo; ahora está enriquecida por habilidades y logros nuevos.

La transformación del tiempo

Una de las descripciones más frecuentes de la experiencia óptima expresa cómo el tiempo parece no pasar del modo en que ordinariamente lo hace. La duración objetiva, externa, que medimos con referencia a acontecimientos exteriores como la noche y el día, o a la progresión ordenada de los relojes, se convierte en algo irrelevante debido al ritmo que nos marca la propia actividad. A menudo las horas que transcurren parecen minutos. En general, la mayor parte de las personas dicen que el tiempo parece pasar más rápidamente. Pero, ocasionalmente, también sucede a la inversa: los bailarines de ballet clásico describen cómo un giro difícil, algo que dura menos de un segundo en tiempo real, se prolonga subjetivamente y parece que tarda varios minutos en realizarse: «Suceden dos cosas. Una es que en cierto sentido todo parece suceder realmente rápido. Y después, resulta que ha transcurrido mucho tiempo. Veo en el reloj que es la una de la tarde y me digo: "¡Eh! ¡Si solo hace unos minutos eran las ocho de la mañana!". Pero cuando estoy bailando [...] me parece que lo he estado haciendo mucho más rato del que realmente he estado». La generalización más fácil de realizar sobre este fenómeno es decir que durante la experiencia de flujo el sentido del tiempo guarda muy poca relación con el paso del tiempo medido convencionalmente por los relojes.

Pero aquí también hay excepciones que confirman la regla. Un excelente cirujano cardíaco que obtiene un profundo disfrute con su trabajo es muy conocido por su habilidad en decir la hora exacta mientras está operando, con solo medio minuto de error, sin consultar reloj alguno. Pero, en este caso, el tiempo es uno de los desafíos de su trabajo, puesto que le llaman para que realice solo una pequeña parte, aunque muy difícil, de la operación, y suele realizar varias operaciones al mismo tiempo, de modo que tiene que ir de un paciente a otro, asegurándose de no molestar a sus colegas mientras se encargan de las fases preliminares. A menudo hallamos una destreza similar entre los practicantes de otras actividades en las que el tiempo es esencial, por ejemplo los corredores y los pilotos de carreras. Para regular su esfuerzo de forma precisa durante una competición deben tener muy en cuenta el transcurso de los minutos y segundos. En tales casos, la habilidad para conservar la noción del tiempo es una de las aptitudes necesarias para realizar bien la actividad, de forma que, en lugar de estorbar, contribuye al disfrute de la experiencia.

Pero la mayoría de actividades de flujo no dependen del

tiempo de los relojes; como el béisbol, tienen su propio ritmo, sus propias secuencias de acontecimientos que marcan las transiciones de un estado a otro, sin que deban tener intervalos iguales de duración. No está claro si esta dimensión del flujo solo es un epifenómeno –un producto adicional de la intensa concentración que requiere la actividad que se está llevando a cabo– o si es algo que contribuye con derecho propio a la calidad positiva de la experiencia. Aunque parece que perder la cuenta del reloj no es uno de los elementos principales del disfrute, la liberación de la tiranía del tiempo se añade a la euforia que sentimos mientras nos encontramos en un estado de completa involucración con lo que hacemos.

La experiencia autotélica

El elemento clave de una experiencia óptima es que tiene un fin en sí misma. Incluso si inicialmente la llevamos a cabo por otras razones, la actividad que nos ocupa se convierte en algo intrínsecamente gratificante. Los cirujanos dicen de su trabajo: «disfruto tanto que me gustaría hacerlo aunque no tuviese que hacerlo». Los navegantes dicen: «me gasto un montón de dinero y tiempo en este barco, pero vale la pena: nada puede compararse a lo que siento cuando salgo a navegar».

La palabra "autotélico" deriva de dos palabras griegas, *auto,* que significa en sí mismo, y *telos,* que significa finalidad. Se refiere a una actividad que se contiene en sí misma, que se realiza no por la esperanza de ningún beneficio futuro, sino simplemente porque hacerlo es en sí la recompensa. Jugar a la bolsa para ganar dinero no es una experiencia autotélica, pero sí jugar para poner a prueba la propia habilidad de predecir las tendencias futuras (incluso aunque el resultado final en términos de dólares y centavos sea el mismo). Dar clases a los niños para convertirlos en buenos ciudadanos no es autotélico, mientras que darles clase porque uno se divierte al interactuar con ellos sí que lo es. Lo que ocurre en ambas situaciones es básicamente lo mismo; lo que las diferencia es que, cuando la experiencia es autotélica, la persona está prestando atención a la actividad por sí misma, y cuando no es así, la atención se centra en las consecuencias.

La mayoría de cosas que hacemos no son puramente autotélicas ni puramente exotélicas (que es como denominaremos a las actividades llevadas a cabo solo por razones externas), sino que son una combinación de las dos. Normalmente, los cirujanos realizan su largo período de aprendizaje precisamente por unas aspiraciones exotélicas: ayudar a las personas, ganar dinero, conseguir prestigio. Si son afortunados, después de un tiempo empiezan a disfrutar con su trabajo y la cirugía se vuelve autotélica en gran parte.

Algunas cosas que, a pesar nuestro, estamos obligados a hacer van a convertirse, con el transcurso del tiempo, en algo intrínsecamente gratificante. Un amigo mío, con quien trabajé en una oficina hace muchos años, tenía un gran don. Si el trabajo que tenía que realizar era muy aburrido, lo hacía con una mirada brillante en sus ojos medio cerrados, mientras tarareaba una pieza musical: un coro de Bach, un concierto de Mozart o una sinfonía de Beethoven. Pero tararear es una descripción muy poco adecuada de lo que hacía. Reproducía la pieza musical entera, imitando con su voz los principales instrumentos de cada pasaje: su voz ya gemía como un violín, ya cantaba suavemente como un fagot, ya tronaba como una trompeta barroca. Cuando lo oíamos en la oficina, nos sumía en un trance que luego nos hacía volver al trabajo con nueva energía. Lo curioso era cómo mi amigo había desarrollado esta habilidad. Desde los tres años de edad, su padre lo había llevado a escuchar conciertos de música clásica. Recuerda que se aburría soberanamente y que a veces se quedaba dormido en su asiento, y que entonces le despertaba una bofetada de su padre. Creció odiando los conciertos, la música clásica y, presumiblemente, a su padre, pero año tras año se veía obligado a repetir aquella dolorosa experiencia.

Sin embargo, en una velada, cuando tenía siete años, durante la obertura de una ópera de Mozart experimentó lo que describió como un éxtasis: de repente distinguió la estructura melódica de la pieza musical y tuvo la sensación de que se abría ante él un mundo totalmente nuevo. Fueron los tres años de aburrimiento los que le habían preparado para esta epifanía, años durante los cuales sus habilidades musicales se habían desarrollado, aunque de forma inconsciente, e hicieron posible que entendiese el desafío que Mozart había construido con su música.

Por supuesto, él fue afortunado; muchos niños nunca llegan al punto de darse cuenta de las posibilidades que les ofrece una actividad que están obligados a realizar y termina por desagradarles para siempre. ¿Cuántos niños han llegado a odiar la música clásica porque sus padres les obligaban a practicar un instrumento? A menudo los niños –también los adultos– necesitan incentivos externos para dar los primeros pasos en una actividad que requiere una difícil reestructuración de la atención. La mayoría de actividades de disfrute no son naturales, requieren de un esfuerzo inicial que nos cuesta realizar. Pero una vez que la interacción comienza a ofrecer retroalimentación a las habilidades de la persona, empieza a ser intrínsecamente gratificante.

Una experiencia autotélica es muy distinta de los sentimientos que tenemos normalmente durante nuestra vida. Muchas cosas que hacemos de forma ordinaria no tienen valor en sí mismas, solo las hacemos porque tenemos que hacerlas o porque esperamos algún beneficio futuro de ellas. Muchas personas sienten que el tiempo que pasan en su trabajo está, esencialmente, malgastado; no están integradas en él y la energía psíquica que invierten en ello no sirve para fortalecer su personalidad. Algunas personas también creen que el tiempo libre se malgasta. El ocio nos ofrece un respiro del trabajo, aunque generalmente consiste en absorber información pasivamente sin emplear ninguna habilidad ni explorar nuevas oportunidades para actuar. Como resultado la vida pasa en una secuencia de experiencias ansiosas o aburridas sobre las cuales la persona no tiene ningún control.

La experiencia autotélica, o flujo, eleva el transcurso de la vida a otro nivel. La alienación da paso a la involucración, el disfrute reemplaza al aburrimiento, la impotencia da paso al sentimiento de control y la energía psíquica trabaja para reforzar la personalidad en lugar de perderse al servicio de unas metas extrínsecas. Cuando la experiencia es intrínsecamente gratificante la vida está justificada en su presente, en vez de ser el rehén de un hipotético beneficio futuro.

Pero, como hemos visto en el apartado que trataba de la sensación de control, uno debe ser consciente del potencial poder adictivo del flujo. Debemos aceptar el hecho de que nada en el mundo es enteramente positivo; todo poder puede ser mal empleado. El amor puede conducir a la crueldad, la ciencia puede crear la destrucción, la tecnología incontrolada produce contaminación. La experiencia óptima es una forma de energía, y la energía puede utilizarse tanto para crear como para destruir. El fuego calienta o quema, la energía atómica puede generar electricidad y puede destruir el mundo. La energía es poder, pero el poder es solo un medio. Las metas hacia las que se dirija pueden hacer que la vida sea más rica o más dolorosa.

El marqués de Sade perfeccionó el provocar dolor hasta convertirlo en una forma de placer y, de hecho, la crueldad es una fuente universal de disfrute para las personas que no han desarrollado unas habilidades más elaboradas. Incluso en las sociedades que llamamos "civilizadas" porque intentan hacer la vida más agradable sin interferir en el bienestar de nadie, la gente está atraída por la violencia. Los combates de gladiadores divertían a Roma, los ingleses de la era victoriana pagaban para ver cómo sus perros terrier destrozaban a una rata, los españoles veneran la matanza de unos toros, y el boxeo sigue siendo corriente en nuestra cultura.

Los veteranos del Vietnam o de otras guerras a veces hablan con nostalgia de la acción en primera línea de fuego y la describen como una experiencia de flujo. Cuando estás sentado en una trinchera, al lado de un lanzacohetes la vida está enfocada muy claramente: la meta es destruir al enemigo antes de que te destruya, lo bueno y lo malo son evidentes, los medios de control están al alcance de la mano y las distracciones son eliminadas. Incluso si uno odia la guerra, la experiencia puede ser más euforizante que cualquier cosa que podamos encontrar en la vida civil.

Los delincuentes dicen a menudo cosas como esta: «si usted me mostrase algo que yo pudiera hacer y que fuese tan divertido como entrar de noche en una casa y llevarme todas las joyas sin despertar a nadie, yo lo haría». Muchas cosas que denominamos delincuencia juvenil –robo de coches, vandalismo, conducta provocativa en general– están motivadas por la misma necesidad de tener experiencias de flujo que no pueden conseguirse en la vida corriente. Mientras un sector significativo de la sociedad tenga pocas oportunidades de encontrar desafíos significativos y pocas oportunidades de desarrollar las habilidades necesarias para beneficiarse de estos desafíos, debemos esperar que la violencia y el crimen atraigan a quienes no pueden encontrar el camino hacia experiencias autotélicas más complejas.

Este tema se complica más todavía cuando reflexionamos acerca de las actividades científicas y tecnológicas respetables que posteriormente asumen un aspecto ambiguo e incluso horripilante, y que al principio proporcionaban disfrute. Robert Oppenheimer denominaba a su trabajo sobre la bomba atómica el "dulce problema", y seguramente la fabricación del gas neurotóxico o la planificación de la Guerra de las Galaxias puede ser muy interesante para quienes participan en ello.

La experiencia de flujo, como todo lo demás, no es "buena" en un sentido absoluto. Es buena solo porque tiene el potencial de hacer que la vida sea más rica, intensa y con significado; es buena porque incrementa la fuerza y la complejidad de la personalidad. Pero si las consecuencias de una situación de flujo determinada son buenas en un sentido amplio, es un tema que necesitaría ser discutido y evaluado en términos de criterios sociales más globales. Lo mismo es cierto, de todos modos, para todas las actividades humanas, ya sea la ciencia, la religión o la política. Una creencia religiosa en particular puede beneficiar a una persona o grupo, pero puede reprimir a muchos otros. La cristiandad ayudó a integrar las comunidades étnicas del decaído Imperio Romano, pero fue el instrumento utilizado para destruir muchas culturas con las cuales entró en contacto más tarde. Un avance científico determinado puede ser bueno para la ciencia y para unos pocos científicos, pero malo para la humanidad en su globalidad. Es una ilusión creer que cualquier solución es beneficiosa para todos y para todas las ocasiones; ningún logro humano tiene la última palabra. La incómoda sentencia de Jefferson, «la eterna vigilancia es el precio de la libertad», se aplica también al terreno de la política, y significa que debemos reevaluar constantemente lo que hacemos para evitar que los hábitos y la sabiduría del pasado nos cieguen ante las nuevas posibilidades.

Pero no tendría sentido ignorar una fuente de energía simplemente porque puede ser mal utilizada. Si la humanidad hubiese elegido no utilizar el fuego porque puede utilizarse para quemar cosas, no habríamos evolucionado y no seríamos muy distintos a los gorilas. Como dijo Demócrito de forma tan simple, hace muchos siglos: «El agua puede ser buena o mala, útil o peligrosa. Pero para el peligro puede hallarse un remedio: aprender a nadar». Y nadar, en este caso, implica aprender a distinguir las formas de flujo útiles de las malignas y sacar el mayor provecho de las primeras mientras ponemos límites a las segundas. La tarea consiste en aprender a disfrutar de la vida cotidiana sin disminuir las oportunidades de las demás personas para que disfruten con las suyas.

4. LAS CONDICIONES DEL FLUJO

Hemos visto cómo describen las personas las características comunes de la experiencia óptima: una sensación de que las propias habilidades son adecuadas para enfrentarse con los desafíos que se nos presentan, una actividad dirigida hacia unas metas y regulada por normas que, además, nos ofrece unas pistas claras para saber si lo estamos haciendo bien. La concentración es tan intensa que no se puede prestar atención a pensar en cosas irrelevantes respecto a la actividad que se está realizando, o para preocuparse. La conciencia de sí mismo desaparece, y el sentido del tiempo se distorsiona. Una actividad que produce tales experiencias es tan agradable que las personas desean realizarla por sí misma, y se preocupan poco por lo que van a obtener de ella, incluso aunque la actividad que realizan sea difícil o peligrosa.

¿Pero cuándo suceden estas experiencias? Ocasionalmente, el flujo puede suceder por casualidad, por una afortunada coincidencia entre las condiciones externas y las internas. Por ejemplo, unos amigos que están cenando juntos, y alguien empieza a hablar de un tema que hace que todos participen en la conversación. O, uno a uno, empiezan a contar chistes y a contar anécdotas, y muy pronto todos se están divirtiendo y sintiéndose bien por el simple hecho de estar juntos. Mientras que tales acontecimientos pueden suceder de forma espontánea, es mucho más probable que el flujo sea el resultado de una actividad estructurada, o que suceda debido a la habilidad de la persona para producir flujo, o por ambas razones.

¿Por qué jugar o practicar deporte nos hace disfrutar, mientras que las cosas que hacemos cada día, como trabajar o estar en casa, a menudo son tan aburridas? ¿Y por qué una persona disfrutará incluso aunque esté en un campo de concentración, mientras que otro consigue aburrirse estando de vacaciones en un lugar fantástico? Contestar estas preguntas hará que sea más fácil comprender cómo podemos dar forma a la experiencia para mejorar la calidad de vida. En este capítulo vamos a describir esas actividades particulares que probablemente producirán experiencias óptimas y las características personales que ayudan a la gente a lograr fácilmente el flujo.

Actividades que producen flujo

Cuando describimos la experiencia óptima en este libro, dimos como ejemplos de actividad la creación musical, la escalada, el baile, la navegación, el ajedrez, etc. Lo que hace que estas actividades produzcan flujo es que se *diseñaron* para hacer más fácil lograr la experiencia óptima. Tienen unas reglas que requieren de un aprendizaje de habilidades, establecen metas, producen retroalimentación, hacen posible el control. Facilitan la concentración y la involucración haciendo que la actividad sea lo más distinta posible de la denominada "realidad primordial" de la existencia cotidiana. Por ejemplo, en todos los deportes, los jugadores visten uniformes llamativos y entran en lugares especiales que les separan temporalmente del resto de comunes mortales. Mientras dura el acontecimiento, los jugadores y los espectadores dejan de actuar en términos del sentido común y se concentran en la realidad peculiar del juego.

Tales *actividades de flujo* tienen como función primaria ofrecer experiencias agradables. El juego, el arte, el boato, el ritual y los deportes son algunos ejemplos. Por la manera en que están construidos, ayudan a los participantes y a los espectadores a lograr un estado mental ordenado que es muy agradable.

Roger Caillois, el antropólogo psicológico francés, ha dividido los juegos del mundo (usando la palabra juego en su sentido más amplio para incluir en él todas las formas de actividad agradable) en cuatro amplias clases, según la clase de experiencias que proporcionan. *Agon* incluye los juegos que tienen a la competición como su aspecto principal, tales como los acontecimientos deportivos y atléticos; *alea* es la clase que incluye todos los juegos de azar, desde los dados al bingo; *ilinx*, o vértigo, es el nombre que da a las actividades que alteran la conciencia amontonando percepciones ordinarias, tales como subirse a un tiovivo o tirarse en paracaídas; y la *mimesis, o imitación,* es el grupo de actividades en que se crean realidades alternativas, tales como el baile, el teatro y las artes en general.

Usando este esquema, puede decirse que los juegos ofrecen oportunidades para ir más allá de los límites de la experiencia ordinaria de cuatro maneras diferentes. En los juegos agonísticos, el participante debe sacar lo máximo de sus habilidades para enfrentarse al desafío que le ofrecen las habilidades de sus adversarios. Las raíces de la palabra "competición" vienen del latín *com petire*, que significa "buscar juntos". Lo que cada persona busca es hacer efectivo su potencial, y esta tarea se realiza más fácilmente cuando los demás nos fuerzan a hacerlo lo mejor que podamos. Por supuesto, la competición mejora la experiencia únicamente mientras la atención está enfocada primariamente sobre la actividad en sí misma. Si las metas extrínsecas –tales como vencer al adversario, querer impresionar al auditorio o pretender un buen contrato como profesional– son lo que a uno le preocupa, entonces es probable que la competición se convierta en una distracción, en lugar de ser un incentivo para enfocar la conciencia sobre lo que sucede.

Los juegos de azar son agradables porque nos dan la ilusión de controlar el futuro inescrutable. Los indios de las praderas norteamericanas consultaban las costillas marcadas de búfalo para predecir el resultado de la próxima caza, los chinos interpretaban el dibujo que formaban unos palos al caer, y los ashanti del este de África leían el futuro según la manera en que morían unos pollos sacrificados. La adivinación es un aspecto universal de la cultura, un intento de romper las limitaciones del presente y conseguir un vislumbre de lo que va a suceder. Los juegos de azar se basan en la misma necesidad. Las costillas de búfalo se convierten en dados, los palos del I Ching serán las cartas del póker, y el ritual de adivinación se convierte en una apuesta, una actividad secular en la cual un individuo trata de ser más listo que otro o intenta vencer al destino.

El vértigo es la manera más directa de alterar la conciencia. A los niños pequeños les encanta dar vueltas en círculo hasta que se marean; los derviches en Oriente Medio logran estados de trance mediante el mismo procedimiento. Cualquier actividad que transforma la manera en que percibimos la realidad es capaz de hacernos disfrutar; un hecho que explica la atracción que sentimos hacia las drogas de todas clases que "expanden la conciencia", desde las setas mágicas al alcohol o a la actual caja de Pandora de los productos químicos alucinógenos. Pero la conciencia no puede expandirse, todo lo que podemos hacer es modificar sus contenidos, lo que nos da la impresión de haber logrado ensancharla de algún modo. Sin embargo, el precio de la mayoría de alteraciones artificialmente inducidas es la pérdida del control sobre la conciencia que quisimos expandir.

La imitación nos hace sentir que somos más de lo que somos en realidad a través de la fantasía, la vanidad y el disfraz. Nuestros antepasados bailaron vistiendo las máscaras de su dioses y experimentaron una sensación de poder al identificarse con las fuerzas que rigen el universo. Al vestir como el ciervo, el danzador indio yaqui siente que forma una unidad con el espíritu del animal que personifica. El cantor que mezcla su voz en la armonía de un coro siente correr escalofríos por su espina dorsal al oír el hermoso sonido que ha ayudado a crear. La niña que juega con su muñeca y su hermano que se disfraza de vaquero también expanden los límites de sus experiencias ordinarias, para sentir que, temporalmente, son alguien distinto a ellos mismos y más poderosos (al tiempo que aprenden los roles sexuales de los adultos de su sociedad).

En nuestros estudios encontramos que toda actividad de flujo que involucrase la competición, el azar o cualquier otra dimensión de experiencia, tenía esto en común: ofrecía una sensación de descubrimiento, un sentimiento creativo que transportaba a la persona a una nueva realidad. Empujaba a la persona hasta los niveles más altos de rendimiento y la conducía a estados de conciencia que no había experimentado antes. En suma, transformaba la personalidad haciéndola más compleja. En este crecimiento de la personalidad está la clave de las actividades de flujo.

Un simple diagrama podría ayudarnos a explicar por qué esto es así. Imaginemos que el gráfico a continuación representa una actividad específica, por ejemplo, el juego del tenis. Las dos dimensiones más importantes de la experiencia teóricamente son el desafío y las habilidades, y se representan sobre los dos ejes del diagrama. La letra A representa a Alex, un muchacho que está aprendiendo a jugar al tenis. El diagrama muestra a Alex en cuatro momentos distintos. Cuando empieza a jugar (A_1) apenas tiene habilidad y su único desafío es lanzar la pelota por encima de la red. Esto no es una hazaña muy difícil, pero es probable que Alex disfrute porque la dificultad es simplemente la adecuada a sus habilidades rudimentarias. En este punto, probablemente esté en flujo. Pero no puede permanecer allí mucho tiempo. Después de un rato, si sigue practicando, sus habilidades estarán a punto de mejorar, y entonces se aburrirá si simplemente golpea la pelota por encima de la red (A_2). O quizás encuentre a un adversario con más practica y, en este caso, él se dará cuenta de que hay otros desafíos más duros que simplemente golpear la pelota; y llegados a este punto, sentirá una cierta inquietud (A_3) en lo que concierne a su pobre rendimiento.

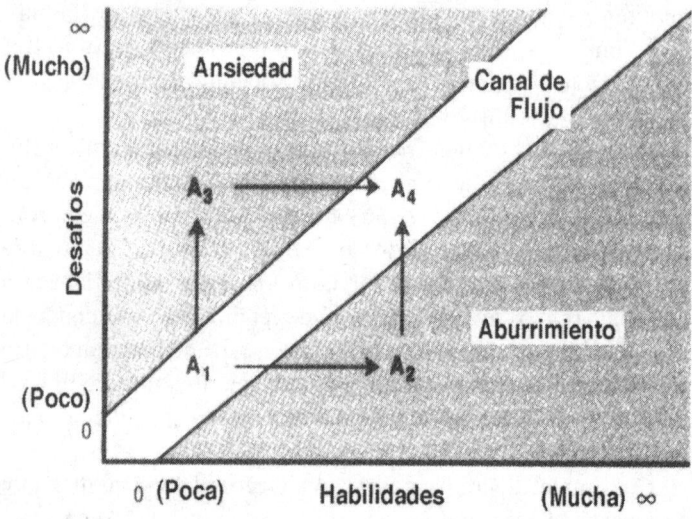

Por qué la complejidad de la conciencia se incrementa como resultado de las experiencias de flujo.

Ni el aburrimiento ni la inquietud son experiencias positivas, por ello Alex se motivará para volver al estado de flujo. ¿Cómo lo hará? Observen nuevamente el diagrama: vemos que si está aburrido (A_2) y desea estar nuevamente en flujo, Alex tiene esencialmente una única elección: aumentar el desafío al que se enfrenta. (También tiene una segunda elección, que es dejar de jugar a tenis; en este caso A desaparecería simplemente del diagrama.) Al proponerse una meta nueva y más difícil que se equipare a sus habilidades –por ejemplo, encontrar un adversario simplemente un poco más diestro que él– Alex estaría de vuelta a la situación de flujo (A_4).

Si Alex está ansioso (A_3), la manera de volver al flujo requiere que aumente sus habilidades. Teóricamente podría también reducir los desafíos a los que se enfrenta y así volvería al flujo donde estaba al comienzo (en A_1). Pero en la práctica es difícil ignorar los desafíos una vez uno es consciente de que existen.

El diagrama muestra que tanto A_1 como A_4 representan situaciones donde Alex está en flujo. Aunque ambas sean igualmente agradables, los dos estados son bastante diferentes puesto que A_4 es una experiencia más *compleja* que A_1. Y A_4 es más compleja porque demanda al jugador mayores habilidades.

Pero A_4, aunque compleja y agradable, no representa una situación estable. Si Alex sigue jugando, o se aburrirá por las oportunidades que ya están a su nivel, o se sentirá ansioso y frustrado por su capacidad relativamente baja. Por ello, la motivación para disfrutar nuevamente le estimulará para regresar al canal de flujo, pero ahora a un nivel de complejidad aún *más alto* que A_4.

Este aspecto dinámico explica por qué las actividades de flujo conducen al crecimiento y al descubrimiento. Uno no puede disfrutar haciendo la misma cosa al mismo nivel durante mucho tiempo. Nos sentiremos o aburridos o frustrados; y entonces el deseo de disfrutar nos estimulará nuevamente para que pongamos a prueba nuestras habilidades o para que descubramos nuevas oportunidades de usarlas.

Sin embargo, es importante no caer en la falacia mecanicista y esperar que, simplemente, cuando una persona se involucra objetivamente en una actividad de flujo, necesariamente obtendrá la experiencia apropiada. No solo cuentan los "verdaderos" desafíos presentados por la situación, sino aquellos de los que la persona es consciente. No son las habilidades que realmente poseemos lo que determina cómo nos sentimos, sino las que nosotros pensamos que poseemos. Una persona puede responder al desafío de escalar una montaña y, sin embargo, permanecer indiferente ante la oportunidad de aprender a tocar una pieza musical; otra persona puede saltar de alegría ante la oportunidad de aprender música e ignorar, al mismo tiempo, la montaña. Cómo nos sentimos en un momento determinado de una actividad de flujo se halla fuertemente influido por las condiciones objetivas; pero la conciencia todavía es libre de seguir su propia evaluación del caso. Las reglas de los juegos se diseñan para dirigir la energía psíquica de un modo que sea agradable, pero si lo son o no depende finalmente de nosotros. Un atleta profesional podría estar "jugando" al fútbol sin estar presentes los elementos de flujo: él podría estar aburrido, autoconsciente, más preocupado por la cantidad que consta en su contrato que en el juego. Y lo opuesto es aún más probable (que una persona disfrute profundamente con unas actividades que estaban destinadas a otros propósitos). Actividades como trabajar o cuidar de sus hijos le proporcionan más flujo a mucha gente que jugar a un juego o pintar un cuadro, porque estos individuos han aprendido a percibir unas oportunidades en tales tareas mundanas que los otros no ven.

Durante el transcurso de la evolución humana, cada cultura ha desarrollado actividades diseñadas primariamente para mejorar la calidad de la experiencia. Incluso las sociedades menos avanzadas tecnológicamente tienen alguna forma de arte, de música, de baile y de juegos variados que practican niños y adultos. Hay nativos en Nueva Guinea que pasan más tiempo en la selva buscando las plumas de colores que usan para la decoración en sus bailes rituales, que en buscar alimento. Y este no es, de ninguna manera, un ejemplo poco frecuente: el arte, el juego y el ritual probablemente ocupan más tiempo y energía en la mayoría de las culturas que el trabajo.

Estas actividades también pueden servir para otros propósitos, pero el hecho de que proporcionen disfrute es la razón principal de su supervivencia. Los humanos empezaron a decorar cuevas hace por lo menos treinta mil años. Estas pinturas seguramente tuvieron una importancia religiosa y práctica. Sin embargo, es probable que la razón principal para la existencia del arte fuese la misma en el paleolítico que la razón que existe hoy, es decir porque resulta una fuente de flujo para el pintor y para el espectador.

De hecho, flujo y religión se conectan íntimamente desde las épocas más lejanas. Muchas de las experiencias óptimas de la humanidad han tenido lugar dentro del marco de los rituales religiosos. No solamente el arte sino también el teatro, la música y el baile tuvieron sus orígenes en lo que ahora llamamos ceremonias "religiosas"; esto es, las actividades cuyo propósito era conectar a la gente con los poderes y entidades sobrenaturales. Lo mismo sucede con los juegos. Uno de los juegos de pelota más antiguos, una especie de baloncesto jugado por los mayas, era parte de sus celebraciones religiosas, e igual sucedía con los Juegos Olímpicos originales. Esta conexión no es sorprendente, porque lo que llamamos religión es realmente el más viejo y ambicioso intento de crear orden en la conciencia. Por lo tanto, tiene sentido que los rituales religiosos fuesen una fuente de disfrute.

En los tiempos modernos, el arte, el juego y la vida en general han perdido sus anhelos sobrenaturales. El orden cósmico que en el pasado ayudó a interpretar y dar significado a la historia humana se ha descompuesto en fragmentos inconexos. Ahora son muchas las ideologías que compiten para ofrecernos la mejor explicación de la manera en que nos comportamos: la ley de la oferta y la demanda y "la mano invisible" regulan el libre mercado para rendir cuentas de nuestras elecciones económicas racionales; la ley de la lucha de clases que subyace al materialismo histórico trata de explicar nuestras acciones políticas irracionales; la competición genética en la que se basa la sociobiología explicaría por qué ayudamos a ciertas personas y exterminamos a otras; la ley del conductismo sirve para explicar cómo aprendemos gracias a la repetición de actos agradables, incluso aun cuando no seamos conscientes de ellos. Estas son algunas de las modernas "religiones" que se hallan en las ciencias sociales. Ninguna de ellas –con la excepción parcial del materialismo histórico, que es en sí mismo un credo– goza de un gran apoyo popular, y ninguna ha inspirado las visiones estéticas o los rituales agradables que los modelos anteriores de orden cósmico habían proporcionado.

Y al igual que las actividades contemporáneas de flujo se secularizan, es improbable que vinculen al actor con poderosos sistemas de significado, como sí lo hacían los Juegos Olímpicos o los juegos de pelota mayas. Generalmente sus contenidos son puramente hedonistas: esperamos que nos hagan sentir mejor, físicamente o mentalmente, pero no esperamos que nos conecten con los dioses. No obstante, los pasos que hemos realizado para mejorar la calidad de la experiencia son muy importantes para la cultura como totalidad. Hace tiempo que se sabe que las actividades productivas de una sociedad son una manera útil de describir su carácter: así, hablamos de sociedades cazadoras-recolectoras, ganaderas, agrícolas y tecnológicas. Pero puesto que las actividades de flujo son elegidas libremente y están más íntimamente relacionadas a las raíces de lo que es finalmente significativo, tal vez sean los indicadores más precisos de quiénes somos.

Flujo y cultura

Un elemento importante en la experiencia estadounidense de la democracia ha sido hacer que el logro de la felicidad sea una meta política consciente (y desde luego, una responsabilidad del gobierno). Aunque la Declaración de Independencia puede haber sido el primer documento político oficial que pusiera por escrito esta meta explícitamente, probablemente también es cierto que ningún sistema social ha sobrevivido a menos que su gente tuviera alguna esperanza de que su gobierno iba a ayudarles a lograr la felicidad. Por supuesto han existido muchas culturas represivas cuyo pueblo estaba dispuesto a tolerar dictadores que les hacían sumamente infelices. Pero si los esclavos que construyeron las pirámides rara vez se sublevaron fue porque trabajar como esclavos para el despótico faraón, comparado con las alternativas que tenían, les ofrecía un futuro más esperanzador.

Desde hace unas cuantas generaciones, los científicos sociales se sienten muy poco predispuestos a pronunciar juicios de valor sobre las culturas. Cualquier comparación que no sea estrictamente objetiva corre el riesgo de ser tachada de injusta. Es de mala educación decir que la práctica, la creencia o la institución de la cultura propia está en cualquier sentido por encima de la de los demás. Esto es el "relativismo cultural", los antropólogos adoptaron esta postura a principios de siglo como una reacción contra las suposiciones demasiado etnocéntricas de la era colonial victoriana, cuando las naciones industriales occidentales se consideraban el pináculo de la evolución y mejores en todos los aspectos que las culturas tecnológicamente menos desarrolladas. Esta confianza ingenua en nuestra supremacía procede de un lejano pasado. Todavía podríamos discutir la actitud de un joven árabe que hace chocar un camión de explosivos contra una embajada con él mismo dentro, pero no nos podemos sentir moralmente superiores y condenar su creencia de que en el paraíso hay lugares especiales reservados para los guerreros que se autosacrifican en la batalla. Hemos tenido que aceptar que nuestra moralidad no tiene valor fuera de nuestra propia cultura. Según este nuevo dogma, es inadmisible aplicar un conjunto de valores para evaluar otros valores. Y puesto que toda evaluación entre culturas involucra necesariamente por lo menos un conjunto de valores extraño a una de las culturas evaluadas, la misma posibilidad de la comparación se descarta.

Sin embargo, si pensamos que el deseo de lograr experiencias óptimas es la meta principal de todo ser humano, las dificultades de interpretación surgidas por el relativismo cultural serán menores. Cada sistema social puede evaluarse entonces desde el punto de vista de cuánta entropía psíquica ocasiona, midiendo ese desorden no con referencia a un orden ideal de un sistema de creencia, sino respecto a las metas de los miembros de esa misma sociedad. Un punto de partida sería decir que una sociedad es "mejor" que otra si un mayor número de sus gentes tienen acceso a experiencias que están conformes con sus metas. Un segundo criterio especificaría que estas experiencias deberían conducir al crecimiento de la personalidad a nivel individual, permitiendo a tanta gente como fuese posible desarrollar habilidades cada vez más complejas.

Parece claro que las culturas difieren entre sí desde el punto de vista del grado de "logro de la felicidad" que permiten. La calidad de vida en algunas sociedades, en ciertos períodos históricos, es claramente mejor que en otros. Hacia el fin del siglo XVIII, el inglés medio vivía probablemente mucho peor de cómo había vivido anteriormente, o de cómo viviría unos cientos de años más tarde. La evidencia sugiere que la Revolución Industrial no solamente acortó la esperanza de vida de los miembros de varias generaciones, sino que también hizo que sus vidas fuesen más miserables y embrutecidas. Es difícil imaginar que los tejedores que se consumían en las "hilanderías satánicas" a los cinco años de edad y trabajaban setenta horas a la semana o hasta que se morían de agotamiento, pudieran sentir que consiguieron lo que querían de la vida, sin tener en cuenta los valores y las creencias que tenían en común.

Otro ejemplo: la cultura de los isleños dobu, tal y como la describió el antropólogo Reo Fortune, fomentó el constante temor a la hechicería, la desconfianza entre los parientes más cercanos y el comportamiento vengativo. Simplemente salir a hacer sus necesidades era un problema grave, porque significaba salir e ir al bosque, donde todos temían ser atacados por la magia cuando estuviesen a solas entre los árboles. A los dobu no parecían "gustarles" estas características de la experiencia cotidiana, pero no conocían otras alternativas. Estaban atrapados en una red de creencias y prácticas que habían evolucionado durante mucho tiempo y que les dificultaba enormemente experimentar armonía psíquica. Muchos informes de los etnógrafos sugieren que la entropía psíquica es más común en las culturas preliterarias de lo que el mito del "buen salvaje" sugeriría. Los ik de Uganda son incapaces de enfrentarse con un medio degradado que ya no les provee del alimento suficiente para su supervivencia, y han institucionalizado un egoísmo que supera a los sueños más salvajes del capitalismo. Los yanomami de Venezuela, como muchas otras tribus guerreras, adoran la violencia más que nuestras superpotencias militaristas y encuentran que nada es tan agradable como una incursión sangrienta sobre una aldea vecina. Reír y sonreír era algo casi desconocido en la tribu nigeriana asediada por la hechicería y las intrigas que Laura Bohannaw estudió.

No hay evidencia de que estas culturas eligiesen ser egoístas, violentas o miedosas. Su comportamiento no los hace más felices; por el contrario, les ocasiona sufrimiento. Tales prácticas y creencias, que afectan a la felicidad, son evitables e innecesarias; evolucionaron por azar, como resultado de respuestas aleatorias a condiciones accidentales. Pero una vez que entran a formar parte de las normas y hábitos de una cultura, la gente asume que así es como las cosas deben ser; creen que no tienen otras opciones.

Afortunadamente también existen muchos ejemplos de culturas que, por suerte o por previsión, han logrado crear un contexto en que la experiencia de flujo es relativamente fácil de conseguir. Por ejemplo, los pigmeos del bosque de Ituri, descritos por Colin Turnbull, viven en armonía entre sí y con su ambiente, llenan sus vidas con actividades útiles y desafiantes. Cuando no cazan o mejoran sus poblados, cantan, bailan, tocan instrumentos musicales o se cuentan historias. Como en muchas culturas denominadas "primitivas", cada adulto en esta sociedad de pigmeos es un poco actor, cantor, artista e historiador, y a la vez un trabajador diestro. Su cultura no tendría una alta puntuación en términos de logros materiales pero, desde el punto de vista de ofrecer experiencias óptimas, su modo de vida tiene gran éxito.

Otro buen ejemplo de cómo una cultura puede conseguir flujo es el estilo de vida que el etnógrafo canadiense Richard Kool describe en una de las tribus indias de la Columbia Británica:

La región de Shushwap es considerada por los indios como un lugar rico: rico en salmón y caza, rico en alimentos del subsuelo como tubérculos y raíces; una tierra generosa. En esta región, la gente puede vivir en aldeas permanentes y explotar el entorno para conseguir los recursos que necesitan. Los indios han elaborado ciertas tecnologías para usar de forma efectiva los recursos del ambiente, y perciben sus vidas como algo bueno y pleno. Pero, los mayores dijeron que, en cierta época el mundo llegaría a ser demasiado predecible y el desafío desaparecería de sus vidas. Sin el desafío, la vida no tendría significado.

Por ello los mayores, con su sabiduría, decidieron que la aldea entera debería trasladarse de lugar cada 25 o 30 años. La población se trasladaría a una zona distinta del Shushwap, se instalaría allí, y así encontrarían nuevos desafíos. Habrían nuevos arroyos que conocer, nuevos rastros de caza que aprender, nuevas áreas donde abundarían las raíces comestibles. Así la vida recobraría su significado y valdría la pena seguir viviendo. Todos se sentirían rejuvenecer y más sanos. Además, ello también permitiría que se recuperasen los recursos agotados en una zona después de años de cosecha...

Un paralelo interesante es el Gran Santuario de Isé, al sur de Kyoto, en Japón. El Santuario de Isé se construyó hace mil quinientos años sobre un campo adyacente a otro campo. Cada veinte años el templo se echa abajo y se reconstruye en el campo de al lado. En 1973 había sido reconstruido por sexagésima vez. (Durante el siglo decimocuarto, los conflictos entre emperadores interrumpieron temporalmente la práctica.)

La estrategia adoptada por el Shushwap y por los monjes de Isé parece ser la misma con la que han soñado varios estadistas, por ejemplo, tanto Thomas Jefferson como Mao Zedong creyeron que cada generación necesitaba hacer su propia revolución para que sus miembros permaneciesen activamente involucrados en el sistema político que regía sus vidas. En la realidad pocas culturas han logrado un ajuste tan bueno entre las necesidades psicológicas de su gente y las opciones a su alcance. La mayoría se quedan cortas, bien porque convierten la supervivencia en una tarea demasiado difícil, bien porque se encierran en modelos rígidos que sofocan las oportunidades de actuar de cada nueva generación.

Las culturas son construcciones defensivas contra el caos, diseñadas para reducir el impacto de la aleatoriedad sobre la experiencia. Son respuestas adaptativas, al igual que las plumas de los pájaros o la piel de los mamíferos. Las culturas prescriben normas, proporcionan metas, construyen creencias que nos ayudan a abordar los desafíos de la existencia. Al hacer esto deben descartar muchas metas y creencias alternativas, y por ello limitan las posibilidades; pero esta canalización de la atención al conjunto limitado de metas y medios es lo que permite la acción sin esfuerzo dentro de límites autoimpuestos.

En este aspecto los juegos ofrecen una analogía convincente de la cultura. Ambos consisten en unas reglas y metas más o menos arbitrarias que permiten a la gente sentirse implicada en un proceso o acto y reducir al mínimo las dudas y las distracciones. La diferencia está principalmente en la escala. La cultura lo abarca todo: especifica cómo debe nacer una persona, cómo debe educarse, casarse, tener niños y morir. Los juegos llenan los espacios vacíos de la cultura. Mejoran la acción y la concentración durante el "tiempo libre", cuando las instrucciones culturales ofrecen poca guía y la atención de una persona amenaza con vagar por los reinos inexplorados del caos.

Cuando una cultura tiene éxito al desarrollar un conjunto de metas y reglas tan persuasivas y bien ajustadas a las habilidades de la población que sus miembros son capaces de experimentar flujo con inusitada frecuencia e intensidad, la analogía entre juego y cultura es aún más cercana. En tal caso podemos decir que la cultura en su totalidad llega a ser un "gran juego". Algunas de las civilizaciones clásicas pueden haber conseguido alcanzar este estado. Los ciudadanos atenienses, los romanos, que regían sus acciones mediante la *virtus*, los intelectuales chinos o los brahmanes indios vivieron con una compleja elegancia, y obtuvieron quizás el mismo disfrute de la armonía desafiante de sus acciones, del que obtendrían de una profunda danza. La *polis* ateniense, la ley romana, la burocracia de inspiración divina de China y el orden espiritual que todo lo abarca de la India son los ejemplos duraderos de cómo una cultura puede provocar flujo (al menos para aquellos que tienen la suerte de estar entre las clases dirigentes).

Una cultura que mejora la experiencia de flujo no es necesariamente "buena" en ningún sentido moral. Las reglas de Esparta parecen ser inútilmente crueles desde el punto de vista del siglo XX, pero conseguían motivar a aquellos que las acataban. El placer por la batalla y las carnicerías que alborozaban a las hordas tártaras o los jenezaros turcos eran legendarias. Seguramente es cierto que el régimen y la ideología fascista nazi ofrecieron a grandes sectores de la población europea, confusa por el choque económico y cultural del decenio de 1920, un atractivo plan de juego. Ofreció unas metas simples, una retroalimentación clara y permitió una involucración renovada con la vida que muchos encontraron que era un desagravio a sus frustraciones e inquietudes anteriores.

Similarmente, aunque el flujo es un poderoso motivador, no garantiza la virtud de quienes lo experimentan. En las mismas condiciones, una cultura que proporciona flujo podría verse como "mejor" que otra que no lo hace. Pero cuando un grupo de gente abraza metas y normas que mejorarán su disfrute de la vida hay siempre la posibilidad de que esto suceda a costa de otra persona. El flujo del ciudadano ateniense era posible gracias a los esclavos que trabajaban su propiedad, así como el estilo de vida de las plantaciones del sur de Estados Unidos se basó en la labor de los esclavos importados.

Todavía estamos muy lejos de ser capaces de medir con exactitud cuánta experiencia óptima hacen posible las diferentes culturas. Según una encuesta Gallup a gran escala realizada en 1976, el 40% de los estadounidenses dijeron que eran "muy felices", a diferencia del 20% de los europeos, el 18% de los africanos y únicamente el 7% de los orientales que también contestaron a la misma encuesta. Por otra parte, otra encuesta realizada dos años antes indicaba que la felicidad personal de los ciudadanos estadounidenses estaba al mismo nivel que la de los cubanos y los egipcios, cuyo PNB per cápita era, respectivamente, cinco y diez veces menor que el de los estadounidenses. Los alemanes occidentales y los nigerianos tenían idéntica puntuación en felicidad, a pesar de una diferencia en el PNB per cápita de casi quince veces. Estas discrepancias únicamente demuestran que nuestros instrumentos para medir la experiencia óptima son todavía muy primitivos. A pesar de ello, parece incontestable afirmar que sí existen diferencias.

A pesar de los resultados ambiguos, todas las encuestas a gran escala coinciden en que los ciudadanos de las naciones más opulentas, con mejores niveles de educación y dirigidas por los gobiernos más estables tienen niveles más altos de felicidad y satisfacción con la vida. Gran Bretaña, Australia, Nueva Zelanda y Holanda parecen ser los países más felices, y Estados Unidos, a pesar de su alta tasa de divorcios, alcoholismo, crimen y adicciones, no está muy lejos. Esto no debería sorprendernos, dada la cantidad de tiempo y de recursos que gastamos en actividades cuyo propósito principal es ofrecer disfrute. Los adultos estadounidenses trabajan un promedio de treinta horas a la semana (y gastan unas diez horas más en su lugar de trabajo haciendo cosas tales como soñar despierto o charlar con los otros trabajadores). Pasan una cantidad ligeramente menor de tiempo –unas veinte horas a la semana– realizando actividades de ocio: siete horas viendo la televisión, tres horas leyendo, dos más en actividades como practicar deporte, tocar música o jugar a los bolos, y siete horas en actividades sociales tales como ir a ver un partido, una película o divertirse con la familia y los amigos. Las cincuenta a sesenta horas restantes que un estadounidense está despierto cada semana las dedica a actividades de mantenimiento como comer, viajar a y desde el trabajo, comprar, cocinar, lavar y arreglar cosas; o a tiempo libre no estructurado, como estar sentado solo con la mirada perdida.

Aunque el estadounidense medio tenga muchos ratos libres y un amplio acceso a las actividades de ocio, frecuentemente no experimenta flujo como resultado. La potencialidad no implica realidad, y la cantidad no se traduce en calidad. Por ejemplo, ver la televisión, que es la actividad de ocio más frecuente hoy en los Estados Unidos, provoca muy rara vez la condición de flujo. De hecho, la gente trabajadora logra la experiencia de flujo –una profunda concentración, un equilibrio entre los desafíos y las habilidades, un sentimiento de control y de satisfacción– cuatro veces más haciendo su trabajo, proporcionalmente, que viendo la televisión.

Una de las paradojas más irónicas de nuestro tiempo es esta gran posibilidad de tiempo de ocio que, de algún modo, fracasa en traducirse a disfrute. Si nos comparamos con las personas que vivieron solo hace unas generaciones, tenemos oportunidades mucho mayores de disfrutar de un buen rato, aunque no hay indicios de que realmente disfrutemos de la vida más que nuestros antepasados. Tener oportunidades no es suficiente. También necesitamos de las habilidades para utilizarlas. Necesitamos saber cómo controlar la conciencia (una habilidad que la mayoría de gente no ha aprendido a cultivar). Estamos rodeados por una inaudita gama de artefactos recreativos y de posibilidades de ocio, pero la mayoría de nosotros nos sentimos aburridos y vagamente frustrados.

Este hecho nos conduce a la segunda condición que afecta a si una experiencia óptima sucederá o no: la capacidad de un individuo de reestructurar la conciencia para hacer posible el flujo. Alguna gente disfruta esté donde esté, mientras que otros se aburren incluso teniendo enfrente el panorama más cautivador. Además de considerar las condiciones externas, o la estructura de las actividades de flujo, necesitamos también tener en cuenta las condiciones internas que posibilitan el flujo.

La personalidad autotélica

No es fácil transformar la experiencia ordinaria en flujo, pero casi todos podemos mejorar nuestras capacidades de hacerlo. Mientras en el resto de este libro seguiremos explorando el fenómeno de la experiencia óptima, lo que a su vez debería ayudar al lector a llegar a familiarizarse con ella, nosotros consideraremos ahora otro punto: si toda la gente tiene la misma potencialidad para controlar la conciencia; y si no es así, qué distingue a aquellos que lo hacen fácilmente de los que no.

Algunos individuos podrían ser por constitución incapaces de experimentar flujo. Los psiquiatras informan de que los esquizofrénicos sufren de *anhedonia*, que literalmente significa "carencia de placer". Este síntoma parece estar relacionado con "el exceso de estímulos", es decir, que los esquizofrénicos están condenados a percibir todos los estímulos intrascendentes, a procesar toda la información, tanto si les gusta como si no. La tragedia del esquizofrénico es la incapacidad de mantener las cosas dentro o fuera de conciencia. Así lo describen vivamente algunos pacientes: «Ahora, las cosas simplemente me suceden, y no tengo ningún control sobre ellas. A veces, incluso no puedo controlar lo que pienso». O bien: «Las cosas vienen demasiado aprisa. No logro dominarlas y me pierdo. Quiero ocuparme de todo a la vez y, como resultado, no me sucede realmente nada». No debería sorprendernos que, al ser incapaces de concentrarse, al asistir indiscriminadamente a todo, los pacientes que sufren esta enfermedad acaben por ser incapaces de disfrutar de sí mismos. Pero ¿qué ocasiona en primer lugar el exceso de estímulos?

Parte de la respuesta probablemente tiene que ver con la genética. Algunas personas simplemente, por su temperamento, son menos capaces de concentrar su energía psíquica que otros. Entre los niños en edad escolar, una gran variedad de incapacidades para el aprendizaje se han reclasificado bajo el título de "desórdenes de la atención", porque lo que tienen en común es la falta de control sobre la atención. Aunque los desórdenes en la atención probablemente dependan de los desequilibrios químicos en el cerebro, también es muy probable que la calidad de la experiencia durante la niñez exacerbe o alivie su curso. Desde nuestro punto de vista, es importante que nos demos cuenta de que los desórdenes de la atención no solamente interfieren en el aprendizaje, sino que descartan también la posibilidad de experimentar flujo. Cuando una persona no puede controlar la energía psíquica, ciertamente no es posible que aprenda ni disfrute.

Un obstáculo menos drástico para experimentar flujo es el excesivo temor al ridículo. Una persona que se preocupa constantemente acerca de cómo la perciben los demás, que tiene miedo de crear la impresión equivocada o de hacer algo impropio, se condena también a excluirse permanentemente del disfrute. Y lo mismo las personas que son excesivamente egoístas. Un individuo egoísta normalmente no es autoconsciente, pero en lugar de ello evalúa cada porción de información únicamente desde el punto de vista de cómo esta información se relaciona con sus deseos. Para esta persona nada tiene valor en sí mismo. Una flor no merece una segunda mirada a menos que pueda usarse para algo; un hombre o una mujer que no tiene nada que aportar a sus propios intereses no merece más atención. La conciencia se estructura enteramente desde el punto de vista de sus propios fines y no permite que exista nada que no esté conforme a ellos.

Aunque una persona con excesivo miedo al ridículo tenga muchos aspectos diferentes a los de una persona egoísta, ninguna de ellas tiene el control suficiente de la energía psíquica para entrar fácilmente en una experiencia de flujo. Ambos carecen de la fluidez de la atención que se necesita para realizar actividades con objetivo propio; la energía psíquica está demasiado involucrada en la personalidad, y la libertad de atención se orienta rígidamente por sus necesidades. Bajo estas condiciones es difícil interesarse en metas intrínsecas, perderse uno mismo en una actividad que no ofrece gratificaciones diferentes a la interacción en sí misma.

Los desórdenes de la atención y el exceso de estímulos impiden el flujo porque la energía psíquica es demasiado fluida y errática. La persona que tiene excesivo miedo al ridículo y la persona centrada en sí misma lo impiden por la razón opuesta: la atención es demasiado rígida y encorsetada. Ninguno de los extremos permite que una persona controle la atención. Quienes operan en estos extremos no pueden disfrutar de sí mismos, se lo pasan mal aprendiendo y le restan oportunidades al crecimiento de la personalidad. Paradójicamente, una personalidad egoísta no llega a ser más compleja porque toda la energía psíquica a su disposición se invierte en alcanzar sus actuales metas, en vez de aprender otras nuevas.

Los impedimentos para fluir estudiados hasta aquí, están dentro de la misma individualidad. Pero contra el disfrute también hay muchos obstáculos ambientales poderosos. En origen, algunos de ellos son naturales, otros son sociales. Por ejemplo, uno esperaría que la gente que vive en las condiciones increíblemente duras de las regiones árticas o del desierto del Kalahari tenga pocas oportunidades de disfrutar de sus vidas, pero las condiciones naturales, incluso las más severas, no son capaces de eliminar enteramente el flujo. Los esquimales en sus tierras lóbregas e inhóspitas aprendieron a cantar, a bailar, a bromear, a tallar hermosos objetos, y crearon una elaborada mitología que da orden y sentido a sus experiencias. Posiblemente los habitantes de la nieve y los habitantes de la arena que no pudieron conseguir el disfrute en sus vidas se rindieron y se murieron. Pero el hecho de que algunos sobrevivieran muestra que la naturaleza, por sí sola, no impide que suceda el flujo.

Las condiciones sociales que inhiben el flujo podrían ser más difíciles de superar. Una de las consecuencias de la esclavitud, la opresión, la explotación y la destrucción de los valores culturales es la eliminación del disfrute. Cuando los ahora extintos nativos de las islas caribeñas se pusieron a trabajar en las plantaciones de los conquistadores españoles, sus vidas se convirtieron en algo tan doloroso y sin sentido que perdieron el interés en la supervivencia, y al final dejaron de reproducirse. Es probable que muchas culturas desaparezcan de un modo similar, porque no sean ya capaces de ofrecer la experiencia de disfrute. Aquí también podemos aplicar a las condiciones que hacen que el flujo sea difícil de experimentar dos términos que describen ciertos estados de patología social: *anomia y alienación*. Anomia –literalmente, "la carencia de reglas"– es el nombre que el sociólogo francés Émile Durkheim dio a una condición que se daba en la sociedad en que las normas del comportamiento se volvían confusas. Cuando no está claro qué está permitido y qué no lo está, cuando existe indecisión sobre cuáles son los valores de la opinión pública, el comportamiento se convierte en algo errático y sin sentido. La gente, que depende de las reglas de sociedad para dar orden a su conciencia, se vuelve ansiosa. Situaciones de anomia podrían darse cuando la economía se derrumba, o cuando una cultura es destruida por otra, pero también pueden venir cuando la prosperidad aumenta rápidamente y los viejos valores del ahorro y del trabajo duro ya no son tan pertinentes como lo habían sido.

La *alienación* es, en muchas ocasiones, lo opuesto: es una condición en que la gente se ve obligada por el sistema social a actuar de forma contraria a sus propias metas. Un trabajador que para alimentarse a sí mismo y a su familia debe realizar centenares de veces la misma tarea sin sentido en una cadena de montaje es probable que se sienta alienado. En los países socialistas una de las más irritantes fuentes de alienación es la necesidad de malgastar muchos ratos libres haciendo cola para obtener el alimento, la ropa, la diversión, o para conseguir las interminables autorizaciones burocráticas. Cuando una sociedad sufre de anomia es difícil conseguir flujo porque no está claro en qué vale la pena invertir la energía psíquica; cuando sufre de alienación el problema es que uno no puede invertir energía psíquica en lo que claramente desea.

Es interesante notar que estos dos obstáculos sociales del flujo, la anomia y la alienación, son funcionalmente equivalentes a dos patologías de la personalidad, los desórdenes de la atención y el egoísmo. A ambos niveles, el individual y el colectivo, lo que impide que ocurra el flujo es la fragmentación de los procesos de la atención (como en la anomia y en los desórdenes de la atención) o bien su exceso de rigidez (como en la alienación y el egoísmo). A nivel individual la anomia corresponde a la ansiedad, mientras que la alienación corresponde al aburrimiento.

Neurofisiología y flujo

Así como algunas personas nacen con una mejor coordinación muscular, es posible que existan individuos con una ventaja genética en el control de la conciencia. Tales individuos podrían estar menos predispuestos a sufrir los desórdenes de la atención y podrían experimentar más fácilmente el flujo.

Las investigaciones de la doctora Jean Hamilton sobre la percepción visual y los modelos de activación cortical apoyan esta tesis. Sus evidencias se basan en una prueba en que los sujetos tenían que observar una figura ambigua (un cubo de Necker, o una ilustración tipo Escher en la que un punto parece salirse del papel e ir hacia el espectador y al instante siguiente parece retroceder detrás del papel) hasta "invertirla" perceptualmente, es decir, hasta ver cómo la figura que sobresale fuera de la superficie se hunde al fondo, y viceversa. La doctora Hamilton encontró que los estudiantes que dijeron tener menos motivación intrínseca en la vida diaria necesitaron, como promedio, fijar sus ojos sobre más puntos antes de poder ver del revés la figura ambigua, mientras que los estudiantes que en conjunto encontraron sus vidas más intrínsicamente gratificantes necesitaron mirar menos puntos, o incluso mirar únicamente a un punto, para invertir la misma figura.

Estos hallazgos sugieren que estas personas podrían variar

en el número de pautas externas que necesitan para realizar la misma tarea mental. Los individuos que requieren de un gran número de informaciones externas para formar sus representaciones de la realidad en la conciencia tal vez sean más dependientes del ambiente externo para usar sus mentes. Entonces tendrían menos control sobre sus pensamientos, lo que, a su vez, haría más difícil para ellos disfrutar de la experiencia. Por contraste, las personas que necesitan pocas pautas externas para representar sucesos en la conciencia son más autónomos respecto al ambiente, tienen una atención más flexible que les permite reestructurar la experiencia más fácilmente y, por lo tanto, lograr experiencias óptimas más a menudo.

En otro grupo de experimentos, a estudiantes que dijeron tener frecuentes experiencias de flujo y a otros que no, se les pidió que prestaran atención a unos destellos de luz o a unos tonos de sonido en un laboratorio. Mientras los sujetos estaban ocupados en esta tarea de atención, se midió su activación cortical con respecto a los estímulos y se realizó un promedio separado para las condiciones visual y auditiva. (A esto se le denomina "los potenciales evocados".) Los hallazgos de la doctora Hamilton mostraron que los sujetos que habían dicho que rara vez habían experimentando flujo se comportaron como se esperaba; cuando respondían a los estímulos de destellos su activación se elevó significativamente por encima de su nivel básico. Pero los resultados de los sujetos que sentían flujo frecuentemente fueron muy sorprendentes: la activación disminuía cuando se concentraban. En vez de requerir más esfuerzo, la inversión de atención realmente parecía disminuir el esfuerzo mental. Otra medición distinta del comportamiento de atención confirmó que este grupo también era el más preciso en una tarea que requería mantener la atención durante un cierto tiempo.

Parece ser que la explicación más probable para este hallazgo inesperado es que el grupo que dice sentir más flujo es capaz de reducir la actividad mental en todos los canales de información excepto el que está implicado en concentrarse en los estímulos de destellos. Esto a su vez sugiere que esas personas aptas para disfrutar de sí mismas en una variedad de situaciones tienen la capacidad de discriminar los estímulos y enfocarse solo en el que ellos deciden que es el que importa en ese momento. Mientras que prestar atención ordinariamente implica una tarea adicional de procesamiento de la información que eleva el nivel básico de esfuerzo, para la gente que ha aprendido a controlar la atención enfocando la conciencia es relativamente más fácil, porque pueden apartar de su mente todos los procesos mentales excepto el pertinente. Esta flexibilidad de la atención, que contrasta tan fuertemente con el inútil exceso de estímulos del esquizofrénico, puede ser la base neurológica de la personalidad autotélica.

Sin embargo, la evidencia neurológica no prueba que algunos individuos hayan heredado una ventaja genética en el control de la atención y, por lo tanto, experimenten flujo. Los hallazgos podrían explicarse más bien en términos de aprendizaje que de herencia. La asociación entre la capacidad para concentrarse y el flujo está clara; se necesita más investigación para comprobar cuál ocasiona cuál.

Los efectos de la familia sobre la personalidad autotélica

Una ventaja neurológica en el proceso de información no puede ser la única clave para explicar por qué algunas personas pasan un buen rato mientras esperan el autobús mientras que otras se aburren por más divertido que sea el ambiente. Las influencias tempranas de la niñez también son factores que muy probablemente determinen si una persona experimentará flujo fácilmente o no.

Hay muchas evidencias que sugieren que la manera en que los padres se relacionen con el niño tendrá un efecto duradero sobre el tipo de persona que ese niño desarrollará y llegará a ser. Por ejemplo, en uno de nuestro estudios, llevado a cabo por la

Universidad de Chicago, Kevin Rathunde observó que los adolescentes que tenían ciertos tipos de relación con sus padres eran significativamente más felices, estaban más satisfechos y se sentían más seguros en la mayoría de las situaciones de la vida que sus compañeros que no tenían esta relación. El contexto familiar que promueve experiencias óptimas tiene cinco características. La primera es la *claridad*: los adolescentes sienten que saben lo que sus padres esperan de ellos, es decir, las metas y la retroalimentación en la interacción familiar no son ambiguas. La segunda es el *centramiento*, o la percepción de que sus padres están interesados en lo que hacen en el presente, en sus sentimientos y experiencias concretas, en lugar de preocuparse de si conseguirán ir a una buena universidad u obtener un trabajo bien retribuido. La siguiente característica es la *elección*: los niños sienten que tienen una variedad de posibilidades para escoger, incluyendo quebrar las reglas paternales (mientras estén dispuestos a enfrentarse a las consecuencias). La cuarta característica diferenciadora es el *compromiso*, o la confianza que permite al niño sentirse lo suficientemente cómodo como para bajar el escudo de sus defensas e implicarse en cualquier cosa en la que esté interesado sin ser consciente de sí mismo. Y finalmente el *desafío*, o la dedicación de los padres a ofrecer a sus hijos oportunidades cada vez más complejas para la acción.

La presencia de estas cinco condiciones hace posible lo que llamamos el "contexto autotélico de familia", porque ofrece una formación ideal para disfrutar de la vida. Las cinco características son claramente paralelas a las dimensiones de la experiencia de flujo. Los niños que se educan en unas situaciones familiares que facilitan la claridad de metas, la retroalimentación, el sentimiento de control, la concentración sobre la tarea presente, la motivación intrínseca y el desafío, generalmente tendrán mejores oportunidades para ordenar sus vidas de manera que el flujo sea posible.

Además, la familias que ofrecen un contexto autotélico conservan una gran cantidad de energía psíquica para sus miembros individuales, haciendo así posible aumentar el disfrute a su alrededor. Los niños que saben lo que pueden hacer y lo que no, que no tienen que estar discutiendo constantemente sobre cuáles son las reglas y los controles, que no están preocupados por las expectativas de sus padres acerca de su futuro éxito siempre colgando encima sus cabezas, se liberan de muchas de las demandas atencionales que se generan en hogares más caóticos. Son libres para desarrollar sus intereses en actividades que expandirán sus personalidades. En familias no tan bien organizadas se emplea una gran cantidad de energía en constantes discusiones y negociaciones y en los intentos de los niños por proteger sus frágiles personalidades para no sentirse abrumados por las metas de otras personas.

No nos sorprenden las diferencias entre los adolescentes cuyas familias les han ofrecido un contexto autotélico y aquellos cuyas familias no ofrecieron este contexto a sus hijos: resulta que los que disfrutaron de un contexto autotélico eran mucho más felices, fuertes, alegres y satisfechos que sus compañeros menos afortunados. Pero las diferencias también estaban presentes cuando los adolescentes estaban solos estudiando o en la escuela: sucedía también que la experiencia óptima era más accesible a los niños de familias autotélicas. Únicamente cuando los adolescentes estaban con sus amigos desaparecían las diferencias: estando con amigos los dos grupos se sentían igual, positivamente, sin que importase si las familias eran autotélicas o no.

Es probable que, mucho antes en la vida, las maneras en que los padres se comportan con los bebés también los predisponga para encontrar disfrute con facilidad o con dificultades. Sobre este punto, sin embargo, no hay estudios a largo plazo que busquen la relación causa-efecto a través del tiempo. Queda aún por averiguar si un niño de quien se ha abusado o a quien se ha amenazado frecuentemente con el alejamiento del amor paternal –y, por desgracia, cada vez somos más conscientes de que una perturbadora proporción de niños son maltratados en nuestra cultura– estará tan preocupado por evitar que su sentido de personalidad se desmorone, que tendrá muy poca energía para perseguir gratificaciones intrínsecas. En vez de buscar la complejidad del disfrute, un niño maltratado es probable que crezca y se convierta en un adulto que estará satisfecho obteniendo tanto placer de la vida como le sea posible.

La gente del flujo

Las características que determinan una personalidad autotélica, en su mayoría, se revelan más claramente en las personas que parecen disfrutar con situaciones que otras personas ordinarias encontrarían insufribles. Estén perdidos en la Antártida o encerrados en la celda de una prisión, algunos individuos logran transformar sus penosas condiciones en una pugna manejable e incluso agradable, considerando que la mayoría sucumbiría a la prueba. Richard Logan, que ha estudiado los relatos de mucha gente en situaciones difíciles, concluye que sobrevivieron gracias al hallazgo de maneras de convertir las terribles condiciones objetivas en experiencias subjetivamente controlables. Ellos siguieron el mismo esquema que las actividades de flujo. Primero, prestaron suma atención a los detalles más ínfimos del ambiente, descubriendo ocultas oportunidades para la acción que se equiparaban a las pocas cosas que eran capaces de hacer, dadas las circunstancias. Entonces se asignaban metas apropiadas a su precaria situación, y controlaban estrechamente el progreso mediante la retroalimentación. Cuando alcanzaban su meta, subían el listón, colocando ante sí desafíos cada vez más complejos.

Christopher Burney, un prisionero de los nazis que estuvo largo tiempo en una prisión solitaria durante la II Guerra Mundial, ofrece un ejemplo bastante típico de este proceso:

> Si el alcance de la experiencia se reduce repentinamente y se nos deja solo con un poco de alimento para el pensamiento o el sentimiento, podemos tomar los pocos objetos que se nos ofrecen y preguntarnos un catálogo entero de preguntas frecuentemente absurdas sobre ellos. ¿Funciona? ¿Cómo lo hicieron y de qué material? Y, paralelamente, ¿cuándo y dónde yo vi algo así? ¿Y a qué otra cosa me recuerda? [...] *Así ponemos en marcha un tren maravilloso de flujo y asociaciones en nuestras mentes*, cuya longitud y complejidad pronto oscurece su humilde punto de partida, [...] Mi lecho, por ejemplo, podía medirse y clasificarse como una cama del ejército o una cama de escuela, [...] Luego examiné el lecho, que era demasiado simple para intrigarme durante largo tiempo, sentí las mantas, amé su calidez, examiné la mecánica precisa de la ventana, la incomodidad del servicio [...], calculé la longitud, la anchura, la orientación y la elevación de la celda. (La cursiva es nuestra.)

Esencialmente, los supervivientes de cualquier encierro en solitario, desde diplomáticos capturados por terroristas a señoras de edad encarceladas por los comunistas chinos, utilizan el mismo ingenio en encontrar las oportunidades mentales para la acción y para ponerse metas. Eva Zeisel, la diseñadora de cerámica que fue encerrada en la prisión de Lubianka en Moscú durante un año por la policía de Stalin, conservó su cordura imaginándose cómo fabricaría un sostén con los materiales que tenía a su alcance, jugando mentalmente al ajedrez contra sí misma, conversando imaginariamente en francés, haciendo gimnasia y memorizando poemas que compuso. Alexander Solzhenitsin describe cómo uno de sus compañeros presos de la cárcel de Lefortovo dibujó el mapa del mundo sobre el suelo de la celda y se imaginó viajando a través de Asia y Europa hacia América, recorriendo unos cuantos kilómetros cada día. El mismo "juego" fue descubierto independientemente por muchos presos; por ejemplo Albert Speer, el arquitecto favorito de Hitler, se mantuvo durante meses en la prisión de Spandau imaginando el viaje a pie desde Berlín a Jerusalén, y su imaginación le ofreció todos los sucesos y todo lo que veía a lo largo del camino.

Un conocido que trabajó en el departamento de inteligencia de la Fuerza Aérea de los Estados Unidos cuenta la historia de un piloto encarcelado en Vietnam del Norte desde hacía muchos años y que perdió 35 kilos y su salud en un campamento en la selva. Cuando fue liberado, una de las primeras cosas que pidió fue jugar un partido de golf. Y para el asombro de sus compañeros oficiales jugó un partido soberbio, a pesar de su mala condición física. A sus preguntas, contestó que todos los días que duró su encierro él se imaginaba jugando 18 hoyos; cuidadosamente elegía sus palos y las maneras de jugar y sistemáticamente variaba el recorrido. Esta disciplina no solamente le ayudó a conservar su cordura, sino que, aparentemente, también conservó sus habilidades físicas.

Tollas Tibor, un poeta que estuvo varios años en prisión durante la época más represiva del régimen comunista húngaro, cuenta que en la cárcel de Visegrad, donde estaban encarcelados centenares de intelectuales, los internos se entretuvieron durante más de un año creando un concurso de traducción de poesía. Primero tuvieron que decidir qué poema traducir. Tardaron meses en pasar las nominaciones de celda a celda, y varios meses más pasándose ingeniosos mensajes secretos antes de hacer el recuento de votos. Finalmente se acordó que el poema de Walt Whitman: *¡Oh capitán!, ¡mi capitán!* fuese el poema a traducir al húngaro, en parte porque era uno que la mayoría de los presos podían recordar de memoria en inglés original. Entonces empezó el trabajo en serio: todos se afanaron en hacer su propia versión del poema. Ninguno tenía papel ni disponía de útiles de escritura, Tollas esparcía una capa de jabón sobre las suelas de sus zapatos, y escribía las palabras con un mondadientes. Cuando aprendía de memoria una línea, cubría su zapato con una nueva capa de jabón. Mientras se iban escribiendo los diversos párrafos, el traductor los memorizaba y los pasaba a la próxima celda. Después de un tiempo, docenas de versiones del poema circulaban por la cárcel y cada una era evaluada y votada por todos los internos. Después de decidir qué traducción de Whitman era la mejor, los presos decidieron empezar de nuevo con un poema de Schiller.

Cuando la adversidad amenaza con paralizarnos, necesitamos reafirmar el control encontrando una nueva dirección hacia donde invertir la energía psíquica, una dirección que esté fuera del alcance de las fuerzas externas. Cuando todas las aspiraciones se hallan frustradas, la persona todavía busca una meta significativa a su alrededor para dar orden a su personalidad. Entonces, aunque esa persona objetivamente sea un esclavo, subjetivamente es libre. Solzhenitsin describe muy bien cómo incluso la situación más degradante puede transformarse en una experiencia de flujo: «A veces, cuando estaba en una columna de desalentados presos, entre los gritos de los guardas con ametralladoras, sentía tal rapidez de ritmos e imágenes que parecía que estaba flotando. [...] En tales momentos me sentía libre y feliz. [...] Algunos presos trataron de escapar lanzándose al alambre de púas. Para mí no había ningún alambre de púas. El recuento de presos seguía sin cambio pero yo realmente estaba lejos, volaba a mucha distancia».

Los presos no realizan estas estrategias solamente para retener el control de su propia conciencia. Exploradores como el almirante Byrd, que una vez pasó cuatro fríos y oscuros meses solo en un tugurio minúsculo cerca del polo sur, o Charles Lindbergh, que se enfrentó a solas a la hostilidad de los elementos durante su vuelo transatlántico, recurrían a los mismos modos de actuar para conservar la integridad de sus personalidades. Pero ¿qué hace que algunas personas sean capaces de lograr este control interno, mientras que la mayoría de los demás son vencidos por las privaciones externas?

Richard Logan propone una respuesta basándose en los escritos de muchos supervivientes, incluyendo los relatos de Viktor Frankl y Bruno Bettelheim, quienes han reflexionado sobre los recursos de fortaleza empleados bajo situaciones de extrema adversidad. Concluye que la característica más importante de los supervivientes es un "individualismo no consciente de sí mismo", o un propósito fuertemente dirigido que no busca la propia personalidad. La gente que tiene esta cualidad da lo mejor de sí misma en todas las circunstancias, aunque primariamente no les preocupa conseguir sus propios intereses, porque se motivan intrínsecamente en sus acciones y así no se sienten perturbados fácilmente por las amenazas externas. Con la suficiente energía psíquica libre para observar y analizar objetivamente a su alrededor, tienen mejores oportunidades de descubrir nuevos desafíos para la acción. Si tuviéramos que considerar un único elemento clave de la personalidad autotélica, este podría serlo. Los individuos narcisistas, que están principalmente ocupados protegiendo su personalidad, se desintegran cuando las condiciones externas se vuelven amenazadoras. El pánico les impide hacer lo que deben hacer, así que dirigen su atención hacia el interior esforzándose en restaurar el orden en la conciencia y no les queda suficiente energía para negociar con la realidad externa.

Sin interés en el mundo externo, sin desear relacionarse activamente con él, una persona se aísla en sí misma. Bertrand Russell, uno de los más grandes filósofos de nuestro siglo, describe cómo logró la felicidad personal: «gradualmente aprendí a ser indiferente a mi yo y mis deficiencias; centré mi atención cada vez más sobre los objetos externos: el estado del mundo, las diversas ramas del conocimiento, los individuos hacia quienes sentía afecto». No puede haber mejor descripción breve de cómo construir para uno mismo una personalidad autotélica.

En parte tal personalidad es un regalo de la herencia biológica y la educación durante la niñez. Algunas personas nacen con una dotación neurológica más enfocada y sensible, o tienen la fortuna de haber contado con unos padres que han promovido la individualidad no autoconsciente. Pero es una capacidad que es posible cultivar, una habilidad que uno puede perfeccionar mediante el entrenamiento y la disciplina. Ahora es el momento de explorar las maneras en que puede hacerse.

5. EL CUERPO EN FLUJO

«Seguramente el hombre no posee nada excepto un breve préstamo de su propio cuerpo – escribió J. B. Cabell–, pero el cuerpo de hombre es capaz de placeres muy curiosos.» Cuando estamos tristes, deprimidos o aburridos, tenemos un fácil remedio a mano: usar el cuerpo para todo lo que vale. En nuestra época la mayoría de las personas son conscientes de la importancia de la salud y de la forma física. Pero las potencialidades casi ilimitadas para el disfrute que el cuerpo ofrece frecuentemente permanecen inexploradas. Pocos aprenden a moverse con la gracia de un acróbata, a ver con el ojo de un artista, a sentir el regocijo de un atleta al batir su propia marca, a degustar con la sutileza de un gastrónomo o amar con la habilidad que convierte al sexo en arte. Puesto que estas oportunidades están fácilmente al alcance, el paso más fácil para mejorar la calidad de vida consiste simplemente en aprender a controlar el cuerpo y sus sentidos.

A veces los científicos se divierten tratando de deducir cuánto podría valer un cuerpo humano. Los químicos suman cuidadosamente el precio de mercado de la piel, la carne, los huesos, el pelo y los diversos minerales y elementos que lo componen y obtienen como resultado la suma de unos miserables dólares. Otros científicos toman en cuenta el complicado procesamiento de información y la capacidad de aprendizaje del sistema cuerpo-mente y llegan a una conclusión muy distinta: calculan que para construir una máquina tan sensible sería necesaria una suma enorme de dinero, del orden de centenares de millones de dólares.

Ninguno de estos métodos de evaluar el cuerpo tiene mucho sentido. Su mérito no deriva de los ingredientes químicos o del cableado nervioso que hace posible el procesamiento de la información. Lo que le proporciona su valor incalculable es el hecho que sin él no viviríamos ninguna experiencia ni, por lo tanto, ningún registro de la vida tal y como la conocemos. Intentar adjudicarle un valor de mercado al cuerpo y a sus procesos es igual que intentar poner una etiqueta con un precio a la vida: ¿Con qué escala establecemos su valía?

Todo lo que el cuerpo puede hacer es potencialmente agradable, aunque hay mucha gente que ignora esta capacidad y usa su físico tan poco como le es posible, dejando inexplorada su capacidad para proveer flujo. Los sentidos nos dan una información caótica cuando no los educamos; un cuerpo no entrenado se mueve de forma desgarbada y torpe; un ojo insensible no está interesado en lo que ve, o lo ve todo feo; la oreja que no tiene educación musical oye ruidos que la molestan, y un paladar basto solo paladea gustos insípidos. Si dejamos que las funciones del cuerpo se atrofien, la calidad de vida llega a convertirse en meramente la adecuada, y para algunos incluso disminuye. Pero si uno toma conciencia de lo que el cuerpo puede hacer y aprende a imponer orden sobre sus sensaciones físicas, la entropía cede el paso a una armonía agradable en la conciencia.

El cuerpo humano es capaz de centenares de funciones diferentes (ver, oír, tocar, correr, nadar, tirar, coger, escalar montañas y descender a cuevas, por nombrar únicamente unas pocas). Y a cada una de estas actividades corresponden experiencias de flujo. En todas las culturas, las actividades agradables se han inventado para favorecer las potencialidades del cuerpo. Cuando una función física normal, como correr, se desempeña según un diseño social, un escenario con metas y con reglas que ofrece desafíos y requiere de habilidades, se convierte en una actividad de flujo. Correr solo, contrarreloj, correr en competición o –como los indios tarahumara de México, que recorren centenares de millas en las montañas durante ciertos festivales– agregando una dimensión ritual a la actividad, convierte el simple acto de mover el cuerpo a través del espacio en una fuente de la retroalimentación compleja que provee la experiencia óptima y agrega fortaleza a la personalidad. Cada órgano sensitivo, cada función motora, puede involucrarse en la producción de flujo.

Antes de explorar con más profundidad cómo la actividad física contribuye a optimizar la experiencia, se debe acentuar que el cuerpo no produce flujo meramente por sus movimientos. La mente está involucrada siempre. Para conseguir disfrute nadando, por ejemplo, uno necesita cultivar el conjunto apropiado de habilidades, que requieren, además, la concentración de la atención. Sin los pensamientos pertinentes, las motivaciones y los sentimientos, sería imposible lograr la disciplina necesaria para aprender a nadar lo bastante bien como para disfrutarlo. Además, como el disfrute tiene lugar en la mente del nadador, la experiencia de flujo no puede ser un proceso puramente físico: músculo y cerebro deben involucrarse de forma equilibrada.

En las páginas que siguen revisaremos algunas maneras en que puede mejorarse la calidad de experiencia mediante el uso refinado de los procesos corporales. Estos incluyen tanto los deportes como las actividades físicas y el baile, el cultivo de la sexualidad y las diversas disciplinas orientales para el control de la mente mediante el entrenamiento del cuerpo. También se caracterizan por el uso discriminado de los sentidos de la vista, el oído y el gusto. Cada una de estas modalidades ofrece una cantidad casi ilimitada de disfrute, pero solamente a aquellas personas que trabajen para desarrollar las habilidades que requieren. En aquellos que no las desarrollan, el cuerpo seguirá siendo un trozo de carne más bien barata.

Más alto, más rápido, más fuerte

El lema latino de los Juegos Olímpicos modernos –*altius, citius, fortius*– es un buen aunque incompleto resumen de cómo el cuerpo puede experimentar flujo. Integra un razonamiento que es válido en todos los deportes, que es hacer algo mejor de como siempre se ha hecho antes. La forma más pura del atletismo, y de los deportes en general, consiste en romper las limitaciones de lo que el cuerpo puede realizar.

Por más insignificante que pueda parecerle al profano una meta atlética, llega a ser un asunto serio cuando se desempeña intentando demostrar la perfección de una habilidad. Tirar las cosas, por ejemplo, es una habilidad bastante trivial; incluso los bebés pequeños son bastantes buenos haciéndolo, como testimonian los juguetes que rodean cualquier cuna infantil. Pero a qué distancia una persona puede tirar un objeto de un cierto peso llega a ser un tema legendario. Los griegos inventaron el disco, y los grandes lanzadores de disco de la Antigüedad fueron inmortalizados por los mejores escultores; los suizos se reunían en fiestas en las praderas de las montañas para ver quién podía arrojar más lejos el tronco de un árbol; los escoceses hacían lo mismo con rocas gigantescas. En el béisbol de hoy en día se puede llegar a ser rico y famoso tirando pelotas con velocidad y precisión, y los jugadores de baloncesto también, porque ellos las pasan a través de unos aros. Algunos atletas tiran jabalinas, otros bolas o martillos, algunos tiran bumeranes o lanzan sedales de pesca. Todas estas variaciones sobre la capacidad básica para tirar ofrecen oportunidades casi ilimitadas para el disfrute.

Altius –más alto– es la primera palabra del lema olímpico, y elevarse del suelo es otro desafío universalmente reconocido. Romper las leyes de la gravedad es uno de los sueños más viejos de la humanidad. El mito de Ícaro, quien había construido unas alas con las que podría alcanzar al sol, ha sido recordado largo tiempo porque es una parábola del fin –noble y descaminado al mismo tiempo– de la civilización en sí misma. Saltar más alto, ascender al más majestuoso de los picos, volar por encima de la tierra, son algunas de las actividades más agradables que podemos hacer. Aunque algunos hombres de ciencia hayan inventado recientemente una enfermedad psíquica especial, el llamado "complejo de Ícaro", para explicar este deseo de liberarse del tirón de la gravedad. Como todas las explicaciones que tratan de reducir el disfrute al ardid defensivo contra las inquietudes reprimidas, esto no le quita valor. Por supuesto, en algún sentido toda la acción con un fin determinado puede considerarse como una defensa contra las amenazas del caos. Pero en este aspecto es más útil considerar que los actos que provocan el disfrute son señales de salud, y no de enfermedad.

Las experiencias de flujo basadas en el uso de las habilidades físicas no ocurren únicamente dentro del marco de las hazañas atléticas. Los atletas olímpicos no tienen en exclusiva el regalo de encontrar disfrute mejorando su rendimiento más allá de los límites actuales. Cada persona, por más incapaz que sea, puede subir un poco más alto, ir un poco más rápido y crecer para ser un poco más fuerte. El regocijo de sobrepasar los límites del cuerpo está abierto a todos.

Incluso el acto físico más simple llega a ser agradable cuando es transformado para producir flujo. Los pasos esenciales en este proceso son: *a)* establecer una meta general y tantas submetas realistas como sea posible; *b)* encontrar maneras de medir el progreso desde el punto de vista de las metas elegidas; *c)* concentrarse en lo que uno hace y realizar distinciones cada vez más precisas en los desafíos involucrados en la actividad; *d)* desarrollar las habilidades necesarias para interactuar con las oportunidades disponibles; y *e)* elevar el nivel si la actividad nos aburre.

Un buen ejemplo de este método es el acto de caminar, que es el uso más simple del cuerpo que uno pueda imaginarse, y aún así puede llegar a ser una actividad compleja de flujo, casi una forma de arte. Podríamos poner un gran número de metas para una caminata. Por ejemplo, la elección del itinerario: adónde uno desea ir y por qué ruta. Dentro de la ruta total, uno podría seleccionar los lugares donde parar o lugares destacados para ver. Otra meta puede ser desarrollar un estilo personal, una manera de mover el cuerpo fácil y eficientemente. Una economía de movimientos que aumente al máximo el bienestar físico es otra meta obvia. Para medir el progreso, la retroalimentación puede incluir cuán rápido y cuán fácilmente se cubrió la distancia que se pretendía recorrer, cuántos paisajes interesantes ha visto uno, y cuántas nuevas ideas o sentimientos se tuvieron a lo largo de la caminata.

Los desafíos de la actividad son los que nos fuerzan a concentrarnos. Los desafíos de una caminata variarán mucho según el entorno. Para quien vive en grandes ciudades, las aceras planas y las esquinas en ángulo recto hacen que el acto físico de caminar sea fácil. Caminar por un camino de montaña es otra cosa distinta: para un excursionista diestro, cada paso presenta un desafío diferente que debe resolver con una elección del punto de apoyo que sea más eficaz y que le proporcione el mejor lugar donde hacer palanca, tomando en cuenta, simultáneamente, el ímpetu y el centro de gravedad del cuerpo y las diversas superficies –la suciedad, las piedras, las raíces, la hierba, las ramas– sobre las que el pie puede aterrizar. Sobre un camino difícil, un excursionista experimentado camina con economía de movimientos, con ligereza y ajustando constantemente sus pasos al terreno, en un proceso muy complejo de seleccionar la mejor solución según una serie cambiante de ecuaciones complejas que implican masa, velocidad y rozamiento. Por supuesto, estos cálculos son habitualmente automáticos y dan la impresión de ser enteramente intuitivos, casi instintivos; pero si el caminante no procesa la información correcta sobre el terreno y fracasa en hacer los ajustes apropiados en su marcha, tropezará o se cansará pronto. Aunque este tipo de caminata podría ser enteramente inconsciente, de hecho es una actividad muy intensa que requiere concentrar la atención.

En la ciudad, el terreno en sí mismo no es el desafío, pero hay otras oportunidades para acrecentar las habilidades. La estimulación social de las multitudes, las referencias históricas y arquitectónicas del ambiente urbano, pueden agregar una variedad enorme a una caminata. Hay escaparates para ver, gente que observar, modelos de interacción humana sobre los que reflexionar. Algunos caminantes se especializan en elegir las rutas más cortas, otros las más interesantes; algunos están orgullosos de sí mismos al caminar por la misma ruta con precisión cronométrica, a otros les gusta mezclar y combinar su itinerario. En invierno, algunos se apuntan a caminar mientras sea posible sobre las zonas soleadas de la acera, y a caminar en la sombra, tanto como les sea posible, en verano. Hay quien cronometra sus travesías exactamente para cuando el semáforo cambie a verde. Por supuesto estas oportunidades para el disfrute deben cultivarse; no les suceden automáticamente a quienes no controlan su itinerario. A menos que uno se ponga metas y desarrolle sus habilidades, caminar es simplemente una necesidad sin más.

Caminar es la actividad física más trivial imaginable, aunque puede ser algo profundamente agradable si una persona se pone metas y toma el control del proceso. Por otra parte, los centenares de formas elaboradas de deportes y la cultura del cuerpo actualmente disponible –y que van desde el tenis al yoga, desde ir en bicicleta a las artes marciales– pueden no ser agradables para todos si se realizan porque están de moda o simplemente porque son buenos para la salud. Mucha gente se siente atrapada en una noria de actividad física sobre la que acaban teniendo muy poco control, sintiéndose comprometidos a hacer ejercicio pero sin obtener ninguna diversión alguna haciéndolo. Han cometido la equivocación de confundir la forma con la sustancia, y de creer que las acciones concretas y los acontecimientos son la única "realidad" que determina lo que sienten. Para tales individuos, formar parte de un fantástico club gimnástico debería ser casi una garantía de que disfrutarán. Sin embargo, el disfrute, como hemos visto, no depende de lo que usted hace, sino cómo lo hace.

En uno de nuestros estudios realizamos la siguiente pregunta: ¿La gente es más feliz cuando usa más recursos materiales en sus actividades de ocio? ¿O se sienten más felices cuando invierten más en sí mismos? Intentamos contestar a estas preguntas con el Método de Muestreo de la Experiencia (MME), el procedimiento que desarrollé en la Universidad de Chicago para estudiar la calidad de experiencia. Como describí anteriormente, este método consiste en dar a los sujetos un buscapersonas y una libreta con las hojas de respuesta. El transmisor de radio se programa para enviar señales unas ocho veces por día, en intervalos al azar, durante una semana. Cada vez que el buscapersonas da una señal, los sujetos llenan una página de la libreta, indicando donde están, qué están haciendo y con quién, y clasifican su estado mental sobre una escala dimensional de siete niveles que van desde "muy feliz" a "muy triste".

Lo que encontramos fue que cuando la gente realizaba actividades de ocio que resultaban caras desde el punto de vista de los recursos requeridos para ello –actividades que exigían un equipo caro, electricidad u otras formas de energía medidas en julios, tales como la potencia de una embarcación, conducir o ver la televisión– eran significativamente menos felices que cuando realizaban actividades de ocio barato. Eran más felices cuando simplemente hablaban con otros, cuando se dedicaban a cultivar la tierra, a tejer, o andaban ocupados por una afición; todas estas actividades requieren pocos recursos materiales, pero exigen una inversión relativamente alta de energía psíquica. Sin embargo, el ocio que usa muchos recursos externos frecuentemente requiere menos atención y, como consecuencia, generalmente ofrece menos gratificaciones memorables.

La alegría del movimiento

Los deportes y la gimnasia no son los únicos medios de experiencia física que utilizan el cuerpo como fuente de disfrute, puesto que, de hecho, una amplia gama de actividades utiliza los movimientos rítmicos o armoniosos para generar flujo. Entre estas, el baile es probablemente la más vieja y la más importante, tanto por su atractivo universal como a causa de su potencial complejidad. Desde la más aislada tribu de Nueva Guinea a la compañía de ballet del Bolshoi, la respuesta del cuerpo a la música se practica como una manera de mejorar la calidad de experiencia.

La gente mayor puede pensar que bailar en clubes es un ritual raro e insensato, pero muchos adolescentes encuentran que es una fuente importante de disfrute. Así es como algunos de los bailarines describen la sensación de moverse sobre la pista: «una vez que lo consigo, entonces simplemente floto, me divierto, simplemente siento cómo me muevo». «Consigo un cierto tipo de excitación física. [...] Me pongo muy sudoroso, como si tuviese fiebre o una especie de éxtasis, cuando todo va realmente bien.» «Te mueves e intentas expresarte en términos de esos movimientos. Y esto es lo que hay. Es una forma de idioma corporal, de medio comunicativo, en cierta forma. [...] Cuando va bien, realmente me expreso según la música y según la gente que está ahí fuera.» La alegría del bailarín frecuentemente es tan intensa que abandona muchas otras opciones para lograr su objetivo. He aquí una declaración típica de una de las bailarinas entrevistadas por el grupo del profesor Massimini en Milán, Italia: «Desde el principio quise llegar a ser una bailarina profesional. Ha sido duro: poco dinero, una gran cantidad de viajes, y mi madre siempre quejándose sobre mi trabajo. Pero el amor al baile me ha mantenido siempre. Es ahora parte de mi vida, una parte de mí sin la cual no podría vivir». En este grupo de sesenta bailarinas profesionales, únicamente tres estaban casadas, y solamente una tuvo un niño; el embarazo era una interferencia demasiado grande en su carrera.

Pero, como en el atletismo, uno ciertamente no necesita llegar a ser un profesional para disfrutar controlando las potencialidades expresivas del cuerpo. Las bailarinas aficionadas pueden obtener mucha diversión sin sacrificar todas las demás metas en aras de sentirse moviéndose de forma armoniosa.

Y hay otras formas de expresión que utilizan el cuerpo como instrumento: imitar y actuar, por ejemplo. La popularidad de las imitaciones como juego de salón se debe al hecho de que permite a las personas que abandonen por un tiempo su identidad normal y actúen en papeles diferentes. Incluso la personificación más torpe y tonta puede ofrecer un alivio agradable a las limitaciones de los modelos cotidianos de comportamiento, un vistazo a otros modos de ser alternativos.

El sexo como flujo

Cuando la gente piensa en el disfrute, comúnmente una de las cosas en las que primero pensamos es el sexo. Y no es sorprendente, porque la sexualidad es ciertamente una de las experiencias más universalmente recompensantes, quizás únicamente sobrepasada en su poder para motivar por la necesidad de sobrevivir, de beber y de comer. El impulso de practicar sexo es tan poderoso que puede desviar la energía psíquica lejos de otras metas necesarias. Por lo tanto cada cultura tiene que emplear grandes esfuerzos en reencauzarlo y refrenarlo; muchas instituciones sociales complejas existen únicamente a fin de regular este impulso. El dicho de que «el amor hace que el mundo gire» es una referencia comedida a que la mayoría de nuestros actos están causados, directa o indirectamente, por las necesidades sexuales. Nos lavamos, vestimos y peinamos para ser atractivos, muchos de nosotros vamos a trabajar para poder mantener a nuestra pareja y un hogar, pugnamos por estatus y poder en parte para sentirnos admirados y amados.

¿Pero es siempre agradable el sexo? Por ahora, el lector puede ser capaz de adivinar que la respuesta depende de lo que sucede en la conciencia de quienes se involucran en él. El mismo acto sexual puede vivirse como algo doloroso, repugnante, espantoso, indiferente, ameno, placentero, agradable o extático, dependiendo de cómo se vincula a las metas de cada persona. Una violación puede no ser discernible físicamente de un encuentro amoroso, pero sus efectos psicológicos son dos mundos aparte.

Puede decirse con seguridad que la estimulación sexual es, por sí misma, generalmente placentera. Estamos programamos genéticamente para obtener placer de la sexualidad. Es el modo inteligente con que la evolución garantiza que los individuos se comprometerán en actividades que probablemente les conducirán a la procreación, asegurando así la supervivencia de las especies. Para obtener placer en el sexo uno necesita únicamente tener salud y estar dispuesto a ello; no se requieren habilidades especiales y, tras las primeras experiencias, aparecen pocos nuevos desafíos físicos. Pero como todos los placeres, a menos que se transforme en una actividad agradable, el sexo fácilmente llega a ser aburrido. Se convierte en una experiencia auténticamente positiva, en un ritual sin sentido o en una dependencia adictiva. Afortunadamente hay muchas maneras de hacer agradable el sexo.

El erotismo es una forma de cultivar la sexualidad que se dirige al desarrollo de habilidades físicas. En cierto sentido, el erotismo es al sexo como el deporte a la actividad física. El *Kama Sutra* y *The Joy of Sex* son dos ejemplos de manuales que intentan fomentar el erotismo ofreciendo sugerencias y metas para ayudar a hacer más variada la actividad sexual, más interesante y desafiante. La mayoría de las culturas tienen elaborados sistemas de entrenamiento y ejercicio erótico, frecuentemente utilizando significados religiosos. Los antiguos ritos de fertilidad, los misterios dionisíacos de Grecia y la conexión recurrente entre la prostitución y el sacerdocio de la mujer son simplemente unas pocas formas de este fenómeno. Es como si en los primeros tiempos de la religión, las culturas se hubieran dado cuenta de la atracción obvia de la sexualidad y la usaron como base sobre la que construir ideas más complejas y modelos de comportamiento.

Pero el verdadero cultivo de la sexualidad empieza únicamente cuando las dimensiones psicológicas se agregan a las puramente físicas. Según los historiadores, el arte del amor fue un desarrollo reciente en Occidente. Con raras excepciones, había muy poco romance en las prácticas sexuales de los griegos y de los romanos. El cortejo, compartir sentimientos entre amantes, las promesas y los rituales de noviazgo que ahora parecen ser tan indispensables en las relaciones íntimas fueron inventados en la Edad Media por los trovadores que recorrían los castillos del sur de Francia, y entonces, el *dolce stil nuovo*, fue adoptado por las clases opulentas del resto de Europa. El romance –los rituales de cortejo realizados por vez primera en la región Romance del sur de Francia– ofrecía una gama enteramente nueva de desafíos a los amantes. Para aquellos que quieran aprender las habilidades necesarias, el cortejo llega a ser, además de placentero, también agradable.

Un refinamiento similar de la sexualidad tuvo lugar en otras civilizaciones y aproximadamente en el mismo pasado no demasiado distante. Los japoneses crearon a unas profesionales del amor sumamente expertas, esperando de sus *geishas* que fuesen músicas, bailarinas, actrices, así como también amantes de la poesía y del arte. Las cortesanas chinas e indias y las odaliscas turcas eran igualmente hábiles. Lamentablemente este profesionalismo, a la vez que elevaba la complejidad potencial del sexo a grandes alturas, hacía poco para mejorar directamente la calidad de experiencia de la mayoría de la gente. Históricamente, el romance parece estar restringido a la juventud y a aquellos que tienen el tiempo y el dinero suficiente para realizarlo; la gran mayoría de personas en cualquier cultura parece que han tenido una vida de sexo muy monótono. La gente "decente" en todo el mundo no gasta demasiada energía en la tarea de la reproducción sexual o en las prácticas sobre las que se halla construida. El romance se parece en este aspecto también a los deportes: en vez de hacerlo personalmente, la mayoría de la gente se contenta con oír hablar de ello o ver cómo lo realizan unos expertos.

Una tercera dimensión de la sexualidad comienza a surgir cuando, además del placer físico y del disfrute de una relación romántica, el amante siente genuino cariño por su pareja; hay entonces nuevos desafíos que descubrir: para disfrutar de la pareja como de una persona única, comprenderla y ayudarla a conseguir sus metas. Con la emergencia de esta tercera dimensión, la sexualidad se convierte en un proceso muy complejo, capaz de ofrecer experiencias de flujo durante toda la vida.

Al principio es muy fácil obtener placer del sexo, e incluso disfrutarlo. Cualquier tonto puede enamorarse de joven. La primera cita, el primer beso, el primer acto sexual; todos presentan nuevos desafíos que mantienen al joven en flujo durante semanas hasta que se acaba. Pero para muchas personas, este estado extático ocurre solamente una vez; después del "primer amor" todas las relaciones posteriores no son tan excitantes. Es especialmente difícil seguir disfrutando del sexo con la misma persona durante un cierto período de años. Probablemente sea cierto que los humanos, como la mayoría de especies mamíferas, no sean monógamas por naturaleza. Es imposible que la pareja no se aburra con el tiempo a menos que se esfuercen en descubrir nuevos desafíos en mutua compañía y en aprender las habilidades apropiadas para enriquecer su relación. Inicialmente los desafíos únicamente físicos son suficientes para mantener la experiencia de flujo, pero a menos que el cariño y el romance genuinos también se desarrollen, la relación se marchitará.

¿Cómo mantener vivo el amor? La respuesta es igual en esta que en cualquier otra actividad. Para ser agradable, una relación debe llegar a ser más compleja. Para llegar a ser más compleja, la pareja debe descubrir nuevas potencialidades en sí mismos y el uno en el otro. Para descubrir esto deben prestar atención el uno al otro, para que puedan aprender qué pensamientos y sentimientos, qué sueños están en la mente de su pareja. Esto es en sí un proceso que nunca termina, una tarea para toda la vida. Después de que uno empiece a saber realmente cómo es la otra persona, entonces pueden llegar a ser posibles muchas aventuras conjuntas: viajar juntos, leer los mismos libros, criar a los niños, hacer planes y llevarlos a cabo se convierten en actividades más agradables y más significativas. Los detalles específicos son insignificantes. Cada persona debe averiguar cuáles vienen al caso según su propia situación. Lo importante es el principio general: que la sexualidad, como cualquier otro aspecto de vida, puede convertirse en disfrute si estamos dispuestos a controlarla y cultivarla para lograr una complejidad mayor.

El control definitivo: el yoga y las artes marciales

Cuando queremos aprender a controlar el cuerpo y sus experiencias, somos como niños si nos comparamos con las grandes civilizaciones orientales. En muchos aspectos, lo que el Occidente ha conseguido en cuanto a dirigir la energía material es equiparable a lo que en la India y en el lejano Oriente han logrado en términos del control directo de la conciencia. Pero ninguno de estos enfoques es, por sí mismo, un programa ideal para conducir la propia vida, como lo muestra el hecho de que la fascinación india por las técnicas avanzadas para el autodominio se ha realizado a costa de no aprender a enfrentarse con los desafíos materiales del ambiente físico y ha conspirado para implantar la impotencia y diseminar la apatía sobre una gran proporción de la población, derrotada por la escasez de recursos y por el exceso de población. En cambio el dominio occidental sobre la energía material corre el riesgo de convertir todo lo que toca en un recurso apto para ser consumido tan rápidamente como sea posible, y agotar así los recursos ambientales. La sociedad perfecta debería ser capaz de encontrar un equilibrio saludable entre el mundo espiritual y el material pero, lejos de buscar la perfección, podemos mirar hacia las religiones orientales para hallar una guía de cómo lograr el control sobre la conciencia.

De los grandes métodos orientales para adiestrar el cuerpo, uno de los más antiguos y más difundidos es el conjunto de prácticas conocido como hatha yoga. Vale la pena revisar algunas de sus afirmaciones, porque se corresponden en varias áreas con lo que sabemos sobre la psicología del flujo y, por consiguiente, nos ofrece un modelo útil para quien desee manejar mejor su energía psíquica. Nada parecido al hatha yoga se ha creado en Occidente. Las reglas monásticas más antiguas, instituidas por san Benito y santo Domingo, y especialmente los "ejercicios espirituales" de san Ignacio de Loyola, probablemente son lo más parecido a ofrecer una manera de controlar la atención mediante reglas mentales y físicas; pero incluso estas reglas están muy lejos de la rigurosa disciplina del yoga.

En sánscrito *yoga* significa "uncir", lo cual se refiere al objetivo del método de unir al individuo con Dios, primero uniendo las diversas partes del cuerpo entre sí, después haciendo que el cuerpo trabaje conjuntamente con la conciencia como parte de un sistema ordenado. Para lograr este fin, el texto básico del yoga, recogido por Patañjali hace mil quinientos años, prescribe ocho etapas de incremento en las habilidades. Las primeras dos etapas de "preparación ética" se destinan a cambiar las actitudes de la persona. Podríamos decir que tratan de "enderezar la conciencia", intentan reducir la entropía psíquica tanto como sea posible antes de que empiecen los intentos de efectuar el control mental. En la práctica, el primer paso, *yama*, requiere que uno consiga la "limitación" de los actos y de los pensamientos que pueden dañar a otros: la falsedad, el robo, la lujuria y la avaricia. El segundo paso, *niyama*, implica "obediencia", o sea seguir las normas y el orden en la limpieza, el estudio y la obediencia a Dios, todo lo que ayuda a canalizar la atención en modelos predecibles y que, por lo tanto, haga que la atención sea más fácil de controlar.

Las próximas dos etapas atañen a la preparación física, o el desarrollo de hábitos que permitirán al practicante –o yogin– vencer las demandas de los sentidos y permitir concentrarse sin sentirse cansado o distraído. La tercera etapa consiste en practicar las diversas *asanas*, maneras de "sentarse" o de mantener posturas durante largos períodos sin sucumbir a la tensión o a la fatiga. Esta es la etapa de yoga que todos conocemos en Occidente, ejemplificada por una persona que parece llevar pañales y que se mantiene en equilibrio sobre su cabeza con sus piernas detrás del cuello. La cuarta etapa es *pranayama*, o el control de la respiración, que se dirige a relajar el cuerpo y estabilizar el ritmo de la respiración.

La quinta etapa, el punto de inflexión entre los ejercicios preparatorios y la práctica auténtica del yoga, se llama *pratyahara* ("el retraimiento"). Implica aprender a retirar la atención de los objetos externos controlando la entrada de los sentidos, llegando así a ser capaz de ver, oír y sentir únicamente lo que uno desea admitir en la conciencia. Ya en esta etapa vemos cuán cerca está la meta del yoga de las actividades de flujo descritas en esta obra, es decir, lograr el control sobre lo que sucede en la mente.

Aunque las tres etapas que aún quedan por explicar no pertenecen propiamente al capítulo actual –pues tratan del control de la conciencia mediante técnicas más puramente mentales que físicas– las comentaremos aquí en aras de la continuidad y también porque, después de todo, estas prácticas mentales están sólidamente basadas en las fases físicas anteriores. *Dharana*, o "sostener", es la capacidad para concentrarse durante períodos largos sobre un estímulo único, de modo que es la imagen especular de la etapa anterior de *pratyahara*; primero uno aprende a mantener las cosas fuera de la mente, y luego uno aprende a mantenerlas dentro. La meditación intensa, o *dhyana*, es el paso siguiente. Aquí uno aprende a olvidarse de la personalidad en una concentración continua que ya no necesita de los estímulos externos de la fase anterior. Finalmente el yogin puede lograr el *samadhi*, la última etapa del "recogimiento de la personalidad", cuando el meditador y el objeto de la meditación llegan a ser uno solo. Quienes lo han logrado describen el *samadhi* como la experiencia más alegre de sus vidas.

Las similitudes entre el yoga y el flujo son muchas, de hecho tiene sentido pensar que el yoga es una actividad de flujo completamente planificada. Ambas intentan lograr una involucración gozosa, en la que uno se olvide de sí mismo mediante la concentración, la cual a su vez es posible por una disciplina del cuerpo. Algunos críticos, sin embargo, prefieren acentuar las diferencias entre flujo y yoga. Su divergencia principal es que, mientras que el flujo intenta fortalecer la personalidad, la meta de yoga y de muchas otras técnicas orientales es abolirla. *El samadhi*, la última etapa del yoga, es únicamente el umbral para entrar en el nirvana, donde la personalidad individual se combina con la fuerza universal como un río que mezcla sus aguas en el océano. Por lo tanto, puede argumentarse que el yoga y el flujo buscan resultados diametralmente opuestos.

Pero esta oposición puede ser más superficial que verdadera. Después de todo, siete de las ocho etapas del yoga procuran llevar cada vez más arriba los niveles de habilidad en el control de la conciencia. *El samadhi* y la liberación que se supone que sucede entonces, al fin de esa preparación, puede no ser lo importante; puede considerarse que, en cierto sentido, es la justificación de la actividad que tiene lugar en las siete etapas previas, como el pico de la montaña es importante únicamente porque justifica el ascenso, que es la verdadera meta de la empresa. Otro argumento que favorece la similitud de los dos procesos es que, hasta la etapa final de liberación, el yogin debe mantener control sobre la conciencia. Este no podría rendir su personalidad a menos que, incluso en el mismo momento de rendición, tuviera el control completo de ella. Abandonar la personalidad con sus instintos, hábitos y deseos es un acto tan innatural que solo alguien con control supremo podría conseguir.

Por lo tanto no es poco razonable pensar que el yoga es uno de los métodos más antiguos y sistemáticos de producir la experiencia de flujo. Los detalles de *cómo* se produce esta experiencia son exclusivos del yoga, como son exclusivos de cada otra actividad de flujo, desde la pesca a correr con un automóvil de fórmula uno. Como resultado de las fuerzas culturales que ocurrieron solo una vez en la historia, la manera de hacer del yoga tiene el sello del tiempo y del lugar en que se creó. Si el yoga es una manera de conseguir experiencias óptimas "mejor" que otros sistemas no puede determinarse solo a través de sus méritos; debemos considerar los costes de la oportunidad en la práctica y compararlos con las opciones alternativas. ¿Es el control que el yoga permite lo que da valor al empleo de energía psíquica que requiere el aprendizaje de su disciplina?

Otro conjunto de disciplinas orientales que se han popularizado recientemente en Occidente son las denominadas "artes marciales". Tienen muchas variantes, y cada año parece estar de moda una distinta. Incluyen el judo, el jiu-jitsu, el kung fu, el karate, el taekwondo, el aikido, el t'ai chi ch'uan –todas ellas son formas de combate sin armas que se originaron en China– y el kendo (esgrima), el kyudo (el tiro con arco) y el ninjutsu, que están más estrechamente relacionadas con Japón.

Estas artes marciales fueron influidas por el taoísmo y por el budismo zen, y también ponen el énfasis en las habilidades para controlar la conciencia. En vez de enfocarse exclusivamente en el comportamiento físico, como hacen las artes marciales occidentales, la variedad oriental se dirige a la mejora del estado mental y espiritual del practicante. El guerrero se afana en alcanzar el punto en que pueda actuar como un relámpago contra sus oponentes, sin tener que pararse a pensar o a razonar sobre cuáles son los mejores movimientos defensivos u ofensivos. Quienes pueden realizarlo dicen que la lucha se convierte en un ejercicio artístico placentero, durante el cual la experiencia cotidiana de dualidad entre la mente y el cuerpo se transforma en una armoniosa culminación de la mente. Aquí, nuevamente, parece apropiado pensar que las artes marciales son una forma específica de flujo.

El flujo producido por los sentidos: el goce de ver

Es fácil aceptar el hecho de que los deportes, el sexo, e incluso el yoga pueden ser agradables. Pero poca gente va más allá de estas actividades físicas para explorar las capacidades casi ilimitadas de los otros órganos del cuerpo, aunque cualquier información que el sistema nervioso pueda transmitir se presta a ricas y variadas experiencias de flujo.

Ver, por ejemplo, a menudo se utiliza simplemente como un sistema de medir las distancias, para evitar pisar al gato o para encontrar las llaves de automóvil. Ocasionalmente, las personas se permiten "disfrutar de la vista" cuando un paisaje particularmente bello aparece frente a ellas, pero no cultivan sistemáticamente la potencialidad de su visión. Sin embargo, las habilidades visuales pueden ofrecernos un acceso constante a experiencias agradables. Menandro, el poeta clásico, expresó muy bien el placer que podemos obtener simplemente de contemplar la naturaleza: «el sol que nos ilumina a todos, las estrellas, el mar, el paso de las nubes, la chispa de fuego..., tanto si usted vive cien años como si vive solamente unos cuantos, nunca podrá ver nada mejor». Las artes visuales son uno de los mejores campos de entrenamiento para desarrollar estas habilidades. He aquí algunas descripciones realizadas por personas versadas en las artes sobre la sensación de ser capaz de ver verdaderamente. La primera es un encuentro casi zen con un cuadro, y enfatiza la súbita epifanía de orden que parece provenir de ver un trabajo que personifica la armonía visual: «Ese maravilloso cuadro de Cézanne *Las bañistas* en el Museo de Filadelfia [...] que [...] de un vistazo tiene sentido, no necesariamente racional, pero las cosas encajan. [...] Esta es la manera en que un trabajo artístico te permite obtener una súbita apreciación y comprensión del mundo. Lo que puede significar tu lugar en él, lo que pueden significar estos bañistas a la orilla de un río en un día estival [...] lo que puede significar la capacidad de liberarnos repentinamente de nosotros mismos y comprender así nuestra conexión con el mundo...».

Otro espectador describe la dimensión física de la experiencia estética de flujo, que se parece al choque que sentimos en el cuerpo cuando nos zambullimos en una piscina de agua fría:

> Cuando miro unos trabajos artísticos que me son muy gratos, que considero realmente buenos, tengo una reacción muy extraña, que no siempre es gozo, sino que a veces es como sentir un golpe en el estómago. Es como marearse un poco. Simplemente es el sentimiento de sentirse completamente abrumado, y entonces tengo que buscar a tientas la salida, calmarme y tratar de acercarme a esa obra científicamente, y no vulnerable, con todas mis antenas abiertas. [...] Lo que viene después de mirarlo serenamente, después de digerir realmente cada matiz y cada pequeño detalle, es el impacto total. Cuando te encuentras ante un gran trabajo artístico, simplemente lo sabes y se emocionan todos tus sentidos, no solo visualmente, también sensual e intelectualmente.

No solamente las grandes obras de arte producen tales experiencias intensas de flujo; para el ojo entrenado, incluso los paisajes más corrientes pueden ser deliciosos. Un hombre que vive en uno de los suburbios de Chicago y toma el tren para trabajar todas las mañanas, dice:

> En un día como este, o en los días en que el aire es claro como el cristal, simplemente me siento en el tren y miro los tejados de la ciudad, porque es tan fascinante ver la ciudad, estar por encima de ella, estar allí pero no ser una parte de ella, ver estas formas y estas siluetas, estos edificios viejos maravillosos, aunque algunos estén totalmente en ruinas; quiero decir, es simplemente la fascinación, la curiosidad que me provoca. [...] Puedo entrar y decir: «venir a trabajar esta mañana ha sido como venir a través de una pintura de Sheeler». Porque él pintó las azoteas y las cosas con un estilo muy claro y realista. [...] Lo que frecuentemente sucede es que alguien que se involucra totalmente en la expresión visual ve el mundo en esos términos. Como un fotógrafo que mira al cielo y dice: «este es un cielo de Kodachrome. Vaya, Dios, eres casi tan bueno como Kodak».

Claramente, es necesario entrenamiento para ser capaz de obtener este grado de entusiasmo sensitivo de la visión. Hay que invertir bastante energía psíquica mirando hermosos paisajes y buen arte antes de que uno pueda reconocer un cierto aire de Sheeler en el paisaje de los tejados. Pero esto sucede en todas las actividades de flujo: sin cultivar las habilidades necesarias, uno no puede esperar el disfrute al practicarlas. Sin embargo, si lo comparamos con otras actividades, resulta que el ver es algo inmediatamente accesible (aunque algunos que artistas se quejen que mucha gente tiene "los ojos de metal"), por ello es una lástima dejar esta aptitud subdesarrollada.

Podría parecer una contradicción que, en la sección previa, hayamos visto cómo el yoga puede inducir flujo al entrenar a los ojos a no ver, y que ahora aboguemos por el uso de los ojos para provocar el flujo. Esto únicamente es una contradicción para quienes creen que lo importante es el comportamiento, en lugar de serlo la experiencia a la que conduce. No importa si vemos o no vemos, mientras tengamos el control de lo que nos sucede. La misma persona puede meditar por la mañana y cerrarse a la experiencia sensitiva, y puede mirar una gran obra de arte por la tarde; con cualquiera de estas actividades puede sentirse transformada por la misma sensación de disfrute.

El flujo de la música

En todas las culturas conocidas, la ordenación del sonido de maneras que agraden al oído se ha usado para mejorar la calidad de vida. Una de las funciones más antiguas y quizá la más popular de la música es enfocar la atención de los oyentes en modelos adecuados al estado de ánimo deseado. Por lo tanto, hay música para bailar, para bodas, para funerales, para las ceremonias religiosas y para las ocasiones patrióticas, música que facilita el romance y música que ayuda a los soldados a marchar en filas ordenadas.

Cuando les llegan malos tiempos a los pigmeos del bosque de Ituri, en África Central, creen que su infortunio se debe a que el bosque benévolo, que comúnmente les provee de todas sus necesidades, se ha dormido accidentalmente. Y, llegados a este punto, los líderes de la tribu extraen los cuernos sagrados enterrados bajo el suelo y soplan durante días y noches, intentando despertar al bosque y restaurar así los buenos tiempos.

La manera en que la música se usa en el bosque de Ituri es paradigmática de su función en todas partes. Los cuernos pueden no haber despertado a los árboles, pero su sonido familiar debe haber convencido a los pigmeos de que la ayuda estaba en camino y así serán capaces de enfrentarse al futuro con confianza. La mayoría de la música que sale de *walkmans* y estéreos actuales responde a una necesidad similar. Los adolescentes, cuya frágil personalidad en evolución sufre amenaza tras amenaza en rápida sucesión a lo largo del día, dependen especialmente del modelo apaciguador del sonido para restaurar el orden en su conciencia. Pero también lo hacen muchos adultos. Un policía nos contó: «si después de una jornada haciendo arrestos y preocupado por si me darán tiro, no pudiese encender la radio en el automóvil cuando voy de regreso a casa, probablemente me volvería loco».

La música, que es información auditiva organizada, ayuda a organizar la mente que la escucha y, por lo tanto, reduce la entropía psíquica o el desorden que experimentamos cuando la información aleatoria interfiere con las metas. Escuchar música nos aleja del aburrimiento y de la inquietud y, cuando la tomamos en serio, puede inducir experiencias de flujo.

Algunas personas argumentan que los adelantos tecnológicos han mejorado la calidad de vida al posibilitar que la música esté disponible tan fácilmente. La radio, los discos láser, las grabaciones en casete, suenan con la música más reciente las veinticuatro horas del día en grabaciones limpias como el cristal. Este acceso continuo a la buena música se supone que puede conseguir que nuestras vidas sean mucho más ricas. Pero este tipo de argumento sufre de la confusión usual entre comportamiento y experiencia. Escuchar durante días música pregrabada puede o no ser más agradable que oír una hora del concierto en vivo que uno había estado esperando con interés durante semanas. No es *oír* lo que nos mejora la vida, es el *escuchar*. Oímos música, pero rara vez la escuchamos, y pocos pueden conseguir flujo como resultado de todo ello.

Como con cualquier otra cosa, para disfrutar de la música hay que prestarle atención. En la medida que la tecnología de la grabación nos proporciona una música demasiado accesible, podemos dejar de valorarla y reducir nuestra capacidad para obtener disfrute de ella. Antes de la llegada de las grabaciones de sonido, la actuación musical en vivo conservaba algo de la emoción que la música engendraba cuando estaba todavía enteramente involucrada en los rituales religiosos. Incluso la banda musical de una aldea, y no digamos una orquesta sinfónica, eran un recordatorio visible de las misteriosas habilidades necesarias para producir sonidos armoniosos. Uno se aproximaba al acontecimiento con expectativa, con la conciencia de que debía prestar suma atención porque la actuación era única y no podía ser repetida nuevamente.

La asistencia a los conciertos en vivo de hoy, como los conciertos de rock, sigue participando en algún grado de estos elementos rituales; hay pocas ocasiones en que un gran número de personas sean testimonio del mismo suceso juntos, que piensen y sientan las mismas cosas y procesen la misma información. Tal participación conjunta produce en un auditorio la condición que Émile Durkheim llamó "la efervescencia colectiva", o el sentimiento de que uno pertenece al grupo con una existencia concreta y verdadera. Durkheim creyó que este sentimiento estaba en las raíces de la experiencia religiosa. Las condiciones de un concierto en vivo ayudan a que la atención se centre sobre la música y, por lo tanto, hacen más probable que la experiencia de flujo surja como resultado de un concierto y no cuando uno escuche el sonido reproducido.

Pero argumentar que la música en vivo es naturalmente más agradable que la música grabada sería tan poco válido como argumentar lo opuesto. Cualquier sonido puede ser una fuente de disfrute si escuchamos adecuadamente. De hecho, como el hechicero yaqui enseñó al antropólogo Carlos Castaneda, incluso los intervalos de silencio entre sonidos, si los escuchamos con atención, pueden hacernos disfrutar.

Mucha gente tiene impresionantes colecciones de grabaciones musicales, con la música más primorosa que jamás se haya escrito y, sin embargo, fracasan en disfrutarla. La escuchan unas cuantas veces en su equipo de música, maravillados por la claridad del sonido que produce, y entonces se olvidan de escuchar música hasta que llega el momento de comprar un equipo más avanzado. Por otra parte, los que sacan el máximo de la potencialidad para el disfrute que se halla inherente en la música, tienen estrategias para obtener la experiencia de flujo. Comienzan por tener unas horas específicas para oír música. Cuando llega el momento facilitan la concentración bajando las luces, sentándose en su silla favorita o siguiendo algún otro ritual que enfoque su atención. Planifican cuidadosamente la selección de música que escucharán y se formulan metas específicas para la audición que empieza.

Escuchar música normalmente empieza siendo una experiencia de los sentidos. En esta etapa, uno responde a las calidades de sonido que inducen las reacciones físicas agradables que están conectadas genéticamente a nuestro sistema nervioso. Respondemos a unos acordes que parecen tener una aceptación universal, como el sonido quejumbroso de la flauta, o la llamada vibrante de las trompetas. Somos especialmente sensibles al ritmo de los tambores o del bajo, el ritmo en que descansa la música rock y que algunos dicen que nos recuerda lo primero que escuchamos, el corazón palpitante de la madre oído en el seno materno.

El próximo nivel de desafío que nos propone la música es el modo de escucha analógico. En esta etapa, uno desarrolla la habilidad para evocar sentimientos e imágenes basándose en los modelos de sonido. El pasaje de un saxófono lastimero nos recuerda la sensación de sobrecogimiento que tenemos cuando vemos las nubes de tormenta acumularse sobre la pradera; el fragmento musical de Chaikovski logra que uno se visualice conduciendo un trineo a través del bosque nevado, con sus campanillas sonando gracias al movimiento. Las canciones populares, por supuesto, explotan el modo analógico plenamente mediante letras de canciones que ponen palabras al estado de ánimo o a la historia que la música representa.

La etapa más compleja de la escucha musical es la analítica. En este modo, la atención cambia hacia los elementos estructurales de música en lugar de fijarse en los elementos sensitivos o narrativos. Las habilidades para escuchar a este nivel tienen que ver con la capacidad para reconocer el orden subyacente a la obra, y con los medios que consiguen la armonía. Incluyen la capacidad para evaluar críticamente la interpretación y la acústica; para comparar la obra en cuestión con obras anteriores y posteriores del mismo compositor o con el trabajo de otros compositores; comparar la orquesta, el director o el conjunto con sus propias actuaciones anteriores y posteriores, o con las interpretaciones de otros. Los oyentes analíticos frecuentemente comparan las diversas versiones de la misma canción de *blues*, o se sientan a escuchar música con un plan que podría ser típicamente este: «veamos en qué es diferente la grabación del segundo movimiento de la *Séptima sinfonía* realizada por Von Karajan en 1975 de su grabación de 1963», o «me pregunto si la sección de metal de la Orquesta Sinfónica de Chicago es realmente mejor que la sección de Berlín». Estableciendo estas metas, escuchar se convierte en una experiencia activa que ofrece constante retroalimentación (por ejemplo, «Von Karajan ha ido más lento esta vez», «los metales de Berlín son más agudos pero menos dulces»). Al desarrollar habilidades analíticas de escucha, las oportunidades de disfrutar de la música aumentan en proporción geométrica.

Hasta aquí hemos considerado únicamente el flujo que proviene del oyente, pero las gratificaciones son aún mayores para los que aprenden a hacer música. El poder civilizador de Apolo dependía de su capacidad para tocar la lira, Pan llevaba a sus auditorios al frenesí con sus flautas y Orfeo, con su música, era capaz incluso de detener a la muerte. Estas leyendas indican la conexión entre la capacidad para crear armonía con los sonidos y la armonía más general y abstracta que subyace al tipo de orden social que llamamos civilización. Conocedor de esa conexión, Platón creyó que los niños debían aprender música antes que cualquier otra cosa; aprendiendo a prestar atención a armonías y ritmos hermosos su conciencia entera lograría estar ordenada. Nuestra cultura parece poner poco énfasis en enseñar las habilidades musicales a niños y a jóvenes. Cuando hay que recortar el presupuesto de una escuela, los cursos de música (así como también de arte y de educación física) son lo primero que se elimina. Es desalentador que estas tres capacidades básicas, tan importantes para mejorar la calidad de vida, generalmente sean consideradas superfluas en el clima educativo actual. Sin una educación musical seria, los niños se convierten en adolescentes que, a causa de esta privación temprana, deberán invertir cantidades enormes de energía psíquica en hallar una música propia. Formarán grupos de rock, comprarán cintas y discos, y generalmente se convertirían en prisioneros de una subcultura que no ofrece muchas oportunidades para hacer que su conciencia sea más compleja.

Incluso cuando *se enseña* música a los niños surge el problema habitual: se pone demasiado énfasis en la interpretación, y demasiado poco en lo que experimentan. Los padres que empujan a sus niños a sobresalir tocando el violín, generalmente no están interesados en si los niños realmente disfrutan tocándolo; lo que quieren es que el niño toque lo suficientemente bien como para atraer la atención, ganar premios y acabar sobre el escenario del Carnegie Hall. Al hacer esto pervierten la finalidad para la que se ideó la música: la convierten en lo contrario, en una fuente de desorden psíquico. Las expectativas paternales sobre el *comportamiento* musical frecuentemente crean una gran tensión, y a veces una crisis total.

Lorin Hollander, quien de niño era un prodigio al piano y cuyo perfeccionista padre fue primer violín en la orquesta de Toscanini, cuenta cómo solía conseguir perderse en el éxtasis cuando tocaba el piano a solas, pero también cómo solía temblar de terror cuando sus exigentes mentores adultos estaban presentes. Cuando era un adolescente, los dedos de sus manos se congelaron durante un concierto y no pudo abrir sus manos hasta muchos años después. Algún mecanismo subconsciente más allá del umbral de su conciencia había decidido ahorrarle el dolor constante de la crítica paterna. Ahora Hollander, recuperado de la parálisis psicológicamente inducida, ocupa su tiempo ayudando a otros instrumentistas jóvenes con talento a que disfruten de la música de la manera que debería disfrutarse.

Aunque es mejor aprender a tocar un instrumento cuando se es joven, realmente nunca es demasiado tarde para comenzar. Algunos profesores de música se especializan en estudiantes adultos y ancianos, y muchos empresarios con éxito deciden aprender a tocar el piano después de los cincuenta años. Cantar en un coro y tocar en un conjunto de cuerda aficionado son dos maneras de gozar experimentando la mezcla de las habilidades propias con las de otros. Los ordenadores personales ahora poseen un *software* muy perfeccionado que facilita la composición y que permite que uno escuche inmediatamente la orquestación. Aprender a producir sonidos armoniosos no es solamente agradable, sino que, al igual que el dominio de cualquier habilidad compleja, también ayuda a fortalecer la personalidad.

El disfrute del gusto

Gioacchino Rossini, el compositor de *Guillermo Tell* y de otras muchas óperas, tiene una excelente comprensión de cuál es la relación que existe entre la música y el alimento: «Lo que el amor es al corazón, el apetito lo es al estómago. El estómago es el director que dirige y anima la gran orquesta de nuestras emociones». Si la música modula nuestros sentimientos, igual lo hace la comida, y todas las artes culinarias del mundo se fundamentan en este conocimiento. Heinz Maier-Leibnitz, el físico alemán que ha escrito recientemente varios libros de cocina, repite la misma metáfora musical: «el goce de cocinar en el hogar –dice–, comparado con comer en uno de los mejores restaurantes, es como si un cuarteto de cuerda tocase en el salón y lo comparásemos a un gran concierto».

Durante los primeros cien años de historia de los Estados Unidos, la preparación de los alimentos era un asunto serio. Incluso hace tan solo veinticinco años, la actitud general era que "alimentar el cuerpo" estaba bien, pero que prestar demasiada atención a la comida era en cierto modo algo decadente. Por supuesto, en las últimas dos décadas la tendencia se ha invertido tan exageradamente que las dudas anteriores sobre los excesos gastronómicos parecen estar casi justificadas. Ahora somos *gourmets* y amantes del buen vino, y nos tomamos los placeres del paladar tan seriamente como si fuesen los ritos de una nueva religión. Proliferan las revistas de gastronomía, las secciones de alimentos congelados de los supermercados están repletas de platos culinarios esotéricos y todo tipo de cocineros realizan espectáculos populares en la televisión. No hace muchos años, el arte culinario italiano o griego se consideraban como la cumbre de las cartas exóticas. Ahora uno encuentra restaurantes vietnamitas, marroquíes o peruanos en cualquier parte del país donde hace una generación uno no hubiese podido encontrar nada más que filete con patatas en un radio de unos ciento cincuenta kilómetros a la redonda. De los muchos cambios que han tenido lugar en los Estados Unidos en las últimas décadas, pocos han sido tan sorprendentes como en lo que concierne al alimento.

Comer, como el sexo, es uno de los placeres básicos que reconoce nuestro sistema nervioso. Los estudios realizados con el

MME mediante buscapersonas han mostrado que incluso en nuestra sociedad urbana altamente tecnológica, la mayoría de gente todavía se siente feliz y relajada a la hora de comer (aunque mientras estén sentados a la mesa carezcan de algunas de las otras dimensiones de la experiencia de flujo, tales como la concentración, la sensación de fortaleza o de autoestima), pero, en cada cultura, el simple hecho de ingerir calorías se ha transformado con el tiempo en una forma de arte que ofrece disfrute y también placer. La preparación del alimento ha evolucionado en la historia según los mismos principios que todas las demás actividades de flujo. Primero, la gente aprovechó las oportunidades para la acción (en este caso, las diversas sustancias comestibles en su ambiente), y como resultado fueron capaces de establecer distinciones cada vez más finas entre las propiedades de los alimentos. Descubrieron que la sal conserva la carne, que los huevos son buenos para cubrir y mezclar, y que el ajo, aunque por sí mismo tenga mal sabor, tiene propiedades medicinales y, si se usa de forma sensata, añade un sabor sutil a una gran variedad de platos. Una vez fueron conscientes de estas propiedades, la gente experimentó con ellas y entonces elaboró las reglas para poner juntas las diversas sustancias en las combinaciones más gratas. Estas reglas llegaron a ser los diversos artes culinarios; su variedad ofrece un buen ejemplo de la casi infinita gama de experiencias de flujo que pueden evocarse con un número relativamente limitado de ingredientes comestibles.

Mucha de esta creatividad culinaria estaba destinada a los paladares de los príncipes. Con referencia a Ciro el Grande, que gobernó Persia hace unos veinticinco siglos, Jenofonte escribe, quizás con un toque de exageración: «... los hombres viajan por toda la tierra al servicio del rey de Persia, buscando bebidas que puedan agradarle, y diez mil hombres se esfuerzan en crear hermosos manjares para que él los coma». Pero la experimentación con el alimento no se restringió a las clases dirigentes. Las mujeres campesinas de Europa oriental, por ejemplo, no estaban listas para su boda a menos que hubieran aprendido a cocinar una sopa diferente para cada día del año.

En nuestra cultura, a pesar del reciente interés sobre el arte culinario de la gastronomía, mucha gente apenas distingue qué se pone en la boca, y por ello pierden la ocasión de gozar de una fuente potencialmente rica de disfrute. Para transformar la necesidad biológica de alimentarnos en una experiencia de flujo hay que empezar por prestar atención a lo que uno come. Asombra y también desalienta cuando los invitados se tragan el alimento preparado con gran cuidado sin dar muestras de haber reparado en sus virtudes. ¡Qué derroche de experiencia se refleja en esta insensibilidad! Desarrollar un paladar discriminativo, como cualquier otra habilidad, requiere de la inversión de energía psíquica. Pero la energía empleada se devuelve multiplicada por muchas veces en una experiencia más compleja. Las personas que realmente disfrutan comiendo desarrollan con el tiempo interés por un arte culinario en especial; desean saber su historia y sus peculiaridades. Aprenden a cocinar en ese estilo, no solo platos únicos, sino comidas enteras que reproducen el ambiente culinario de la región. Si se especializan en la comida del Próximo Oriente, saben cómo hacer el mejor *hummus*, dónde encontrar la mejor *tahini* o la berenjena más fresca. Si su predilección son los alimentos de Venecia, aprenden qué tipo de salchicha va mejor con la *polenta* y qué tipo de camarón es el mejor sustituto para los *scampi*.

Como todas las otras fuentes de flujo relativas a habilidades corporales –como el deporte, el sexo y las experiencias estéticas visuales–, el cultivo del gusto solo conduce al disfrute si uno toma el control de la actividad. Mientras uno se afana en llegar a ser un gastrónomo o un experto en vinos porque es lo que está de moda, porque es "in", queriendo dominar un desafío impuesto externamente, entonces el gusto fácilmente se torna agrio. Pero un paladar cultivado ofrece muchas oportunidades para el flujo, si uno se toma la comida –y el cocinar– con espíritu de aventura y con curiosidad, explorando las potencialidades del alimento por la experiencia en sí, en vez de ser el escaparate de la propia pericia.

El otro peligro que tienen las delicias culinarias –y aquí vuelven a ser obvios los paralelismos con el sexo– es que puede convertirse en una adicción. No es por casualidad que la gula y la lujuria estuviesen incluidas entre los siete pecados capitales. Los padres de la Iglesia entendieron muy bien que este encaprichamiento por los placeres de la carne podía desviar fácilmente la energía psíquica de otras metas. La desconfianza de los puritanos hacia el disfrute se relaciona con el temor razonable de que, cuando la gente probase aquello que estaba programado genéticamente para ser deseado, la gente querría más, y se alejaría de las rutinas necesarias de la vida cotidiana para poder satisfacer sus apetencias.

Pero la represión no es el camino hacia la virtud. Cuando la gente se prohíbe cosas a sí misma mediante el temor, sus vidas quedan disminuidas. Se convierten en personas rígidas y defensivas; sus personalidades dejan de crecer. Únicamente mediante una disciplina libremente elegida la vida puede ser disfrutada y mantenida todavía dentro de los límites de la razón. Si una persona aprende a controlar sus deseos instintivos, no porque *tiene* que hacerlo, sino porque *quiere*, podrá disfrutar de sí mismo sin llegar a ser adicto. Un devoto fanático de los alimentos es aburrido tanto para sí mismo como para los demás, al igual que el asceta que rehúsa disfrutar de su paladar. Entre estos dos extremos hay bastante espacio para mejorar la calidad de vida.

En lenguaje metafórico, para varias religiones, el cuerpo es "el templo de Dios", o la "embarcación de Dios", imágenes que incluso un ateo debería ser capaz de comprender. Los órganos y células integradas que constituyen el organismo humano son un instrumento que nos permite estar en contacto con el resto del universo. El cuerpo es como una sonda llena de dispositivos sensibles que trata de obtener información de cualquier lugar del espacio. Es mediante el cuerpo como nos relacionamos los unos con los otros y con el resto del mundo. Mientras esta conexión, por sí misma, puede ser bastante obvia, lo que tendemos a olvidar es lo agradable que puede ser. Nuestra maquinaria física ha evolucionado para que cuando usemos sus dispositivos sensoriales nos produzcan una sensación positiva y la totalidad del organismo resuene en armonía.

Pero darnos cuenta de la potencialidad del cuerpo para el flujo es relativamente fácil, no se requieren talentos especiales ni grandes sumas de dinero. Todos podemos mejorar la calidad de vida al explorar una o más dimensiones ignoradas de nuestras capacidades físicas. Por supuesto, es difícil para cualquier persona alcanzar altos niveles de complejidad en más de un dominio físico. Las habilidades necesarias llegar a ser un buen atleta, un bailarín o un *gourmet* de la vista, los sonidos o el gusto son tan difíciles de desarrollar que uno no tiene energía psíquica suficiente en su vida para dominar más de uno. Pero seguramente es posible llegar a ser un diletante –en el mejor sentido de la palabra– en todas estas áreas, en otras palabras, es posible desarrollar las habilidades suficientes para encontrar deleite en lo que el cuerpo puede hacer.

6. EL FLUJO DEL PENSAMIENTO

Las cosas buenas en la vida no provienen únicamente de los sentidos. Algunas de las mejores experiencias que experimentamos se generan dentro de la mente, son provocadas por la información que desafía nuestra capacidad de pensar, en lugar de desafiar nuestras habilidades sensitivas. Como sir Francis Bacon escribió, hace casi cuatrocientos años, preguntar –que es la semilla de conocer– es el reflejo de la forma más pura de placer. Así como hay actividades de flujo que corresponden a cada potencialidad física del cuerpo, cada operación mental es capaz de ofrecernos su forma particular de disfrute.

Entre las muchas actividades intelectuales disponibles, actualmente la lectura es quizás la actividad de flujo más frecuentemente mencionada en todo el mundo. Resolver acertijos mentales es una de las formas más antiguas de actividad agradable, precursora de la filosofía y la ciencia moderna. Algunos individuos llegan a ser tan diestros en interpretar una partitura musical que no necesitan escuchar las notas reales para disfrutar de una pieza de música y prefieren la lectura de la partitura de una sinfonía en vez de oírla. Los sonidos imaginarios que bailan en sus mentes son más perfectos de lo que cualquier interpretación real pudiera ser. De modo similar, la gente que dedica mucho tiempo al arte llega a apreciar cada vez más los aspectos afectivos, históricos y culturales de la obra que están observando y en ocasiones disfrutan más con estos aspectos que con los puramente visuales. Como un profesional de las artes expresó: «[Las obras de] arte ante las que personalmente respondo [...] tienen detrás de sí una gran actividad conceptual, política e intelectual. [...] Las representaciones visuales son realmente las señales de esta máquina hermosa que ha sido construida, única en la tierra, y no es simplemente un refrito de elementos visuales, sino que es realmente una nueva máquina pensante elaborada por un artista, a través de unos medios visuales y sus percepciones».

Lo que esta persona ve en una pintura no es simplemente un cuadro, sino "la máquina de pensar" que son las emociones del pintor, su esperanzas y sus ideas, así como el espíritu de la cultura y el período histórico en que vivió. Con atención y cuidado, uno puede discernir una dimensión mental similar en las actividades físicas agradables como el atletismo, la comida o el sexo. Podríamos decir que distinguir entre las actividades de flujo que involucran las funciones del cuerpo y aquellas que involucran la mente es, en cierto modo, algo espurio, puesto que todas las actividades físicas involucran un componente mental si queremos que sean algo agradable. Los atletas saben muy bien que para mejorar el rendimiento más allá de un cierto punto deben aprender a disciplinar su mente. Y las gratificaciones intrínsecas que consiguen están más allá del simple bienestar físico: experimentan un sentimiento de realización personal y aumentan su autoestima. Y viceversa, la mayoría de las actividades mentales también se apoyan en la dimensión física. El ajedrez, por ejemplo, es uno de los juegos más cerebrales que existen, pero los jugadores de ajedrez más capaces se entrenan corriendo y nadando porque son conscientes de que si no están físicamente en forma, no serán capaces de mantener los largos períodos de concentración mental que requieren los torneos de ajedrez. En el yoga, el control de la conciencia se obtiene aprendiendo a controlar los procesos corporales, y lo primero se mezcla con lo segundo.

Así, aunque la experiencia de flujo siempre implique el uso

de los músculos y los nervios por un lado, y de la voluntad, el pensamiento y el sentimiento por el otro, tiene sentido diferenciar un tipo de actividades agradables que ordenan directamente la mente en vez de actuar a través de la mediación de los sentidos corporales. Estas actividades son primariamente de naturaleza simbólica y dependen de los idiomas naturales, las matemáticas o de algún otro sistema abstracto de anotación como el lenguaje de los ordenadores para lograr sus efectos de orden en la mente. Un sistema simbólico es como un juego en que se ofrece una realidad separada, un mundo propio donde uno puede llevar a cabo acciones que se permite que ocurran en ese mundo, pero que no tendrían mucho sentido en ninguna otra parte. En los sistemas simbólicos, la "acción" se halla comúnmente restringida a la manipulación mental de los conceptos.

Para disfrutar de una actividad mental, hay que encontrar las mismas condiciones que hacen agradables las actividades físicas. Debe tenerse alguna habilidad en un campo simbólico; tienen que haber una reglas, una meta y una manera de obtener retroalimentación. Hay que ser capaz de concentrarse interactuar con las oportunidades a un nivel equilibrado con las propias habilidades.

En realidad, lograr una condición mental tan ordenada no es tan fácil como parece. Contrariamente a lo que tendemos a suponer, el estado normal de la mente es el caos. Sin entrenamiento y sin un objeto en el mundo externo que exija nuestra atención, las personas son incapaces de enfocar sus pensamientos durante más de unos minutos cada vez. Es relativamente fácil concentrarse cuando la atención se estructura por los estímulos exteriores, como cuando una película se proyecta sobre la pantalla o cuando estamos conduciendo entre el denso tránsito que encontramos en nuestro camino. Si uno lee un libro interesante, ocurre lo mismo, pero la mayoría de los lectores también empiezan a perder su concentración tras unas pocas páginas, y sus mentes vagan lejos de la trama. En este punto, si desean seguir leyendo deben hacer un esfuerzo para volver a forzar su atención sobre las páginas.

Normalmente no notamos el poco control que tenemos sobre la mente, porque los hábitos canalizan tan bien la energía psíquica que los pensamientos parecen seguirse el uno al otro por sí mismos y sin interrupciones. Después de dormir recobramos el conocimiento por la mañana cuando suena la alarma del reloj, y entonces andamos hasta el baño y nos cepillamos los dientes. Los roles sociales prescritos por nuestra cultura toman el control de nuestras mentes en nuestro lugar y generalmente actuamos en piloto automático hasta el fin de la jornada, cuando nuevamente es el momento de perder la conciencia en el sueño. Pero cuando se nos deja solos, sin ninguna demanda a la que atender, el desorden básico de la mente se manifiesta. Sin nada que hacer, la mente empieza a seguir modelos aleatorios, por lo común se detiene en pensamientos dolorosos o perturbadores. A menos que una persona sepa cómo proporcionar orden a sus pensamientos, la atención se sentirá atraída por cualquier cosa que sea muy problemática en aquel momento: se enfocará en algún dolor verdadero o imaginario, en los rencores recientes o en las frustraciones a largo plazo. La entropía es el estado normal de la conciencia (una condición que ni es útil, ni es agradable).

Para evitar esta condición, las personas se sienten ávidas de llenar sus mentes con cualquier información fácilmente disponible mientras distraiga la atención de volverse hacia el interior y fijarse en los sentimientos negativos. Esto explica por qué una proporción enorme de tiempo se invierte en ver la televisión, a pesar del hecho que muy rara vez se disfrute haciéndolo. Si lo comparamos con otras fuentes de estimulación –como leer, hablar con otras personas o trabajar en una afición–, ver la televisión puede ofrecer información continua y fácilmente accesible que estructure la atención del espectador con un costo muy bajo desde el punto de vista de la energía psíquica que necesita invertirse. Mientras la gente mira la televisión, no temen que sus mentes les fuercen a enfrentarse a perturbadores problemas personales. Es comprensible que, una vez que se desarrolla esta estrategia para vencer la entropía psíquica, abandonar este hábito llegue a ser casi imposible.

El mejor camino para evitar el caos en la conciencia, por supuesto, es mediante hábitos que den el control sobre los procesos mentales al propio individuo, en vez de a alguna fuente externa de estimulación, como los programas de televisión. Sin embargo, para adquirir tales hábitos se requiere práctica y el tipo de metas y reglas que son inherentes a las actividades de flujo. Por ejemplo, una de las maneras más sencillas de usar la mente es soñar despierto: realizar una sucesión de hechos con imágenes mentales. Pero incluso esta manera aparentemente fácil de ordenar el pensamiento está más allá del alcance de muchas personas. Jerome Singer, el psicólogo de Yale que ha estudiado el soñar despierto y las imágenes mentales quizás más que cualquier otro científico, ha demostrado que soñar despierto es una habilidad que muchos niños nunca aprenden a usar. Pero soñar despierto no solamente ayuda a crear orden emocional compensando en la imaginación una realidad desagradable –como cuando una persona puede reducir su frustración y sus deseos de agresión contra alguien que le ha ocasionado algún daño visualizando una situación en la que el agresor es castigado– sino que también permite que los niños (y los adultos) puedan ensayar situaciones imaginarias y vean cuál es la mejor estrategia que pueden adoptar para enfrentarlas, busquen opciones alternativas, descubran consecuencias que no previeron, etc., es decir, todos los resultados que ayuden a aumentar la complejidad de la conciencia. Y, por supuesto, cuando lo usamos con habilidad, soñar despierto puede ser algo muy agradable.

Al revisar las condiciones que ayudan a establecer el orden en la mente, miraremos primero el papel sumamente importante de la memoria, y después cómo se pueden usar las palabras para producir experiencias de flujo. Seguidamente consideraremos tres sistemas simbólicos que son muy agradables si uno sabe sus reglas: la historia, la ciencia y la filosofía. Podríamos haber mencionado otros muchos campos de estudio, pero estos tres pueden servir como ejemplos para los demás. Cada uno de estos "juegos" mentales está al alcance de cualquiera que desee jugar con ellos.

La madre de la ciencia

Los griegos personificaron la memoria como la señora Mnemosine. Madre de las nueve musas, se creía que había engendrado todas las artes y las ciencias. Es válido pensar que la memoria es la habilidad mental más antigua, de la que derivan todas las demás, porque si no fuésemos capaces de recordar, no podríamos seguir las reglas que hacen posibles otras operaciones mentales. Ni la lógica ni la poesía podrían existir, y los rudimentos de la ciencia tendrían que ser redescubiertos por cada nueva generación. La primacía de la memoria es cierta, ante todo desde el punto de vista de la historia de la especie. Antes de que se inventasen los sistemas de escritura, toda la información aprendida tenía que ser transmitida de la memoria de una persona a la de otra. Y esto es cierto también desde el punto de vista de la historia de cada ser humano individual. Una persona que no puede recordar está desprovista de la conciencia de sus experiencias anteriores y es incapaz de construir modelos de conciencia que produzcan orden en su mente. Como dijo Buñuel: «la vida sin la memoria no es vida. […] Nuestra memoria es nuestra coherencia, nuestra razón, nuestro sentimiento, incluso nuestra acción. Sin ella no somos nada».

Todas las formas de flujo mental dependen de la memoria, directa o indirectamente. La historia opina que la manera más antigua de organizar información era recordar los propios antepasados, la línea de descendencia que traspasaba a cada persona su identidad como miembro de una tribu o de una familia. No es por azar que el Antiguo Testamento, especialmente en los libros más antiguos, contenga tanta información genealógica (por ejemplo, Génesis 10: 26–29: «Los descendientes de Yoqtán eran la gente de Almodad, Selef Jasarmávet, Yéraj, Hadoram, Uzal, Diclá, Obal, Abimael, Sebá, Ofir, Javilá y Yobab...»). Saber los propios orígenes y con quién estaba uno emparentado era un método imprescindible para crear orden social cuando no existía ninguna otra base. En las culturas preliterarias recitar listas con los nombres de los antepasados es una actividad muy importante incluso hoy en día y es una actividad que puede proporcionar deleite a quienes la realizan. Recordar es agradable porque supone cumplir un objetivo y también trae orden a la conciencia. Todos sabemos cómo nos sentimos de satisfechos cuando recordamos dónde hemos puesto las llaves del coche o cualquier otro objeto que temporalmente habíamos perdido. Pero recordar una larga lista de antepasados que nos hace retroceder una docena de generaciones es particularmente agradable porque satisface la necesidad de encontrar nuestro lugar en la corriente de los procesos de la vida. Porque recordar los ascendientes sitúa a quien los recuerda como un eslabón en una cadena que comienza en un mítico pasado y se extiende en el insondable futuro. Aunque en nuestra cultura las historias de linaje hayan perdido toda su importancia práctica, la gente todavía disfruta pensando y hablando de sus raíces.

Y no era solamente sus orígenes lo que nuestros ascendientes tenían que memorizar, sino también otros muchos hechos que tienen que ver con la capacidad de controlar el ambiente. Las listas de frutas y hierbas comestibles, los consejos acerca de la salud, reglas de conducta, costumbres de herencia, leyes, conciencia geográfica, rudimentos de tecnología y perlas de la sabiduría popular eran empaquetadas en versos o refranes fácilmente memorizables. Hace solo unos siglos, la imprenta ha permitido disponer de los conocimientos de forma fácil, pero anteriormente se condensaron en formas parecidas a la *Canción del alfabeto* que ahora cantan los títeres de los espectáculos televisivos infantiles como *Barrio Sésamo*.

Según Johann Huizinga, el gran historiador holandés, uno de los precursores más importantes del conocimiento sistemático fueron las adivinanzas. En las culturas más antiguas, los mayores de la tribu se desafiaban el uno al otro en concursos en donde una persona cantaba un texto lleno de referencias ocultas y la otra persona tenía que interpretar el significado cifrado en la canción. Una competición entre expertos en adivinanzas era frecuentemente el acontecimiento intelectual más estimulante al que podía asistir la comunidad local. Las formas del acertijo se anticiparon a las reglas de la lógica, y su contenido se usó para transmitir el conocimiento objetivo que nuestros antepasados necesitaron conservar. Algunos acertijos eran bastante simples y fáciles, como adivinar la rima cantada por los clérigos galeses y traducida por lady Charlotte Guest:

> Descubra qué es:
> la poderosa criatura de antes del Diluvio
> sin carne, sin hueso,
> sin vena, sin sangre,
> sin cabeza, sin pies ...
> en el campo, en el bosque ...
> sin mano, sin pie.
> Es también tan amplio
> como la superficie de la tierra,
> y no ha nacido,
> ni tampoco ha sido visto.

La respuesta, en este caso, es "el viento".

Otros acertijos que druidas y clérigos confiaban a la memoria eran mucho más largos y complejos, y contenían importantes retazos de ciencia oculta disfrazada en versos socarrones, Robert Graves, por ejemplo, piensa que los sabios antiguos de Irlanda y Gales almacenaron sus conocimientos en poemas que eran fáciles de recordar. Frecuentemente usaron elaborados códigos ocultos, como cuando los nombres de árboles significaban letras y una lista de árboles servía para deletrear palabras. Las líneas 67-70 de la *Batalla de los árboles*, un poema largo y extraño cantado por los antiguos clérigos galeses dice:

> Los alisos en la línea de combate
> comenzaron la lucha.
> El sauce y el fresno
> tardaron en formar.

Y en él se halla cifrada en clave la letra F (que en el alfabeto secreto druídico estaba representada por el árbol aliso), S (sauce) y L (fresno). De este modo, los pocos druidas que sabían cómo usar las letras podían cantar una canción que ostensiblemente se refiere a una batalla entre los árboles del bosque, pero que realmente deletreaba un mensaje que únicamente los iniciados podían interpretar. Por supuesto, la solución de los acertijos no depende exclusivamente de la memoria; también se precisa de un conocimiento especializado, una gran imaginación y una buena capacidad para resolver problemas. Pero sin buena memoria uno no podría ser un maestro de los acertijos ni podría llegar a ser un experto en cualquier otra habilidad mental.

Si retrocedemos en el tiempo hasta los primeros registros de la inteligencia humana, el regalo mental más apreciado era una memoria cultivada. Mi abuelo a los setenta años de edad todavía recordaba de memoria pasajes de las tres mil líneas de la Ilíada que tuvo que aprender de memoria en griego para graduarse en la escuela superior. Cuando los recitaba, tenía una mirada de orgullo y sus ojos se fijaban en el horizonte. Con la cadencia de los versos recordados, su mente volvía a sus años de mocedad. Las palabras evocaban experiencias que había tenido cuando las aprendió por primera vez; recordar la poesía era para él como un viaje en el tiempo. Para las personas de su generación, el conocimiento era todavía un sinónimo de la memoria. Únicamente en el siglo pasado, gracias a que los registros escritos eran menos caros y más fáciles de conseguir, la importancia de recordar disminuyó espectacularmente. Hoy en día la buena memoria está considerada como algo inútil excepto en algunos concursos o para jugar al Trivial.

Sin embargo, para una persona que no tiene nada que recordar, la vida se convierte en algo gravemente empobrecido. Esta posibilidad fue completamente olvidada por los reformadores educativos de principios de siglo, quienes, armados con los resultados de diversas investigaciones, probaron que "la memorización" no era una manera eficaz para almacenar y adquirir información. Como resultado de sus esfuerzos, la memorización se ha expulsado de las escuelas. Los reformadores habrían tenido justificación si el objetivo de recordar fuera simplemente resolver problemas prácticos. Pero si se considera que el control de conciencia es por lo menos tan importante como la capacidad para conseguir hacer las cosas, entonces el aprendizaje de modelos complejos de información mediante la memoria no es un esfuerzo derrochado. Una mente con contenidos estables es mucho más rica que otra sin ellos. Es una equivocación suponer que la creatividad y la memorización sean incompatibles. Algunos de los científicos más originales, por ejemplo, se sabe que habían memorizado mucha música, poesía o información histórica.

Una persona que puede recordar narraciones, poemas, letras de canciones, estadísticas de béisbol, fórmulas químicas, operaciones matemáticas, fechas históricas, pasajes bíblicos y sabias citas tiene muchas ventajas sobre quien no ha cultivado tal habilidad. La conciencia de esta persona es independiente del orden que el ambiente pueda ofrecerle. Siempre podrá divertirse y encontrar significado en los contenidos de su mente. Mientras otros necesitan estimulación externa –televisión, leer, conversar o tomar drogas– para evitar que sus mentes floten en el caos, la persona cuya memoria se abastece con modelos de información es autónoma e independiente. Además, esta persona es también un compañero mucho más apreciado, porque puede compartir la información de su mente con los demás y así ayudar a traer orden en la conciencia de quien está interactuando con ella.

¿Cómo podemos encontrar más valores en la memoria? La manera más natural para comenzar es decidir en qué tema uno está realmente interesado –en la poesía, el arte culinario, la historia de la guerra de secesión o el béisbol– y entonces empezar a prestar atención a los hechos claves y a las figuras del área elegida. Con un buen enfoque del tema sabremos qué vale la pena recordar y qué no. Lo que es importante reconocer aquí es que usted no tiene que sentir que *debe* absorber una ristra de hechos, sino que hay una lista correcta que debe memorizar. Si *usted* decide lo que le gustaría tener en la memoria, la información estará bajo su control y la totalidad del proceso del aprendizaje memorístico será una tarea amena, en vez de ser una tarea impuesta desde fuera. Un conocedor de la guerra de Secesión no se siente obligado a saber la sucesión de fechas de todas las batallas importantes; si, por ejemplo, está interesado en el papel de la artillería, entonces solo le conciernen las batallas en las que los cañones jugaron un papel importante. Algunas personas llevan consigo a todas partes los textos de las citas o poemas que más les gustan, escritos en pedazos de papel, para mirarlos cuando se sienten aburridos o faltos de ánimo. Es increíble el sentimiento de control que proporciona saber que los hechos históricos favoritos o las letras de nuestras canciones predilectas están siempre a mano. Sin embargo, una vez que se almacenan en la memoria, este sentimiento de titularidad –o mejor, de *conexión* con el contenido recordado– llega a ser aún más intenso.

Por supuesto siempre existe el peligro de que la persona que domine esta información la use para convertirse en un aburrido arrogante. Todos conocemos personas que no pueden resistir la tentación de mostrarnos la amplitud de su memoria. Pero esto comúnmente ocurre cuando alguien memoriza únicamente con el fin de impresionar a los demás. Es menos probable que uno llegue a convertirse en un aburrido cuando se está intrínsecamente motivado, con un interés genuino en la materia y con un deseo de controlar la conciencia más que de controlar el ambiente.

Las reglas de los juegos mentales

La memoria no es la única herramienta necesaria para dar forma a lo que tiene lugar en la mente. Es inútil recordar hechos a menos que estos encajen en modelos, a menos que uno encuentre semejanzas y regularidades entre ellos. El sistema ordenador más simple es dar nombres a las cosas; las palabras que inventamos transforman sucesos diferenciados en categorías universales. El poder de la palabra es inmenso. En Génesis 1, Dios nombra el día, la noche, el cielo, la tierra, el mar y todas las cosas vivas inmediatamente después de crearlas, completando de este modo el proceso de la creación. El Evangelio de san Juan empieza: «Antes de que el mundo fuese creado, la Palabra ya existía...»; y Heráclito comienza su obra, hoy casi completamente perdida, así: «Esta Palabra (*Logos*) existe desde la Eternidad, aunque los hombres la entiendan tan pequeña como antes tras oírla por primera vez...». Todas estas referencias sugieren la importancia de las palabras para controlar la experiencia. Son los bloques de construcción de la mayoría de sistemas simbólicos. Las palabras permiten el pensamiento abstracto y aumentan la capacidad de la mente para almacenar los estímulos. Sin sistemas para ordenar la información, incluso la memoria más clara encontrará que la conciencia es un estado de caos.

Después de los nombres vinieron los números y los conceptos y luego las primeras reglas para combinarlos de manera predecible. En el siglo -VI, Pitágoras y sus estudiantes se embarcaron en una inmensa tarea de ordenación que intentaba encontrar leyes numéricas comunes para la astronomía, la geometría, la música y la aritmética. No es sorprendente que fuera difícil distinguir su obra de la religión, puesto que intentaba alcanzar metas similares: encontrar una manera de expresar la estructura del universo. Dos mil años más tarde, Kepler y más tarde Newton todavía realizaban la misma búsqueda.

El pensamiento teórico nunca ha perdido completamente las

cualidades imaginativas y de rompecabezas de los acertijos más antiguos. Por ejemplo Arquitas, en el siglo -IV, siendo filósofo y comandante en jefe de la ciudad-estado de Tarento (en el sur de Italia), probó que el universo no tenía límites preguntándose: «suponiendo que yo llegase a los límites exteriores del universo, si entonces lanzase un palo al exterior, ¿qué encontraría?». Arquitas pensó que el palo debería haberse proyectado fuera en el espacio. Pero en este caso habría un espacio más allá de los límites del universo, lo que significaba que el universo no tenía límites. Si el razonamiento de Arquitas nos parece primitivo, es útil recordar que las experimentaciones intelectuales que Einstein usó para clarificar cómo actúa la relatividad, en lo que concierne a los relojes que se ven desde trenes que se mueven a diferentes velocidades, no eran diferentes.

Aparte de los cuentos y los acertijos, todas las civilizaciones desarrollaron gradualmente reglas más sistemáticas para combinar información en forma de representaciones geométricas y demostraciones formales. Con la ayuda de tales fórmulas fue posible describir el movimiento de las estrellas, predecir con exactitud los ciclos estacionales y realizar mapas precisos de la tierra. El conocimiento abstracto y, finalmente, lo que denominamos ciencia experimental surgieron de estas leyes.

Es importante acentuar aquí un hecho que demasiado a menudo todos perdemos de vista: la filosofía y la ciencia se inventaron y florecieron porque pensar es placentero. Si los pensadores no disfrutasen con el sentimiento de orden que el uso de silogismos y números crea en la conciencia, es inverosímil que ahora dispusiéramos de las disciplinas de las matemáticas y la física.

Esta afirmación, sin embargo, no ha sido contemplada por la mayoría de las teorías actuales del desarrollo cultural. Los historiadores, imbuidos en las variantes de los preceptos del determinismo materialista afirman que el pensamiento se forma por lo que la gente debe hacer para vivir. La evolución de la aritmética y de la geometría, por ejemplo, se explica casi exclusivamente desde el punto de vista de la necesidad de poseer un conocimiento astronómico preciso y por la tecnología del riego que era imprescindible para mantener las grandes "civilizaciones hidráulicas" ubicadas a lo largo del curso de grandes ríos como el Tigris, el Éufrates, el Indo, el Chang Jiang (Yangtsé) y el Nilo. Para estos historiadores, cada paso creativo se interpreta como el producto de fuerzas extrínsecas, que para ellos pueden ser guerras, presiones demográficas, ambiciones territoriales, condiciones comerciales, necesidades tecnológicas o la pugna entre las clases sociales para detentar la supremacía.

Las fuerzas externas son muy importantes en determinar qué nuevas ideas se seleccionarán entre las muchas disponibles, pero no pueden explicar su producción. Es totalmente cierto, por ejemplo, que el desarrollo y la aplicación del conocimiento de la energía atómica fueron impulsados enormemente por la pugna a vida o muerte sobre la bomba atómica entre Alemania, por un lado, e Inglaterra y los Estados Unidos por el otro. Pero la ciencia que creó la base de la fisión nuclear debía muy poco a la guerra; fue posible por el conocimiento obtenido en circunstancias más pacíficas (por ejemplo, en el intercambio amistoso de ideas que los físicos europeos Niels Bohr y varios colegas habían sostenido través de los años en una cervecería de Copenhague).

Los grandes pensadores siempre se han motivado más por el disfrute de pensar que por las gratificaciones materiales que pudiesen ganar con ello. Demócrito, una de las mentes más originales de la Antigüedad, era respetado por sus paisanos, los abderitanos. Sin embargo, no sabían qué estaba haciendo Demócrito. Al verlo sentado durante días, hundido en sus pensamientos, pensaron que actuaba de forma poco natural y que debía estar enfermo. Y enviaron a Hipócrates, el gran médico, para ver qué enfermedad aquejaba a su sabio. Después de que Hipócrates, que no era solamente un buen médico sino también un sabio, discutiese con Demócrito las absurdidades de la vida, tranquilizó a los ciudadanos diciéndoles que si su filósofo sufría de alguna cosa era de estar demasiado cuerdo. No había perdido su mente; se había perdido en el flujo del pensamiento.

Los fragmentos de la obra de Demócrito que han llegado hasta nosotros ilustran la recompensa que encontró en la práctica de pensar: «es divino pensar siempre sobre algo hermoso y sobre algo nuevo»; «la felicidad no radica en la fortaleza o en el dinero; yace en la rectitud y en la amplitud de miras»; «me gustaría más descubrir una causa cierta que ganar el reino de Persia». No es sorprendente que alguno de sus contemporáneos más iluminados llegase a la conclusión de que Demócrito tenía un carácter alegre y dijeran que para él «el más alto bien, que llamaba alegría, y frecuentemente confianza, es una mente desprovista de temor». En otras palabras, disfrutó de la vida porque había aprendido a controlar su conciencia.

Demócrito no fue ni el primer ni el último pensador que se perdió en el flujo de la mente. Frecuentemente pensamos que los filósofos son "despistados", lo que, por supuesto, no significa que sus mentes se hayan perdido, sino que se han alejado temporalmente de la realidad cotidiana para morar entre las formas simbólicas de su dominio favorito de conocimientos. Cuando Kant, supuestamente, puso su reloj en una olla de agua hirviendo mientras tenía en su mano un huevo para saber cuánto tiempo tardaba en cocerse, toda su energía psíquica se empleó probablemente en traer armonía a los pensamientos abstractos y no dejó atención libre para tratar con las demandas incidentales del mundo concreto.

El argumento es que jugar con las ideas es algo sumamente placentero. No únicamente en la filosofía, también la emergencia de nuevas ideas científicas es abastecida por el disfrute que se obtiene al crear una nueva manera de describir la realidad. Las herramientas que hacen posible el flujo del pensamiento son propiedad de todos y consisten en el conocimiento que se halla escrito en los libros disponibles en las escuelas y las bibliotecas. Una persona que se familiariza con las convenciones de la poesía o con las reglas del cálculo, puede ser cada vez más independiente de la estimulación externa. Puede generar series ordenadas de pensamientos sin tener en cuenta qué está sucediendo en la realidad externa. Cuando una persona ha aprendido un sistema simbólico lo suficientemente bien como para usarlo, ha establecido un mundo portátil e independiente dentro de su mente.

A veces tener el control sobre estos sistemas simbólicos internalizados puede salvarle la vida. Se ha afirmado, por ejemplo, que la razón de que hayan más poetas per cápita en Islandia que en cualquier otro país del mundo es que recitar las sagas fue la manera con que los islandeses mantuvieron su conciencia en orden en un ambiente extremadamente hostil a la existencia humana. Durante siglos los islandeses no solamente se han servido de la memoria, sino que también agregaron nuevos versos a las epopeyas que narraban los actos de sus antepasados. Aislados en la noche gélida, solían cantar sus poemas alrededor del fuego en tugurios precarios, mientras aullaban afuera los vientos de los inacabables inviernos árticos. Si los islandeses hubiesen pasado todas aquellas noches en silencio, escuchando el viento burlón, el temor y la desesperación se habrían adueñado pronto de sus mentes. Al dominar la cadencia ordenada de la métrica y de la rima, y al convertir los sucesos de sus propias vidas en imágenes verbales, lograron tomar el control de sus experiencias. Frente al caos de las tormentas de nieve, crearon canciones con forma y significado. ¿Hasta qué punto las sagas ayudaron a resistir a los islandeses? ¿Habrían sobrevivido sin ellas? No hay manera de contestar a estas preguntas. Pero ¿quién osaría realizar el experimento?

Similares condiciones siguen siendo ciertas cuando los individuos son apartados repentinamente de la civilización y se encuentran en situaciones extremas tales como las que describimos anteriormente: campos de concentración o expediciones polares. Cuando el mundo de fuera no tiene merced con nosotros, un sistema simbólico interno puede llegar a ser la salvación. Cualquiera que posea reglas portátiles para la mente tiene una gran ventaja. En condiciones de privación extrema, poetas, matemáticos, músicos, historiadores y expertos bíblicos son como islas de cordura rodeadas por las olas de caos. Hasta cierto punto, los granjeros que saben vivir en los campos o los leñadores que comprenden el bosque tienen sistemas similares de apoyo, pero puesto que su conciencia está codificada de forma menos abstracta, tienen más necesidad de interactuar con el ambiente real para poseer el control.

Esperemos que ninguno de nosotros sea forzado a usar las habilidades simbólicas para sobrevivir en un campo de concentración o en el Ártico. Pero tener un conjunto portátil de reglas con las que la mente pueda trabajar es un gran beneficio incluso en la vida normal. La gente sin un sistema simbólico internalizado puede ser prisionera de los medios de comunicación con demasiada facilidad. Es fácilmente manipulada por las demagogias, pacificada por los animadores de televisión y explotada por cualquiera que tenga algo que vender. Si nos hemos convertido en sujetos dependientes de la televisión, de las drogas y de los que proclaman la salvación política o religiosa es porque tenemos poca base en que apoyarnos, pocas reglas internas para evitar que nuestra mente sea atrapada por aquellos que dicen tener las respuestas. Sin la capacidad de proveerse de información propia, la mente flota en la aleatoriedad. Está dentro del poder de cada persona decidir si su orden se restaurará desde el exterior, sobre el que nosotros no tenemos ningún control, o si este orden será el resultado de un modelo interno que crece orgánicamente a partir de nuestras habilidades y de nuestra conciencia.

El juego de las palabras

¿Cómo podemos empezar a dominar un sistema simbólico? Depende, por supuesto, de qué faceta del pensamiento uno esté interesado en explorar. Hemos visto que el conjunto de reglas más antiguo, y quizás el más básico, se aplica al uso de las palabras. Y hoy en día, las palabras todavía ofrecen muchas oportunidades de entrar en flujo a diversos niveles de complejidad. Un ejemplo trivial pero clarificador es resolver crucigramas. Se han dicho muchas cosas en favor de este pasatiempo popular, que en su mejor forma se parece a los antiguos concursos de acertijos. Es barato y portátil, sus desafíos pueden graduarse para que tanto los novatos como los expertos puedan disfrutarlo, y su solución produce un sentimiento de orden grato que nos causa un agradable sentimiento de realización, ofrece oportunidades de experimentar un estado leve de flujo a mucha gente que debe hacer tiempo en la sala de espera de un aeropuerto, que viaja diariamente en tren o que simplemente desea entretenerse un domingo por la mañana. Pero si uno se limita simplemente a resolver crucigramas, permanece dependiente de un estímulo externo: el desafío ofrecido por un experto en el suplemento dominical o en la revista de pasatiempos. Para ser realmente autónomos en este dominio, una alternativa es construir nuestros propios crucigramas. Entonces no necesitamos de un modelo impuesto desde el exterior; uno se libera completamente. Y el disfrute es más profundo. No es muy difícil aprender a escribir crucigramas; sé de un niño de ocho años que, después de realizar unos cuantos crucigramas del *New York Times*, empezó a escribir su propios crucigramas. Por supuesto, como con cualquier habilidad que merezca la pena realizarse, esto requiere que al principio uno invierta energía psíquica en ello.

Un uso más significativo de las palabras que potencialmente podría mejorar nuestras vidas es el perdido arte de la conversación. Las ideologías utilitarias en los dos últimos siglos nos han convencido de que el propósito principal de hablar es transmitir información útil. Así, ahora valoramos la comunicación que transmite conocimientos prácticos y consideramos cualquier otra cosa un vano derroche de tiempo. Como resultado, la gente ha llegado a ser casi incapaz de conversar más allá de los temas estrechos de interés inmediato y especializado. Pocos de nosotros podemos aún comprender el entusiasmo del califa Alí Ben Alí, quien escribió: «una conversación sutil es como el Jardín del Edén». Es una lástima, porque podría argumentarse que la función principal de la conversación no es conseguir realizar cosas sino mejorar la calidad de la experiencia.

Peter Berger y Thomas Luckmann, los influyentes sociólogos fenomenológicos, han escrito que nuestro sentido del universo en el que vivimos se mantiene unido mediante la conversación. Cuando digo al conocido con quien me encuentro por la mañana, «Bonito día», no transmito primariamente información meteorológica –que sería redundante de cualquier manera, puesto que él tiene los mismos datos que yo– sino que logro una gran variedad de otras metas no expresadas. Por ejemplo, al dirigirme a él reconozco su existencia y expreso mi consentimiento para ser amigos. Segundo, reafirmo una de las reglas básicas para la interacción en nuestra cultura, que consiste en que hablar sobre el tiempo es una manera segura de establecer contacto entre las personas. Finalmente, al enfatizar que el tiempo es "bonito" implico el valor compartido de que "lo bonito" es un atributo deseable. Así el comentario se convierte en un mensaje que ayuda a ordenar los contenidos de la mente de mi conocido en su orden acostumbrado. Su respuesta de «Sí, qué bien, ¿verdad?» ayuda a mantener el orden en el mío. Sin estas constantes reafirmaciones de lo obvio, Berger y Luckmann dicen que la gente pronto comenzaría a tener dudas sobre la realidad del mundo en que viven. Las frases obvias que nos intercambiamos, la charla trivial de la televisión y la radio, nos convencen de que todo va bien, de que las condiciones usuales de existencia predominan.

Lástima que tantas conversaciones terminen justo ahí. Pero cuando las palabras se eligen bien, están bien ordenadas, generan experiencias gratificadoras en el oyente. No es solo por razones utilitarias que la amplitud de vocabulario y la soltura verbal están entre las calificaciones más importantes para el éxito como ejecutivo comercial. Hablar bien enriquece cada interacción y es una habilidad que puede ser aprendida por todos.

Una manera de enseñar a los niños la potencialidad de las palabras es enseñarles juegos de palabras bastante pronto. Los juegos de palabras y los significados dobles pueden ser una forma de humor facilón para los adultos instruidos, pero ofrecen a los niños un buen campo de entrenamiento para el control del idioma. Todo lo que uno tiene que hacer es prestar atención durante una conversación con un niño, y tan pronto como la oportunidad se presenta –que es cuando una palabra inocente o una expresión pueden interpretarse de una manera alternativa– uno interrumpe la conversación y finge comprender la palabra en un sentido diferente.

La primera vez que los niños se dan cuenta de que la expresión "tener a la abuela para cenar" podría significar tanto un invitado como un plato, les confunde, como una frase del tipo "hacer novillos". De hecho, el quebrantamiento de las expectativas sobre el significado de palabras puede ser levemente traumático al principio, pero con el tiempo todos los niños lo entienden y les gusta ver cómo lo consiguen y aprenden a dar giros a su conversación. Al hacer esto aprenden a disfrutar de las palabras controlándolas; como adultos, podrán ayudar a revivir el perdido arte de la conversación.

El uso creativo más importante del idioma, ya mencionado varias veces en contextos anteriores, es la poesía. Porque el verso permite a la mente conservar experiencias de forma condensada y transformada, es ideal para dar forma a la conciencia. Leer de un libro de poemas cada noche es para la mente lo mismo que hacer ejercicio con un Nautilus es al cuerpo: una manera de permanecer en forma. No tiene que ser "gran" poesía, por lo menos no al principio. Y no es necesario leer un poema entero. Lo importante es encontrar por lo menos una línea, o un verso, que empiece a sonar en nuestra mente. A veces incluso una palabra es suficiente para abrir una ventana sobre un nuevo paisaje del mundo, para comenzar un viaje interior.

Y nuevamente, no hay razón para ser simplemente un consumidor pasivo. Todos podemos aprender, con un poco de disciplina y de perseverancia, a ordenar la experiencia personal en el verso. Como Kenneth Koch, poeta y reformador social de Nueva York, ha demostrado, incluso los niños del gueto y las ancianas casi sin educación de los hogares de jubilados son capaces de escribir bellas y conmovedoras poesías si ellos reciben un mínimo de formación. No hay duda de que dominar esta habilidad mejora la calidad de sus vidas; no solamente hace que disfruten con la experiencia, sino que en el proceso aumentan apreciablemente su dignidad.

La escritura en prosa ofrece beneficios similares y, puesto que carece del orden obvio impuesto por la métrica y la rima, es una habilidad más fácilmente accesible. (Pero escribir *gran* prosa, sin embargo, es probablemente igual de difícil que escribir gran poesía.)

En el mundo actual hemos descuidado el hábito de escribir porque los otros medios de comunicación han ocupado su lugar. Los teléfonos y magnetófonos, los ordenadores y los aparatos de fax son más eficientes en transmitir noticias. Si escribir era simplemente para transmitir información, entonces la escritura merecería llegar a convertirse en algo obsoleto. Pero el objetivo de la escritura es *crear* información, no simplemente transmitirla. En el pasado, las personas educadas usaban los diarios personales y la correspondencia para poner sus experiencias en palabras, lo que les permitía reflexionar acerca de lo que había sucedido durante el día. Las cartas prodigiosamente detalladas que tantos victorianos escribieron son un ejemplo de cómo las personas crearon modelos de orden a partir de los sucesos aleatorios que repercutían en su conciencia. El tipo de material que escribimos en diarios y cartas no existe antes de que lo anotemos. Es el lento y orgánico proceso de pensamiento que utilizamos al escribirlo lo que hace que surjan estas ideas.

No hace muchos años era aceptable ser un poeta o ensayista aficionado. Hoy si uno no gana algún dinero (que desgraciadamente es poco) gracias a escribir, se considera que es un derroche de tiempo. Es sumamente vergonzoso para un hombre de más de veinte años dedicarse a hacer versos, a menos que reciba un cheque por ello. Y a menos que uno tenga un gran talento, es inútil escribir para lograr grandes ganancias o la fama. Pero nunca es un derroche escribir por razones intrínsecas. Ante todo, escribir da a la mente unos medios disciplinados de expresión. Permite registrar los sucesos y experiencias para que puedan recordarse y revivirse en el futuro con facilidad. Es una manera de analizar y comprender experiencias, una autocomunicación que les da orden.

Recientemente se ha comentado mucho el hecho de que los poetas y escritores son un grupo que muestra síntomas extraordinariamente alarmantes de depresión y de otros desórdenes afectivos. Quizás una razón por la que decidieron ser escritores es que su conciencia estaba asediada por un grado inusitado de entropía; la escritura se convierte en una terapia al proporcionar orden entre la turbación de los sentimientos. Es posible que los escritores únicamente puedan experimentar flujo creando mundos de palabras donde puedan actuar con soltura, borrando de la mente la existencia de una realidad problemática. Como cualquier otra actividad de flujo, escribir puede convertirse en una adicción y llegar a ser peligroso: fuerza al escritor a sujetarse a una gama limitada de experiencias y excluye otras opciones de enfrentarse con los acontecimientos. Pero cuando la escritura se usa para controlar la experiencia, sin dejar que controle la mente, es una herramienta de infinita sutileza y ricas recompensas.

Favorecer a Clío

Al igual que la Memoria era la madre de la cultura, Clío, "la pregonera", era la hija mayor. En la mitología griega ella era la patrona de la historia, la responsable de mantener narraciones ordenadas de los sucesos pasados. Aunque la historia carece de las reglas claras que hacen que otras actividades mentales como la poesía o las matemáticas sean tan agradables, tiene su inequívoca estructura establecida por la sucesión irrevocable de los acontecimientos en el tiempo. Observar, grabar y conservar en la memoria los sucesos de la vida, sean grandes o pequeños, es una de las maneras más antiguas y satisfactorias para traer orden a la conciencia.

En cierto sentido, cada individuo es un historiador de su propia existencia. A causa de su poder emocional, los recuerdos de la infancia llegan a ser elementos decisivos para determinar el tipo de adultos que llegaremos a ser y cómo funcionarán nuestras mentes. El psicoanálisis es un intento de traer orden a las historias mutiladas de niñez de la gente. Esta tarea de darle nuevamente sentido al pasado vuelve a ser importante en la vejez. Erik Erikson cree que la última etapa del ciclo de vida humano tiene que ver con la tarea de lograr "la integridad", o reunir lo que uno ha realizado y lo que uno ha fracasado en realizar durante el curso de su vida en una historia significativa que es la propia. «La historia –escribió Thomas Carlyle– es la esencia de innumerables biografías».

Recordar el pasado es no solamente un instrumento para la creación y conservación de la identidad personal; puede ser también un proceso capaz de hacernos disfrutar. La gente guarda diarios, fotografías, hace diapositivas y películas familiares, y colecciona recuerdos que almacena en sus casas para construir lo que es realmente un museo de la vida de la familia, aunque un visitante podría no ser consciente de la mayoría de las referencias históricas. Podría no saber que la pintura de la pared de la sala de estar es importante porque fue comprada por los propietarios durante su luna de miel en México, que la alfombra en el vestíbulo es valiosa porque era el regalo de la abuela favorita, y que el viejo sofá que está en la buhardilla se guarda por ser donde los niños se alimentaron cuando eran tan solo unos bebés.

Tener un registro del pasado puede aportar una gran contribución a la calidad de vida. Nos libera de la tiranía del presente y permite que la conciencia revise el pasado. Permite seleccionar y conservar en la memoria los acontecimientos que son especialmente amenos y significativos y, por lo tanto, "crear" un pasado que nos ayudará a enfrenarnos al futuro. Por supuesto, tal pasado podría no ser literalmente cierto. Pero entonces el pasado nunca puede ser literalmente cierto en la memoria: debe ser escrito continuamente y la pregunta es si nosotros tenemos el control creativo de la redacción o no.

La mayoría no pensamos en nosotros mismos como historiadores aficionados. Pero una vez seamos conscientes de que ordenar los acontecimientos en el tiempo es una parte necesaria de ser un ser consciente, y además, que es una tarea agradable, entonces podremos hacer mucho mejor el trabajo. Hay varios niveles en que puede practicarse la historia como una actividad de flujo. El nivel personal involucra simplemente escribir un diario. El próximo es escribir la crónica familiar, yendo tan lejos en el pasado como sea posible. Pero no hay razón para detenerse allí. Algunas personas expanden su interés al grupo étnico al que pertenecen y empiezan a coleccionar libros y recuerdos. Con un esfuerzo extra pueden comenzar a escribir sus propias impresiones del pasado y así convertirse en "verdaderos" historiadores aficionados.

Otros desarrollan un interés en la historia de la comunidad en la que viven, bien sea el barrio o el estado, leyendo libros, visitando museos y uniéndose a las asociaciones históricas. O pueden centrarse en un aspecto particular del pasado: por ejemplo, un amigo que vive en la parte más agreste del Canadá occidental está fascinado por "la primera arquitectura industrial" de esa parte del mundo y gradualmente aprendió sobre ella lo suficiente como para disfrutar con viajes a los aserraderos, las fundiciones y las viejas estaciones de ferrocarril, donde su conciencia le permite evaluar y apreciar los detalles de lo que otros verían como unas pilas de basura cubiertas de maleza.

Demasiado a menudo todos nosotros somos proclives a pensar que la historia es una lista melancólica de fechas para memorizar, una crónica establecida por los antiguos eruditos para su propia diversión. Es un campo que podríamos tolerar, pero no amar; es un tema sobre el que aprendemos para que se nos considere educados, pero que se aprende de mala gana. Si este es el caso, la historia poco puede hacer para mejorar la calidad de vida. El conocimiento que se ve controlado desde el exterior se adquiere con desgana y no causa ningún placer, pero tan pronto como una persona decide que los aspectos del pasado le interesan, y decide conocerlos centrándose en las fuentes y en los detalles que sean personalmente significativos, y describe sus hallazgos con un estilo personal, entonces aprender historia puede convertirse en una completa experiencia de flujo.

Las delicias de la ciencia

Después de leer el apartado anterior, usted puede creer que apenas es plausible que alguien pueda llegar a ser un historiador aficionado. Pero si llevamos el mismo argumento a otro campo, ¿podemos concebir realmente que una persona normal sea un científico aficionado? Después de todo, muchas veces nos han contado que en este siglo la ciencia ha llegado a ser una actividad altamente institucionalizada, cuya actividad principal se restringe a las grandes universidades. Exige de unos laboratorios muy equipados, enormes presupuestos y grandes equipos de investigadores dedicados al avance en las fronteras de la biología, la química o la física. Es cierto que, si la meta de la ciencia es ganar premios Nobel o atraer el reconocimiento de los colegas profesionales en el marco ultracompetitivo de una determinada disciplina, entonces los métodos caros y sumamente especializados de hacer ciencia pueden ser las únicas alternativas.

De hecho, este panorama de grandes inversiones de capital,

basado en el modelo de la línea de montaje, es una descripción poco acertada de lo que conduce al éxito en la ciencia "profesional". No es cierto, a pesar de lo que les gustaría hacernos creer a los defensores de la tecnocracia, que los adelantos en la ciencia provengan exclusivamente de equipos en los que cada investigador es un experto de un campo muy estrecho, y donde los instrumentos más perfeccionados están a su disposición para probar las nuevas ideas. Ni es cierto que los grandes descubrimientos se realicen únicamente en los centros con los niveles más altos de inversión económica. Estas condiciones pueden ayudar a demostrar las nuevas teorías, pero en su mayor parte no tienen relación alguna con el lugar donde florecerán las ideas. Los nuevos descubrimientos todavía llegan a las personas como llegaron a Demócrito, que estaba sentado, perdido en sus pensamientos, en la plaza del mercado de su ciudad. Aparecen en personas que disfrutan jugando con las ideas que al final se extravían más allá de los límites de lo que se conoce y se encuentran explorando un territorio desconocido.

Incluso el desarrollo de la ciencia "normal" (a diferencia de la ciencia "revolucionaria" o creativa) sería casi imposible si no ofreciese disfrute al científico. En su libro *La estructura de las revoluciones científicas*, Thomas Kuhn sugiere varias razones para explicar por qué la ciencia es "fascinante". Primero, «por enfocar la atención en una gama pequeña de problemas relativamente esotéricos, el paradigma [o el enfoque teórico] fuerza a los científicos a investigar alguna parte de naturaleza en un detalle y una profundidad que de otra manera sería inimaginable». Esta concentración es posible por «las reglas que limitan tanto la naturaleza de soluciones aceptables como los pasos mediante los cuales se obtienen estas soluciones». Y, sostiene Kuhn, un científico ocupado en la ciencia "normal" no está motivado por la esperanza de transformar el conocimiento, hallar la verdad o mejorar las condiciones de vida. En su lugar «lo que entonces le desafía es la convicción de que, solamente si es lo suficientemente hábil, logrará resolver un acertijo antes de que nadie lo haya resuelto o de que lo haya resuelto tan bien». También afirma: «La fascinación del paradigma de la investigación normal [...] [es que,] aunque su resultado pueda anticiparse, [...] la manera de lograr ese resultado es muy incierta. [...] El hombre que triunfa se prueba a sí mismo que es un experto resolviendo acertijos y el desafío del acertijo es una parte importante de lo que comúnmente nos motiva». No debe extrañar que los científicos frecuentemente se sientan como P. A. M. Dirac, el físico que describió el desarrollo de la mecánica cuántica en el decenio de 1920 diciendo: «era un juego, un juego muy interesante al que uno podía jugar». La descripción de Kuhn del atractivo de la ciencia se parece claramente a los informes que describen por qué los acertijos, la escalada, el navegar, el ajedrez o cualquier otra actividad de flujo nos recompensan.

Si los científicos "normales" se motivan en su trabajo por el desafío de los acertijos intelectuales a los que se enfrentan, los científicos "revolucionarios" –los que rompen con los paradigmas teóricos existentes para forjar otros nuevos– deben ser motivados aún más por el disfrute. Un precioso ejemplo de ello concierne a Subrahmanyan Chandrasekhar, el astrofísico cuya vida ha adquirido ya dimensiones míticas. Cuando dejó la India en 1933, en el barco que le llevaba de Calcuta a Inglaterra, escribió un modelo de evolución estelar que con el tiempo llegó a ser la base de la teoría de los agujeros negros, pero sus ideas eran tan extrañas que no fueron aceptadas por la comunidad científica. Finalmente fue contratado por la Universidad de Chicago, donde continuó su estudios en relativa oscuridad. Hay una anécdota sobre él que muestra su compromiso con su trabajo. En el decenio de 1950 Chandrasekhar estaba en Williams Bay, Wisconsin, donde se situaba el observatorio astronómico de la universidad, a ochenta millas de distancia de la ciudad universitaria. Aquel invierno debía impartir el seminario avanzado de astrofísica. Solo se apuntaron dos estudiantes; todo el mundo esperaba que Chandrasekhar anulase el seminario, para no sufrir la incomodidad de tener que ir y volver del observatorio. Pero no lo hizo, y condujo de regreso a Chicago dos veces por semana a lo largo de caminos rurales para dar la clase. Unos años después aquellos dos estudiantes ganaron, primero uno y después el otro, el premio Nobel de Física. Cuando esta historia solía contarse, el narrador concluía quejándose de que era una vergüenza que el profesor nunca hubiese ganado el premio. El lamento ya no es necesario, porque en 1983 se concedió a Chandrasekhar el Nobel de Física.

A menudo es bajo circunstancias tan modestas, con personas dedicadas a jugar con ideas, como ocurren los adelantos en nuestra forma de pensar. Uno de los descubrimientos más importantes de los últimos años es la teoría de la superconductividad. Dos de sus protagonistas, K. Alex Muller y J. Georg Bednorz, elaboraron sus principios y realizaron los primeros experimentos en el laboratorio de la IBM en Zurich, Suiza, que no es exactamente un páramo científico, pero tampoco uno de los lugares más importantes. Durante varios años los investigadores no dejaron que nadie supiera nada sobre su trabajo, no porque tuvieran miedo de que se lo robasen, sino porque temían que sus colegas se rieran de sus ideas aparentemente disparatadas. Recibieron sus premios Nobel de Física en 1987. Susumu Tonegawa, que el mismo año recibió el premio Nobel de Biología, es descrito por su esposa como una «persona que sigue su propio camino», a quien le gusta la lucha de sumo porque requiere del esfuerzo individual y no es el resultado del grupo lo que hace ganar en este deporte, sino el trabajo propio. La necesidad de laboratorios sofisticados y de equipos enormes de investigación ha sido claramente exagerada. Los adelantos en la ciencia todavía dependen primariamente de los recursos de una mente única.

Pero no deberíamos preocuparnos de lo que sucede en el mundo profesional de los científicos. La "gran ciencia" puede cuidarse a sí misma, o por lo menos debería, gracias a todo el apoyo que se le ha dado desde que los experimentos que rompían el núcleo atómico resultaron ser un éxito. Lo que nos interesa aquí es la ciencia aficionada, la delicia que las personas ordinarias pueden encontrar al observar y darse cuenta de las leyes de los fenómenos naturales. Es importante que observemos que durante siglos los grandes científicos realizaron su trabajo como una afición, porque se fascinaron con los métodos que inventaron, y no porque tuvieran un trabajo que cumplir y unos fondos del gobierno que gastar.

Nicolás Copérnico perfeccionó su descripción de los movimientos planetarios mientras era canónigo en la catedral de Frauenburg, en Polonia. El trabajo astronómico seguramente no ayudó a su carrera en la Iglesia y en la mayor parte de su vida las principales gratificaciones que obtuvo fueron estéticas, derivadas de la belleza sencilla de su sistema comparado con el más engorroso modelo ptolemaico. Galileo había estudiado medicina, pero fue el placer que obtenía deduciendo cosas tales como la ubicación del centro de gravedad de diversos objetos sólidos lo que le impulsó a realizar experimentos cada vez más arriesgados. Isaac Newton formuló sus importantes descubrimientos muy poco después de su graduación en Cambridge, en 1665, cuando la universidad se cerró a causa de la peste. Newton tuvo que estar dos años en la seguridad y el aburrimiento de un retiro campestre, de modo que llenó el tiempo jugando con sus ideas sobre una teoría universal de la gravedad. Antoine Laurent Lavoisier, el fundador de la química moderna, era un funcionario público que trabajaba para Ferme Générale, el equivalente del Ministerio de Hacienda en la Francia prerrevolucionaria. Estaba interesado en la reforma social y en la planificación agrícola, pero disfrutaba más con sus experimentos. Luigi Galvani, que realizó la investigación básica sobre cómo los músculos y los nervios conducen la electricidad, lo que a su vez le condujo a la invención de la pila eléctrica, fue médico hasta el final de su vida. Gregor Mendel era otro clérigo y sus experimentos, que sentaron las bases de la genética, eran los resultados de su afición por la jardinería. Cuando se preguntó a

Albert A. Michelson, la primera persona en los Estados Unidos que ganó el premio Nobel de física, por qué había dedicado tanto tiempo de su vida a medir la velocidad de la luz, contestó: «era tan divertido...». Y no debemos olvidar que Einstein escribió sus ensayos más prestigiosos mientras trabajaba como empleado en la Oficina Suiza de Patentes. Estos y muchos otros grandes científicos que podrían mencionarse fácilmente no se sentían incapacitados en sus pensamientos porque no fueran "profesionales" en su campo, figuras reconocidas. Simplemente hicieron lo que les gustaba hacer.

¿Es realmente diferente la situación en nuestros días? ¿Realmente es cierto que una persona sin un doctorado, que no trabaje en uno de los mayores centros de investigación, no tiene ninguna oportunidad de contribuir al avance de la ciencia? O este es simplemente uno de esos errores, en su mayor parte inconscientes, debidos a la deformación ante los que sucumben las instituciones de éxito? Es difícil contestar a estas preguntas, parcialmente porque lo que constituye la "ciencia" lo definen, por supuesto, esas mismas instituciones que desean beneficiarse de su monopolio.

No hay duda de que un profano no puede contribuir, con su afición, al tipo de investigación que depende de los multimillonarios superconductores, o sobre el espectroscopio de resonancia magnética nuclear. Pero estos campos no representan la única ciencia que existe. La estructura mental que hace que la ciencia sea agradable es accesible a todos. Implica curiosidad, observación cuidadosa, una manera disciplinada de registrar los sucesos y encontrar las maneras para descubrir las regularidades subyacentes en lo que uno aprende. También requiere de la humildad, estar dispuesto a aprender de los resultados de los investigadores del pasado, junto con la franqueza y el escepticismo suficiente para rechazar las creencias que no estén apoyadas por los hechos.

Definida en este sentido amplio, hay en activo más científicos aficionados de lo que uno pensaría. Algunos enfocan su interés en la salud e intentan averiguar todo lo que pueden sobre una enfermedad que les amenaza a ellos o a sus familias. Siguiendo los pasos de Mendel, algunos aprenden todo lo que pueden sobre la cría de los animales domésticos o crean una nueva flor híbrida. Otros reproducen diligentemente las observaciones de los antiguos astrónomos con su telescopio en el patio de detrás de su casa. Existen geólogos anónimos que vagabundean por el desierto en busca de minerales, coleccionistas de cactos que rastrean las llanuras del desierto en busca de nuevos especímenes y, probablemente, centenares de miles de individuos que han llevado tan lejos sus habilidades mecánicas que casi han alcanzado una comprensión científica.

Lo que impide que muchas de estas personas desarrollen más sus habilidades es la creencia de que nunca serán capaces de llegar a ser auténticos científicos "profesionales" y, por lo tanto, que su afición no debería ser tomada en serio. Pero no hay una razón mejor para hacer ciencia que el sentimiento de orden que trae a la mente del investigador. Si el flujo que produce, en vez del éxito y del reconocimiento, es la medida para juzgar su valor, la ciencia puede contribuir inmensamente a la calidad de vida.

Amar la sabiduría

"Filosofía" significa "amar la sabiduría", y la gente le dedicaba su vida por esta razón. Los filósofos profesionales de hoy en día se sentirían avergonzados al reconocer una concepción tan ingenua de su arte. Hoy un filósofo puede ser un especialista en el deconstructivismo o un positivista lógico, un experto en los primeros escritos de Kant o en los escritos tardíos de Hegel, un epistemológico o un existencialista, pero que no le molesten con la sabiduría. Es un destino común a muchas instituciones humanas, que empiezan como una respuesta a algún problema universal hasta que, después de muchas generaciones, los problemas peculiares de las instituciones en sí mismas tienen prioridad sobre la meta original. Por ejemplo, las naciones modernas crean fuerzas armadas como una defensa contra sus enemigos. Pronto, sin embargo, un ejército desarrolla sus propias necesidades, su política, hasta el punto que el mejor soldado no es necesariamente quien mejor defiende al país, sino el que obtiene más dinero para el ejército.

Los filósofos aficionados, a diferencia de sus homólogos profesionales de las universidades, no necesitan preocuparse sobre pugnas históricas entre escuelas que compiten por la primacía, la política de las revistas y los celos personales de los eruditos. Pueden mantener sus mentes enfocadas sobre las preguntas básicas. ¿Cuáles son estas preguntas? Es la primera tarea que tiene que decidir el filósofo aficionado. ¿Está interesado en lo que los mejores pensadores del pasado han creído sobre lo que significa "ser"? ¿O está más interesado en lo que constituye lo "bueno" o lo "hermoso"?

Como en todas las demás vertientes del aprendizaje, el primer paso después de decidir qué área quiere estudiar, es aprender qué han dicho los demás sobre la materia. Leyendo, hablando y escuchando selectivamente uno puede formarse una idea de cuál es el "estado de la cuestión" en ese campo. Nuevamente, la importancia de tomar personalmente el control de la dirección del aprendizaje desde los primerísimos pasos no puede acentuarse lo suficiente. Si una persona se siente obligada a leer cierto libro, a seguir un curso determinado porque se supone que es la manera de hacerlo, le costará aprender. Pero si la decisión es tomar la misma ruta a causa de un sentimiento interior de que esto es lo correcto, el aprendizaje será relativamente agradable y sin esfuerzo.

Cuando sus predilecciones en filosofía estén claras, incluso el aficionado puede sentirse obligado a especializarse. Alguien interesado en las características básicas de la realidad puede dirigirse hacia la ontología y leer a Wolff, Kant, Husserl y Heidegger. Otra persona más confundida por la cuestiones del bien y del mal escogería la ética y aprendería sobre la filosofía moral de Aristóteles, Aquino, Spinoza y Nietzsche. Un interés en lo que es hermoso puede conducir a revisar las ideas de los filósofos estéticos como Baumgarten, Croce, Santayana y Collingwood. Mientras que la especialización es algo necesario para desarrollar la complejidad de cualquier modelo de pensamiento, la relación con las metas debe estar siempre clara: la especialización es en aras de pensar mejor, y no un fin en sí. Por desgracia muchos pensadores serios dedican todo su esfuerzo mental a llegar a ser unos eruditos reconocidos, pero entretanto olvidan el propósito inicial de su disciplina.

En la filosofía, como en otras disciplinas, se llega a un punto donde la persona está lista para pasar de la condición de consumidor pasivo a la de productor activo. Anotar los propios pensamientos esperando que algún día la posteridad los leerá con admiración es, en la mayoría de los casos, un acto de arrogancia, una "presunción arrogante" que ha ocasionado mucho daño en los asuntos humanos. Pero si uno anota sus ideas como reacción a un desafío interior de expresar claramente las preguntas importantes a las que uno se siente enfrentado y trata de esbozar respuestas que ayuden a dar sentido a las propias experiencias, entonces el filósofo aficionado habrá aprendido a obtener disfrute de una de las tareas más difíciles y gratificantes de la vida.

Aficionados y profesionales

Algunos individuos prefieren especializarse y dedicar toda su energía a una actividad, esperando así alcanzar niveles casi profesionales en su ejercicio. Y tienden a despreciar a cualquiera que no sea tan hábil y tan dedicado a su especialidad como ellos. Otros prefieren la variedad en sus actividades, lograr todo el disfrute que sea posible de cada una de ellas sin llegar a ser necesariamente un experto en ninguna. Hay dos palabras cuyos significados reflejan nuestras actitudes hacia los distintos niveles de compromiso en las actividades físicas o mentales. Estos términos son *amateur* y *diletante*. Hoy en día estas etiquetas son ligeramente despreciativas. Un amateur o un diletante es alguien no lo bastante diestro, una persona que no debe ser tomada muy seriamente, alguien cuyo rendimiento no alcanza las normas profesionales. Pero originalmente, "amateur", proviene del verbo latino *amare*, "amar" y se refiere a una persona que ama lo que hace. De forma parecida "diletante", del latino *delectare*, significa "encontrar delicia en", era alguien que disfrutaba realizando una actividad determinada. Los significados más antiguos de estas palabras, por lo tanto, atendían a las experiencias en lugar de a las realizaciones; describían las gratificaciones subjetivas que obtenían los individuos al hacer las cosas, en vez de puntuar lo bien o mal que las realizaban. Nada ilustra tan claramente nuestras actitudes cambiantes hacia el valor de la experiencia como el destino de estas dos palabras. Hubo un tiempo en que era admirable ser un poeta amateur o un científico diletante, porque significó que la calidad de vida podría ser mejorada al ocuparse en tales actividades. Pero el énfasis se ha volcado cada vez más en valorar los comportamientos en vez de los estados subjetivos; lo que se admira es el éxito, el logro, la calidad del rendimiento en vez de la calidad de la experiencia. Consiguientemente ha llegado a avergonzar ser llamado un diletante, incluso aunque para ser un diletante haya que lograr lo que más cuenta: el disfrute que nos proporcionan las propias acciones.

Es cierto que el tipo de aprendizaje diletante fomentado aquí puede socavarse aún más fácilmente que la disciplina profesional si los aprendices pierden de vista la meta que les motiva. Hay personas de la calle que a veces utilizan la pseudociencia para conseguir sus intereses y frecuentemente sus esfuerzos son casi indistinguibles de los de un aficionado intrínsecamente motivado.

El interés en la historia de los orígenes étnicos, por ejemplo, puede llegar a pervertirse y convertirse fácilmente en una búsqueda de pruebas de la propia superioridad sobre los miembros de otros grupos. El movimiento nazi en Alemania se interesó por la antropología, la historia, la anatomía, el idioma, la biología y la filosofía, y sacó de ahí su teoría de la supremacía racial aria. Los eruditos profesionales también fueron atrapados por esta empresa dudosa, pero que estaba inspirada por aficionados y que se regía por reglas que pertenecían a la política, no a la ciencia.

La biología soviética retrocedió una generación cuando las autoridades decidieron aplicar las reglas de la ideología comunista al crecimiento del maíz, en vez de seguir la evidencia experimental. Las ideas de Lysenko sobre cómo los granos plantados en un clima frío crecerían más fuertes y producirían una progenie igualmente más fuerte, suenan bien a la persona de la calle, especialmente dentro del contexto del dogma leninista. Por desgracia las maneras de actuar de la política y las maneras de crecer del maíz no son siempre las mismas, así que los esfuerzos de Lysenko culminaron en décadas de hambre.

Las malas connotaciones que han ganado los términos *amateur* y *diletante* a través de los años han ocurrido, en su mayor parte, al confundirse la distinción entre las metas intrínsecas y las extrínsecas. Un aficionado que finge saber tanto como un profesional está probablemente equivocado y desea engañarnos. El objetivo de un científico aficionado no es competir con los profesionales en su propio terreno, sino usar una disciplina simbólica para expandir sus habilidades mentales y crear orden en su conciencia. En este nivel, el aficionado tiene su propio campo e incluso puede ser más efectivo que su homólogo profesional. Pero en el momento en que el aficionado pierde de vista esta meta y utiliza el conocimiento principalmente para aumentar su ego o para lograr una ventaja material, entonces se convierte en una caricatura del erudito. Sin formación en la disciplina del escepticismo y de la crítica recíproca que subyace al método científico, los profanos que se aventuran en los campos del conocimiento con metas llenas de prejuicios se convierten en personas más despiadadas, más engreídas y menos preocupadas por la verdad que el erudito más corrompido.

El desafío de aprender durante toda la vida

El objetivo de este capítulo ha sido revisar las maneras en que la actividad mental puede producir disfrute. Hemos visto que la mente ofrece como mínimo tantas y tan intensas oportunidades para la acción como el cuerpo. Así como el uso de las extremidades y de los sentidos está a la disposición de todos sin tener en cuenta el sexo, la raza, la educación o la clase social, también lo está el uso de la memoria, del idioma, de la lógica y de las reglas de causalidad para quien desee tomar el control de la mente.

Mucha gente abandona el aprendizaje después de dejar la escuela porque trece o veinte años de educación motivada extrínsecamente es todavía una fuente de desagradables recuerdos. Su atención ha sido tan manipulada desde fuera por los libros y por los profesores, que consideran que el día en que se graduaron fue su primer día de libertad.

Pero una persona que olvida el uso de sus habilidades simbólicas nunca está realmente libre. Sus pensamientos son dirigidos por las opiniones de sus vecinos, por los editoriales de los periódicos y por las campañas de la televisión. Está a merced de los "expertos". Idealmente, el fin de la educación extrínseca debería ser el comienzo de una educación que se motivara intrínsecamente. Llegados a este punto, la meta de estudiar no es sobresalir, obtener un diploma y encontrar un buen trabajo, sino que es comprender qué sucede a nuestro alrededor, desarrollar un sentido personalmente significativo acerca de las propias experiencias. De allí vendrá el profundo placer del pensador, como el experimentado por los discípulos de Sócrates que Platón describe en *Filebo*: «El joven que ha bebido por primera vez de esta fuente es tan feliz como si hubiese encontrado un tesoro de sapiencia; se extasía verdaderamente. Entenderá cualquier discurso, pondrá todas las ideas juntas para hacer una sola, entonces las separará y tirará los pedazos. Se hará preguntas primero a sí mismo, después también a los demás, a quienquiera que se acerque a él, joven o viejo, discutirá con sus padres y con quien esté dispuesto a escucharle...». La cita tiene veinticuatro siglos de antigüedad, pero un observador contemporáneo no podría describir más vivamente lo que sucede cuando una persona descubre por primera vez el flujo de la mente.

7. EL TRABAJO COMO FLUJO

Al igual que los demás animales debemos dedicar una gran parte de nuestra existencia a buscar los recursos necesarios para vivir: las calorías que el cuerpo necesita para abastecerse no aparecen mágicamente sobre la mesa, y las casas y los automóviles no se arman a sí mismos espontáneamente. Sin embargo no hay fórmulas estrictas de cuánto tiempo tienen que trabajar las personas. Parece, por ejemplo, que los cazadores-recolectores antiguos, al igual que sus descendientes actuales que viven en los desiertos inhóspitos de África y Australia, dedican únicamente de tres a cinco horas cada día a lo que nosotros llamaríamos trabajar (buscar alimento, refugio, ropa y herramientas). Ocupan el resto del día conversando, descansando o bailando. En el extremo opuesto están los trabajadores industriales del siglo XIX, que frecuentemente se veían forzados a ocupar doce horas al día, seis días a la semana, trabajando en fábricas sucias o minas peligrosas.

No solamente varía la cantidad de trabajo, también su calidad. Hay un viejo proverbio italiano que dice: «*il lavoro nobilita l'uomo, e lo rende simile alle bestie*», es decir, «el trabajo ennoblece al hombre, y lo convierte en un animal». Este refrán irónico puede ser un comentario sobre la naturaleza de todos los trabajos, pero también puede interpretarse el significado de que el trabajo que requiere grandes habilidades y que se realiza libremente refina la complejidad de la personalidad y, por otro lado, que hay pocas cosas tan entrópicas como el trabajo no cualificado hecho por obligación. El cirujano cerebral que opera en un hospital espléndido y el esclavo obrero que se tambalea bajo una carga pesada mientras atraviesa un río de lodo son ambos trabajadores. Pero el cirujano tiene una oportunidad para aprender cosas nuevas todos los días y todos los días sabe que él manda y que puede desempeñar tareas difíciles. El obrero se ve forzado a repetir los mismos movimientos agotadores y lo que él aprende es mayormente sobre su propia impotencia.

Puesto que el trabajo es tan universal y tan variado, es tremenda la diferencia en la satisfacción general de uno según si lo que hace para vivir es agradable o no. Thomas Carlyle no estaba muy equivocado cuando escribió: «bendito es quien ha encontrado su trabajo; no le dejemos pedir ninguna otra bendición». Sigmund Freud amplió algo este sencillo consejo. Cuando se le pidió su receta para la felicidad, dio una respuesta muy corta pero sensata: «el trabajo y el amor». Cierto que si uno encuentra flujo en el trabajo y en las relaciones con otras personas, estará en el buen camino para mejorar la calidad de vida de una manera global. En este capítulo explicaremos cómo el trabajo puede ofrecer flujo y que al realizarlo participaremos también del otro tema importante que nos señalaba Freud: disfrutar de la compañía de los demás.

Trabajadores autotélicos

Como castigo a su ambición, Adán fue condenado por el Señor a trabajar la tierra con el sudor de su frente. El pasaje del Génesis (3:17) que explica este suceso refleja la manera en que la mayoría de las culturas, y especialmente las que han alcanzado la complejidad de la "civilización", han concebido el trabajo: como una maldición que debe ser evitada a toda costa. Y ciertamente, a causa de la manera ineficaz con que actúa el universo, se requiere mucha energía para conseguir nuestras necesidades y aspiraciones básicas. Si no nos preocupásemos de cuánto comemos, de si vivimos en sólidos y bien decorados hogares o de si podemos comprarnos las últimas novedades de la tecnología, la necesidad de trabajar sería un ligero peso sobre nuestros hombros, como lo es para los nómadas del desierto de Kalahari. Pero cuanta más energía psíquica invertimos en metas materiales y cuanto más improbables lleguen a ser las metas, más difícil es convertirlas en realidad. Entonces necesitamos trabajar cada vez más, mental y físicamente, así como también necesitamos cada vez más recursos naturales para satisfacer nuestras expectativas que no paran de aumentar. Durante gran parte de la historia, la mayoría de la gente que vivía en la periferia de las sociedades "civilizadas" tuvo que abandonar cualquier esperanza de disfrutar de la vida para convertir en realidad los sueños de los pocos que habían encontrado la forma de explotarles. Los logros que marcaron la diferencia entre las naciones civilizadas y sus coetáneas más primitivas –tales como las pirámides, la Gran Muralla china, el Taj Mahal, los templos, los palacios y los diques de la Antigüedad– se construyeron habitualmente con la energía de los esclavos obligados a realizar las ambiciones de sus amos. No debe sorprendernos, pues, que el trabajo adquiriese una reputación más bien pobre.

Con todo el debido respeto a la Biblia, sin embargo, no parece ser cierto que el trabajo deba ser necesariamente desagradable. Puede que siempre sea duro, o por lo menos más duro que no hacer nada en absoluto, pero hay muchas evidencias de que el trabajo puede ser agradable y que, desde luego, a menudo es la parte más agradable de la vida.

Ocasionalmente las culturas evolucionan de tal manera que las tareas cotidianas y productivas que realizan están muy cerca de ser actividades de flujo. Hay grupos donde tanto la vida de familia como el trabajo son desafiantes pero están armoniosamente integrados. En los valles de alta montaña de Europa, en las aldeas alpinas donde no llegó la revolución industrial, existen todavía comunidades de este tipo. Es curioso ver cómo se vive el trabajo en una granja "tradicional", cuyo estilo de vida era frecuente en todas partes hasta hace pocas generaciones. Hace poco un equipo de psicólogos italianos dirigido por el profesor Fausto Massimini y la doctora Antonella Delle Fave entrevistó a algunos de sus habitantes, y generosamente nos han permitido leer sus exhaustivas transcripciones.

El aspecto más llamativo de tales lugares es que quienes viven allí apenas pueden distinguir el trabajo del tiempo libre. Podría decirse que trabajan dieciséis horas cada día, pero también podría argumentarse que nunca trabajan. Uno de los habitantes, Serafina Vinon, una mujer de setenta y seis años que vive en un caserío minúsculo de Pont Trentaz, en el valle de Aosta, en la región de los Alpes italianos, todavía se levanta a las cinco de la mañana para ordeñar sus vacas. Después cocina un desayuno enorme, limpia la casa y, según el clima y de la época del año, lleva el rebaño a las praderas justo bajo los glaciares, cuida del huerto o carda la lana. En el verano pasa semanas en los pastos altos segando heno y después transporta las enormes balas sobre su cabeza durante varios kilómetros hasta el pajar. Podría llegar al pajar en la mitad del tiempo si tomase un camino directo; pero prefiere los senderos tortuosos y casi invisibles para evitar la erosión de las laderas. Por la noche lee, cuenta historias a sus biznietos o toca el acordeón en alguna reunión de amigos y parientes que organiza en su casa unas cuantas veces a la semana.

Serafina conoce cada árbol, cada piedra, cada detalle de las montañas como si fuesen viejos amigos. Las leyendas de la familia que se remontan atrás muchos siglos se vinculan al paisaje: sobre este viejo puente de piedra, cuando finalizó la epidemia de peste de 1473, una noche la última mujer superviviente de la aldea de Serafina, con una tea en la mano, encontró al último hombre superviviente de la aldea que se encontraba más abajo del valle. Se ayudaron mutuamente, se casaron y se convirtieron en los ascendientes de su familia. En este campo de frambuesas, su abuela se perdió cuando era una niña. Sobre esta roca, el diablo, con el tridente en la mano, amenazó al tío Andrew durante la terrible tormenta de nieve del año 1924.

Cuando le preguntaron a Serafina qué era lo que más le gustaba hacer en la vida no tuvo ningún problema en contestar: ordeñar las vacas, llevarlas a pastar, cuidar del huerto, cardar lana..., en efecto, ella disfruta con las cosas que realiza cotidianamente para vivir. En sus propias palabras: «Me da una gran satisfacción. Estar fuera, hablar con la gente, estar con mis animales. [...] Les hablo a todos: a las plantas, a los pájaros, a las flores y a los animales. Todo en la naturaleza me hace compañía; se ve cómo la naturaleza cambia todos los días. Uno se siente limpio y feliz: es una lástima sentirse cansado y tener que volver a casa. [...] Incluso cuando se tiene que trabajar duramente es muy hermoso».

Cuando se le preguntó qué haría si tuviese todo el tiempo y todo el dinero del mundo, Serafina se rió y repitió la misma lista de actividades: ordeñaría las vacas, las llevaría a pastorear, cuidaría del huerto, cardaría lana. No es que Serafina ignore las alternativas que ofrece la vida urbana: de vez en cuando mira la televisión y lee revistas, y muchos de sus parientes más jóvenes viven en grandes ciudades y tienen un estilo de vida cómodo, con automóviles, aparatos eléctricos y vacaciones en lugares exóticos. Pero su estilo de vida, más elegante y moderno, no atrae a Serafina; ella está totalmente contenta y satisfecha con el papel que juega en el universo.

Se entrevistó a los diez residentes más viejos de Pont Trentaz, de sesenta y seis a ochenta y dos años de edad; todos ellos dieron respuestas parecidas a las de Serafina. Ninguno de ellos estableció una distinción brusca entre el trabajo y el tiempo libre, todos mencionaron el trabajo como una fuente importante de experiencias óptimas y ninguno querría trabajar menos si tuviese la oportunidad.

La mayoría de sus hijos, a quienes también se entrevistó, expresaron la misma actitud hacia la vida. Sin embargo, entre los nietos (de edades entre 20 y 33 años), predominaron las actitudes más típicas hacia el trabajo: si tuvieran una oportunidad trabajarían menos y dedicarían más tiempo al ocio (leer, hacer deporte, viajar, ver los últimos espectáculos). Parcialmente estas diferencias entre generaciones son causadas por la edad; la gente joven suele estar menos satisfecha, está más ávida de cambio y es más intolerante frente a las limitaciones de la rutina. Pero en este caso las divergencias también reflejan la erosión de un modo de vida tradicional en el que el trabajo tenía un significado y estaba relacionado con la identidad de la gente y con sus metas. Algunas personas jóvenes de Pont Trentaz podrían, en su vejez, sentir sobre su trabajo lo mismo que Serafina; probablemente la mayoría no. En vez de eso, seguirán ampliando la brecha entre los trabajos, que son necesarios pero desagradables, y las actividades de ocio, que son agradables pero tienen poca complejidad.

La vida en esta aldea alpina nunca ha sido fácil. Para sobrevivir día a día cada persona tuvo que dominar una gama muy amplia de desafíos que abarcan desde el simple trabajo duro a la artesanía, a la conservación de un idioma distintivo, a la elaboración de canciones, de obras de arte y de complejas tradiciones. Aunque, de algún modo, la cultura ha evolucionado de tal manera que la gente encuentra agradables estas tareas. En vez de sentirse oprimidos por el sentimiento de que es necesario trabajar duro, ellos comparten la opinión de Giuliana B., una señora de 74 años: «Yo soy libre, libre en mi trabajo, porque hago todo lo que quiero. Si no hago algo hoy, lo haré mañana. Yo no tengo un jefe, yo soy el jefe de mi vida. Yo mantengo mi libertad y he peleado por mi libertad».

Seguramente, no todas las culturas preindustriales eran así de idílicas. En muchas sociedades cazadoras o agricultoras, la vida era dura, sucia y corta. De hecho, algunas de las comunidades alpinas no lejos de Pont Trentaz fueron descritas por los viajeros extranjeros del siglo pasado como asediadas por el hambre, la enfermedad y la ignorancia. Perfeccionar un estilo de vida capaz de equilibrar de forma armoniosa las metas humanas con los recursos del ambiente es una hazaña tan poco común como construir una de las grandes catedrales que llenan de tanto asombro a sus visitantes. No podemos generalizar a todas las culturas preindustriales a partir de un ejemplo. Pero de igual modo incluso una excepción ya es suficiente para rebatir la noción de que el trabajo debe ser siempre menos agradable que el ocio libremente elegido.

Pero ¿qué ocurre en el caso de un obrero urbano, cuyo trabajo no está tan claramente ligado a su subsistencia? La actitud de Serafina no es exclusiva de los pueblos ganaderos tradicionales. Podemos encontrarla ocasionalmente alrededor nuestro en medio de las agitaciones de la edad industrial. Un buen ejemplo es el caso de Joe Kramer, un hombre a quien entrevistamos en uno de nuestros primeros estudios de la experiencia de flujo. Joe tenía sesenta y pocos años, era soldador en una fábrica al sur de Chicago donde montaban vagones de ferrocarril. Unas doscientas personas trabajaban con Joe en tres estructuras enormes, oscuras, parecidas a hangares, donde las planchas de acero que pesan varias toneladas se manejan suspendidas en unas vías del techo, y se sueldan entre chorros de chispas a las plataformas del vagón. En el verano es un horno, en el invierno los vientos helados de la pradera aúllan en su interior. El sonido del choque del metal es siempre tan intenso que hay que gritar en la oreja de una persona para hacerse entender.

Joe vino a Estados Unidos cuando tenía cinco años de edad; dejó la escuela después del cuarto grado. Había trabajado en este taller durante treinta años, pero nunca quiso llegar a ser capataz. Rechazó varios ascensos, argumentando que le gustaba ser un simple soldador y que se sentía más cómodo si no era el jefe de nadie. Aunque está en el escalafón más bajo de la jerarquía en la planta de montaje, todos conocen a Joe, y todos están de acuerdo en decir que él es la persona más importante de toda la fábrica. El director afirma que si hubieran cinco personas más como Joe, su planta sería la más eficiente en el negocio. Sus compañeros trabajadores decían que sin Joe tendrían que cerrar el taller al momento.

La razón de su fama era simple: Joe aparentemente dominaba cada fase de todas las operaciones realizadas en la planta y era capaz de ponerse en el puesto de cualquiera si era necesario hacerlo. Además, podía arreglar cualquier avería de la maquinaria, desde las enormes grúas mecánicas a los minúsculos monitores electrónicos. Pero lo qué más sorprendía a la gente era que Joe no solo podía desempeñar estas tareas, sino que realmente disfrutaba cuando le llamaban para hacerlas. Cuando se le preguntó cómo había aprendido a reparar instrumentos y motores complejos sin tener ningún tipo de preparación para ello, Joe dio una respuesta muy especial. Desde su niñez se había sentido fascinado por las máquinas de todo tipo. Especialmente por cualquier cosa que no funcionase adecuadamente: «Como cuando se averió la tostadora de mi madre. Me pregunté: "si yo fuese esa tostadora y no funcionase ¿qué provocaría el fallo?"». Encontró la avería y la arregló. Desde entonces siempre ha usado este método de identificación empática para aprender acerca de los sistemas mecánicos y reparar cada vez máquinas más complejas. Y la fascinación del descubrimiento no le ha abandonado nunca; ahora que ya está cerca de la jubilación, Joe todavía disfruta trabajando todos los días.

Joe nunca ha sido un adicto al trabajo, alguien completamente dependiente de los desafíos de la fábrica para sentirse bien. Lo que hizo en su hogar fue quizás aún más notable que la transformación de un trabajo rutinario y sin sentido en una actividad compleja, productora de flujo. Joe y su esposa viven en un modesto *bungalow* en las cercanías de la ciudad. Con el paso de los años compraron los dos terrenos libres a ambos lados de su casa. En estos terrenos, Joe construyó un jardín intrincado de rocas, con terraplenes, caminos y varios cientos de flores y arbustos. Mientras instalaba los mecanismos subterráneos de riego tuvo una idea: ¿y si hacía arcos iris con ellos? Buscó cabezas de regadera que produjeran una neblina lo suficiente fina para este fin, pero ninguna le satisfizo; así que la diseñó y la construyó él mismo en el torno del sótano. Entonces, después del trabajo, podría sentarse en el porche y, al tocar un interruptor, activaría una docena de regaderas que llenarían el jardín con muchos arcos iris pequeños.

Pero había un problema en el pequeño Jardín del Edén de Joe. Puesto que trabajaba la mayoría de los días, cuando llegaba a casa el sol estaba normalmente bajo el horizonte y no podía producir los arcos iris de colores. Así que Joe volvió a la mesa de dibujo y diseñó una solución admirable. Encontró unas luces de proyector que contenían suficiente espectro solar como para formar arcos iris y los instaló alrededor de las regaderas. Entonces estaba realmente a punto. Incluso en medio de la noche, simplemente tocando dos interruptores, podía rodear su casa con abanicos de agua, luz y color.

Joe es un ejemplo poco común de lo que significa tener una "personalidad autotélica", o la capacidad para crear experiencias de flujo incluso en el ambiente más estéril (un lugar de trabajo casi inhumano, un barrio urbano invadido por la maleza). En toda la planta de montaje de ferrocarriles, Joe parecía ser el único que tuvo visión para percibir las oportunidades que le desafiaban para actuar. El resto de los soldadores que entrevistamos consideraba que sus trabajos eran una carga de la que debían escapar tan pronto como les fuese posible y, cada tarde, tan pronto como el trabajo finalizaba, salían corriendo hacia las cantinas estratégicamente situadas en las calles que circundaban la fábrica, para olvidar el aburrimiento del día gracias a la cerveza y a la camaradería. A continuación se iban a casa, para beber más cerveza frente al televisor, tener un breve encuentro con su esposa y así terminar un día que en todos los aspectos se parecía al anterior.

Alguien podría argumentar aquí que valorar más el estilo de vida de Joe que el sus compañeros de trabajo es "elitismo" censurable. Después de todo, los chicos en la cantina pasan un buen rato y ¿quién dice que cavar en el patio de atrás de la casa para hacer arcos iris sea una manera mejor de pasar el tiempo? Según los principios del relativismo cultural, la crítica sería justificable, por supuesto. Pero cuando uno comprende que el disfrute depende de incrementar la complejidad, ya no es posible tomar en serio este relativismo radical. La calidad de la experiencia de la gente que transforma y juega con las oportunidades que le rodean, como hace Joe, está claramente más desarrollada, y también es más agradable, que la calidad de vida de la gente que renuncia a ser ella misma para vivir dentro de las limitaciones de una realidad estéril que siente que no puede alterar.

En el pasado, considerar que el trabajo emprendido como una actividad de flujo es la mejor manera para desarrollar las potencialidades humanas, ha sido frecuentemente propuesto por diversos sistemas religiosos y filosóficos. Para la gente imbuida de la visión del mundo cristiano de la Edad Media tenía sentido decir que mondar patatas era tan importante como construir una catedral, si ambas cosas se hacían para mayor gloria de Dios. Para Karl Marx, los hombres y las mujeres construyeron su ser mediante las actividades productivas; no hay "naturaleza humana", afirmaba, excepto la que nosotros creamos mediante el trabajo. El trabajo no solamente transforma el entorno al construir puentes para atravesar los ríos y cultivar tierras yermas; también transforma al trabajador, de ser un animal orientado por los instintos pasa a ser una persona consciente, hábil y con metas.

Uno de los ejemplos más interesantes de cómo el fenómeno del flujo aparecía en los pensadores de otras épocas es el concepto de *yu* aparecido hace 2.300 años en las escrituras del erudito taoísta Chuang Tzu. *Yu* es un sinónimo de la manera correcta de seguir el camino, o Tao: se ha traducido como "vagar"; como "caminar sin tocar el terreno" o como "nadar", "volar" y "fluir". Chuang Tzu creyó que el *yu* era la manera apropiada para vivir, es decir, sin preocuparse por las gratificaciones externas, espontáneamente, con un compromiso total; en suma, como una experiencia autotélica.

Como ejemplo de cómo vivir en *yu* –o en flujo– Chuang

Tzu presenta, en los capítulos interiores de la obra que ha contribuido a conservar su nombre hasta nuestros días, una parábola acerca de un humilde trabajador. Este personaje es Ting, un cocinero cuya tarea era cortar la carne para la corte del señor Hui Wei. Los niños que van a la escuela en Hong Kong y Taiwan todavía tienen que memorizar la descripción de Chuang Tzu: «Ting cortaba un buey para el señor Wen-Hui. A cada toque de su mano, a cada elevación de su hombro, a cada movimiento de sus pies, a cada empujón de su rodilla, manejaba el cuchillo con entusiasmo, todo tenía un ritmo perfecto y él parecía estar bailando al ritmo de la música de Ching-shou».

El señor Wen-Hui estaba fascinado por cuánto flujo (o *yu*) había encontrado su cocinero en el trabajo, de modo que felicitó a Ting por su gran habilidad. Pero Ting negó que fuese un asunto de habilidad: «lo que me preocupa es la Manera, que está más allá de la habilidad». Entonces describió cómo había logrado su soberbio rendimiento: una especie de comprensión intuitiva y mística de la anatomía del buey, que le permitía cortarlo en pedazos con lo que parecía ser una facilidad automática: «la percepción y la comprensión llegan hasta cierto punto y de ahí en adelante el espíritu va donde él quiere».

La explicación de Ting puede implicar que el *yu* y el flujo son el resultado de diferentes tipos de procesos. De hecho, algunos críticos tienen clasificadas las diferencias: mientras el flujo es el resultado de un intento consciente de dominar los desafíos, el *yu* ocurre cuando el individuo abandona conscientemente la maestría. En este sentido, ven el flujo como un ejemplo de la búsqueda occidental de experiencias óptimas, que según ellos se realiza basándose en las condiciones objetivas cambiantes (por ejemplo, enfrentándose a los desafíos mediante las habilidades), mientras que el *yu* es un ejemplo del enfoque oriental, que no se ocupa de las condiciones objetivas sino que está enteramente a favor del goce espiritual y de la transcendencia de la realidad.

Pero ¿cómo logra una persona esta experiencia trascendental

y estas ganas espirituales de jugar? En la misma parábola, Chuang Tzu ofrece una reflexión valiosa para contestar esta pregunta, una reflexión que ha dado origen a interpretaciones diametralmente opuestas. En la traducción de Watson se lee lo siguiente: «Sin embargo, cuando llego a un lugar complicado, valoro las dificultades, me digo que debo vigilar y tener cuidado, debo mantener mis ojos sobre lo que hago, trabajo muy lentamente y muevo mi cuchillo con la mayor sutileza, hasta que ¡hop!, todo se abre como un terrón de tierra desmoronándose en el suelo. Yo permanezco allí sosteniendo el cuchillo y mirando a todos a mi alrededor, completamente satisfecho y poco dispuesto a irme; entonces limpio el cuchillo y lo guardo».

Algunos eruditos antiguos tomaron este pasaje para referirse a los métodos de trabajo de un carnicero mediocre que no sabe lo que es el *yu*. Otros eruditos más modernos, como Watson y Graham, creen que se refiere a los métodos de trabajo propios de Ting. Basándome en mi conocimiento de la experiencia de flujo, creo que la lectura posterior es la correcta. Demuestra, incluso después de que todos los niveles obvios de habilidad y de las artes (*chi*) se han dominado, que el *yu* todavía depende del descubrimiento de nuevos desafíos (el "lugar complicado" o las "dificultades" de la cita anterior) y del desarrollo de nuevas habilidades («vigilar y tener cuidado, debo mantener los ojos sobre lo que hago, [...] muevo mi cuchillo con la mayor sutileza»).

En otras palabras, las alturas místicas del Yu no se lograban por un salto cuántico sobrehumano, sino simplemente mediante el enfoque gradual de la atención sobre las oportunidades para la acción en el propio entorno, lo que, como resultado, da una perfección de las habilidades que con el tiempo llega a ser tan automática que parece espontánea y de otro mundo. La actuación de un gran violinista o de un gran matemático parece ser igualmente sobrenatural, aunque puede explicarse por el continuo progreso de los desafíos y de las habilidades. Si mi interpretación es cierta, en la experiencia de flujo (o *yu*) Oriente y

Occidente se encuentran: en ambas culturas el éxtasis proviene de las mismas fuentes. El cocinero del señor Wen-Hui es un ejemplo excelente de cómo uno puede encontrar flujo en los lugares más inverosímiles, en los trabajos más humildes de la vida diaria. Y es también notable que hace veintitrés siglos la dinámica de esta experiencia fuera ya tan bien conocida.

La anciana que cultiva en el los Alpes, el soldado en el sur de Chicago y el cocinero mítico de la antigua China tienen esto en común: su trabajo es duro y feo, y la mayoría de la gente lo encontraría aburrido, repetitivo y sin sentido. Sin embargo, estos individuos transformaron los trabajos que tuvieron que hacer en actividades complejas. Lo hicieron al descubrir posibilidades para la acción donde otros no las descubrieron, al mejorar sus habilidades, al enfocar su atención en la actividad que tenían a mano y permitirse perderse en la interacción para que sus personalidades pudieran después surgir con más fuerza. Así transformado, el trabajo llega a ser agradable y, como es el resultado de una inversión personal de energía psíquica, se siente como si hubiese sido elegido libremente.

Trabajos autotélicos

Serafina, Joe y Ting son ejemplos de personas que han desarrollado una personalidad autotélica. A pesar de las graves limitaciones de su entorno fueron capaces de cambiar las limitaciones en oportunidades para expresar su libertad y su creatividad. Su método representa una manera de disfrutar del trabajo a la vez que lo hace más interesante. El otro método consiste en cambiar el propio trabajo, hasta que sus condiciones sean más propicias para el flujo, incluso para la gente que carece de personalidades autotélicas. Cuanto más se parezca el trabajo a un juego –con variedad, desafíos apropiados y flexibles, metas claras y retroalimentación inmediata– más agradable será, sea cual sea el nivel de cualificación del trabajador.

La caza, por ejemplo, es un buen ejemplo de "trabajo" que por su naturaleza tuvo todas las características de flujo. Durante centenares de miles de años el juego de la caza era la actividad productiva principal a la que se dedicaban los humanos. La caza ha resultado ser tan agradable que mucha gente todavía la practica como una afición, después de que toda la necesidad práctica de hacerlo haya desaparecido. Lo mismo es cierto para la pesca. El modo de vida pastoril también tiene algo de la libertad y de la estructura de flujo de los antiguos "trabajos". Actualmente muchos jóvenes navajos de Arizona dicen que seguir sus ovejas a lomo del caballo sobre las llanuras es lo más agradable que hacen. Comparado con la caza o la pesca, es más difícil disfrutar de la agricultura. Es una actividad más repetitiva y sedentaria, y los resultados tardan mucho más tiempo en aparecer. Las semillas plantadas en la primavera necesitan de muchos meses para dar fruto. Para disfrutar de la agricultura hay que jugar dentro de un plazo de tiempo más largo que en la caza: mientras el cazador puede escoger su método de ataque varias veces al día, el labrador decide qué cosecha debe plantar, dónde y en qué cantidad únicamente unas pocas veces al año. A fin de tener éxito, el labrador debe realizar laboriosos preparativos y aguantar períodos de impotente espera, deseando que el tiempo colabore. No es sorprendente saber que las poblaciones enteras de nómadas o de cazadores, cuando se vieron forzadas a convertirse en labradores, prefiriesen estar muertos antes que someterse a una existencia ostensiblemente aburrida. Aunque con el tiempo muchos granjeros aprendieron a disfrutar de las posibilidades más sutiles de su ocupación.

Antes del siglo dieciocho, la industria de la artesanía ocupaba la mayoría del tiempo libre que no se ocupaba en las tareas agrícolas, y estaba razonablemente bien proyectada desde el punto de vista de proporcionar flujo. Los tejedores ingleses, por ejemplo, trabajaban en su casa y la familia entera colaboraba según lo acordado previamente entre ellos. Se proponían sus propias metas de producción y las modificaban según lo que pensaban que podrían realizar. Si el tiempo era bueno, lo dejaban para trabajar en el huerto o en el jardín. Cuando tenían ganas cantaban unas baladas y cuando un trozo de tela se terminaba todos lo celebraban con un trago.

Este sistema todavía funciona en algunas partes del mundo que han sido capaces de mantener un ritmo de producción más humano a pesar de todos los beneficios de la modernización. Por ejemplo, el profesor Massimini y su equipo entrevistaron a los tejedores de la provincia de Biella, en el norte de Italia, cuyo sistema de trabajo se parece al de los legendarios tejedores ingleses de hace dos siglos. Cada una de estas familias posee de dos a diez telares mecánicos que pueden ser supervisados por una sola persona. El padre puede mirar los telares por la mañana temprano, entonces llama a su hijo para que se haga cargo mientras él va a buscar setas al bosque o se queda en el riachuelo para pescar truchas. El hijo hace funcionar las máquinas hasta que se aburre, punto en el que la madre toma el relevo.

En las entrevistas, cada miembro de la familia dijo que tejer era la actividad más agradable que hacía, más que viajar, más que ir a discotecas, más que la pesca y seguramente más que ver la televisión. La razón por la que el trabajo era tan divertido es que continuamente les estaba desafiando. Los miembros de la familia diseñaban sus propios modelos y cuando habían tejido suficiente de uno, cambiaban a otro. Cada familia decidía qué tipo de tela tejer, dónde comprar los materiales, cuánto producir y dónde venderlo. Algunas familias tuvieron clientes de países tan lejanos como Japón y Australia. Los miembros de la familia estaban siempre viajando a los centros de fabricación para estar al tanto de las nuevas tecnologías o para comprar el equipo necesario al precio más barato posible.

Pero en Occidente tan convenientes arreglos propicios al flujo fueron brutalmente desbaratados por la invención de los primeros telares mecánicos y por el sistema centralizado de fábricas que provocaron. A mediados del siglo XVIII las familias artesanas de Inglaterra eran incapaces de competir con la fabricación en serie. Las familias se dispersaron, los trabajadores tuvieron que salir de sus cabañas y trasladarse en masa a una fea y desagradable fábrica donde se les imponían unos rígidos horarios que duraban desde el amanecer al anochecer. Los niños con siete años de edad tuvieron que trabajar hasta el agotamiento entre desconocidos indiferentes o explotadores. Si el disfrute del trabajo tuvo cualquier credibilidad, se destruyó efectivamente con el primer frenesí de la industrialización.

Ahora hemos entrado en una nueva era postindustrial, y se dice que el trabajo puede ser nuevamente benigno: el obrero típico ahora se sienta frente a un tablero de botones, supervisando la pantalla de un ordenador en una sala de control, mientras una banda de robots en la línea de montaje realiza cualquier trabajo "verdadero". De hecho, la mayoría de la gente no está ya comprometida en la producción; trabaja en el llamado "sector servicios", realizando trabajos que seguramente les parecerían un descanso a los trabajadores de fábrica y a los labradores de unos cuantas generaciones atrás. Por encima de ellos están los gerentes y los profesionales, que tienen un gran margen para hacer lo que quieran en su trabajo.

De modo que el trabajo puede ser brutal y aburrido, o agradable e interesante. En solo unas décadas, como sucedió en Inglaterra en 1740, las condiciones de trabajo pueden cambiar de ser relativamente amenas a ser una pesadilla. Las innovaciones tecnológicas como la noria, el arado, el motor de vapor, la electricidad o el chip de silicio pueden provocar una diferencia tremenda que haga que el trabajo sea agradable o no. Los derechos que regulan el acceso a los terrenos comunitarios, la abolición de la esclavitud, la abolición de los aprendices o la institución de las cuarenta horas de trabajo por semana y los jornales mínimos también pueden tener un gran impacto. Cuanto antes nos demos cuenta de que la calidad de la experiencia en el trabajo puede transformarse, más pronto podremos mejorar esta dimensión tan importante en nuestra vida. Aunque la mayoría de la gente todavía cree que el trabajo está destinado para siempre a ser "la maldición de Adán".

En teoría, cualquier trabajo podría alterarse para que nos produjera más disfrute siguiendo las prescripciones del modelo del flujo. En la actualidad, como siempre, si el trabajo es agradable o no, está fuera de los intereses de quienes tienen el poder para influir en la naturaleza de un determinado trabajo. La gestión tiene que cuidar de la productividad antes que nada, y los jefes sindicales piensan sobre todo en el mantenimiento de la seguridad y las remuneraciones salariales. A corto plazo estas prioridades podrían entrar en conflicto con las condiciones productoras de flujo. Es lamentable, porque si los trabajadores disfrutaran realmente de sus trabajos se beneficiarían no solamente a nivel personal, sino que seguramente tarde o temprano producirían más eficientemente y alcanzarían todas las otras metas que ahora tienen prioridad.

Al mismo tiempo sería erróneo esperar que si todos los trabajos se proyectaran como juegos, todo el mundo disfrutaría con ellos. Incluso las condiciones externas más favorables no garantizan que una persona esté en flujo, porque la experiencia óptima depende de una evaluación subjetiva de qué posibilidades para la acción existen y de las propias capacidades, y sucede bastante a menudo que un individuo esté a disgusto incluso en un trabajo potencialmente bueno.

Tomemos como ejemplo la profesión de cirujano. Pocos trabajos implican tanta responsabilidad o confieren tanto prestigio a quienes lo realizan. Ciertamente, si los desafíos y las habilidades son los factores importantes, entonces los cirujanos deben encontrar que su trabajo es maravilloso. Y de hecho, muchos cirujanos dicen que se envician con su trabajo, que nada en sus vidas puede compararse a él desde el punto de vista del disfrute, que cualquier cosa que les lleve lejos del hospital –unas vacaciones en el Caribe, una noche en la ópera– es un derroche de tiempo.

Pero no todos los cirujanos están tan entusiasmados con su

trabajo. Algunos se aburren tanto con él que empiezan a beber, a apostar en los juegos de azar o se lanzan a un estilo de vida rápido para olvidarse de su monotonía. ¿Cómo es posible que tengan puntos de vista tan ampliamente divergentes acerca de la misma profesión? Una razón es que los cirujanos que tienen empleos bien pagados pero cuyas funciones son repetitivas pronto comienzan a sentir el tedio. Hay cirujanos que operan únicamente el apéndice o las amígdalas; unos pocos incluso se especializan en taladrar el lóbulo de la oreja. Tal especialización puede ser lucrativa, pero hace más difícil disfrutar del trabajo. En el otro extremo hay cirujanos competitivos que van totalmente en la dirección opuesta y que constantemente necesitan nuevos desafíos, quieren practicar nuevos y espectaculares procedimientos quirúrgicos hasta que finalmente no pueden cumplir las expectativas que se han impuesto. Los cirujanos pioneros se queman por la razón opuesta del especialista rutinario: han realizado lo imposible una vez, pero no han encontrado una manera para hacerlo de nuevo.

Aquellos cirujanos que disfrutan de su trabajo, suelen trabajar en hospitales que les permiten cierta variedad y cierta cantidad de experimentación con las últimas técnicas, y parte de su trabajo lo dedican a la investigación y a la enseñanza. Estos cirujanos mencionan el dinero, el prestigio y salvar vidas como algo importante para ellos, pero afirman que su mayor entusiasmo reside en los aspectos intrínsecos del trabajo. Lo que hace que la cirugía sea tan especial para ellos es el sentimiento que consiguen de la propia actividad. Y la manera en que describen este sentimiento es, en casi cada detalle, parecida a las experiencias de flujo descritas por los atletas, los artistas o el cocinero que cortaba animales para el señor Wei.

La explicación para esto es que las operaciones quirúrgicas poseen todas las características que debería tener una actividad de flujo. Los cirujanos mencionan, por ejemplo, lo bien que están definidas sus metas. Un especialista en medicina interna trata problemas que son menos específicos y menos localizados, y un psiquiatra trata con síntomas y soluciones aún más ambiguas y efímeras. Por el contrario, la tarea de cirujano está clara como un cristal: extraer el tumor, colocar el hueso o conseguir que algún órgano bombee nuevamente. Una vez que esa tarea ha sido realizada, coserá la incisión y se dirigirá al próximo paciente con la sensación de un trabajo bien hecho.

De igual modo, la cirugía provee de retroalimentación inmediata y continua. Si no hay sangre en la cavidad, la operación va bien, entonces el tejido enfermo se extrae, o el hueso se une, se hacen las puntadas (o no, según el caso); a lo largo del proceso uno sabe exactamente si la cosa va bien, y si no es así, por qué. Por esta razón, la mayoría de los cirujanos cree que lo que ellos hacen es más agradable que cualquier otra rama de la medicina o que cualquier otro trabajo sobre la tierra.

Por otro lado, no hay carencia de desafíos en la cirugía. En las palabras de un cirujano: «Yo consigo disfrute intelectual, como el jugador de ajedrez o el académico que estudia los mondadientes mesopotámicos antiguos. [...] El arte es agradable, como la carpintería. [...] Obtengo la gratificación de enfrentarme a un problema sumamente difícil y resolverlo». Y otro dice: «Es muy satisfactorio, y si es algo difícil también es excitante. Es muy bonito lograr que las cosas funcionen de nuevo, poner las cosas en su lugar correcto para que tengan el aspecto que deberían y todo encaje. Es muy ameno, especialmente cuando el grupo trabaja unido de forma fluida y eficiente: entonces puede apreciarse la estética de la situación». Esta segunda cita indica que los desafíos de una operación no están limitados a lo que el cirujano debe hacer personalmente, sino que incluye coordinar un acontecimiento que involucra a un número de participantes adicionales. Muchos cirujanos comentan cuán interesante es ser parte de un equipo bien entrenado que funciona fluida y eficientemente. Y por supuesto, siempre hay la posibilidad de hacer mejor las cosas, de mejorar las propias habilidades. Un cirujano ocular comentó, «Usas instrumentos precisos y delicados. Es un ejercicio artístico. [...] Todo depende de la precisión y el arte con que ejecutes la operación». Comentó otro cirujano: «Es importante observar los detalles, ser pulcro y técnicamente eficiente. No me gusta derrochar movimientos y trato de hacer la operación tan bien como estaba planificada y pensada. En especial sobre dónde pongo la aguja, dónde pongo los puntos, el tipo de sutura, etc., las cosas deben tener el mejor aspecto y deben parecer fáciles».

La manera de practicar la cirugía ayuda a evitar las distracciones y a concentrar toda la atención en el procedimiento. El teatro de operaciones es realmente parecido a un escenario, con proyectores de luz que iluminan la acción y los actores. Antes de una operación, los cirujanos realizan unos pasos previos de preparación, de purificación y de disfrazarse con ropas especiales, como los atletas antes de una competición o los sacerdotes antes de una ceremonia. Estos rituales tienen un propósito práctico, pero también sirven para separar a los celebrantes de las preocupaciones de la vida cotidiana y enfocar sus mentes en el acto que van a ejecutar. Algunos cirujanos dicen que la mañana antes de una operación importante se ponen en "piloto automático" comiendo el mismo desayuno, vistiendo las mismas ropas y conduciendo al hospital por la misma ruta. No lo hacen porque sean supersticiosos, sino porque sienten que este comportamiento habitual facilita el que dediquen su atención al desafío que les espera.

Los cirujanos tienen suerte. No solo están bien pagados, no solo disfrutan de respeto y admiración, sino que además su trabajo se ha construido siguiendo las reglas de las actividades de flujo. A pesar de todas estas ventajas, hay cirujanos que se vuelven locos a causa del aburrimiento o porque desean alcanzar una fama y un poder inasequibles. Lo que esto indica es que aunque sea importante la estructura de un trabajo, no determina por sí mismo si una persona que desempeñe ese trabajo encontrará disfrute haciéndolo o no. La satisfacción en un trabajo dependerá también de si el trabajador tiene una personalidad autotélica o no la tiene. Joe el soldador disfrutó con tareas que pocos pensarían que ofrecían oportunidades para el flujo. Al mismo tiempo algunos cirujanos logran odiar un trabajo que parece haber sido creado adrede para producir disfrute.

Para mejorar la calidad de vida mediante el trabajo son necesarias dos estrategias complementarias: por un lado, los trabajos deberían ser rediseñados para que se pareciesen tan aproximadamente como fuese posible a las actividades de flujo, como la caza, el tejer artesanalmente y la cirugía. Pero también será necesario ayudar a las personas a desarrollar personalidades autotélicas como las de Serafina, Joe y Ting, enseñándoles a reconocer las oportunidades para la acción, a mejorar sus habilidades, a fijarse metas alcanzables. Ninguna de estas estrategias es probable que por sí misma haga el trabajo más agradable; es en combinación cuando deberían contribuir enormemente a la experiencia óptima.

La paradoja del trabajo

Es más fácil de comprender la manera en que el trabajo afecta a la calidad de vida cuando tomamos una perspectiva amplia y nos comparamos con personas de diferentes épocas y culturas, aunque al final tengamos que mirar con más detalle lo que sucede aquí y ahora. Los cocineros de la antigua China, los labradores alpinos, los cirujanos y los soldadores ayudan a iluminar el potencial inherente al trabajo, pero, después de todo, ellos no son muy típicos del tipo de trabajo que la mayoría de la gente realiza hoy en día. ¿Cuál es el trabajo de los adultos estadounidenses actualmente? En nuestros estudios hemos encontrado muchas veces un extraño conflicto interior entre la manera de relacionarse las personas y su forma de ganarse la vida. Por un lado, nuestros sujetos suelen decir que han tenido alguna de sus experiencias más positivas mientras estaban trabajando. De esta respuesta podríamos deducir que desearían estar trabajando, que su motivación sobre el trabajo debería ser alta. Sin embargo, incluso cuando se siente bien en el trabajo, la gente suele decir que preferiría no estar trabajando, que su motivación en el trabajo es baja. Lo inverso también es cierto: cuando se supone que está disfrutando de su bien ganado ocio, la gente suele tener el ánimo sorprendentemente bajo; y a pesar de ello siguen deseando más ocio.

Por ejemplo, en un estudio usamos el Método de Muestreo de la Experiencia para contestar a la pregunta: ¿la gente da más ejemplos de flujo en el trabajo o en el ocio? Los sujetos, unos cientos de hombres y mujeres que trabajaban en una amplia variedad de ocupaciones, llevaron el buscapersonas durante una semana, y cuando sonaba, ocho veces aleatorias al día durante una semana, llenaban dos páginas de un folleto para describir qué estaban haciendo y cómo se sentían en el momento en que sonó la señal. Entre otras cosas se les pidió que indicasen, sobre una escala de diez puntos, cuántos desafíos vieron en aquel momento y cuántas habilidades sintieron que usaban.

Una persona contó que estaba en flujo cada vez que superaba el nivel de desafíos y el nivel de habilidades promedio de la semana. En este estudio se recogieron unas 4.800 respuestas (un promedio de 44 por persona y semana). En términos del criterio que nosotros habíamos adoptado, el 33% de estas respuestas eran "en flujo", o lo que es lo mismo, superaban el promedio personal de desafíos y habilidades semanales. Por supuesto, este método de definir el flujo es más bien liberal. Si únicamente se desea incluir experiencias de flujo sumamente complejas –es decir, aquellas con los niveles más altos de desafíos y habilidades– quizá menos del 1% de las respuestas se definiría como en flujo. La convención metodológica adoptada aquí para definir flujo funciona algo así como un microscopio: según el nivel de ampliación que se utilice, serán visibles detalles diferentes.

Como esperábamos, cuanto más tiempo una persona estaba en flujo durante la semana, mejor era la calidad total de su experiencia. Las personas que estaban más frecuentemente en flujo era muy probable que se sintiesen "fuertes", "activas", "creativas", "concentradas" y "motivadas". Sin embargo, fue algo inesperado lo a menudo que las personas decían estar en situaciones de flujo en el trabajo y qué raramente lo estaban durante el ocio.

Cuando respondían a la señal mientras realmente trabajaban en sus trabajos (lo que sucedió únicamente tres de cada cuatro veces, porque resulta que a menudo estos trabajadores estaban soñando despiertos, hablando o resolviendo alguna cuestión personal), la proporción de respuestas de flujo era alta, un 54%. En otras palabras, sobre la mitad del tiempo que estaban trabajando, se enfrentaban a desafíos por encima del promedio y usaban habilidades por encima del promedio. En contraste, cuando estaban ocupados en actividades de ocio tales como leer, ver televisión, estar con los amigos o ir al restaurante, solo el 18% de las respuestas eran de flujo. Las respuestas de ocio entraban típicamente en la gama que nosotros hemos venido a llamar apatía, caracterizada por niveles que están bajo el promedio tanto de desafíos como de habilidades. En esta condición, la gente tiende a decir que se siente pasiva, débil, aburrida e insatisfecha. Cuando trabajaban, el 16% de las respuestas estaban en la región de apatía; durante el ocio, más de la mitad (el 52%).

Como podría esperarse, los gerentes y los supervisores estaban significativamente más frecuentemente en flujo en el trabajo (64%) que los trabajadores administrativos (51%) y que los trabajadores de taller (47%). Los trabajadores de taller dijeron que sentían más flujo durante el ocio (20%) que los trabajadores administrativos (16%) y que los gerentes (15%). Pero incluso los trabajadores de las cadenas de ensamblaje dijeron que estaban en flujo el doble de veces en el trabajo que durante el ocio (47% frente a un 20%). Inversamente, la apatía en el trabajo se registró más frecuentemente entre los trabajadores de taller que entre los gerentes (23% frente a un 11%), y durante el ocio más frecuentemente en los gerentes que en los trabajadores de taller (61% frente a un 46%).

Cuando las personas estaban en flujo, describían el trabajo o el tiempo libre como una experiencia mucho más positiva que las veces que no estaban en flujo. Cuando los desafíos y las habilidades eran altas, ellas se sentían más felices, más alegres, más fuertes, más activas; se concentraban más; se sentían más creativas y satisfechas. Todas estas diferencias en la calidad de la experiencia eran muy importantes estadísticamente y eran más o menos las mismas para cada tipo de trabajador.

Había únicamente una excepción a esta tendencia general. Una de las preguntas en el folleto de respuestas pedía a los sujetos que indicasen, nuevamente sobre una escala de diez puntos que iba desde *no* a *sí*, su respuesta a la siguiente pregunta: «¿Desearía usted estar haciendo otra cosa?» Si la persona responde *no* a esta pregunta es generalmente un indicio fiable de cuán motivada estaba en el momento de la señal. Los resultados mostraron que las personas deseaban estar haciendo otra cosa más veces en el trabajo que cuando estaban realizando actividades de ocio, sin importarles si estaban o no en flujo. En otras palabras, la motivación era baja en el trabajo aunque este ofreciese flujo y era alta en el ocio aun cuando la calidad de experiencia fuese baja.

Así que nos encontramos ante una situación paradójica: en el trabajo la gente se siente hábil y presta a enfrentarse a los desafíos, y por lo tanto es más feliz, fuerte, creativa y satisfecha. La gente, en su rato libre siente que generalmente no hay muchas cosas que hacer y que sus habilidades no son usadas, por lo tanto tiende a sentirse más triste, débil, aburrida e insatisfecha, a pesar de que le gustaría trabajar menos y dedicar más tiempo al ocio.

¿Qué significa este modelo contradictorio? Hay varias explicaciones posibles, pero una conclusión parece inevitable: cuando se trata del trabajo, la gente no escucha la evidencia de sus sentidos. Desatiende la calidad de experiencia inmediata y basa su motivación en el estereotipo cultural, fuertemente arraigado, de lo que se *supone* que es el trabajo. Piensa en él como una imposición, una limitación, una transgresión de su libertad y, por lo tanto, algo que debe ser evitado tanto como sea posible.

Podría afirmarse que aunque el flujo en el trabajo sea agradable, la gente no puede permanecer en niveles altos de desafío todo el tiempo. Necesita recuperarse en casa, volver a echarse en el sofá durante unas horas cada día, aunque no lo disfrute. Pero los ejemplos comparativos parecen contradecir este argumento. Por ejemplo los granjeros de Pont Trentaz trabajan mucho más duro, y durante más horas, que el estadounidense medio, y el desafío que encaran en su rutina diaria requiere, por lo menos, de niveles igual de altos de concentración e involucración. Sin embargo, ellos no desean estar haciendo otra cosa mientras trabajan, y después, en vez de descansar llenan sus ratos libres con exigentes actividades de ocio.

Como estos hallazgos sugieren, la apatía de mucha gente de nuestro alrededor no es debida a estar físicamente o mentalmente agotada. El problema parece radicar en la relación del trabajador moderno con su trabajo, con la manera de percibir sus metas en relación con él. Cuando sentimos que empleamos la atención en una tarea contra nuestra voluntad, es como si nuestra energía psíquica estuviese siendo derrochada. En vez de ayudarnos a alcanzar nuestras propias metas, las estamos alcanzando para otra persona. El tiempo utilizado en esta tarea se percibe como un tiempo a restar del total disponible en nuestras vidas. Muchas personas consideran que sus trabajos son algo que tienen que hacer, una carga impuesta desde fuera, un esfuerzo que les roba vida y la existencia. Aunque en el momento mismo de la experiencia de trabajo puedan considerarla positiva, tienden a descartarlo, porque no contribuye a sus propias metas de largo alcance.

Debemos acentuar, sin embargo, que "el descontento" es un término relativo. Según las encuestas nacionales a gran escala llevadas a cabo entre 1972 y 1978, únicamente el 3% de los trabajadores estadounidenses dijeron que estaban muy insatisfechos con sus trabajos, mientras que el 52% dijeron que estaban muy satisfechos, lo que es uno de los resultados más altos en las naciones industrializadas. Pero se puede amar el trabajo y todavía sentirse insatisfecho con algunos aspectos del mismo; entonces se puede intentar que mejore lo que no es perfecto. En nuestros estudios encontramos que los trabajadores estadounidenses tienden a mencionar tres razones principales para su descontento con el trabajo, todos ellos relacionados con la calidad de la experiencia típica que puede conseguirse en el trabajo; aunque, como acabamos de ver, su experiencia en el trabajo tiende a ser mejor que en su hogar. (Contrariamente a la opinión popular, el salario y los otros intereses materiales no están generalmente entre sus intereses más urgentes.) La primera queja, y quizá la más importante, es la falta de variedad y desafíos. Esto puede ser un problema para todos, pero especialmente para quienes trabajan en los puestos de nivel más inferior, en los que la rutina juega un papel importante. La segunda razón tiene que ver con los conflictos con los compañeros de trabajo, especialmente con los jefes. La tercera razón es "quemarse": demasiada presión, demasiada tensión, demasiado poco tiempo para pensar en uno mismo, demasiado poco tiempo para estar con la familia. Este es un factor que inquieta particularmente a las categorías más altas, los ejecutivos y los gerentes.

Tales quejas son realmente suficientes en lo que se refiere a las condiciones objetivas, aunque pueden superarse con un cambio subjetivo en la conciencia. La variedad y el desafío, por ejemplo, son en cierto sentido inherentes a las características del trabajo, pero también dependen de cómo percibe uno las oportunidades. Ting, Serafina y Joe vieron desafíos en tareas que la mayoría la gente encontraría aburridas y sin sentido. Si un trabajo tiene variedad o no finalmente depende más del enfoque de la persona que de las condiciones reales del trabajo.

Lo mismo es cierto para las otras causas de descontento. Entenderse con los compañeros de trabajo y con los supervisores podría ser algo difícil, pero generalmente puede lograrse si uno lo intenta. El conflicto en el trabajo es debido frecuentemente al sentimiento defensivo de alguien que teme perder prestigio. Para demostrar su valía establece unos parámetros determinados de cómo deberían tratarle los demás, y entonces espera rígidamente que los otros cumplan esas expectativas. Esto, sin embargo, raramente sucede tal como se planifica, porque los otros también tienen su propia agenda de rígidas metas que alcanzar. Quizás la mejor manera de evitar este callejón sin salida sea estabelcer el desafío de alcanzar las propias metas al mismo tiempo que se ayuda a que el jefe y los colegas alcancen las suyas; es menos directo y consume más tiempo que luchar para satisfacer los propios intereses sin tener en cuenta lo que les pase a los demás, pero a largo plazo raramente falla.

Finalmente, las tensiones y las presiones son claramente los aspectos más subjetivos de un trabajo y, por lo tanto, deben ser más dóciles al control de la conciencia. La tensión existe únicamente si nosotros la experimentamos; son necesarias las condiciones objetivas más extremas para ocasionarla directamente. La misma cantidad de presión que debilitará a una persona, será un desafío bien venido para otra. Hay centenares de maneras de disminuir la tensión; algunas se basan en una mejor organización, en la delegación de responsabilidad, en una mejor comunicación con los compañeros de trabajo y con los supervisores; otras tienen como base los factores externos del trabajo, tales como la mejora de la vida doméstica, disfrutar del ocio, o practicar una disciplina interna como la meditación trascendental.

Estas soluciones parciales pueden ayudar, pero la única respuesta verdadera para manejar la tensión del trabajo es considerarlo como parte de una estrategia general de mejora de la calidad total de la experiencia. Por supuesto, esto es más fácil decirlo que hacerlo. Hacerlo implica movilizar energía psíquica y mantenerla enfocada en metas forjadas personalmente, a pesar de las distracciones inevitables. Más adelante, en el capítulo 9, comentaremos varias formas de manejar la tensión externa. Ahora puede sernos útil considerar cómo el uso del tiempo de ocio contribuye –o fracasa en contribuir– a la calidad de vida global.

El derroche del tiempo libre

Aunque, como hemos visto, la gente generalmente anhela dejar sus lugares de trabajo y llegar a casa para disponer de su duramente ganado tiempo libre y hacer un buen uso de él, demasiado a menudo no tienen idea de qué hacer entonces. Irónicamente, es más fácil disfrutar realmente del trabajo que del tiempo libre, porque, al igual que las actividades de flujo, el trabajo tiene metas, retroalimentación, reglas y desafíos, todo lo cual consigue que uno se implique en el trabajo, se concentre y se pierda en él. El tiempo libre, por otra parte, no está estructurado, requiere de un esfuerzo mayor para convertirse en algo que pueda disfrutarse. Las aficiones que exigen habilidad, los hábitos que imponen metas y límites, los intereses personales, y especialmente la disciplina interior, ayudan a que el ocio sea lo que se supone que es: una oportunidad para la *recreación*. Pero en conjunto, la gente pierde la oportunidad de disfrutar del ocio más plenamente que del trabajo. Hace sesenta años, el gran sociólogo estadounidense Robert Park escribió: «es en el mal uso de nuestro ocio donde sospecho que radica el mayor despilfarro de la vida de los estadounidenses».

La tremenda industria del ocio que ha aparecido en las últimas generaciones está diseñada para ayudarnos a llenar nuestros ratos libres con experiencias agradables. No obstante, en vez de usar nuestros recursos físicos y mentales para experimentar flujo, la mayoría de nosotros pasamos muchas horas cada semana viendo cómo famosos atletas compiten en estadios enormes. En vez de elaborar música, escuchamos los discos de platino de unos músicos millonarios. En vez de crear arte, vamos a admirar las pinturas que obtuvieron los precios más altos en las últimas subastas de arte. No corremos riesgos actuando según nuestras creencias, pero pasamos muchas horas cada día viendo a unos actores que fingen tener aventuras y que se comprometen, de mentira, en acciones significativas.

Esta participación indirecta es capaz de enmascarar, por lo menos temporalmente, el vacío subyacente a la pérdida de tiempo. Pero es un sustituto muy débil de la atención empleada en desafíos verdaderos. La experiencia de flujo que resulta del uso de nuestras habilidades conduce al crecimiento; la diversión pasiva no conduce a ninguna parte. Colectivamente, derrochamos cada año el equivalente de millones de años de conciencia humana. La energía que podría usarse para enfocarla en metas complejas, para ofrecernos un crecimiento personal placentero, se malgasta en modos de estimulación que solo copian la realidad. El ocio masivo, la cultura masiva, e incluso la cultura elevada cuando solo participamos en ella pasivamente y por razones extrínsecas –tales como el deseo de ostentar nuestro estatus– son parásitos de la mente. Absorben energía psíquica sin ofrecernos nada a cambio. Nos dejan más agotados, más desanimados de lo que estábamos antes.

A menos que la persona tome las riendas de ellos, tanto el trabajo como el tiempo libre probablemente le decepcionen. La mayoría de los trabajos y muchas actividades de ocio –especialmente las que potencian el consumo pasivo de los medios de comunicación de masas– no han sido diseñados para hacernos más felices y fuertes. Su propósito es hacer dinero para alguna otra persona. Si lo permitimos, pueden absorber nuestra vida hasta la médula y dejarnos como débiles peleles. Pero como todo lo demás, el trabajo y el ocio puede ser apropiados a nuestras necesidades. La gente que aprende a disfrutar de su trabajo, que no derrocha sus ratos libres, acaba por sentir que su vida, en cuanto totalidad, ha llegado a valer mucho más la pena. «El futuro –escribió C.K. Brightbill– pertenecerá no solamente al hombre instruido, sino al hombre que haya sido educado para usar su ocio sabiamente».

8. DISFRUTAR DE LA SOLEDAD Y DE LOS DEMÁS

Los estudios sobre el flujo han demostrado repetidamente que más que de cualquier otra cosa, la calidad de vida depende de dos factores: de cómo experimentamos el trabajo y de nuestras relaciones con otras personas. La información más detallada sobre quiénes somos como individuos proviene de las personas con las que nos comunicamos y de la manera en que realizamos nuestros trabajos. Nuestra personalidad está definida principalmente por lo que sucede en estos dos contextos, como Freud reconoció en su prescripción de "amor y trabajo" como receta para la felicidad. En el último capítulo revisamos algunas de las potencialidades de flujo del trabajo; en este capítulo exploraremos las relaciones con la familia y los amigos, para determinar cómo ellos pueden llegar a ser fuente de experiencias agradables.

La calidad de la experiencia es muy diferente si estamos en compañía de otras personas o no. Estamos biológicamente programados para pensar que los demás seres humanos son los objetos más importantes del mundo porque ellos pueden hacer que la vida sea muy interesante y llena de logros o totalmente miserable. Nuestra forma de llevar las relaciones con los demás marca enormes diferencias en nuestra felicidad. Si aprendemos a convertir nuestras relaciones con los demás en experiencias de flujo, nuestra calidad de vida global mejorará notablemente.

Por otra parte, también valoramos la privacidad y frecuentemente deseamos estar solos, aunque a menudo resulta que tan pronto como estamos solos, empezamos a deprimirnos. Es típico que la gente en esta situación se sienta sola, sienta que no hay desafíos, que no hay nada que hacer. Para algunos, la soledad provoca, en su forma más leve, los síntomas de desorientación de la privación sensorial. Así que, a menos que uno aprenda a tolerar e incluso a disfrutar el estar solo, es muy difícil realizar cualquier tarea que precise de total concentración. Por esta razón es esencial encontrar modos de controlar la conciencia, incluso cuando estamos solos.

El conflicto entre estar solo y estar con otros

De todas las cosas que nos asustan, el temor de ser expulsado fuera del flujo de la interacción humana es seguramente el peor. No hay duda de que somos animales sociales; únicamente en compañía de otras personas nos sentimos completos. En muchas culturas preliterarias se piensa que la soledad es tan insoportable que las personas hacen grandes esfuerzos para no estar nunca solas; únicamente las brujas y los chamanes se sienten cómodos pasando el tiempo solos. En sociedades humanas muy diferentes –aborígenes australianos, campesinos amish, cadetes de West-Point– la peor sanción que la comunidad puede emitir es la expulsión o el aislamiento. La persona se deprime gradualmente y pronto empieza a dudar de su misma existencia. En algunas sociedades el resultado final de ser desterrado es la muerte: la persona a la que se deja sola, acaba aceptando el hecho de que debe estar muerta, puesto que nadie le presta atención; poco a poco abandona el cuidado de su cuerpo y finalmente muere. La locución latina para "estar vivo" era *inter hominem esse*, que literalmente significa "estar entre hombres"; mientras que "estar muerto" era *inter hominem esse desinere*, o "cesar de estar entre hombres". El destierro de la ciudad era lo más próximo a matar a alguien, el castigo más severo para un ciudadano romano; por lujosa que fuese su hacienda, si un romano era desterrado de la compañía de sus iguales urbanos, se convertía en un hombre invisible. El mismo amargo destino es bien conocido por los neoyorkinos actuales cuando, por alguna razón, deben abandonar su ciudad.

La densidad de contactos humanos que proporcionan las grandes ciudades es como un bálsamo apaciguador; la gente, en tales lugares, disfruta con ello aunque la interacción pueda ser desagradable o peligrosa. Las muchedumbres fluyendo a lo largo de la Quinta Avenida pueden esconder a un gran número de asaltantes y excéntricos; no obstante, son emocionantes y tranquilizadoras. Todos se sienten más vivos cuando están rodeados de otras personas.

Las encuestas sociales han llegado a esta conclusión en todas partes, las personas dicen ser muy felices cuando están con sus amigos y su familia, o simplemente en compañía de otras personas. Cuando se les pide que enumeren las actividades amenas que mejoran su ánimo durante todo el día, el tipo de sucesos que frecuentemente mencionaron la mayoría fueron «estar junto a gente feliz», «que la gente muestre interés en lo que digo», «estar con los amigos», y «que sientan que soy sexualmente atractivo». Uno de los síntomas principales de la gente deprimida o triste es que rara vez dicen que les ocurran estas cosas. Una red social de apoyo también mitiga la tensión: una enfermedad u otro percance es menos probable que derrumbe a una persona si puede confiar en el apoyo emocional de los demás.

No hay duda de que estamos programados para buscar la compañía de nuestros iguales. Es probable que los genetistas del comportamiento encuentren tarde o temprano en nuestros cromosomas las instrucciones químicas que nos hacen sentir tan incómodos cuando estamos solos. Hay buenas razones por las que, durante el curso de la evolución, tales instrucciones se habrían agregado a nuestros genes. Los animales que desarrollan una ventaja competitiva frente a otras especies mediante la cooperación, sobreviven mucho mejor si están constantemente a la vista los unos de los otros. Los babuinos, por ejemplo, que necesitan de la ayuda de los compañeros para protegerse de los leopardos y las hienas que vagabundean en la sabana, tienen pocas oportunidades de alcanzar la madurez si abandonan su manada. Las mismas condiciones deben haber seleccionado el comportamiento gregario como una característica positiva para la supervivencia entre nuestros antepasados. Por supuesto, cuando la adaptación humana empezó a recaer cada vez más en la cultura, empezaron a ser importantes otras razones adicionales. Por ejemplo, cuanta más gente dependía del conocimiento en vez del instinto para la supervivencia, más se beneficiaban de compartir mutuamente lo que habían aprendido; un individuo solitario bajo tales condiciones se convirtió en un *idiota*, que en griego originalmente significaba una "persona encerrada en sí misma", es decir, alguien incapaz de aprender de los demás.

Al mismo tiempo, paradójicamente, hay una larga tradición de sabiduría que nos advierte que «el infierno son los otros». El sabio hindú y el ermitaño cristiano buscaron la paz lejos de la muchedumbre enloquecedora. Y cuando pensamos en las experiencias más negativas en la vida de una persona normal, encontramos la otra cara de la resplandeciente moneda del instinto gregario: los sucesos más dolorosos son también aquellos que atañen a nuestras relaciones. Los jefes injustos y los clientes mal educados que nos hacen sentir mal en el trabajo. En casa, un cónyuge poco cariñoso, un niño desagradecido y los suegros que se inmiscuyen en nuestra vida son las fuentes primarias de la melancolía. ¿Cómo es posible reconciliar el hecho que la gente ocasiona tanto las mejores como las peores situaciones que vivimos?

Esta contradicción evidente realmente no es difícil de resolver. Como cualquier otra cosa que realmente importe, las relaciones nos hacen sentir sumamente felices cuando van bien y muy deprimidos cuando no funcionan bien. La gente es el aspecto más flexible y más cambiante del entorno con el que tenemos que enfrentarnos. La misma persona puede hacer que la mañana sea maravillosa y que la tarde sea insoportable. Puesto que dependemos tanto del afecto y de la aprobación de los demás, somos sumamente vulnerables a la forma en que nos tratan.

Por lo tanto una persona que aprenda a entenderse con los demás conseguirá un cambio tremendo que mejorará su calidad de vida en conjunto. Este hecho es muy conocido por los que escriben y por los que leen libros con títulos del tipo *Cómo hacer amigos e influir en las personas*. Los gerentes anhelan comunicarse mejor para ser más eficaces como directivos y los advenedizos leen libros sobre la etiqueta social para ser aceptados y admirados por la gente de moda. Gran parte de este interés refleja un deseo extrínsecamente motivado de manipular a los demás. Pero la gente no es importante únicamente porque puede ayudarnos a convertir nuestras metas en realidad; cuando la tratamos por su valor intrínseco, la gente es la fuente de felicidad que más nos llena.

Es la misma flexibilidad de las relaciones lo que hace posible transformar interacciones desagradables en tolerables, o incluso excitantes. Nuestra definición e interpretación de una situación social marcará una gran diferencia en cómo las personas se traten entre sí y en cómo se sientan desenvolviéndose en ella. Por ejemplo, cuando nuestro hijo Mark tenía doce años de edad, tomó un atajo a través de un parque más bien desierto una tarde cuando volvía a casa desde la escuela. En medio del parque fue repentinamente sorprendido por tres jóvenes del gueto vecino. «No te muevas o él te disparará» dijo uno de ellos, señalando con la cabeza al tercer joven, que tenía la mano en su bolsillo. Los tres le arrebataron todo lo que tenía Mark: unas cuantas monedas y un viejo reloj. «Ahora sigue andando. No corras, no te gires». Mark empezó a caminar nuevamente hacia casa y ellos tres se fueron en otra dirección. Sin embargo, después de dar unos pasos, Mark se giró y trató de alcanzarlos, «Escuchen –gritó–, quiero hablar con ustedes». «Vete», gritaron ellos de nuevo. Pero él alcanzó al trío y les pidió que reconsiderasen devolverle el reloj que le habían robado. Les explicó que era muy barato y posiblemente de ningún valor para nadie excepto para él: «Miren, mis padres me lo dieron en mi cumpleaños». Los tres estaban furiosos, pero finalmente decidieron votar si le devolverían el reloj. El voto fue dos a uno en favor de devolverlo y Mark caminó orgullosamente hacia nuestra casa sin el dinero, pero con el viejo reloj en su bolsillo. Por supuesto a sus padres les costó más rato recuperarse de la experiencia.

Desde una perspectiva adulta, Mark era un insensato al arriesgar posiblemente su vida por un reloj viejo, por mucho valor sentimental que tuviese. Pero este episodio ilustra un importante punto general: que una situación social tiene la potencialidad para ser transformada si redefinimos sus reglas. Al no asumir el papel de la "víctima" que se le había impuesto y al no tratar a sus asaltantes como "ladrones", sino como gente razonable de quien uno puede esperar que tengan simpatía por el apego de un hijo a un recuerdo familiar, Mark fue capaz de cambiar el encuentro de un asalto a un encuentro que implicase, por lo menos en algún grado, una decisión democrática racional. En este caso su éxito dependió en su mayor parte de la suerte: los ladrones podrían haber estado borrachos o drogados más allá del alcance de la razón, y entonces podrían haberle herido gravemente. Pero el punto todavía sigue siendo válido: las relaciones humanas son maleables, y si una persona tiene las habilidades apropiadas puede transformar sus reglas.

Pero antes de considerar en más profundidad cómo las relaciones pueden ser transformadas para ofrecernos experiencias óptimas, es necesario tomar un rodeo por los reinos de la soledad. Únicamente después de comprender un poco mejor cómo afecta a la mente estar solo podremos ver más claramente por qué estar en compañía es tan imprescindible para el bienestar. El adulto medio pasa solo una tercera parte del tiempo que está despierto, y sabemos muy poco sobre esta parte enorme de nuestras vidas, excepto que nos desagrada.

El dolor de la soledad

La mayoría de la gente tiene un sentimiento casi insoportable de vacío cuando está sola, especialmente si no tiene nada específico que hacer. Adolescentes, adultos y ancianos; todos dicen que sus peores experiencias han tenido lugar en soledad. Casi todas las actividades son más agradables si hay otra persona alrededor, y menos cuando uno las hace solo. La gente es más feliz, está más alerta y alegre si hay otras personas presentes que si se siente sola, bien sea trabajando en una línea de montaje o viendo la televisión. Pero la condición más deprimente no es el trabajo o ver la televisión a solas; los peores estados de ánimo se producen cuando uno está solo y no hay nada que *deba* hacerse.

En nuestros estudios, para la gente que vive sola y no va a la iglesia, los domingos por la mañana son la peor parte de la semana, porque sin reclamos sobre los que dirigir la atención, son incapaces de decidir qué hacer. El resto de la semana la energía psíquica está dirigida por las rutinas externas: el trabajo, comprar, ver el programa de televisión favorito, etc. Pero ¿qué hacer el domingo por la mañana después del desayuno, después de haber ojeado la prensa? Para muchos, la carencia de estructura de esas horas es devastadora. Generalmente al llegar el mediodía, se ha tomado una decisión: segaré el césped, visitaré a los parientes o veré el partido de fútbol. Retorna entonces una sensación de propósito y la atención se enfoca en la próxima meta.

¿Por qué la soledad es una experiencia tan negativa? La respuesta más profunda es que mantener el orden en la mente desde dentro es muy difícil. Necesitamos objetivos externos, estímulos externos, retroalimentación del entorno para mantener enfocada la atención. Y cuando nos falta información externa, la atención divaga, y los pensamientos pueden ser caóticos, dando como resultado el estado que hemos denominado en el capítulo 2: la "entropía psíquica".

Cuando está solo, el adolescente típico comienza a preguntarse: «¿qué estará haciendo ahora mi chica?, ¿tengo acné?, ¿terminaré a tiempo mis deberes de matemáticas?» En otras palabras, sin nada que hacer, la mente es incapaz de impedir que los pensamientos negativos se coloquen en primer término. Y a menos que uno aprenda a controlar la conciencia, la misma situación les ocurre a los adultos. Las preocupaciones sobre la vida amorosa, la salud, las inversiones, la familia y el trabajo siempre revolotean en la periferia de la atención, a la espera hasta que no haya nada que pida concentración. Tan pronto como la mente está dispuesta para relajarse, ¡zas!, los problemas potenciales que esperaban con impaciencia asumen la dirección.

Por esta razón la televisión resulta tan beneficiosa a tanta gente. Aunque ver la televisión esté lejos de ser una experiencia positiva –generalmente las personas dicen que se sienten pasivas, débiles, más bien irritables y tristes cuando lo hacen– por lo menos la pantalla aporta una cierta cantidad de orden a la conciencia. Los argumentos predecibles, los personajes familiares, e incluso los anuncios redundantes, ofrecen un tranquilizador modelo de estimulación. La pantalla atrae la atención porque es un aspecto manejable y limitado del entorno. Mientras la mente está interactuando con la televisión, se protege de las preocupaciones personales. La información que pasa a través de la pantalla mantiene fuera de la mente las preocupaciones. Por supuesto, evitar la depresión de este modo es más bien un derroche, porque uno debe dedicarle mucha atención y después no obtiene mucho a cambio.

Maneras más drásticas de enfrentarse con el temor a la soledad son el uso regular de drogas o el recurrir a prácticas obsesivas, cuya gama puede ir desde limpiar la casa incesantemente hasta hacer el amor de forma compulsiva. Bajo la influencia de los productos químicos la personalidad queda relevada de la responsabilidad de dirigir su energía psíquica; podemos ponernos cómodos y observar los modelos de pensamiento que la droga ofrece y que suelen ser de este tipo: pase lo que pase, está fuera de nuestro control. Y como la televisión, la droga evita que la mente tenga que enfrentarse a los pensamientos deprimentes. A pesar de que el alcohol y otras drogas son capaces de producir experiencias óptimas, por lo general el nivel de complejidad es muy bajo. A menos que se consuman en contextos rituales altamente complejos, como se practica en muchas sociedades tradicionales, lo que las drogas de hecho hacen es *reducir* nuestra percepción, tanto de lo que puede ser realizado como de lo que nosotros en tanto que individuos somos capaces de realizar, hasta que ambas sensaciones se equilibran. Este es un estado ameno de las cosas, pero es solo una simulación engañosa del disfrute que causa *incrementar* las oportunidades para la acción y las capacidades para actuar.

Algunas personas disentirán profundamente de esta descripción sobre cómo las drogas afectan a la mente. Después de todo, durante el cuarto de siglo pasado nos habían contado con total seguridad que las drogas "expandían la conciencia", y que usarlas mejoraba la creatividad. Pero la evidencia sugiere que cuando los químicos alteran el contenido y la organización de la conciencia, no expanden ni aumentan el control de la personalidad sobre su funcionamiento. Y para realizar cualquier cosa creativa hay que lograr precisamente ese control. Por lo tanto, aunque las drogas psicotrópicas ofrecen una más amplia variedad de experiencias mentales que las que uno encontraría bajo las condiciones sensitivas normales, no agregan nada a nuestra capacidad para ordenarlas de forma efectiva.

Muchos artistas contemporáneos experimentan con alucinógenos con la esperanza de crear un trabajo tan misteriosamente sorprendente como aquellos versos del *Kubla Khan* que se supone que Samuel Coleridge compuso bajo la influencia del láudano. Sin embargo, tarde o temprano ellos se dan cuenta de que la *composición* de cualquier obra de arte requiere de una mente sobria. El trabajo que se efectúa bajo la influencia de drogas carece de la complejidad que nosotros esperamos del arte, tiende a ser obvio y autoindulgente. Una conciencia químicamente alterada puede producir imágenes, pensamientos y sentimientos inusitados que luego, cuando vuelve la claridad, el artista puede utilizar. El peligro es que, al llegar a ser dependiente de los productos químicos para organizar la mente, se arriesga a perder la capacidad para controlarla por sí mismo.

Mucho de lo que ocurre con la sexualidad es también simplemente una manera de imponer un orden externo sobre nuestros pensamientos, de "matar el tiempo" sin tener que enfrentarse a los peligros de la soledad. No debe sorprendernos que ver la televisión y practicar el sexo lleguen a ser actividades frecuentemente intercambiables. Los hábitos de la pornografía y del sexo despersonalizado se construyen sobre la atención programada genéticamente hacia las imágenes y las actividades relacionadas con la reproducción. Así enfocan la atención natural y placenteramente, y al hacerlo ayudan a evitar los contenidos indeseables de la mente. En lo que fracasan es en desarrollar cualesquiera de los hábitos de la atención que pueden conducirles a una mayor complejidad de la conciencia.

El mismo argumento sirve para lo que a primera vista puede parecer lo opuesto al placer: el comportamiento masoquista, arriesgarse, apostar. Estas formas que la gente utiliza para lastimarse o asustarse no requieren de una gran habilidad, pero ayudan a lograr la sensación de una experiencia directa. Incluso el dolor es mejor que el caos que se filtra en la mente no enfocada. Al lastimarse uno mismo, ya sea física o emocionalmente, esta atención puede enfocarse en algo que, aunque doloroso, por lo menos es controlable, puesto que somos nosotros quienes lo ocasionamos.

La prueba definitiva para la capacidad de controlar la calidad de la experiencia es lo que una persona hace en soledad, sin demandas externas que den estructura a su atención. Es relativamente fácil sentirse involucrado en un trabajo, disfrutar de la compañía de los amigos, entretenerse en un teatro o yendo a un concierto. Pero cuando nos dejan que nos las arreglemos con nuestros propios recursos, ¿qué sucede? Solos, cuando cae la noche oscura del alma, ¿nos vemos obligados a realizar desesperados intentos de distraer a la mente de su llegada? ¿Somos capaces de crear actividades que, además de ser agradables, hagan crecer la personalidad?

Llenar nuestros ratos libres de actividades que requieran concentración, que hagan aumentar nuestras habilidades, que produzcan un mayor desarrollo de la personalidad, no es lo mismo que matar el tiempo viendo la televisión o tomando drogas. Aunque ambas estrategias podrían verse como maneras distintas de manejar la misma amenaza de caos, como defensas contra la inquietud ontológica, la primera conduce al crecimiento, mientras que la segunda sirve meramente para evitar que la mente se disperse. Una persona que rara vez se aburre, que no necesita constantemente de un ambiente externo favorable para disfrutar del momento, ha superado la prueba de haber logrado una vida creativa.

Aprender a usar el tiempo en soledad, en vez de escapar de ella, es especialmente importante en nuestros primeros años. Los adolescentes que no pueden soportar la soledad se descalifican a sí mismos para poder luego efectuar tareas adultas que requieran de una preparación mental seria. Una típica situación familiar que preocupa a muchos padres sucede cuando un adolescente regresa de la escuela, deja los libros en su habitación y, después de coger algo de comida del refrigerador, se dirige al teléfono inmediatamente para seguir en contacto con sus amigos. Si no sale a dar una vuelta, encenderá el equipo de música o la televisión. Si por azar se siente tentado a abrir un libro, es improbable que la lectura se prolongue. Y estudiar significa concentrarse en difíciles modelos de información y, más pronto o más tarde, incluso la mente más disciplinada flota muy lejos de las implacables letras de molde que surcan la página para perseguir derroteros más amenos. Pero es difícil evocar pensamientos amenos a voluntad. En su lugar, la mente será asaltada por sus visitantes más usuales: los fantasmas sombríos que irrumpen en la mente no estructurada. El adolescente comienza a preocuparse acerca de su apariencia, de su popularidad, de sus oportunidades en la vida. Para repeler estos pensamientos debe encontrar otra cosa para ocupar su conciencia. Estudiar no, es demasiado difícil. El adolescente está dispuesto a hacer casi cualquier cosa para sacar a su mente de esta situación, mientras no exija demasiada energía psíquica. La solución más frecuente es volver a la familiar rutina de la música, la televisión o un amigo con quien pasar el rato.

Con el transcurso de las décadas nuestra cultura se ha vuelto más y más dependiente de la tecnología de la información. Para sobrevivir en este ambiente, la persona debe familiarizarse con los idiomas simbólicos abstractos. Unas pocas generaciones atrás, alguien que no supiese leer y escribir todavía podría haber encontrado un trabajo que le ofreciera buenos ingresos y una dignidad razonable. Un granjero, un herrero, un pequeño comerciante podrían aprender las habilidades requeridas para su vocación como aprendices de expertos de más edad, y hacerlo bien sin dominar un sistema simbólico. Hoy en día, incluso los trabajos más simples se apoyan en las instrucciones escritas y las ocupaciones más complejas requieren conocimientos especializados que hay que aprender de la manera más dura: a solas.

Los adolescentes que nunca aprenden a controlar su conciencia crecen hasta ser adultos sin una "disciplina". Carecen de las habilidades complejas que les ayudarán a sobrevivir en un entorno competitivo y repleto de información. Y lo que es aún más importante, nunca aprenderán a disfrutar viviendo. No han adquirido el hábito de encontrar desafíos que despierten las potencialidades ocultas y las desarrollen.

Pero los años de la adolescencia no son el único momento crucial para aprender a explotar las oportunidades de la soledad. Por desgracia, muchos adultos sienten que una vez han alcanzado los 20 o los 30 años (o seguro que a los 40), tienen derecho a relajarse en cualquier rutina que tengan establecida. Han pagado sus deudas, han aprendido los trucos para sobrevivir y de ahora en adelante pueden avanzar en piloto automático. Equipados con el mínimo nivel de disciplina interior, estas personas inevitablemente acumulan entropía con cada año que pasa. Las desilusiones en su trabajo, el declinar de la salud física, los reveses usuales del destino van construyendo una masa de información negativa que cada vez amenaza más su tranquilidad mental. ¿Cómo alejarse de estos problemas? Si una persona no sabe cómo controlar su atención en la soledad, se dirigirá inevitablemente hacia las fáciles soluciones externas: las drogas, la diversión, el placer, que siempre embotan o distraen a la mente.

Pero estas respuestas son regresivas, no conducen a ninguna parte. La manera de crecer mientras se disfruta de la vida es crear una forma más alta de orden que nos aleje de la entropía, que es una condición inevitable en la vida. Esto significa tomar cada nuevo desafío no como algo que debe reprimirse o evitado, sino como una oportunidad para aprender y para mejorar las habilidades. Cuando el vigor físico declina con la edad, por ejemplo, significa que uno estará listo para dirigir las propias energías desde la maestría del mundo externo a la exploración más profunda de la realidad interior. Significa que uno puede finalmente leer a Proust, aprender a jugar al ajedrez, cultivar orquídeas, ayudar a los vecinos y pensar sobre Dios, si estas son las cosas a las que uno ha decidido dedicarse. Pero es difícil realizar cualquiera de ellas a menos que uno haya adquirido con anterioridad el hábito de usar la soledad ventajosamente.

Y lo mejor es desarrollar este hábito pronto, aunque nunca es demasiado tarde para hacerlo. En los capítulos anteriores hemos reflexionado sobre algunas de las maneras con que el cuerpo y la mente pueden provocar flujo. Cuando una persona es capaz de realizar esas actividades a voluntad, sin considerar lo que sucede externamente, entonces ha aprendido a cultivar la calidad de vida.

Vencer la soledad

Todas las reglas tienen sus excepciones y, aunque la mayoría de la gente teme la soledad, hay personas que han elegido vivir solas. «Quien halla placer en estar solo –dice el viejo refrán que Francis Bacon repitió– es o una bestia salvaje o un dios». En realidad uno no tiene que ser un dios, pero es cierto que para disfrutar estando sola una persona debe construir sus propias rutinas mentales, para poder lograr el flujo sin los apoyos de la vida civilizada (sin otras personas, sin trabajo, televisión, teatro, restaurantes o bibliotecas para ayudarle a canalizar su atención). Un interesante ejemplo de este tipo de persona es una mujer llamada Dorothy, que vive en una isla minúscula en la región solitaria de los lagos y bosques del norte de Minnesota, bordeando la frontera canadiense. Originalmente era una enfermera en una gran ciudad. Dorothy se trasladó a la naturaleza después de que su esposo muriese y sus hijos crecieran. Durante los tres meses estivales, los pescadores que reman a través de su lago se detienen en la isla para charlar, pero durante el largo invierno ella está completamente sola durante meses. Dorothy ha tenido que colgar pesadas cortinas en las ventanas de su cabaña, porque se acobardaba al ver las manadas de lobos, con sus narices aplastadas contra los cristales de la ventana, mirándola con ansia cuando se despertaba por la mañana.

Al igual que otras personas que viven solas en la naturaleza, Dorothy ha tratado de personalizar sus alrededores hasta un extremo poco frecuente. Aquí y allá hay tinas con flores, gnomos de jardín, herramientas inservibles por el suelo. La mayoría de los árboles tienen letreros clavados en ellos, llenos de poemas, malos chistes o con viejos dibujos que señalan hacia los retretes y los cobertizos. Para el visitante urbano, la isla es el paradigma de la vulgaridad, pero como extensión del gusto de Dorothy, estos "cachivaches" crean un ambiente familiar donde la mente puede estar a sus anchas. En medio de la naturaleza indómita, ella ha introducido su propio e idiosincrásico estilo, su civilización propia. Dentro de la casa, sus objetos favoritos hacen que Dorothy se acuerde de sus metas. Ha dejado la impronta de sus preferencias sobre el caos.

Más importante que estructurar el espacio es, quizás, estructurar el tiempo. Dorothy tiene rutinas estrictas para todos los días del año: levantarse a las cinco, mirar si las gallinas han puesto huevos, ordeñar a la vaca, cortar leña, hacer el desayuno, lavarse, coser, pescar, etc. Como el inglés de la época colonial que se afeitaba y se vestía impecablemente cada tarde en su solitario puesto fronterizo, Dorothy también ha aprendido que para mantener el control en un ambiente ajeno hay que imponer un orden propio sobre la naturaleza. Las largas tardes transcurren leyendo y escribiendo. Libros sobre todos los temas imaginables cubren las paredes de sus dos cabañas. Luego están los viajes ocasionales para el abastecimiento, y en el verano los pescadores de paso introducen alguna variedad en la rutina gracias a sus visitas. A Dorothy parece que le gusta la gente, pero aún le gusta más tener el control de su mundo propio.

Uno puede sobrevivir en la soledad, pero solo si encuentra maneras de ordenar la atención para impedir que la entropía desestructure su mente. Susan Butcher, una entrenadora y criadora de perros que corre en trineo por el Ártico hasta durante 11 días tratando de eludir los ataques de los alces y de los lobos, se trasladó hace algunos años de Massachusetts para vivir en una cabaña alejada cuarenta kilómetros de la aldea más cercana: Manley, Alaska (población 62 habitantes). Antes de su boda, vivía sola junto a 150 perros huskies. No tiene tiempo para sentirse sola: caza para conseguir alimento y cuida de sus perros, que requieren de su atención dieciseis horas al día, cada día de la semana, pase lo que pase. Conoce a cada perro por su nombre, y el nombre de los padres y de los abuelos de cada perro. Conoce sus temperamentos, sus preferencias, sus hábitos de comida y su salud actual. Susan sostiene que a ella le gusta vivir de este modo más que hacer cualquier otra cosa. Las rutinas que ha construido exigen que su conciencia esté enfocada todo el tiempo en tareas manejables, y gracias a eso su vida es una continua experiencia de flujo.

Un amigo al que le gusta atravesar océanos en solitario en un buque de vela contó una vez una anécdota que ilustra lo que los navegantes solitarios tienen que hacer alguna vez para mantener sus mentes enfocadas. Al acercarse a las Azores en una travesía del Atlántico hacia el este, a unos 1.200 kilómetros de la costa portuguesa, y después de muchos días sin ver ni una vela, vio otro barco pequeño que se dirigía en la dirección opuesta. Era una buena oportunidad para visitar a un colega navegante, y los dos barcos trazaron el rumbo para encontrarse en mar abierto, lado a lado. El hombre del otro barco estaba fregando la cubierta, que estaba parcialmente sucia por una viscosa sustancia amarilla que olía mal. «¿Qué ocurrió para que su barco se ensuciara tanto?» preguntó mi amigo para romper el hielo. «Buneo, ya lo ve –respondió el otro encogiéndose de hombros–, es simplemente un montón de huevos podridos». Mi amigo admitió que no era lógico para él que tantos huevos podridos se hubieran roto en un barco en medio del océano. «Bueno – dijo el hombre–, la nevera se averió y los huevos se estropearon. Durante varios días no tuve viento y estaba realmente aburrido. Por lo tanto pensé que en vez de arrojar los huevos al mar, los rompería sobre la cubierta, y así después tendría que limpiarlo. Los dejé un tiempo ahí, porque así sería más difícil limpiarlo todo, pero no me figuré que olerían tan mal». En circunstancias ordinarias, los navegantes en solitario tienen muchas cosas que hacer para mantener sus mentes ocupadas. Su supervivencia depende de estar siempre alerta a las condiciones del barco y del mar. Es esta concentración constante sobre la meta y la tarea que conlleva lo que hace de la navegación una afición tan agradable. Pero cuando hay calma chicha, ellos necesitarán incluso recurrir a tareas heroicas para poder encontrar algún desafío.

¿Enfrentarse con la soledad mediante innecesarios pero trabajosos rituales que mantengan ocupada la mente se diferencia de tomar drogas o ver la televisión constantemente? Podría afirmarse que Dorothy y los otros ermitaños escapan de la "realidad" justo como lo hacen los adictos. En ambos casos, la entropía psíquica se ha evitado al eliminar de la mente los pensamientos y sentimientos desagradables. Sin embargo, el *cómo* se enfrentan con la soledad hace que todo sea distinto. Si estar solo se ve como una oportunidad para realizar las metas que no pueden alcanzarse en la compañía de los demás, entonces en vez de sentirse sola, la persona disfrutará de la soledad y podrá ser capaz de aprender nuevas habilidades en el proceso. Por otra parte, si la soledad se ve como una condición que debe evitarse a toda costa en vez de como un desafío, la persona será presa del pánico y recurrirá a distracciones que no pueden conducir a niveles más altos de complejidad. Criar perros peludos y correr en trineo por los bosques árticos podría parecer un empeño más bien primitivo, comparado con las elegantes gracias de los *playboys* o de los usuarios de la cocaína, aunque desde el punto de vista de la organización psíquica lo primero es infinitamente más complejo que lo segundo. Los estilos de vida construidos sobre el placer sobreviven únicamente en simbiosis con culturas complejas fundamentadas en el trabajo duro y en el disfrute, pero cuando la cultura ya no puede o no quiere mantener a improductivos hedonistas, a aquellos que se han enviciado en el placer, que carecen de habilidades y disciplinas y, por lo tanto, son incapaces de sobrevivir por sí mismos, se encontrarán perdidos e inútiles.

Esto no implica que la única manera de lograr el control sobre la conciencia sea trasladarse a Alaska y cazar alces. Una persona puede dominar actividades de flujo en casi cualquier ambiente. Algunos necesitarán vivir en la naturaleza o estar largos períodos de tiempo solos en el mar. La mayoría de gente preferirá estar rodeada por el ajetreo y el bullicio tranquilizador de la interacción humana. Sin embargo, la soledad es un problema que debe ser enfrentado tanto si uno vive en Manhattan como en la zona norte de Alaska. A menos que una persona aprenda a disfrutarla, puede malgastar su vida tratando desesperadamente de evitar sus efectos negativos.

El flujo y la familia

Algunas de las experiencias más intensas y significativas en las vidas de muchas personas son resultado de las relaciones familiares. Muchas mujeres y hombres de éxito estarían de acuerdo con la afirmación de Lee Iacocca: «he tenido una carrera profesional maravillosa y llena de éxitos, pero cuando estoy junto a mi familia, realmente lo demás no importa». A lo largo de la historia, la gente ha nacido y ha pasado su vida entera entre sus parientes. Las familias han variado mucho en tamaño y composición, pero en todos lados los individuos sienten una intimidad especial hacia sus parientes, con quienes se relacionan más frecuentemente que con las personas ajenas a la familia. Los sociobiólogos afirman que esta lealtad familiar es proporcional a la cantidad de genes que cualquier par de personas comparte: por ejemplo, un hermano y una hermana tendrán en común la mitad de sus genes, mientras que dos primos como mucho solo tendrán la mitad de esa cantidad. En este supuesto, como promedio, los hermanos se ayudarán el uno al otro dos veces más que entre dos primos. Así los sentimientos especiales que tenemos hacia nuestros parientes son simplemente un mecanismo diseñado para asegurar que nuestro tipo de genes se conservará y se transmitirá.

Ciertamente hay razones biológicas fuertes para nuestro apego especial a los parientes. Ningún mamífero que madure lentamente podría haber sobrevivido sin algún mecanismo incorporado que hiciera que la mayoría de los adultos se sintiesen responsables de su progenie, y esta, a su vez, se sintiese dependiente de sus progenitores; por esta razón el apego del bebé humano recién nacido por sus cuidadores, y viceversa, es especialmente fuerte. Pero los lazos reales de relaciones familiares han sido sorprendentemente diferentes en diversas culturas y en diversas épocas históricas.

Por ejemplo, si el casamiento es polígamo o monógamo, o bien si es patrilineal o matrilineal, tiene una influencia bastante fuerte sobre el tipo de experiencias diarias que los maridos, las esposas y los niños tienen entre sí. Y también sucede con los aspectos menos obvios de la estructura familiar, como los modelos específicos de herencia. De los muchos pequeños principados en que Alemania se hallaba dividida apenas hace un siglo, cada uno tenía distintas leyes de herencia que se basaban o sobre la primogenitura, donde el hijo mayor era el heredero de la hacienda entera de la familia, o sobre una división igual de la hacienda entre todos los hijos. La adopción de uno u otro de estos métodos para transmitir la propiedad parece haber sido casi enteramente debida al azar, aunque la elección tuvo implicaciones económicas profundas. (La primogenitura condujo a la concentración de capital en las tierras que usaron este método, lo que a su vez llevó a la industrialización; mientras que la propiedad compartida condujo a la fragmentación de la propiedad y al subdesarrollo industrial.) Más pertinente a nuestra historia es que la relación entre hermanos en una cultura que había adoptado el sistema de la primogenitura debe haber sido considerablemente diferente de uno en que los beneficios económicos se repartían de forma igual a todos los hijos. Los sentimientos que los hermanos y las hermanas tuvieron entre sí, lo que ellos esperaron del otro, sus responsabilidades y derechos recíprocos, estaban en gran parte "determinados" por la forma peculiar del sistema de familia. Como demuestra este ejemplo, la programación genética puede predisponernos al apego a los miembros de familia, pero el contexto cultural tendrá un gran papel que desempeñar respecto a la fortaleza y dirección de ese apego.

Porque la familia es nuestro primer y, en muchas maneras, nuestro más importante entorno social, la calidad de vida depende en gran medida de si una persona consigue que sea agradable la interacción con sus parientes. No importa lo fuertes que sean los lazos que la biología y la cultura hayan forjado entre los miembros de una familia, no es ningún secreto que hay gran variedad en lo que siente la gente acerca de sus parientes.

Algunas familias son cálidas y prestan apoyo, algunas son desafiantes y exigentes, otras amenazan a cada instante la personalidad de sus miembros, y otras solo son insufriblemente aburridas. La frecuencia del asesinato es mucho más alta entre los miembros de la familia que entre la gente no relacionada por este lazo. El abuso infantil y las relaciones sexuales incestuosas, en vez de ser desviaciones poco frecuentes de la norma, aparentemente ocurren mucho más frecuentemente de lo que se había sospechado antes. En palabras de John Fletcher, «quienes tienen más poder para lastimarnos son las personas que amamos». Lo que está claro es que la familia puede hacer que uno sea muy feliz o puede ser una carga insufrible. Lo que será depende, en gran parte, de cuánta energía psíquica inviertan los miembros de la familia en su relación mutua, y especialmente en las metas de los demás.

Cada relación requiere un reorientación de la atención, un reposicionamiento de las metas. Cuando dos personas empiezan a salir juntas, deben aceptar ciertas limitaciones que cada persona, por sí sola, no tenía: los horarios deben coordinarse, los planes se modifican. Incluso algo tan simple como una cita para cenar impone compromisos con respecto al tiempo, lugar, tipo de alimento, etc. Hasta cierto punto la pareja tendrá que responder con emociones similares a los estímulos que encuentre (la relación probablemente no durará mucho si al hombre le gusta una película que odia la mujer, y viceversa). Cuando dos personas eligen enfocar su atención recírpocamente entre sí, ambos tendrán que cambiar sus hábitos; como resultado, el modelo de su conciencia también tendrá que cambiar. Casarse requiere de una reorientación radical y permanente de los hábitos de la atención. Cuando un niño se agrega a la pareja, ambos padres tendrán que readaptarse nuevamente para acomodarse a las necesidades del bebé: su ciclo de sueño debe cambiar, saldrán con menor frecuencia, la esposa puede abandonar su trabajo, tal vez tengan que empezar a ahorrar para la educación del niño.

Todo esto puede ser un trabajo muy duro, y también puede ser muy frustrante. Si una persona no está dispuesta a ajustar sus metas personales cuando empieza una relación, entonces muchas de las cosas que consecutivamente van a suceder en esta relación producirán desorden en la conciencia de la persona, porque los nuevos modelos de interacción entrarán en conflicto con las viejas expectativas. Un soltero puede tener en su lista de prioridades conducir un coche deportivo y pasar unos semanas cada invierno en el Caribe. Luego decide casarse y tener un niño. Sin embargo, al cumplir estas metas posteriores se dará cuenta de que son incompatibles con las anteriores. No podrá comprarse un Maserati y las Bahamas estarán fuera de su alcance. A menos que cambie sus antiguas metas, se frustrará, produciendo un sentimiento de conflicto interior conocido como entropía psíquica. Y si cambia las metas, su personalidad cambiará como consecuencia, puesto que la personalidad es la suma y la organización de las metas. De este modo, entrar en cualquier relación supone una transformación de la personalidad. Hasta hace unas décadas, las familias tendían a permanecer juntas porque los padres y los hijos se forzaban a continuar la relación por razones extrínsecas. Si los divorcios eran poco frecuentes en el pasado, no es porque los esposos y las esposas se amasen más el uno al otro, sino porque los esposos necesitaban que alguien cocinase y cuidase de la casa, las esposas necesitaban que alguien llenase la despensa y los niños necesitaban de ambos padres a fin de comer, dormir y empezar a andar en el mundo. Los "valores familiares" que los mayores tanto se esforzaban en inculcar a los jóvenes eran un reflejo de esta simple necesidad, aun cuando se disfrazaban de consideraciones religiosas y morales. Por supuesto, una vez se había enseñado que los valores familiares eran importantes, la gente aprendía a tomarlos seriamente y evitaba que las familias se desintegrasen. Demasiado frecuentemente, sin embargo, las reglas morales eran una imposición de fuera, una limitación externa bajo la cual maridos, esposas y niños estaban presos. En tales casos la familia puede haber permanecido intacta físicamente, pero internamente estaba dividida por los conflictos y el odio. El actual "desmoronamiento" de la familia es el resultado de la lenta desaparición de las razones externas para permanecer casado. El aumento de la cifra de divorcios probablemente se vea más afectado por cambios en el mercado de trabajo, donde han aumentado las oportunidades de empleo para las mujeres, y por la difusión de los electrodomésticos que por una disminución del amor o de la fibra moral.

Pero las razones extrínsecas no son las únicas para seguir casados y para la convivencia en las familias. Hay grandes oportunidades para la alegría y para el crecimiento que solo pueden experimentarse en la vida familiar, y estas gratificaciones intrínsecas no son menos presentes hoy que en el pasado, de hecho, probablemente son mucho más fáciles de conseguir hoy que en cualquier otra época previa. Si la tendencia de las familias tradicionales a mantenerse juntos principalmente por conveniencia está disminuyendo, el número de familias que sigan juntas porque sus miembros disfrutan estando juntos puede aumentar. Por supuesto, ya que las fuerzas externas son todavía mucho más poderosas que las internas, el efecto neto probablemente será la fragmentación de la vida familiar durante algún tiempo más. Pero las familias que se mantengan unidas estarán en una mejor posición para ayudar a sus miembros a desarrollar una personalidad más rica que las familias que se han mantenido unidas en contra de su voluntad.

Ha habido interminables discusiones sobre si el ser humano es naturalmente promiscuo, polígamo o monógamo; y sobre si, en términos de evolución, la monogamia cultural es la forma más elevada de organización familiar. Para contestar a estas preguntas es importante darse cuenta de que solo se ocupan de las condiciones extrínsecas que conforman las relaciones de pareja. Sobre este particular, parece que la postura final es que los matrimonios tomarán la forma que más eficientemente les asegure la supervivencia. Incluso los miembros de la misma especie animal varían sus modelos de relación para adaptarse mejor a un ambiente determinado. Por ejemplo, el reyezuelo de pico largo de las marismas *Cistothorus palustris* macho es polígamo en Washington, donde las marismas varían en calidad y las hembras se sienten atraídas por aquellos pocos machos que tienen territorios ricos, condenando a los menos afortunados a una vida de soltería obligatoria. Los mismos pájaros son monógamos en Georgia, no tanto porque el estado sea parte del "cinturón de la Biblia"*, sino porque en las marismas todos tienen aproximadamente la misma cantidad de alimento y refugio, y por ello cada macho puede atraer un cónyuge al cómodo nido.

La forma que toma la familia humana es una respuesta a tipos similares de presiones ambientales. Desde el punto de vista de las razones extrínsecas, somos monógamos porque en las sociedades tecnológicas basadas en una economía monetaria, el tiempo ha probado que este es el acuerdo más conveniente. Pero el tema que debemos afrontar como individuos no es si los humanos son monógamos o no "por naturaleza", sino preguntarnos si deseamos ser monógamos o no. Y al contestar esta pregunta, necesitaremos sopesar todas las consecuencias de nuestra elección.

Es normal pensar en el casamiento como el fin de la libertad, y algunos se refieren a sus cónyuges como "sus cadenas". Típicamente, la noción de la vida de familia implica limitaciones responsabilidades que interfieren en las metas propias y en la libertad de acción. Pero, a pesar de que es cierto, especialmente cuando el casamiento es de conveniencia, lo que tendemos a olvidar es que estas reglas y obligaciones no son diferentes, en principio, a las reglas que delimitan el comportamiento en un juego. Al igual que en todas las reglas, se excluye una amplia gama de posibilidades para que podamos concentrarnos totalmente en un conjunto selecto de opciones.

---

* *N. del T.*: Cinturón de la Biblia (*Bible Belt*): zona de Estados Unidos donde impera un fundamentalismo protestante.

Cicerón escribió que para ser completamente libre hay que convertirse en esclavo de las leyes. En otras palabras, aceptar las limitaciones libera. Por ejemplo, al decidirse a invertir la energía psíquica exclusivamente en un matrimonio monógamo, a pesar de los problemas, obstáculos u opciones más atractivas que pueden aparecer luego, uno se libera de la presión constante de tratar de aumentar al máximo las recompensas emocionales. Habiéndose comprometido a lo que las anticuadas normas del matrimonio exigen, y al hacerlo de buena gana en vez de ser obligado por la tradición, una persona ya no necesita preocuparse de si ha hecho la elección correcta o de si la hierba podría ser más verde en alguna otra parte. Como resultado, se consigue liberar una gran cantidad de energía para vivir, en vez desperdiciarla en preguntarse sobre cómo vivir.

Si uno decide aceptar la forma tradicional de la familia, que conlleva un casamiento monógamo y una relación cercana con los hijos, con los parientes y con la comunidad, es importante que considere de antemano cómo podrá transformarse la vida familiar en una actividad de flujo. Porque si no, el aburrimiento y la frustración llegarán inevitablemente, y entonces la relación es probable que se rompa a menos que hayan factores extrínsecos fuertes que la mantengan unida.

Para producir flujo, una familia debe tener una meta para su existencia. Las razones extrínsecas no son suficientes: no es suficiente sentir que «todos los demás están casados», «es natural tener niños», o «dos pueden vivir tan económicamente como uno». Estas actitudes pueden fomentar el formar una familia, e incluso pueden tener la fuerza suficiente para mantenerla unida, pero no pueden conseguir que la vida de familia sea agradable. Las metas positivas son necesarias para enfocar las energías psíquicas de los padres y de los hijos sobre las tareas comunes.

Algunas de estas metas podrían ser muy generales y a largo plazo, tales como la planificación de un estilo de vida particular (construir el hogar ideal, ofrecer a los hijos la mejor educación posible o seguir una manera religiosa de vivir en medio de la sociedad secularizada moderna). Para que tales metas den como resultado unas interacciones que ayuden a aumentar la complejidad de sus miembros, la familia debe estar tanto *diferenciada* como *integrada*. La diferenciación significa que se fomenta que cada persona desarrolle sus características únicas, aumente al máximo las habilidades personales y se proponga metas individuales. La integración, por contraste, garantiza que lo que sucede a una persona afectará a todos los demás. Si el niño está orgulloso de lo que ha realizado en la escuela, el resto de la familia le prestará atención y se sentirán orgullosos, también. Si la madre se cansa y se deprime, la familia tratará de ayudarla y darle ánimos. En una familia integrada, las metas de cada persona les importan a todos.

Además de metas a largo plazo, es imperioso tener un abastecimiento constante de objetivos a corto plazo. Estos pueden ser tareas simples como la compra de un nuevo sofá, ir a comer al aire libre al campo, la planificación de unas vacaciones o jugar juntos al Scrabble el domingo por la tarde. Si no hay unas metas que toda la familia esté dispuesta a compartir, es casi imposible para sus miembros estar físicamente juntos, y para qué hablar de sentirse implicados en una agradable actividad conjunta. Aquí nuevamente, la diferenciación y la integración son importantes: las metas comunes deberían reflejar las metas de los miembros individuales tanto como sea posible. Si Rick quiere ir a una carrera de *motocross* y a Erica le gustaría ir al acuario, debería ser posible que todos viesen la carrera un de fin de semana y visitasen el acuario el fin de semana siguiente. Lo bonito de este acuerdo es que Erica probablemente disfrute de algún aspecto de la carrera de motocicletas y Rick podría conseguir realmente valorar ir a ver los peces, aunque ninguno de ellos lo habría descubierto si hubiesen continuado con sus prejuicios.

Como en cualquier otra actividad de flujo, las actividades familiares también deberían ofrecer una retroalimentación clara.

En este caso, se trata simplemente de mantener abiertos los canales de comunicación. Si el marido no sabe qué es lo que le molesta a su esposa, y viceversa, no tienen la oportunidad de reducir las tensiones inevitables que sucederán. En este contexto, vale la pena acentuar que la entropía es la condición básica de la vida de grupo, al igual que en la experiencia personal. A menos que la pareja invierta energía psíquica en la relación, los conflictos serán inevitables, simplemente porque cada individuo tiene metas que hasta cierto punto son divergentes de las de los otros miembros de la familia. Sin buenos canales de comunicación las distorsiones se irán ampliando hasta que la relación se desintegre.

La retroalimentación también es crucial para determinar si las metas familiares se han logrado. Mi esposa y yo solíamos pensar que llevar a nuestros niños al zoológico un domingo cada pocos meses era un espléndida actividad educativa y que todos podríamos disfrutar con ella. Pero cuando nuestro hijo mayor cumplió los 10 años, dejamos de ir porque él se sentía mal con la idea de que los animales estaban encerrados en espacios tan restringidos. Es una verdad de la vida que tarde o temprano todos los niños expresarán la opinión de que las actividades comunes de la familia son "aburridas". Llegados a este punto, forzarles para hacer las cosas juntos tiende a ser contraproducente. Por ello la mayoría de los padres simplemente abandonan y dejan a sus hijos adolescentes en compañía de sus amigos. La estrategia más fructífera, si bien la más difícil, consiste en encontrar un nuevo conjunto de actividades que siga teniendo a la familia unida como grupo.

El equilibrio entre los desafíos y las habilidades es otro factor necesario para disfrutar de las relaciones sociales en general y de la vida familiar en particular, como lo es para cualquier otra actividad de flujo. Cuando un hombre y una mujer se sienten atraídos el uno por el otro, las oportunidades para la acción se aclaran lo suficiente. Siempre, desde el amanecer de los tiempos, el desafío más básico para el novio ha sido «¿podré conquistarla?» y para ella, «¿podré seducirle?» Por lo general, y dependiendo del nivel de habilidad de los implicados, se perciben un sinfín de desafíos más complejos: averiguar qué tipo de persona realmente es el otro, qué películas le gustan, qué piensa sobre Sudáfrica y si es probable que el encuentro llegue a convertirse en una relación "significativa". Entonces hay cosas divertidas que poder hacer juntos, lugares que visitar, fiestas para ir, temas de los que hablar, etc.

Con el tiempo uno consigue conocer bien a la otra persona y los desafíos obvios se agotan. Se han probado todas las estratagemas usuales y las reacciones de la otra persona se convierten en algo predecible. El juego sexual ha perdido su excitación. Y llegados aquí, la relación está en peligro y puede convertirse en una rutina aburrida que puede mantenerse por conveniencia mutua, pero es improbable que ofrezca disfrute adicional o que chispee un nuevo crecimiento en la complejidad. La única manera de restaurar el flujo a la relación es encontrando nuevos desafíos en ella. Estos podrían ser tan simples como variar las rutinas de comer, dormir o comprar. Podrían implicar esforzarse para hablar de nuevos temas de conversación, visitar nuevos lugares, hacer nuevos amigos. Más que cualquier otra cosa tiene que ver con prestar atención a la complejidad propia de la pareja, conseguir conocerla a niveles más profundos de los que eran necesarios en los primeros tiempos de la relación, apoyándole con simpatía y comprensión durante los inevitables cambios que los años traerán. Una relación compleja tarde o temprano se enfrenta a la gran cuestión: si los dos están listos para establecer un compromiso para toda la vida. En este momento se presenta un nuevo conjunto de desafíos: conseguir una familia unida, implicarse en los asuntos de la comunidad cuando los niños ya son mayores, trabajar uno al lado del otro. Por supuesto, estas cosas no pueden suceder sin grandes aportes de energía y tiempo, pero el resultado desde el punto de vista de la calidad de la experiencia normalmente lo merece.

La misma necesidad de aumentar constantemente los desafíos y las habilidades se aplica a la relación con los niños. Durante el curso de la infancia y la primera niñez la mayoría de los padres disfrutan espontáneamente con el desarrollo del crecimiento de sus bebés: la primera sonrisa, la primera palabra, los primeros pasos, los primeros garabatos. Cada uno de estos saltos cuánticos en las habilidades del niño se convierten en un nuevo y alegre desafío, al que los padres responden enriqueciendo las oportunidades de actuar del niño. Desde la cuna al jardín de infancia, los padres van ajustando el equilibrio entre los desafíos y habilidades del niño y su ambiente. Pero al llegar a la adolescencia, muchos adolescentes deben enfrentarse a demasiadas cosas. Lo que la mayoría de los padres hacen es ignorar educadamente las vidas de sus niños, pretendiendo que todo está bien, creyendo contra todo pronóstico que será así.

Los adolescentes son seres psicológicamente maduros, maduros para la reproducción sexual; en la mayoría de las sociedades (y en la nuestra hasta hace un siglo) se consideraba que estaban preparados para asumir las responsabilidades adultas y el reconocimiento apropiado. Sin embargo, nuestras convenciones sociales actuales no ofrecen los desafíos adecuados para las habilidades que tienen los adolescentes, y estos tienen que descubrir las oportunidades para la acción fuera de las que están sancionadas por los adultos. Las únicas salidas que encuentran, demasiado a menudo, son el vandalismo, la delincuencia, las drogas y el sexo. Bajo las condiciones actualmente existentes es muy difícil para los padres compensar la pobreza de oportunidades que ofrece la cultura. En este aspecto, las familias que viven en las zonas residenciales más ricas son apenas mejores que las familias que viven en los barrios más pobres. ¿Qué puede hacer un joven de quince años fuerte, vital e inteligente en su zona residencial? Probablemente usted llegará a la conclusión de que lo que tiene a su alcance o es demasiado artificial, o es demasiado simple, o no es lo bastante excitante para atrapar la imaginación de un adolescente. No es sorprendente que el atletismo sea tan importante en las escuelas suburbanas; comparado con las demás alternativas, ofrece algo concreto para buscar oportunidades y mostrar las propias habilidades.

Pero hay algunas cosas que las familias pueden hacer para aliviar parcialmente este vacío de oportunidades. En otras épocas, los jóvenes dejaban el hogar cuando eran estudiantes y viajaban a pueblos distantes para exponerse a nuevos desafíos. Hoy existe algo similar en los Estados Unidos para los adolescentes: la costumbre de abandonar el hogar para ir a la universidad. El problema permanece durante el período de pubertad, aproximadamente los cinco años entre los 12 y los 17: ¿qué desafíos significativos pueden encontrarse para la gente joven? La situación es mucho más fácil cuando los padres están implicados en actividades complejas y comprensibles en el hogar. Si los padres disfrutan tocando música, cocinando, leyendo, dedicándose a la jardinería o a la carpintería o reparando motores en el garaje, entonces es más probable que sus niños encuentren actividades desafiantes similares e inviertan la atención suficiente en ellos para empezar a disfrutar haciendo algo que les ayude a crecer. Si los padres simplemente hablasen más sobre sus ideales y sueños –aun cuando estos hubiesen sido frustrados– los hijos podrían desarrollar la ambición necesaria para romper la complacencia de sus personalidades actuales. Si no hay nada más, comentar el propio trabajo o los pensamientos y los sucesos del día, y tratar a los niños como jóvenes adultos, como amigos, les ayuda a convertirse en adultos sensatos.

Pero si el padre ocupa todo su tiempo libre en el hogar vegetando frente al televisor con un vaso de alcohol en su mano, los niños naturalmente asumirán que los adultos son gente aburrida que no sabe cómo divertirse y volverán con el grupo de su edad para encontrar el disfrute.

En las comunidades más pobres las bandas juveniles ofrecen una verdadera abundancia de desafíos para los muchachos. Peleas, actos de alarde y exhibiciones rituales como los desfiles de las bandas en motocicleta equiparan las habilidades de los jóvenes con las oportunidades concretas. En las zonas residenciales ricas ni siquiera esta posibilidad para la acción está al alcance de los adolescentes. La mayoría de las actividades, incluyendo la escuela, el ocio y el empleo, están bajo el control adulto y hay muy poco lugar para la iniciativa de los jóvenes. Al carecer de cualquier salida significativa para sus habilidades y su creatividad, se dedican a estar siempre de fiesta, a ir en coche, a chismear, a probar las drogas y a la introspección narcisista para probarse a sí mismos que están vivos. Conscientemente o no, muchas niñas jóvenes sienten que quedar encinta es la única cosa realmente adulta que pueden hacer, a pesar de sus peligros y de sus desagradables consecuencias. Cómo reestructurar este ambiente para hacerlo suficientemente desafiante es seguramente una de las tareas más urgentes que encaran los padres de adolescentes. Y no tiene ningún valor decirles a nuestros adolescentes que se comporten y que hagan algo útil. Lo que les ayuda son los ejemplos en la propia vida y las oportunidades concretas. Si no tienen acceso a ellos, no podemos culpar al joven por seguir su propio rumbo.

Algunas de las tensiones de la vida adolescente pueden mitigarse si la familia le ofrece un sentimiento de aceptación, control y confianza en sí mismo. Una relación que tiene estas dimensiones es aquella en que las personas confían la una en la otra y se sienten totalmente aceptadas. Uno no tiene que preocuparse constantemente por gustar, por ser popular o por vivir las expectativas de los demás. Como dicen los refranes populares, «amar significa no tener que decir nunca "lo siento"», «el hogar es el lugar donde uno es siempre bien venido». Tener asegurado el propio mérito a los ojos de nuestros parientes da fuerza a las personas para que se arriesgen y acepten las oportunidades; la excesiva conformidad frecuentemente está ocasionada por el temor a la desaprobación. Es mucho más fácil para una persona tratar de desarrollar su potencial si sabe que, independientemente de lo que suceda, tiene una segura base emocional en la familia.

La aceptación incondicional reviste especial importancia para los niños. Si los padres amenazan con retirar su amor de un niño cuando fracasa en lograr algo, las naturales ganas de jugar del niño se reemplazarán gradualmente por la inquietud crónica. Sin embargo, si el niño siente que sus padres están incondicionalmente comprometidos con su bienestar, puede relajarse y explorar el mundo sin temor; de otra manera tendría que destinar su energía psíquica a su propia protección y así reduciría la cantidad de la que puede disponer libremente. La seguridad emocional en los primeros años puede muy bien ser una de las condiciones que ayuden a desarrollar una personalidad autotélica en los niños. Sin esto, es difícil dejar ir la personalidad lo suficiente como para experimentar flujo.

El amor sin ataduras no significa, por supuesto, que las relaciones no deban tener normas ni castigos si se quebrantan la reglas. Cuando no constituye un riesgo en violar las reglas, estas pierden su sentido, y sin reglas significativas una actividad no puede disfrutarse. Los niños deben saber que sus padres esperan ciertas cosas de ellos y que determinadas consecuencias tendrán lugar si no obedecen. Pero también deben reconocer que, pase lo que pase, el interés de los padres por ellos no está en cuestión.

Cuando una familia tiene un propósito común y mantiene abiertos los canales de la comunicación, cuando ofrece oportunidades gradualmente mayores para la acción en un marco de confianza, entonces la vida llega a ser una agradable actividad de flujo. Sus miembros enfocarán espontáneamente su atención en la relación del grupo y hasta cierto punto olvidarán sus personalidades individuales, sus metas divergentes, en aras de experimentar el placer de pertenecer a un sistema más complejo que une las conciencias en una meta unificada.

Uno de los engaños más importantes de nuestro tiempo es que la vida doméstica se cuida de sí misma de forma natural y que la mejor estrategia para manejarla es relajarse y dejar que siga su curso. Los hombres especialmente prefieren consolarse con esta idea. Ellos saben lo duro que es triunfar en el trabajo, cuánto esfuerzo tienen que poner en sus carreras profesionales. Por ello, en el hogar solo quieren descansar y sienten que cualquier exigencia de la familia es injustificable. A menudo tienen una fe casi supersticiosa en la integridad del hogar. Únicamente cuando ya es demasiado tarde –cuando la esposa se ha convertido en una persona dependiente del alcohol, cuando los niños se han convertido en unos fríos desconocidos– muchos hombres se dan cuenta de que la familia, como cualquier otra empresa conjunta, necesita de inversiones constantes de energía psíquica para asegurar su existencia.

Para tocar bien la trompeta, un músico no puede estar sin practicar más de unos pocos días. Un atleta que no corre regularmente pronto estará bajo de forma y no disfrutará. Cualquier gerente sabe que su compañía comenzará a desintegrarse si su atención se dispersa. En todos los casos, sin concentración, una actividad compleja se estropea y va hacia el caos. ¿Por qué una familia debería ser diferente? La aceptación incondicional, la confianza total que los miembros de la familia deben tener entre sí, solo es significativa cuando está acompañada por una gran inversión de atención. De otro modo es simplemente un gesto vacío, un engaño hipócrita que en poco se diferencia del desinterés.

Disfrutar con los amigos

«La peor soledad –escribió Sir Francis Bacon–, es carecer de amistades sinceras». Si lo comparamos con las relaciones familiares, las amistades son más fáciles de disfrutar. Podemos escoger nuestros amigos, y solemos hacerlo, sobre la base de intereses comunes y metas complementarias. No necesitamos comportarnos de una forma distinta a como somos para estar con los amigos; ellos refuerzan nuestro sentimiento de personalidad en vez de tratar de transformarlo. Mientras que en el hogar hay muchas cosas aburridas que tenemos que aceptar, como sacar la basura o limpiar las hojas secas del jardín, con los amigos podemos concentrarnos en las cosas que son "divertidas".

No es sorprendente que en nuestros estudios sobre la calidad de la experiencia diaria se haya demostrado, una y otra vez, que la gente se siente mejor y puntúa más positivamente la experiencia cuando está con amigos. Esto no es solamente cierto para los adolescentes; los adultos también se sienten más felices con los amigos que con cualquier otra persona, incluyendo a sus cónyuges. Incluso los jubilados son más felices cuando están con sus amigos que cuando están con sus cónyuges o sus familias.

Porque una amistad normalmente implica metas comunes y actividades comunes, y esto es "naturalmente" agradable. Pero como en cualquier otra actividad, la relación puede tomar una gran variedad de formas, que van desde las destructivas a las altamente complejas. Cuando una amistad es primordialmente una manera de validar nuestro inseguro sentimiento de la propia personalidad, esto nos proporcionará placer, pero no será agradable, no fomentará el crecimiento. Por ejemplo, la institución de los "amigotes borrachos", tan frecuente en las pequeñas comunidades de todo el mundo, es una forma amena con que los varones adultos se reúnen con otros hombres a quienes han conocido durante toda su vida. En la atmósfera simpática de la taberna, el bar, el club, etc., pasan el día jugando a las cartas, a los dardos o jugando al dominó mientras discuten y bromean. Mientras tanto todos sienten que su existencia está validada por la atención recíproca que se presta a las ideas e idiosincrasias de cada uno. Este tipo de interacción mantiene a raya la desorganización que la soledad trae a la mente pasiva, pero sin estimular el crecimiento. Es como una forma colectiva de ver la televisión, y aunque sea más compleja en que lo atañe a la participación, sus acciones y expresiones tienden a estar codificadas rígidamente y son absolutamente predecibles.

Establecer este tipo de relaciones es imitar la auténtica amistad, pero ofrece pocos beneficios en comparación con la verdadera. Todos se divierten ocasionalmente pasando un día charlando, pero mucha gente es sumamente dependiente de una dosis fija y diaria de contactos superficiales. Y esto es especialmente cierto para los individuos que no pueden tolerar la soledad y que tienen poco apoyo emocional en el hogar.

Los adolescentes sin lazos familiares fuertes llegan a ser tan dependientes de su grupo de compañeros que harían cualquier cosa para ser aceptados por ellos. Hace 20 años, en Tucson, Arizona, toda una clase de una gran escuela superior supo durante varios meses que un ex alumno de la escuela, que había mantenido su "amistad" con los estudiantes más jóvenes, había matado a algunos de sus compañeros de clase y había enterrado sus cadáveres en el desierto. Pero ninguno de ellos informó de los crímenes a las autoridades, que los descubrieron por casualidad. Los estudiantes, todos ellos de clase media suburbana, dijeron que ellos no habían denunciado los asesinatos por temor a ser rechazados por sus amigos. Si esos adolescentes de Tucson hubiesen tenido cálidos lazos familiares o fuertes nexos con otros adultos de la comunidad, el rechazo de sus compañeros no habría sido tan insoportable. Pero aparentemente, entre ellos y la soledad solo había el grupo de amigos. Por desgracia, ésta no es una historia inusitada; de vez en cuando alguna similar aparece en los medios de comunicación.

Sin embargo, si el joven se siente aceptado y querido en el hogar, la dependencia del grupo disminuye, y el adolescente puede aprender a tener el control de sus relaciones con la gente de su edad. Christopher, que a los 15 años era más bien un muchacho tímido y callado con gafas y pocos amigos, se sintió lo suficientemente cercano a sus padres como para explicarles que se sentía harto de ser rechazado por todas las pandillas de la escuela y que había decidido llegar a ser más popular. Para hacerlo, Chris trazó una estrategia cuidadosamente planificada: tenía que comprarse unas lentes de contacto, vestir únicamente a la moda (es decir, en la onda), aprender lo último en música y en tendencias adolescentes, y teñirse el pelo de rubio. «Quiero ver si puedo cambiar mi personalidad», dijo, y se pasó muchos días frente al espejo para practicar sus poses y su sonrisa.

Este enfoque metódico, apoyado por sus padres, dio resultado. Al cabo de un tiempo fue invitado a unirse a la mejor de las pandillas y al año siguiente representó el papel de Conrad Birdie en el musical de la escuela. Al identificarse tan bien con el papel de la estrella de rock, se convirtió en el rompecorazones de las chicas de enseñanza media, que pusieron su foto en sus taquillas. El anuario de graduación mostró que participó en todo tipo de empresas, como ganar un premio en el concurso "Las piernas más eróticas". Desde luego había logrado cambiar su personalidad exterior y había logrado controlar la manera en que le veían sus compañeros. Al mismo tiempo, la organización interior de su personalidad permaneció igual: él seguía siendo una persona sensible, un joven generoso que no despreciaba a sus compañeros porque hubiera aprendido a modificar sus opiniones y no se le había subido el éxito a la cabeza.

Una de las razones por las que Chris fue capaz de llegar a ser popular mientras otros muchos no lo logran es que él abordó su meta con la misma disciplina desapegada que un atleta usaría para formar parte de un equipo de fútbol o que un científico aplicaría en un experimento. No fue abrumado por la tarea: eligió unos desafíos realistas que podría dominar. En otras palabras, transformó el monstruo atemorizante de la popularidad en una actividad de flujo que acabó disfrutando, pues al mismo tiempo le proporcionaba un sentimiento de orgullo y dignidad. La compañía de los amigos, como cualquier otra actividad, puede tener diversos niveles: al nivel más bajo de complejidad es una manera placentera de evitar temporalmente el caos, al nivel más alto ofrece un sentimiento de disfrute y crecimiento.

Sin embargo, es dentro del marco de las amistades íntimas donde suceden las experiencias más intensas. Estos son los tipos de lazos sobre los que escribió Aristóteles: «porque sin amigos nadie querría vivir, aunque poseyera todos los restantes bienes». Para disfrutar de las relaciones interpersonales se requieren las mismas condiciones que en otras actividades de flujo. Es necesario no solamente tener metas comunes y ofrecerse recíprocamente retroalimentación, que incluso las interacciones en tabernas o bares ya ofrecen, sino también encontrar nuevos desafíos en mutua compañía. Estos pueden ser simplemente aprender más y más sobre el amigo, descubrir las nuevas facetas de su individualidad única y revelar más de la propia individualidad en el proceso. Hay pocas cosas que nos hagan disfrutar tanto como compartir libremente la mayoría de nuestros pensamientos y de nuestros sentimientos ocultos con otra persona. Aunque esto parece fácil, de hecho requiere una atención concentrada, gran franqueza y sensibilidad. En la práctica, este grado de inversión de la energía psíquica en una amistad es, por desgracia, escaso. Pocas personas están dispuestas a comprometer su energía y su tiempo en ello.

Las amistades nos permiten expresar partes de nuestro ser que raramente tendríamos la oportunidad de mostrar de otra manera. Una forma de describir las habilidades que posee cada hombre y cada mujer es clasificándolas en dos apartados: el *instrumental* y el *expresivo*. Las habilidades instrumentales son aquellas que aprendemos para poder manejar eficazmente el entorno. Son instrumentos básicos de supervivencia, como la destreza del cazador o el oficio del trabajador, o los instrumentos intelectuales, como leer y escribir y el conocimiento especializado del profesional en nuestra sociedad tecnológica. La gente que no ha aprendido a encontrar flujo en la mayoría de cosas que emprende, generalmente experimenta las tareas instrumentales de un modo extrínseco, porque lo que hace no refleja sus elecciones, sino que son necesidades impuestas desde fuera. Las habilidades expresivas, por otra parte, se refieren a las acciones que externalizan nuestras experiencias subjetivas. Cantar una canción que refleja cómo nos sentimos, traducir nuestro estado de ánimo en un baile, pintar un cuadro que representa nuestros sentimientos, contar una broma que nos gusta e ir a jugar a los bolos –si esto nos hace sentir bien– son formas de expresión en este sentido. Cuando estamos implicados en una actividad expresiva nos sentimos en contacto con nuestra personalidad verdadera. Una persona que vive únicamente por acciones instrumentales sin experimentar el flujo espontáneo de la expresividad, finalmente llega a ser indistinguible de un robot programado por alienígenas para imitar el comportamiento humano.

En el curso de la vida normal hay pocas oportunidades de experimentar el sentimiento de totalidad que ofrece la expresividad. En el trabajo hay que comportarse según lo que se espera del propio papel y hay que ser un competente mecánico, un juez justo o un camarero educado. En el hogar uno tiene que ser una madre solícita o un hijo respetuoso. Y entre ambos lugares, en el autobús o en el metro, uno tiene que poner cara de indiferencia frente al mundo. Es únicamente con los amigos donde la mayoría de la gente siente que puede dejar caer su máscara y ser quien realmente es. Porque nosotros escogemos los amigos con quienes queremos compartir nuestras metas y son las personas con quienes podemos cantar, bailar, compartir bromas o ir a jugar a los bolos. Es en la compañía de los amigos donde podemos experimentar claramente la libertad de la personalidad y aprender quiénes somos realmente. El ideal de una pareja moderna es tener al cónyuge como amigo. En el pasado, cuando los casamientos se arreglaban por conveniencia mutua de las familias, esto era considerado como algo imposible. Pero ahora que hay menos presiones extrínsecas para casarse, mucha gente afirma que su mejor amigo es su cónyuge.

La amistad no es agradable a menos que aceptemos sus desafíos. Si una persona se rodea a sí misma de "amigos" que simplemente la reafirman en su imagen pública, que nunca ponen en duda sus sueños ni sus deseos, que nunca la fuerzan a probar otras maneras de ser, perderá las oportunidades que la amistad representa. Un amigo de verdad es alguien con quien a veces podemos hacer el loco, alguien que no espera que siempre seamos formales. Es alguien que comparte nuestra meta de autorrealización y que, por lo tanto, está dispuesto a compartir los riesgos que cualquier aumento en complejidad implica.

Mientras que las familias ofrecen principalmente protección emocional, la amistad normalmente nos ofrece misteriosas novedades. Cuando la gente se pierde en sus recuerdos más queridos, suele recordar las fiestas y las vacaciones realizadas con sus parientes. Los amigos se mencionan más frecuentemente en contextos de emoción, descubrimiento y aventura.

Por desgracia, hoy en día pocas personas son capaces de mantener una amistad hasta la edad adulta. Cambiamos de residencia, tenemos intereses demasiado especializados y limitados a lo profesional para cultivar unas relaciones perdurables. Somos afortunados si podemos mantener a la familia unida, y más aún si tenemos un círculo de amigos. Es una constante sorpresa oír cómo adultos con éxito, especialmente hombres –gerentes de grandes compañías, doctores y brillantes abogados– hablan de lo aisladas y solitarias que han llegado a ser sus vidas. Recuerdan con lágrimas en los ojos a los compañeros que tenían en la escuela, incluso en la escuela superior y, a veces, en la universidad. Todos aquellos amigos se han quedado atrás, y aunque ahora se encontrasen de nuevo, probablemente tendrían muy poco en común, a excepción de unos recuerdos agridulces.

Así como sucede en la familia, las personas creen que las amistades se forman naturalmente y, si fracasan, no hay nada que hacer excepto entristecerse. En la adolescencia, cuando se comparten tantos intereses con los demás y uno tiene mucho tiempo libre para invertir en una relación, conseguir amigos podría parecer un proceso espontáneo. Pero luego en la vida las amistades rara vez suceden por casualidad: hay que cultivarlas asiduamente como hay que cultivar un trabajo o una familia.

La comunidad más amplia

Una persona es parte de una familia o de una amistad mientras invierta energía psíquica en las metas compartidas con otras personas. Del mismo modo, uno puede pertenecer a sistemas interpersonales mayores al suscribir las aspiraciones de una comunidad, de un grupo étnico, de un partido político o de una nación. Algunos individuos, como el Mahatma Gandhi o la madre Teresa de Calcuta, invierten toda su energía psíquica en lo que ellos creen que son las metas de la humanidad entera.

Para las costumbres de la Grecia antigua, "la política" se refería a cualquier actividad que involucrase a las personas en asuntos que fuesen más allá del bienestar personal y familiar. En este sentido tan amplio, la política puede ser una de las actividades más agradables y más complejas disponibles para el individuo, puesto que cuanto mayor sea el entorno social en que uno se mueve, mayores serán los desafíos que presente. Una persona puede manejar problemas muy intrincados en soledad, y la familia y los amigos pueden ocuparle gran parte de su atención, pero tratar de perfeccionar las metas de individuos con quienes uno no está directamente relacionado involucra complejidades con un orden de magnitud más alto.

Por desgracia, muchas personas que se mueven en el área pública no actúan a niveles muy altos de complejidad. Los políticos tienden a buscar el poder, los filántropos, la fama, y los que van de santos frecuentemente buscan probar lo honrados que son. Estas metas no son difíciles de conseguir, si uno invierte la energía suficiente en ello. El mayor desafío es no buscar solo el propio beneficio, sino ayudar a otros en el proceso. Es más difícil, pero mucho más completo, que el político realmente ayude a mejorar las condiciones sociales, o que el filántropo ayude al desvalido, y que el santo ofrezca un modelo viable de conducta a los demás.

Si solo tenemos en cuenta las consecuencias materiales, podríamos pensar que los políticos egoístas son astutos, pues tratan de lograr riqueza y poder para sí mismos. Pero si aceptamos el hecho de que la experiencia óptima es lo que da verdadero valor a la vida, entonces debemos concluir que los políticos que buscan el bien común son realmente más inteligentes, porque aceptan los desafíos más elevados y así tienen una mejor oportunidad de experimentar el verdadero disfrute.

Cualquier implicación en el ámbito público puede ser agradable si uno la estructura según los parámetros del flujo. No importa si uno empieza a trabajar con los Niños Exploradores, con un grupo que trate de conservar limpio el entorno o apoyando al sindicato local. Lo que cuenta es fijarse una meta, concentrar en ella la energía psíquica, prestar atención a la retroalimentación y asegurarse de que el desafío sea adecuado a la propia habilidad. Tarde o temprano la interacción comenzará a funcionar y se conseguirá la experiencia de flujo.

Por supuesto, dado el hecho de que la energía psíquica tiene un abastecimiento limitado, uno no puede esperar que todos sean capaces de implicarse en las metas públicas. Alguna gente debe dedicar toda su atención simplemente a sobrevivir en un ambiente hostil. Otros se involucran tanto en un conjunto de desafíos –con el arte, por ejemplo, o con las matemáticas– que no pueden alejar la atención de ellos. Pero, desde luego, la vida sería muy dura si algunas personas no disfrutasen invirtiendo energía psíquica en los intereses comunes, creando de este modo sinergia en el sistema social.

El concepto de flujo es útil no solamente para ayudar a los individuos a mejorar la calidad de sus vidas, sino también para indicarles a qué público debería dirigirse su acción. Quizás el efecto más poderoso que pudiera ejercer la teoría del flujo en el sector público sería ofrecer un programa de cómo podrían reformarse las instituciones para ser más conducentes a la experiencia óptima. En los siglos más recientes, la racionalidad económica ha tenido tanto éxito que hemos tomado como algo cierto que "el resultado final" de cualquier esfuerzo humano debe ser medido en dinero contante y sonante. Pero un enfoque exclusivamente económico de la vida es profundamente irracional; el resultado final consiste en la calidad y la complejidad de la experiencia.

Una comunidad debería juzgarse como buena no porque sea tecnológicamente avanzada o porque nade en riquezas materiales; es buena si ofrece a la gente una oportunidad para disfrutar con tantos aspectos de su vida como sean posibles y a la vez les permite desarrollar su potencialidad en el seguimiento de desafíos cada vez mayores. Del mismo modo, el valor de una escuela no depende de su prestigio o de su capacidad para enseñar a los estudiantes a enfrentarse con las necesidades de la vida, sino en qué grado es capaz de transmitir el disfrute de aprender durante toda la vida. Una buena fábrica no es necesariamente la que proporciona más dinero, sino la que se responsabiliza en mejorar la calidad de vida de sus trabajadores y de sus clientes. Y la verdadera función de la política no es conseguir que las personas sean más prósperas, seguras o poderosas, sino permitirnos disfrutar tanto como sea posible de una existencia cada vez más compleja.

Pero ningún cambio social puede suceder mientras no cambie primero la conciencia de los individuos. Cuando un joven preguntó a Carlyle qué debería hacer para reformar el mundo, Carlyle contestó: «Reformarse usted. Así habrá un granuja menos en el mundo». El consejo todavía es válido. Quienes intentan hacer la vida mejor para todos sin haber aprendido a controlar primero su propia vida, suelen acabar haciendo que las cosas vayan peor para todos los que les rodean.

9. ENGAÑAR AL CAOS

A pesar de todo lo dicho hasta el momento, algunas personas todavía pueden pensar que debe ser fácil ser feliz mientras uno tenga la suficiente suerte de gozar de salud y ser rico y guapo. Pero ¿cómo podemos mejorar la calidad de vida cuando las cosas no son como queremos, cuando la fortuna nos ha dado malas cartas? Uno puede permitirse cavilar sobre la diferencia entre el disfrute y el placer si no tiene que preocuparse por si el dinero se termina antes de fin de mes. Para la mayoría de la gente, tales distinciones son un lujo que no pueden concederse. Está bien pensar en los desafíos y en la complejidad si usted tiene una profesión interesante y bien remunerada, pero ¿por qué tratar de mejorar un trabajo que es básicamente aburrido y deshumanizado? Y ¿cómo podemos esperar que la gente enferma, empobrecida o que ha sido golpeada por la adversidad controle su conciencia? Seguramente necesitarían mejorar las condiciones materiales concretas antes de que el flujo pudiese agregar cualquier cosa estimable a la calidad de su existencia. En otras palabras, la experiencia óptima debería contemplarse como la capa final de una tarta hecha con ingredientes sólidos como la salud y la riqueza, y que por sí misma es una decoración pobre. Solo si disponemos de una base sólida de estas ventajas reales nos sirve de ayuda hacer más satisfactorios los aspectos subjetivos de la vida.

No es preciso decir que la tesis que este libro propone va en contra de esta conclusión. La experiencia subjetiva no es simplemente una de las dimensiones de la vida, es la vida en sí misma. Las condiciones materiales son secundarias: solo nos afectan indirectamente, por la vía de la experiencia. Por otro lado, el flujo, e incluso el placer, benefician directamente la calidad de vida. La salud, el dinero y las demás ventajas materiales pueden o no pueden mejorar la vida. A menos que una persona haya aprendido a controlar la energía psíquica, las oportunidades que ofrecen tales ventajas serán inútiles.

Y al contrario, muchos individuos que han sufrido mucho no solo han acabado por sobrevivir, sino que también han sido capaces de disfrutar completamente de sus vidas. ¿Cómo es posible que esa gente sea capaz de lograr la armonía de la mente y crecer en complejidad, incluso cuando les sucedían algunas de las peores cosas imaginables? Esta es la pregunta aparentemente simple que exploraremos en este capítulo. Durante el proceso examinaremos alguna de las estrategias que estas personas usan para manejar los sucesos que les producen tensión, y revisaremos cómo una personalidad autotélica puede lograr crear orden del caos.

Las tragedias transformadas

Sería idealista e ingenuo afirmar que suceda lo que suceda a una persona, si esta controla su conciencia, será feliz. Hay ciertos límites sobre cuánto dolor, hambre o privación puede aguantar un cuerpo. Aunque también es cierto, como el doctor Franz Alexander tiene muy bien constatado, que: «el hecho de que la mente domina al cuerpo es, a pesar de su olvido por parte de la biología y de la medicina, el hecho más fundamental que conocemos sobre el proceso de la vida». La medicina holística y algunos libros como el de Norman Cousins, donde nos cuenta su victoria contra una enfermedad terminal, o las descripciones del doctor Bernie Siegel sobre la autocuración, comienzan a remediar el punto de vista tan abstracto y materialista acerca de la salud que ha llegado a ser tan frecuente en este siglo. Lo que deseamos remarcar aquí es que una persona que sabe cómo encontrar flujo en la vida es capaz de disfrutar situaciones que aparentemente solo permitirían la desesperación.

El profesor Fausto Massimini, del departamento de psicología de la Universidad de Milán, ha recopilado ejemplos increíbles de cómo las personas logran flujo a pesar de impedimentos extremos. Un grupo que él y su equipo estudiaron estaba compuesto de parapléjicos. En general era gente joven que en algún momento del pasado, normalmente como resultado de un accidente, había perdido el uso de sus extremidades. El hallazgo inesperado de este estudio era que una proporción grande de las víctimas mencionó el accidente que les ocasionó la paraplejia como el acontecimiento más negativo y a la vez el más positivo de sus vidas. La razón de que los sucesos trágicos se vieran como positivos era que presentaron a la víctima unas metas muy claras al tiempo que redujeron las elecciones contradictorias y no esenciales. Los pacientes que habían aprendido a dominar los nuevos desafíos de su situación sentían una claridad de propósito de la que habían carecido antes. Aprender a vivir nuevamente era en sí mismo una cuestión de disfrute y orgullo, y fueron capaces de convertir el accidente de una fuente de entropía a una ocasión de orden interior.

Lucio, uno de los miembros de este grupo, era un despreocupado gasolinero de veinte años cuando un accidente de motocicleta lo paralizó de la cintura hacia abajo. A él antes le gustaba jugar al rugby y escuchar música, pero básicamente recuerda que su vida carecía de propósito y de acontecimientos notables. Después del accidente sus experiencias agradables aumentaron tanto en número como en complejidad. Tras recuperarse de la tragedia se matriculó en la universidad, se graduó en idiomas y ahora trabaja como consultor fiscal independiente. Tanto el estudio como el trabajo son fuentes intensas de flujo, al igual que la pesca y el tiro con arco y flechas. Actualmente es el campeón regional de tiro con arco desde una silla de ruedas.

Estos son algunos de los comentarios que Lucio formuló en su entrevista: «Cuando me convertí en parapléjico fue como volver a nacer. Tuve que aprenderlo todo desde el comienzo. Todo lo que yo ya sabía, pero de una manera diferente. Tuve que aprender a vestirme, a usar mejor la cabeza. Tuve que llegar a ser una parte del entorno, y usarlo sin tratar de controlarlo [...], necesité disciplina, fuerza de voluntad y paciencia. Y respecto al futuro, espero seguir mejorando, para seguir superando las limitaciones de mi minusvalía. [...] Todo el mundo debe tener un propósito. Después de ser parapléjico, estas mejoras se han convertido en la meta de mi vida».

Franco es otra persona de este grupo. Sus piernas quedaron paralíticas hace cinco años y además desarrolló graves problemas urológicos que requirieron de varias operaciones quirúrgicas. Antes de su accidente era electricista y solía disfrutar de su trabajo, pero su experiencia de flujo más intensa era bailar acrobáticamente el sábado por la noche; por lo tanto la parálisis de sus piernas fue un golpe especialmente amargo. Franco ahora trabaja como consejero de otros parapléjicos. En este caso, también, un percance casi inconcebible le ha conducido al enriquecimiento, en vez de la disminución, de la complejidad de su experiencia. Franco ve ahora que su desafío principal es poder ayudar a otras víctimas para evitar que se desesperen y asistirles en su rehabilitación física. Afirma que la meta más importante en su vida es «sentir que puedo ser de ayuda a los demás, ayudar a las víctimas recientes a que acepten su situación». Franco es el novio de una parapléjica que se había resignado a una vida de pasividad después de su accidente. En su primera cita juntos, él conducía su automóvil (adaptado para minusválidos) mientras daban una vuelta por las colinas cercanas. Por desgracia, el automóvil se averió, y los dos quedaron inmovilizados en un paraje desierto del camino. Su prometida estaba aterrada; Franco incluso admite haber perdido los nervios. Pero al fin lograron conseguir ayuda y, como suele suceder después de las pequeñas victorias de este tipo, después ambos se sintieron mucho más seguros de sí mismos.

Otro grupo del muestreo estudiado en Milán era un grupo formado por varias docenas de individuos que eran ciegos de nacimiento o que habían perdido la vista después en algún momento de sus vidas. En estas entrevistas también era notable el número de personas que describían la pérdida de la vista como un suceso *positivo* que había enriquecido sus vidas. Pilar, por ejemplo, es una mujer de 33 años que a los 12 sufrió desprendimiento de retina en ambos ojos y que ha sido incapaz de ver desde entonces. La ceguera la liberó de una situación familiar dolorosamente violenta y pobre, y consiguió que su vida tuviera una finalidad determinada y fuese más agradable de lo que probablemente habría sido si ella hubiese permanecido en casa con su vista intacta. Al igual que muchas otras personas ciegas, trabaja como operadora manual de teléfono. Entre sus experiencias de flujo actuales ella menciona el trabajo, escuchar música, limpiar los automóviles de sus amigos y «cualquier cosa que esté haciendo». En el trabajo, con lo que ella disfruta más es sabiendo que las llamadas que ella tiene que pasar entran suavemente y que el tránsito de conversaciones encaja como los instrumentos de una orquesta. A veces ella siente «como si fuera Dios, o algo así. Hace que me sienta realizada». Entre las influencias positivas de su vida Pilar menciona haber perdido la vista, porque «me hizo madurar de manera que yo nunca podría haber conseguido, ni siquiera yendo a la universidad [...], por ejemplo, los problemas no me afectan con la aflicción que solían, de la manera que afectan a muchos de mis compañeros».

Paolo, que ahora tiene 30 años, perdió sus ojos hace seis. Él no enumera la ceguera entre las influencias positivas de su vida, pero menciona cuatro resultados positivos de este suceso trágico: «El primero es que, aunque me dé cuenta y acepte mis limitaciones, voy a seguir intentando superarlas. Segundo, he decidido tratar de cambiar las situaciones que no me gustan. Tercero, soy muy cuidadoso para no repetir ninguna de las equivocaciones que hago. Y finalmente, ahora no tengo ilusiones, pero trato de ser tolerante conmigo mismo y así también puedo ser tolerante con los demás». Es sorprendente cómo para Paolo y para la mayoría de la gente con desventajas físicas, el control de la conciencia ha surgido con sencillez como la meta principal. Pero esto no significa que los desafíos sean puramente intrapsíquicos. Paolo pertenece a la confederación nacional de ajedrez, participa en las competiciones atléticas para ciegos y se gana la vida enseñando música. Cita entre sus experiencias de flujo tocar la guitarra, jugar al ajedrez, los deportes y escuchar música. Recientemente terminó en séptimo lugar en un encuentro de natación para minusválidos celebrado en Suecia y ganó un campeonato de ajedrez en España. Su esposa es también ciega y entrena a mujeres ciegas de un equipo atlético femenino. Él actualmente desea escribir un texto en Braille sobre cómo aprender a tocar la guitarra clásica. Aunque ninguno de estos asombrosos logros importaría mucho si Paolo no sintiese el control de su vida interior.

Y también está Antonio, que enseña en la escuela superior y está casado con una mujer que también es ciega; su desafío actual es adoptar a un niño ciego, la primera vez que tal adopción se considera posible en todo el país... Anita, que describe experiencias de flujo muy intensas mientras esculpe la arcilla, hace el amor y lee en braille... Dino, de ochenta y cinco años de edad y ciego de nacimiento, casado y con dos niños, que describe su trabajo, consistente en restaurar sillas viejas, como una experiencia intrincada donde el flujo siempre está al alcance: «Cuando reparo una silla rota, uso caña natural, no las fibras sintéticas que se usan en las fábricas. [...] Me siento tan bien cuando la "tensión" es la adecuada, especialmente cuando sucede al primer intento. [...] Cuando termino, el asiento durará veinte años más»... y tantos otros como ellos.

Otro grupo que el profesor Massimini y su equipo han estudiado son los vagabundos sin hogar, "la gente de la calle", que es tan frecuente en las grandes ciudades europeas como en Manhattan. Solemos entristecernos al verlos y, no hace muchos años, quienes pareciesen incapaces de adaptarse a la vida "normal", habrían sido diagnosticados como psicópatas o algo peor. De hecho, muchos de ellos han resultado ser individuos desafortunados, cuya fortaleza ha sido vencida por catástrofes de diversos tipos. No obstante, nuevamente asombra saber cuántos de ellos han sido capaces de transformar sus míseras condiciones en una existencia que tiene las características de una experiencia satisfactoria de flujo. De los muchos ejemplos, citaremos extensamente una entrevista que puede representar el sentir de muchos otros vagabundos.

Reyad es un egipcio de 33 años de edad que actualmente duerme en los parques de Milán, come en cocinas de caridad y de vez en cuando lava los platos en restaurantes cuando necesita dinero. Durante la entrevista leyeron una descripción de la experiencia de flujo y le preguntaron si alguna vez le había sucedido esto. Contestó:

> Sí. Describe mi vida entera desde 1967 hasta hoy. Después de la guerra de 1967 decidí salir de Egipto en auto-stop y venir a Europa. Siempre he vivido con mi mente concentrada dentro de mí. No ha sido simplemente un viaje, ha sido una búsqueda de mi propia identidad. Cada hombre tiene algo que descubrir dentro de sí mismo. La gente en mi pueblo estaba segura de que yo estaba loco cuando decidí empezar a caminar hacia Europa. Pero la mejor cosa en la vida es conocerse a sí mismo. [...] Mi idea desde 1967 ha permanecido igual: encontrarme a mí mismo. Tuve que luchar contra muchas cosas. Pasé por el Líbano y su guerra, por Siria, Jordania, Turquía y Yugoslavia, antes de llegar hasta aquí. Tuve que enfrentarme a todo tipo de desastres naturales; dormí en zanjas cerca del camino en medio de la tormenta, estuve implicado en accidentes, he visto amigos muertos cerca de mí, pero mi concentración nunca flaqueó. [...] Ha sido una aventura que ha durado veinte años, pero seguirá durante el resto de mi vida. [...]
>
> Mediante estas experiencias he visto que el mundo no tiene valor. La única cosa que cuenta para mí ahora, la primera y la última, es Dios. Yo estoy muy concentrado cuando rezo con mis cuentas de oración. Entonces soy capaz de poner en calma

mis sentimientos, tranquilizarme y evitar enloquecer. Yo creo que el destino manda en mi vida, y no tiene sentido luchar demasiado. [...] Durante mi viaje he visto el hambre, la guerra, la muerte y la pobreza. Ahora mediante el rezo he empezado a escucharme. He vuelto hacia mi centro. He logrado concentración y he entendido que el mundo no tiene ningún valor. El hombre nació para ser probado sobre esta tierra. Los automóviles, la televisión, las ropas son secundarias. El asunto principal es que nosotros nacimos para loar al Señor. Todos tenemos nuestro propio destino y deberíamos ser como el león en el proverbio. El león, cuando corre tras un rebaño de gacelas, puede atraparlas únicamente de una en una. Yo trato de ser como él y no como los occidentales, que enloquecen trabajando aunque no puedan comer más de su pan de cada día. [...] Si vivo veinte años más, trataré de vivir disfrutando de cada momento, en vez de matarme para conseguir más. [...] Si estoy aquí es para vivir como un hombre libre que no depende de nadie. Puedo permitirme avanzar lentamente; si no gano nada hoy, no importa. Significa que esto sucede porque es mi destino. El próximo día puedo ganar 100 millones o tener una enfermedad terminal. Como dijo Jesucristo: ¿de qué le sirve a un hombre ganar el mundo entero si se pierde a sí mismo? Yo trato primero de conquistarme; no me preocupa si pierdo el mundo.

Empecé este viaje como un polluelo que sale de su huevo, y desde entonces he caminado en la libertad. Cada hombre debería conocerse a sí mismo y experimentar la vida en todas sus formas. Yo podría haber seguido durmiendo en mi lecho y encontrar trabajo en mi pueblo, porque disponía de un trabajo para mí, pero decidí dormir con los pobres, porque hay que sufrir para llegar a ser un hombre. Uno no consigue ser un hombre casándose o a través del sexo: ser un hombre significa ser responsable, saber cuándo es el tiempo para hablar, saber qué es lo que hay que decir y saber cuándo hay que permanecer en silencio.

Reyad habló mucho más, y todos sus comentarios eran coherentes con el propósito de su búsqueda espiritual. Al igual que los profetas que vagabundearon por los desiertos en busca de la iluminación hace dos mil años, este viajero ha destilado su vida cotidiana en una meta de claridad alucinante: controlar su conciencia a fin de establecer una conexión entre su personalidad y Dios. ¿Qué lo condujo a abandonar las "cosas buenas de la vida" y perseguir tal quimera? ¿Nació con un desequilibrio hormonal? ¿Le traumatizaron sus padres? Estas cuestiones, que suelen analizar los psicólogos, no nos concernirán aquí. No deseamos explicar qué provocó la excentricidad de Reyad, sino reconocer que, por ser quien es, Reyad ha transformado unas condiciones de vida que la mayoría de personas encontrarían insufribles en una existencia significativa agradable. Y esto es más de lo que muchas personas pueden afirmar, aunque vivan entre la comodidad y el lujo.

Manejar el estrés

«Cuando un hombre sabe que va a ser colgado dentro de poco, su mente se concentra maravillosamente», comentó Samuel Johnson, en un dicho cuya verdad se aplica a los casos que les presentaremos a continuación. Una catástrofe importante que frustra una meta central de la vida o que destruye la personalidad, forzará a una persona a usar toda su energía psíquica para erigir una barrera alrededor de las metas restantes, para defenderlas contra otros asaltos del destino; o le ofrecerá una nueva meta, más clara y más urgente: superar los desafíos creados por la derrota. Si se toma el segundo camino, la tragedia no es necesariamente un detrimento de la calidad de vida. Desde luego, como en los casos de Lucio, Paolo e innumerables otros como ellos, lo que objetivamente parece un suceso devastador puede enriquecer las vidas de las víctimas de maneras nuevas e inesperadas. Hasta la pérdida de una de las facultades humanas más básicas, como es la vista, no significa que la conciencia de esta persona se empobrezca necesariamente; muchas veces sucede lo contrario. Pero ¿dónde se halla la diferencia? ¿Cómo un mismo golpe destruye a una persona, mientras que otra lo transforma en un orden interior?

Los psicólogos suelen estudiar las respuestas a tales preguntas bajo el título de *manejar el estrés*. Es obvio que ciertos sucesos ocasionan más tensión psicológica que otros: por ejemplo, la muerte de un cónyuge es varios grados de magnitud más estresante que no poder pagar un plazo de la hipoteca de la casa, que a su vez ocasiona más tensión que recibir una multa de tráfico. Pero también está claro que el mismo suceso puede hacer que una persona se sienta totalmente abatida, mientras que otra se morderá los labios y hará lo que pueda. Esta diferencia en cómo una persona responde a los sucesos estresantes se ha llamado "capacidad de actuar" o "forma de actuación".

Al tratar de clasificar qué explica la capacidad de una persona para manejar el estrés, conviene distinguir tres tipos de recursos diferentes. El primero es el apoyo externo disponible y, especialmente, la red de apoyos sociales. Una enfermedad importante, por ejemplo, se mitigará hasta cierto punto si uno tiene un buen seguro y una familia que le quiere. El segundo baluarte contra el estrés son los recursos psicológicos de la persona, tales como la inteligencia, la educación y las características de la personalidad pertinentes. Mudarse a una nueva ciudad y tener que establecer nuevas amistades será más estresante para el introvertido que para el extravertido. Y finalmente, un tercer tipo de recursos se refiere a las estrategias que una persona usa para enfrentarse al estrés.

De estos tres factores, el tercero es el más pertinente a nuestros propósitos. Los apoyos externos por sí mismos no son efectivos para mitigar el estrés. Solo ayudan a aquellos que pueden ayudarse a sí mismos. Y, en su mayor parte, los recursos psicológicos están fuera de nuestro control. Es difícil llegar a ser mucho más inteligente, o mucho más extravertido de lo que uno era al nacer. Pero cómo manejemos la situación es a la vez el factor más importante en determinar qué efecto tendrá el estrés y el recurso más flexible, el que más está bajo nuestro control personal.

Hay dos maneras principales de responder al estrés. Una es la respuesta positiva, llamada la "defensa madura" por George Vaillant, un psiquiatra que ha estudiado durante un período de casi treinta años las vidas de varios licenciados de Harvard que han tenido éxito o que, relativamente, han fracasado. Otros lo llaman "manejo transformacional". La respuesta negativa sería una "defensa neurótica" o "manejo regresivo", según estos modelos.

Para ilustrar la diferencia entre ellos, tomaremos el ejemplo de Jim, un analista financiero ficticio que acaba de ser despedido de un cómodo trabajo a la edad de 40 años. Perder el trabajo se considera que está en un punto medio de gravedad en las tensiones de la vida. Su impacto varía, por supuesto, con la edad de la persona y sus habilidades, la cantidad de sus ahorros y las condiciones del mercado de trabajo. Al enfrentarse con este suceso desagradable, Jim puede tomar uno de dos cursos de acción opuestos. Puede retraerse, dormir hasta tarde, negar lo que ha sucedido y evitar pensar sobre ello. También puede descargar su frustración dirigiéndola contra su familia y sus amigos, o disfrazarla empezando a beber más de lo normal. Todos estos son ejemplos de manejos regresivos o defensas inmaduras.

O Jim puede mantenerse frío, suprimiendo temporalmente sus sentimientos de enfado y temor, analizando el problema lógicamente y revaluando sus prioridades. Después él podría redefinir cuál es el problema para poder resolverlo más fácilmente (por ejemplo, decidiendo mudarse al lugar donde sus habilidades tengan más demanda, o reciclándose y adquiriendo las habilidades necesarias para un nuevo trabajo). Si toma estas opciones, estaría usando defensas maduras, o manejando el asunto transformacionalmente.

Poca gente adopta exclusivamente una u otra estrategia. Lo más probable sería que Jim se emborrachase la primera noche, tuviese una pelea con su esposa, quien durante años le había estado diciendo que su trabajo era malo, y entonces, a la mañana siguiente o una semana después, empezase a calmarse y a pensar qué hacer a continuación. Pero la gente difiere en sus capacidades para usar una u otra estrategia. El parapléjico que llegó a ser arquero, o el ciego que se convirtió en maestro del ajedrez, tuvieron unos percances tan intensos que se hallan fuera de la escala de los sucesos estresantes de la vida, y son ejemplos de individuos que han dominado el manejo transformacional. Otros, sin embargo, cuando se enfrentan a niveles de estrés mucho menos intensos pueden abandonar y responder disminuyendo para siempre la complejidad de sus vidas.

La capacidad para enfrentarse a los percances y convertirlos en algo bueno es un regalo muy poco frecuente. A aquellos que lo poseen se les llama "supervivientes", y se dice que tienen "capacidad de recuperación" o "coraje". Sea como sea que los llamemos, generalmente se entiende que son personas excepcionales que han vencido grandes privaciones y han superado obstáculos que intimidarían a la mayoría de hombres y mujeres. De hecho, cuando se pide a la gente que nombren a los individuos a quienes admiran más y que expliquen por qué son admirados estos hombres y mujeres, las cualidades que la mayoría suele mencionar como la razón para su admiración son el coraje y la capacidad para superar las privaciones. Como Francis Bacon comentó, citando un discurso del filósofo estoico Séneca: «las cosas buenas que provienen de la prosperidad deben ser deseadas, pero las cosas buenas que provienen de la adversidad deben ser admiradas».

En uno de nuestro estudios la lista de personas admiradas incluía una vieja dama que, a pesar de su parálisis, estaba siempre alegre y dispuesta a escuchar los problemas de otras personas; un monitor adolescente que, cuando faltaba un nadador y todos los demás estaban aterrados, mantuvo la cabeza fría y organizó el rescate con éxito; una ejecutiva que, a pesar del ridículo y de las presiones sexistas, se mantenía en un difícil entorno laboral; e Ignaz Semmelweiss, el médico húngaro que a finales del siglo pasado insistió diciendo que las vidas de muchas madres podrían salvarse si los tocólogos se lavasen las manos antes de asistirlas durante el parto, aunque el resto de los médicos le ignoró y se mofaron de él. Estos y otros muchos centenares de personas mencionadas eran respetadas por las mismas razones: se mantuvieron firmes en lo que creían y no dejaron que los obstáculos les intimidaran. Ellos tuvieron coraje, o lo que en épocas anteriores se conocía simplemente como "virtud", un término derivado de la palabra latina *vir*, es decir, hombre.

Tiene sentido, por supuesto, que las personas buscaran esta cualidad más que cualquier otra. De todas las virtudes que podemos aprender no hay otra característica más útil, más necesaria para la supervivencia y con más probabilidades de mejorar la calidad de vida que la capacidad de transformar la adversidad en un desafío que pueda proporcionarnos disfrute. Admirar esta cualidad significa que prestamos atención a aquellos que la personifican, y así tenemos una oportunidad para emularles si fuese necesario. Por lo tanto admirar el coraje es en sí una característica adaptativa positiva; quienes lo hacen pueden estar mejor preparados para superar los golpes del destino.

Pero simplemente denominar a la capacidad de manejar el caos "manejo transformacional", y a la gente "valiente", queda corto para explicar este notable don. Al igual que el personaje de Molière que dijo que el sueño era ocasionado por "un poder adormecedor", nosotros fracasaríamos en clarificar esta materia si dijéramos que el manejo efectivo está ocasionado por la virtud del coraje. Lo que necesitamos no son solamente nombres y descripciones, sino comprender cómo se realiza este proceso. Por desgracia nuestra ignorancia en esta materia todavía es muy grande.

El poder de las estructuras disipativas

Sin embargo, un hecho parece claro: la capacidad para crear orden en el caos no es exclusiva de los procesos psicológicos. De hecho, según ciertos puntos de vista de la evolución, las formas complejas de vida dependen para su existencia de su capacidad para extraer energía de la entropía, es decir, para reciclar los desperdicios y convertirlos en orden estructurado. El ganador del premio Nobel de Química Ilya Prigogine llama "estructuras disipativas" a los sistemas físicos que atan la energía que de otra manera se dispersaría y se perdería en el movimiento aleatorio. Por ejemplo, todo el reino vegetal que cubre nuestro planeta es una enorme estructura disipativa porque se alimenta de la luz, que normalmente es un inútil subproducto de la combustión del sol. Las plantas han encontrado una manera de transformar este derroche de energía en la estructura que compone sus hojas, flores, fruta, corteza y madera. Y sin las plantas no existirían los animales; finalmente toda la vida sobre la tierra es posible gracias a las estructuras disipativas que capturan el caos y lo transforman en un orden más complejo.

Los seres humanos también han conseguido utilizar la energía sobrante para sus metas. La primera invención tecnológica importante, el fuego, es un buen ejemplo. Al principio, los incendios comenzaron al azar: los volcanes, los relámpagos y la combustión espontánea encendieron combustible aquí y allí, y la energía de la madera, al descomponerse, se dispersó sin propósito. Cuando el hombre aprendió a controlar el fuego, usó su energía disipativa para calentar sus cuevas, cocinar sus alimentos y, finalmente, para forjar objetos de metal. Los motores que funcionan gracias al vapor, a la electricidad, a la gasolina y a la fusión nuclear también se basan en el mismo principio: aprovechar la energía que de otra manera se perdería o se opondría a nuestras metas. A menos que los hombres hubiesen aprendido diversos trucos para transformar las fuerzas del desorden en alguna cosa que pudieran usar, nosotros no habríamos sobrevivido con tanto éxito.

La psique, como hemos visto, opera según principios similares. La integridad de la personalidad depende de la capacidad para tomar los sucesos destructivos o neutros y convertirlos en positivos. Ser despedido puede ser una bendición si uno lo convierte en la oportunidad para encontrar otra cosa que hacer que esté más en sintonía con los propios deseos. En la vida de todas las personas, las posibilidades de que solo le ocurran cosas buenas son sumamente escasas. La posibilidad de que nuestros deseos se cumplan siempre es insignificante. Tarde o temprano todos tendremos que enfrentarnos a sucesos que contradigan nuestras metas: las desilusiones, las enfermedades, los reveses financieros y finalmente la inevitabilidad de la muerte. Cada suceso de este tipo es una retroalimentación negativa que produce desorden en la mente. Cada uno amenaza a la personalidad y menoscaba su funcionamiento. Si el trauma es lo bastante grave, la persona puede perder la capacidad de concentrarse en las metas necesarias. Si sucede esto, la personalidad ha perdido el control. Si el deterioro es muy grave, la conciencia llega a comportarse aleatoriamente y la persona "pierde la cabeza", o sea, los diversos síntomas de la enfermedad mental asumen la dirección. En casos menos graves la personalidad amenazada sobrevive, pero crecen los bloqueos; se encoge bajo el ataque, se retira tras enormes defensas y vegeta en un estado de continua sospecha.

Por esta razón el coraje, la flexibilidad, la perseverancia, las defensas maduras o los manejos transformacionales –las estructuras disipativas de la mente– son tan necesarias. Sin ellas estaríamos constantemente sufriendo el bombardeo aleatorio de los descarriados meteoritos psicológicos. Por otra parte, si desarrollamos tales estrategias positivas, la mayoría de los sucesos negativos pueden por lo menos neutralizarse y, posiblemente, hasta ser usados como desafíos que ayuden a construir una personalidad más fuerte y más compleja.

Las habilidades transformacionales generalmente se desarrollan al final de la adolescencia. Los niños y los adolescentes más jóvenes todavía dependen en gran medida de una red social que les apoye y que les proteja contra las cosas que van mal. Cuando a un adolescente joven le sucede una desgracia –incluso algo tan trivial como unas malas notas, un acné que aparece en la barbilla o un amigo que le ignora en la escuela– a él le parece como si el mundo se acabase y que ya no hay ningún propósito en la vida. La retroalimentación positiva de otra persona normalmente le pone de buen humor en cuestión de minutos; una sonrisa, una llamada telefónica, un buena canción que atraiga su atención le distraen de la preocupación y restauran el orden en su mente. Hemos aprendido de nuestros estudios con el Método de Muestreo de la Experiencia que unos adolescentes saludables se deprimían como promedio solo media hora. (A un adulto, como promedio, le cuesta dos veces más recuperarse del mal humor.)

Sin embargo, dentro de unos años –cuando tengan 17 o 18 años– los adolescentes serán capaces de tener una mejor perspectiva de los sucesos negativos y no resultarán tan afectados por las cosas que desean y no pueden lograr. A esta edad comienza a existir la capacidad para controlar la conciencia. En parte esta capacidad es un producto del mero paso del tiempo: habiéndose desilusionado antes y habiendo sobrevivido a la desilusión, el adolescente sabe que una situación no es tan mala como momentáneamente pueda parecer. En parte sabe que otras personas también tuvieron los mismos problemas y han sido capaces de resolverlos. Saber que esos sufrimientos son compartidos agrega una importante perspectiva al egocentrismo de la juventud.

El momento cumbre en el desarrollo de las habilidades de manejo se alcanza cuando una mujer o un hombre joven ha logrado un sentido bastante fuerte de su personalidad, basado en las metas personalmente elegidas, y cuando ninguna desilusión externa puede socavar quien él o ella es. Para algunas personas la fortaleza proviene de una meta que implica la identificación con la familia, con el país o con una religión o una ideología. Para otros depende del dominio de un sistema armonioso de símbolos, tales como el arte, la música o la física. Srinivasa Ramanujan, el joven genio matemático de la India, tenía tanta energía psíquica invertida en la teoría de los números que la pobreza, la enfermedad, el dolor e incluso la muerte que rápidamente se aproximaba, no tuvieron ocasión de distraer su mente de los cálculos, de hecho, simplemente lo espoleaban hacia una creatividad mayor. Tras su muerte, ha seguido maravillándonos por la belleza de las ecuaciones que descubrió y por la serenidad de su mente, que se reflejaba en el orden de los símbolos que utilizó.

¿Por qué algunas personas son debilitadas por la tensión, mientras otras consiguen fuerza de ella? Básicamente la respuesta es simple: quienes saben cómo transformar una situación desesperanzada en una nueva actividad de flujo que pueden controlar, son capaces de disfrutar de sí mismos y de resurgir más fuertes de la prueba. Hay tres pasos principales que parecen afectar a estas transformaciones:

1. *Autoconfianza natural*. Richard Logan encontró en su estudio sobre individuos que sobrevivieron a severas pruebas físicas –exploradores polares solos en el Ártico, prisioneros de campos de concentración– que la actitud común compartida por estas personas era la creencia sin reservas en que su destino estaba en sus manos. No dudaron de que sus recursos propios serían suficientes para permitirles determinar su destino. En este sentido los denominó personas con autoconfianza, aunque, a la vez, sus egos parecen estar curiosamente ausentes: no son egoístas; su energía no se destinaba a dominar su entorno sino a encontrar una manera armoniosa de funcionar dentro de él.

Esta actitud se da cuando una persona no se ve en contraposición a su entorno, como un individuo que insiste en que *sus* metas, *sus* intenciones están por encima de todo lo demás. En vez de eso se siente parte de lo que le rodea e intenta dar lo mejor de sí dentro del sistema en el que debe moverse. Paradójicamente, este sentimiento de humildad –reconocer que las propias metas pueden tener que subordinarse a una entidad mayor y que para triunfar uno debe jugar con un conjunto de reglas diferente a las que prefiere– es una señal distintiva de las personas fuertes.

Para tomar un ejemplo trivial muy común, suponga que una fría mañana, cuando usted tiene prisa para ir a la oficina, el motor del automóvil no se pone en marcha cuando trata de arrancarlo. En tales circunstancias muchas personas se obsesionan cada vez más con su meta –ir a la oficina–, tanto que no son capaces de elaborar otros planes. Pueden maldecir el automóvil, girar la llave del coche más frenéticamente, golpear el salpicadero con desesperación…, normalmente en vano. La participación de su ego les impide manejar eficazmente la frustración y conseguir realizar su meta. Un enfoque más sensato sería reconocer que al automóvil le da igual que usted tenga prisa. El automóvil sigue sus propias leyes, y la única manera de conseguir que se mueva es tenerlas en cuenta. Si usted no tiene ni idea de qué puede afectar al arranque, más vale que llame a un taxi o que busque una meta alternativa: anule la cita y encuentre algo útil que hacer en el hogar.

Básicamente, para llegar a este nivel de autoconfianza hay que creer en uno mismo, en el propio entorno y en el lugar que uno ocupa en él. Un buen piloto de avión conoce sus habilidades, tiene confianza en la máquina con que vuela y es consciente de las acciones que se requieren en caso de un huracán o en caso de que el hielo cubra las alas. Por lo tanto, está seguro de su capacidad para arreglárselas con cualquier condición atmosférica que pudiese sobrevenir, no porque vaya a forzar al avión a obedecer su voluntad, sino porque él será el instrumento para equilibrar las propiedades del avión a las condiciones del aire. Así él es el nexo imprescindible para la seguridad del avión, pero es únicamente un catalizador, un componente del sistema formado por el aire, el avión y la persona, y obedeciendo las reglas de este sistema es como puede lograr su meta.

2. *Enfocar la atención en el mundo*. Es difícil darse cuenta de lo que nos rodea si la atención se enfoca sobre todo en el interior, si la mayoría de la energía psíquica está absorbida por los intereses y los deseos del ego. Las personas que saben trans-

formar la tensión en un desafío agradable ocupan muy poco tiempo en pensar sobre sí mismos. No gastan toda su energía tratando de satisfacer lo que creen que son sus necesidades o preocupándose sobre los deseos condicionados socialmente. En cambio, su atención está alerta, procesando constantemente información de su alrededor. El foco todavía está definido por la meta de la persona, pero está lo suficientemente abierto para notar los sucesos externos y adaptarse a ellos, aun cuando no sean directamente pertinentes a lo qué él quiere realizar.

Una postura abierta permite que una persona sea objetiva, sea consciente de las posibilidades alternativas, se sienta parte del mundo que la rodea. Esta relación total con el ambiente está bien expresada por el escalador Yvon Chouinard, cuando describe una de sus subidas al terrible El Capitán en el Yosemite: «Cada cristal individual en el granito sobresalía con relieve muy marcado. Las formas de las nubes no habían cesado de atraer nuestra atención. Por primera vez notamos unos insectos minúsculos sobre las paredes de roca, tan minúsculos que apenas eran perceptibles. Yo estuve mirando uno durante quince minutos, lo miraba moverse y admiraba su color rojo brillante. ¿Cómo puede uno aburrirse con tantas cosas hermosas para ver y sentir? Esta unidad gozosa con nuestro entorno, esta percepción tan penetrante nos dio un sentimiento que no habíamos tenido desde hace años».

Lograr esta unidad con el propio entorno no es solamente un componente importante de las experiencias agradables de flujo, sino que también es un mecanismo básico para conquistar la adversidad. En primer lugar, cuando la atención se enfoca lejos de la personalidad, las frustraciones de los propios deseos tienen menos oportunidades para desorganizar la conciencia. Para experimentar la entropía psíquica hay que concentrarse en el desorden interno; si en vez de esto prestamos atención a lo que sucede a nuestro alrededor, el efecto destructivo de la tensión disminuye. Segundo, la persona cuya atención se hunde en el entorno llega a ser parte de él, participa en el sistema vinculándose a él mediante la energía psíquica. Esto, a su vez, le permite comprender las propiedades del sistema y encontrar una manera mejor de adaptarse a una situación problemática.

Volviendo al ejemplo del automóvil que no arranca: si la atención es absorbida completamente por la meta de llegar a la oficina a tiempo, su mente podría estar llena de imágenes sobre lo que sucederá si usted llega tarde y de pensamientos hostiles acerca de su vehículo que no coopera. Entonces es menos probable que usted se dé cuenta de lo que el automóvil trata de decirle: que el motor está ahogado o que la batería está baja. De un modo parecido, el piloto que gasta demasiada energía en pensar qué quiere hacer con el avión puede no prestar atención a las informaciones que le permitirían volar sin riesgos. Charles Lindbergh describe el sentimiento de total apertura al entorno que experimentó durante su heroica travesía en solitario del Atlántico:

> Mi cabina es pequeña y las paredes son delgadas: pero dentro de este capullo me siento seguro a pesar de las especulaciones de mi mente. [...] Soy minuciosamente consciente de los detalles en mi cabina: los instrumentos, las palancas, los ángulos de construcción. Cada pieza tiene un nuevo valor. Estudio las marcas de soldadura sobre la tubería (las ondulaciones congeladas del acero que soporta invisibles toneladas de tensión), una gota de pintura sobre la pantalla del altímetro, [...] la pila de válvulas de combustible; nunca había prestado mucha atención a estas cosas antes y ahora son evidentes e importantes. [...] Puedo estar volando en un avión complicado que atraviesa el espacio, pero en esta cabina estoy rodeado por la simplicidad y los pensamientos vuelan libremente.

Un antiguo colega mío, G., solía contar una historia horrible de sus años en la Fuerza Aérea que ilustra lo peligrosa que puede ser la excesiva preocupación respecto a la seguridad, cuando exige tanta atención que nos absorbe del resto de la realidad. Durante la guerra de Corea, la unidad de G. estaba realizando un entrenamiento rutinario de lanzamiento en paracaídas. Un día, cuando el grupo preparaba un lanzamiento, descubrieron que no había suficientes paracaídas normales y que algunos hombres diestros deberían utilizar paracaídas para zurdos, «es igual que los otros –les aseguró el sargento de artillería–, pero el cordón para abrirlo cuelga en el lado izquierdo del arnés. Ustedes podrán abrirlo con cualquier mano, pero es más fácil hacerlo con la izquierda». El equipo subió al avión, se elevaron a ocho mil pies y saltaron sobre el área de blanco uno después del otro. Todo fue bien, a excepción de uno de los hombres: su paracaídas nunca se abrió y murió al caer directamente sobre el desierto. G. era parte del equipo investigador que se envió para determinar por qué no se había abierto el paracaídas. El soldado muerto era uno a quien se le había dado un paracaídas para zurdos. El lado derecho de su uniforme, donde hubiera estado el cordón de un paracaídas normal, estaba completamente rasgado; incluso se había abierto largos tajos en la carne del pecho con su mano derecha ensangrentada. Unos centímetros a la izquierda estaba el cordón de verdad; al parecer ni lo había tocado. No había habido ningún problema con el paracaídas. El problema había sido que mientras caía durante una pavorosa eternidad el hombre se obsesionó con la idea de que para abrir el paracaídas tenía que encontrar el cordón en el lugar acostumbrado. Su miedo fue tan intenso que le cegó, a pesar de que la salvación estaba, literalmente, al alcance de sus dedos.

En una situación amenazadora es natural movilizar la energía psíquica, dirigirla al interior y usarla como una defensa contra la amenaza. Pero esta reacción innata provoca frecuentemente interferencias con la capacidad para manejar el asunto. Agrava la turbación interior, reduce la flexibilidad de respuesta y, quizás lo peor de todo, aísla a la persona del resto del mundo, dejándola sola con sus frustraciones. Por otra parte, si uno sigue en contacto con lo que está sucediendo, probablemente surjan nuevas posibilidades que a la vez podrán sugerir nuevas respuestas, y es menos probable que uno se desconecte totalmente del curso de la vida.

3. *El descubrimiento de nuevas soluciones*. Hay básicamente dos maneras de manejar una situación que crea entropía psíquica. Una es enfocar la atención sobre los obstáculos que impiden que logremos nuestras metas y entonces apartarlos de en-medio, y así restauramos la armonía en la conciencia. Este es el enfoque directo. La otra manera es enfocar la situación por entero, incluyéndose uno mismo, para descubrir si hay otras metas alternativas que puedan ser más apropiadas y, por tanto, otras posibles soluciones.

Supongamos, por ejemplo, que Phil, a quien están a punto de ascender a vicepresidente dentro de su empresa, ve que el cargo puede recaer en un colega que se lleva mejor con el presidente. En este punto él tiene dos opciones básicas: encontrar el modo de cambiar el pensamiento del director sobre quién es la persona más adecuada para el trabajo (el primer enfoque), o considerar otras metas, como cambiarse a otra división de la compañía, cambiar enteramente de profesión o reducir sus objetivos profesionales e invertir sus energías en la familia, la comunidad o en su propio autodesarrollo (el segundo enfoque). Ninguna solución es "mejor" en un sentido absoluto; lo que importa es si tiene sentido desde el punto de vista de las metas totales de Phil, y si le permitirá aumentar al máximo el disfrute en su vida.

Cualquiera que sea la solución que adopte, si Phil se toma a sí mismo, a sus necesidades y a sus deseos demasiado seriamente, estará en peligro tan pronto como las cosas no sucedan como él desea. No tendrá la suficiente atención libre a su alcance para buscar otras opciones realistas y, en vez de encontrar agradables los nuevos desafíos, se sentirá rodeado de tensiones y amenazas.

Casi todas las situaciones que encontramos en la vida nos presentan posibilidades para el crecimiento. Como hemos visto, incluso desastres terribles como la ceguera y la paraplejia pueden convertirse en condiciones para el disfrute y una mayor complejidad. Hasta la cercanía de la muerte puede servir para crear armonía en la conciencia, en lugar de desesperación.

Pero estas transformaciones requieren que la persona esté dispuesta a percibir oportunidades inesperadas. La mayoría de nosotros estamos tan rígidamente conducidos por la programación genética y por el condicionamiento social que ignoramos las opciones para elegir cualquier otro curso de acción. Vivir exclusivamente gracias a las instrucciones genéticas y sociales funciona mientras todo va bien, pero en el momento en que las metas biológicas o sociales se frustran –lo que a largo plazo es inevitable– una persona debe formular nuevas metas y crear una nueva actividad de flujo para sí misma, o derrochará sus energías en el caos interior.

Pero ¿cómo hacer para descubrir estas estrategias alternativas? La respuesta es básicamente sencilla: si uno opera con confianza natural en sí mismo y se mantiene abierto al entorno e implicado en él, es probable que surja la solución. El proceso de descubrir nuevas metas en la vida es parecido, en muchos aspectos, a cómo un artista crea una obra de arte única. Mientras que un artista convencional pinta el lienzo sabiendo lo que quiere pintar y mantiene la intención original hasta que el trabajo esté terminado, un artista original con igual entrenamiento técnico comienza teniendo en mente una meta indefinida, pero hondamente sentida, modifica el cuadro según los colores y las formas que emergen sobre el lienzo y acaba con un trabajo terminado que probablemente no se parecerá en nada a como empezó. Si el artista responde a sus sentimientos interiores, sabe lo que le gusta y lo que no le gusta, y presta atención a lo que sucede sobre el lienzo, seguramente hará un buen cuadro. Por otra parte, si mantiene su idea preconcebida de cómo debería ser la pintura, sin responder a las posibilidades sugeridas por las formas que se desarrollan ante él, la pintura probablemente sea mediocre.

Todos nosotros empezamos con nociones preconcebidas de lo que queremos de la vida. Estas nociones reflejan las necesidades básicas programadas por nuestros genes que aseguran la supervivencia: la necesidad de alimento, comodidad, sexo, dominio sobre otros seres. También incluyen los deseos que nuestra cultura específica nos ha inculcado: ser delgado, rico, educado y bien parecido. Si abrazamos estas metas y tenemos suerte, podremos copiar la imagen ideal física y social de nuestro tiempo y lugar histórico. ¿Pero es este el mejor uso de nuestra energía psíquica? ¿Y si no podemos alcanzar estos fines? Nunca seremos conscientes de las otras posibilidades a menos que, como el pintor que mira con cuidado lo que sucede sobre el lienzo, prestemos atención a lo que sucede a nuestro alrededor y evaluemos los sucesos según su impacto directo sobre cómo nos sentimos, en lugar de evaluarlos exclusivamente desde el punto de vista de las ideas preconcebidas. Si hacemos esto, podremos descubrir que, contrariamente a lo que se nos dijo, es más satisfactorio ayudar a otra persona que vencerla, o que es más agradable hablar con un niño de dos años que jugar al golf con el presidente de nuestra empresa.

La personalidad autotélica: resumen

En este capítulo hemos visto demostrado repetidamente que las fuerzas exteriores no determinan si la adversidad será capaz de convertirse en disfrute. Una persona que tiene salud, que es rica, fuerte y vigorosa no tiene más probabilidades de tener el control de su conciencia que una persona enfermiza, pobre, débil y abatida. La diferencia entre alguien que disfruta de la vida y alguien que está abrumado por ella, es producto de la combinación entre los factores externos y la manera en que la persona los interpreta, es decir, si ve los desafíos como amenazas o como oportunidades para la acción.

La "personalidad autotélica" fácilmente traduce las amenazas potenciales en desafíos agradables, de este modo mantiene su armonía interior. Una persona que nunca está aburrida, que raramente está ansiosa, que se siente implicada en lo que sucede y que está en flujo la mayoría del tiempo puede decirse que tiene una personalidad autotélica. El término literalmente significa "una personalidad que tiene metas autónomas", y refleja la idea de que este individuo tiene relativamente pocas metas que no se originen desde dentro de su personalidad. Para la mayoría de la personas, las metas vienen determinadas directamente por las necesidades biológicas y las convenciones sociales, por lo tanto, su origen está fuera de la personalidad. Para una persona autotélica, las metas primarias surgen de la experiencia evaluada en la conciencia y, por consiguiente, la propia personalidad.

La personalidad autotélica transforma experiencias potencialmente entrópicas en flujo. Por lo tanto, las reglas para desarrollar esta personalidad son simples y derivan directamente del modelo de flujo. Brevemente, pueden resumirse como sigue:

1. *Definir las metas*. Para ser capaces de experimentar el flujo hay que tener claras las metas a lograr. Una persona con una personalidad autotélica aprende a elegir –desde los compromisos para toda la vida, tales como casarse o elegir una profesión, a decisiones triviales como qué hacer el fin de semana o cómo ocupar el tiempo esperando en el dentista– sin muchos nervios y con el mínimo de pánico.

La selección de una meta está relacionada con el reconocimiento de los desafíos. Si decido aprender a jugar a tenis, tendré que aprender cómo hacer el saque, a usar mi muñeca al hacer un revés, a desarrollar mi resistencia y mis reflejos. O la sucesión causal puede invertirse: porque disfruto golpeando la pelota sobre la red, puedo desarrollar la meta de aprender a jugar a tenis. De todos modos, las metas y los desafíos se implican mutuamente.

Tan pronto como las metas y los desafíos definen un sistema de acción, a la vez sugieren las habilidades necesarias para actuar dentro de este sistema. Si decido abandonar mi trabajo y llegar a ser un operador turístico, debería aprender gestión hotelera, financiación, emplazamientos comerciales, etc. La sucesión puede comenzar también en orden inverso: percibo en mí unas habilidades que podrían ser útiles en el desarrollo de una meta particular que se construye sobre esos puntos fuertes, es decir, puedo decidir ser un operador turístico porque veo que tengo los requisitos adecuados para ello.

Y para desarrollar las habilidades, uno necesita prestar atención a los resultados de las propias acciones, controlar la retroalimentación. Para llegar a ser un buen operador turístico tengo que interpretar correctamente lo que opinan los banqueros que pueden prestarme el dinero sobre mi propuesta de negocio. Necesito saber qué aspectos de la operación son atractivos a los clientes y qué aspectos les desagradan. Sin la atención constante a la retroalimentación pronto seré ajeno al sistema de acción, cesaré de desarrollar mis habilidades y llegaré a ser menos efectivo.

Una de las diferencias básicas entre una persona con una personalidad autotélica y otra sin ella, es que la primera sabe que es ella quien tiene que elegir cualquier meta que persiga. Lo que hace no es producto del azar, ni es el resultado de determinadas fuerzas externas. Este hecho provoca dos resultados aparentemente opuestos. Por un lado, al tener un sentimiento de propiedad sobre sus decisiones, la persona se dedica a ellas con mayor fuerza. Sus acciones son fiables y controladas internamente. Por otro lado, sabiendo que son sus propias metas, puede modificarlas más fácilmente cuando las razones para conservarlas no tengan sentido. En este aspecto, el comportamiento de una persona autotélica es a la vez más coherente y más flexible.

2. *Sentirse inmerso en la actividad.* Después de elegir un sistema de acción, una persona con una personalidad autotélica se involucra profundamente en cualquier cosa que haga. Si vuela en un avión alrededor del mundo o lava los platos después de la cena, emplea su atención en la tarea que realiza.

Para hacerlo bien hay que aprender a equilibrar las oportunidades para la acción con las habilidades que uno posee. Algunas personas tienen unas expectativas poco realistas, como tratar de salvar el mundo o llegar a ser millonario antes de los veinte años. Cuando su esperanzas se desvanecen, la mayoría se desanima y sus personalidades se marchitan por la pérdida de energía psíquica gastada en intentos estériles. En el otro extremo, muchas personas languidecen porque no confían en su propio potencial. Escogen la seguridad de unas metas triviales y mantienen el crecimiento de la complejidad al nivel más bajo disponible. Para lograr la implicación en el sistema de acción hay que encontrar una posición intermedia entre las demandas del entorno y la propia capacidad para actuar.

Por ejemplo, suponga que una persona camina por una sala llena de personas y decide "unirse a la fiesta", o lo que es lo mismo, conseguir relacionarse con tantas personas como sea posible mientras pasa un buen rato. Si la persona carece una personalidad autotélica, podría ser incapaz de comenzar una interacción por sí misma, y retirarse a un rincón deseando que alguien la vea. O puede tratar de ser bullicioso y excesivamente charlatán, volviendo contra él a las personas con su simpatía impropia y superficial. Ninguna de estas estrategias tendría éxito, ni probablemente le haría pasar un buen rato. Una persona con una personalidad autotélica, al entrar en la sala, cambiaría el foco de su atención la dirigiría a la fiesta, el "sistema de acción" al que desea unirse. Observaría a los invitados, trataría de adivinar cuál de ellos puede tener intereses parecidos y un temperamento compatible, y empezaría a hablarle a esa persona sobre temas que crea que serán mutuamente agradables. Si la retroalimentación es negativa –si la conversación resulta ser aburrida, o no interesa a su interlocutor– buscará un tema diferente o un interlocutor diferente. Solo cuando las acciones de una persona se equiparan adecuadamente con las oportunidades del sistema de acción llega a implicarse verdaderamente.

La implicación es facilitada sobre todo por la capacidad para concentrarse. Las personas que sufren de desórdenes de la atención, que no pueden evitar que sus mentes divaguen, siempre se sienten fuera del flujo de la vida. Están a merced de cualquier estímulo que pase como un relámpago. Distraerse en contra de la propia voluntad es la señal más segura de que uno no tiene el control. Aunque es asombroso el poco esfuerzo que la mayoría de las personas hace para mejorar el control de su atención. Si leer un libro parece demasiado difícil, en vez de aguzar la concentración tendemos a dejarlo a un lado y encendemos la televisión, que no solamente requiere de una atención mínima, sino que de hecho tiende a disminuir la poca que nos quedaba con los cambios de canal, las interrupciones comerciales y el contenido generalmente vacío.

3. *Prestando atención a lo que está sucediendo.* La concentración conduce a la involucración, que solo puede mantenerse con aportes constantes de atención. Los atletas son conscientes de que en una carrera incluso un despiste momentáneo puede acarrearles la derrota. Un campeón de los pesos pesados puede quedar noqueado si no ve venir el golpe de su adversario. El jugador de baloncesto fallará el tiro si permite que le distraiga por el rugido de los espectadores. Los mismos errores amenazan a quien participa en un sistema complejo: para permanecer en él debe seguir invirtiendo energía psíquica. El padre que no escucha atentamente a su hijo malogra la interacción, el abogado que se distrae puede perder el caso y el cirujano cuya mente divaga puede perder al paciente. Tener una personalidad autotélica implica la capacidad para mantener la involucración. La conciencia de uno mismo es la fuente más común de distracción, pero no es un problema para esta persona. En vez de preocuparse sobre cómo lo está haciendo, cómo le ven desde el exterior, está totalmente comprometida con sus metas. En algunos casos la profundidad de la involucración es lo que empuja a la conciencia de sí mismo fuera de la conciencia, mientras que a veces es de otro modo: es la misma carencia de conciencia propia lo que hace posible la involucración profunda. Los elemen-

tos de la personalidad autotélica están relacionados unos con otros por nexos de causalidad mutua. No importa dónde uno empiece si uno escoge primero las metas, si desarrolla las habilidades, si cultiva la capacidad para concentrarse o si consigue liberarse de la conciencia de sí mismo. Puede comenzarse donde se quiera, porque una vez que la experiencia de flujo está en movimiento, los otros elementos serán mucho más fáciles de conseguir.

Una persona que presta atención a la interacción en vez de preocuparse sobre la personalidad obtiene un resultado paradójico. Ya no se siente un individuo separado, aunque su personalidad llega a ser más fuerte. El individuo autotélico crece más allá de los límites de la individualidad por la inversión de la energía psíquica en un sistema donde él mismo está incluido. Por ello, por la unión entre la persona y el sistema, la personalidad surge a un nivel más alto de complejidad. Por esta razón es mejor haber amado y haber perdido que no haber amado nunca.

La personalidad de una persona que todo lo ve desde una perspectiva egocéntrica puede ser más segura, pero ciertamente es un pariente pobre de la persona que está dispuesta a comprometerse, a implicarse, y que está dispuesta a prestar atención a lo que sucede para el bien de la interacción, en vez de buscar solo sus propios intereses.

Durante la ceremonia que celebraba la inauguración de una enorme escultura de Picasso en la plaza frente al Ayuntamiento de Chicago, sucedió que yo estaba cerca de un abogado conocido mío. Mientras oía el discurso inaugural, noté una mirada de intensa concentración sobre su cara y que sus labios se movían. Le pregunté en qué pensaba, y me contestó que trataba de estimar la cantidad de dinero que la ciudad iba a tener que pagar en pleitos ocasionados por las caídas de los niños que escalasen la escultura.

¿Este abogado era afortunado porque podía transformar todo lo que veía en un problema profesional que sus habilidades podían dominar, y así vivir en constante flujo? ¿O se privaba de una oportunidad de crecer al prestar atención únicamente a lo que le era familiar e ignoraba las dimensiones estéticas, cívicas y sociales del acontecimiento? Quizás ambas interpretaciones sean ciertas. A largo plazo, sin embargo, mirar al mundo exclusivamente desde la pequeña ventana de la propia personalidad es algo siempre limitador. Incluso los más respetados físicos, artistas o políticos llegan a ser unos aburridos y dejan de disfrutar de la vida si todo lo que puede interesarles es su limitado papel en el universo.

4. *Aprender a disfrutar de la experiencia inmediata.* El resultado de tener una personalidad autotélica –o aprender a ponerse metas, a desarrollar habilidades, a ser sensibles a la retroalimentación, a saber cómo concentrarse y conseguir implicarse– es que uno puede disfrutar de la vida incluso cuando las circunstancias objetivas son brutales y desagradables. Tener el control de la mente significa que, literalmente, cualquier cosa que suceda puede ser una fuente de regocijo. Sentir la brisa un día de calor, ver una nube reflejada sobre la fachada de cristal de un rascacielos, hacer un buen negocio, ver a un niño jugando con un cachorro, beber un vaso de agua; todo esto pueden ser experiencias profundamente satisfactorias que enriquezcan la propia vida.

Sin embargo, lograr este control requiere determinación y disciplina. La experiencia óptima no es el resultado de un enfoque hedonista de la vida. Una actitud relajada, de *laissez-faire*, no es una defensa suficiente contra el caos. Como hemos visto desde el propio inicio de este libro, para ser capaz de transformar los sucesos aleatorios en flujo hay que desarrollar habilidades que mejoren nuestras capacidades, que hagan que uno llegue a ser más de lo que es. El flujo conduce a los individuos a la creatividad y a logros poco corrientes. La necesidad de desarrollar habilidades cada vez más refinadas para sostener el disfrute es lo que subyace detrás de la evolución de la cultura. Motiva tanto a los individuos como a las culturas a transformarse en entidades más complejas. Las gratificaciones que ofrece crear orden en la experiencia nos proporcionan la energía que impulsa la evolución, preparan el terreno para nuestros descendientes, más complejos y más sabios de lo que nosotros somos, que pronto tomarán nuestro lugar.

Pero para convertir la existencia en una experiencia de flujo no basta con aprender meramente a controlar momento a momento los estados de conciencia. También es necesario tener un contexto global de metas para que los sucesos de la vida cotidiana tengan significado. Si una persona se mueve de una actividad de flujo a otra sin un orden que las relacione, será difícil al final de la vida mirar al pasado y encontrar significado en lo que ha sucedido. Crear armonía en cualquier cosa que uno haga es la última tarea que la teoría de flujo presenta a aquellos que deseen lograr la experiencia óptima; es una tarea que implica transformar la totalidad de la vida en una única actividad de flujo, con metas unificadas que ofrezcan un propósito constante.

10. LA ELABORACIÓN DEL SIGNIFICADO

Es bastante normal que los jugadores de tenis famosos se entreguen profundamente a su juego, que jugar les proporcione placer, pero que fuera de la pista sean personas malhumoradas y hostiles. Picasso disfrutaba pintando, pero tan pronto como dejaba el pincel se convertía en un hombre más bien desagradable. Bobby Fischer, el genio de ajedrez, parecía ser desvalidamente inepto excepto cuando su mente estaba en el tablero. Estos y otros incontables ejemplos similares son un recordatorio de que haber logrado flujo en una actividad no nos garantiza necesariamente que se extienda al resto de nuestra vida.

Si disfrutásemos del trabajo y de las amistades y nos enfrentásemos a cada desafío como una oportunidad de desarrollar nuevas habilidades, conseguiríamos gratificaciones que están fuera del reino de la vida ordinaria. Pero incluso esto no es suficiente para asegurarnos la experiencia óptima. Mientras el disfrute siga vinculado a actividades puntuales que no están relacionadas entre sí de una manera significativa, uno todavía es vulnerable a los caprichos del caos. Incluso la carrera profesional de más éxito, la relación familiar más plena, finalmente se acaban. Tarde o temprano la implicación en el trabajo debe reducirse, el cónyuge muere, los hijos crecen y se van lejos. Para acercarse a la experiencia óptima tan estrechamente como sea humanamente posible, es necesario dar un último paso en el control de la conciencia.

Lo que esto implica es convertir toda la vida en una experiencia unificada de flujo. Si una persona desea lograr una meta lo bastante difícil, de la que provengan todas las otras metas, y si él o ella invierte toda su energía en desarrollar las habilidades para alcanzar esa meta, entonces las acciones y los sentimientos estarán en armonía y las partes separadas de la vida encajarán en el esquema; cada actividad "tendrá sentido" en el presente, así como también en perspectiva hacia el pasado y hacia el futuro. De tal manera es posible dar significado a la vida entera.

Pero ¿no es increíblemente ingenuo esperar que la vida tenga un significado total coherente? Después de todo, por lo menos desde que Nietzsche concluyó que Dios había muerto, los filósofos y los científicos sociales han estado muy ocupados demostrando que esta existencia no tiene ningún propósito, que el azar y las fuerzas impersonales rigen nuestro destino y que todos los valores son relativos y arbitrarios. *Es* cierto que la vida no tiene ningún significado, si por eso entendemos una meta suprema inherente a la estructura de la naturaleza y la experiencia humana, una meta que sea válida para todos los individuos. Pero esto no significa que a la vida no podamos *darle* un significado. Muchas cosas que llamamos cultura y civilización consisten en los esfuerzos que han hecho muchas personas, generalmente a pesar de tenerlo todo en contra, para crear una sensación de propósito para sí mismas y para sus descendientes. Una cosa es reconocer que la vida no tiene, por sí misma, sentido, pero otra cosa completamente distinta es aceptar esto con resignación. El primer hecho no supone el segundo, como la carencia de alas no impide que volemos.

Desde el punto de vista de un individuo, no importa cuál sea la meta definitiva si resulta que nos obliga a invertir la energía psíquica suficiente para ordenar toda una vida. El desafío podría ser el deseo de tener la mejor colección de botellas de cerveza en el barrio, la decisión de encontrar una cura para el cáncer o simplemente el imperativo biológico de tener hijos que sobrevivan y prosperen. Mientras nos ofrezca objetivos claros, reglas claras para la acción y una manera de concentrarse e implicarse, cualquier meta puede servir para dar significado a la vida de una persona.

Hace unos pocos años conocí bastante bien a varios profesionales musulmanes (ingenieros electrónicos, pilotos, hombres de negocios y profesores, mayormente de Arabia Saudí y de otros estados del Golfo). Al hablar con ellos me sorprendió lo relajados que parecían estar la mayoría de ellos, incluso bajo fuerte presión. «No hay nada que hacer –me dijeron cuando les pregunté, usaron otras palabras, pero siempre con el mismo mensaje–: No nos preocupamos porque creemos que nuestra vida está en las manos de Dios, y cualquier cosa que Él decida estará bien.» Tal fe implícita también solía estar generalizada en nuestra cultura, pero no es fácil encontrarla ahora. Muchos de nosotros tenemos que descubrir una meta que dé significado propio a nuestra vida, sin la ayuda de una fe tradicional.

Lo que significa el significado

El significado es un concepto difícil de definir, puesto que cualquier definición corre el riesgo de ser circular. ¿Cómo podemos hablar del significado del propio significado? Hay tres maneras de desentrañar el sentido de esta palabra que ayudan a iluminar el último paso en el logro de la experiencia óptima. Su primer sentido indica el fin, el propósito, la importancia de algo, como en: *¿cuál es el significado de la vida?* Este sentido de la palabra refleja la suposición de que los sucesos se vinculan el uno al otro desde el punto de vista de una meta definitiva; de ahí que exista un orden, una conexión causal entre ellos. Presume que los fenómenos no son debidos al azar, sino que pueden clasificarse en modelos reconocibles dirigidos por un propósito final. El segundo sentido de la palabra se refiere a las intenciones de una persona: *She usually means well**. Este sentido de significar (*means*) implica que esa persona da a conocer sus *propósitos* en la acción; que sus metas se expresan en maneras predecibles, uniformes y ordenadas. Finalmente, el tercer sentido en que se usa la palabra se refiere a la información, como cuando uno dice: *"otorrinolaringología" significa el estudio del oído, la nariz y la garganta*, o: *el cielo rojo por la tarde significa buen tiempo a la mañana siguiente*. Este sentido de significar hace referencia a la identidad de las diferentes palabras, a la relación entre sucesos, y ayuda a aclarar, a establecer orden entre informaciones no relacionadas o conflictivas.

Crear significado implica traer orden a los contenidos de la mente integrando las propias acciones en una experiencia unificada de flujo. Los tres sentidos de la palabra "significar" descritos anteriormente permiten ver con más claridad cómo se lleva a cabo esto. Las personas que encuentran que sus vidas tienen significado suelen tener una meta que las desafía lo suficiente como para implicar todas sus energías, una meta que puede dar trascendencia a sus vidas. Podemos referirnos a este proceso como conseguir un *propósito*. Para experimentar el flujo hay que tener metas para las propias acciones: ganar un juego, hacerse amigo de una persona, realizar algo de una cierta manera. La meta en sí no suele ser lo importante; lo que importa es que enfoca la atención de una persona y la involucra en una actividad agradable que puede lograr. De forma similar, algunas personas son capaces de mantener en el mismo foco su energía psíquica a lo largo de toda de su vida. Las metas no relacionadas de actividades de flujo separadas se combinan en un compendio global de desafíos que da propósito a todo lo que una persona hace. Hay maneras muy diferentes de establecer esta direccionalidad. Napoleón dedicó su vida –y con ello condujo a la muerte a centenares de miles de soldados franceses– a

---

*N. de la T. No hay equivalente exacto en español; sería algo así como "suele tener buenas intenciones".

la búsqueda decidida del poder. La madre Teresa de Calcuta ha invertido todas sus energías en ayudar a los necesitados, porque su vida tiene el propósito del amor incondicional basado en la creencia en Dios, en un orden espiritual más allá del alcance de los sentidos.

Desde un punto de vista puramente psicológico, tanto Napoleón como la madre Teresa pueden haber conseguido niveles iguales de propósito interior y, por lo tanto, de experiencia óptima. Las diferencias obvias entre ellos nos llevan a una pregunta ética más amplia: ¿qué consecuencias han tenido estas dos maneras de dar significado a la vida? Podríamos concluir que Napoleón trajo el caos a miles de vidas y que la madre Teresa ha reducido la entropía en la conciencia de muchas personas. Pero aquí no intentamos juzgar el valor objetivo de las acciones; nosotros nos ocupamos de la tarea más modesta de describir el orden subjetivo que un propósito unificado trae a la conciencia individual. En este sentido, la respuesta al viejo acertijo «¿cuál es el significado de la vida?» se convierte en algo sorprendentemente simple. El significado de la vida *es* significado: sea lo que sea, venga de donde venga, tener un propósito unificado es lo que da significado a la vida.

El segundo sentido de la palabra *significado* se refiere a la expresión de intencionalidad. Y este sentido también es apropiado al tema de cómo crear significado transformando toda la vida en una actividad de flujo. No es suficiente encontrar un propósito que unifique las metas propias; también hay que llevarlo al terreno práctico y enfrentarse a sus desafíos. El propósito debe resultar en afán; el intento tiene que traducirse en acción. Podemos llamar a esto *resolución* en el seguimiento de las propias metas. Lo que cuenta no es tanto si una persona logra realmente lo que ha empezado a hacer; más bien importa si el esfuerzo se ha empleado en alcanzar la meta, en vez de difuminarse o derrocharse. Cuando «la tendencia natural de la resolución enferma por la debilidad del pensamiento –observó Hamlet– [...] las empresas de gran calado [...] pierden el nombre de acción». Pocas cosas son más tristes que encontrar a una persona que sabe exactamente qué debería hacer y que no puede reunir energía suficiente para hacerlo. «Quien desea pero no actúa –escribió Blake con su vigor acostumbrado– cría pestilencia.»

La tercera y última forma en que la vida adquiere significado es el resultado de los dos pasos anteriores. Cuando una meta importante se persigue con resolución y todas las actividades diferentes se juntan en una experiencia de flujo unificada, el resultado es que esa *armonía* se ha incorporado a la conciencia. Quien sabe cuáles son sus deseos y trabaja con el propósito de lograrlos es una persona cuyos sentimientos, pensamientos y acciones son congruentes entre sí y, por lo tanto, es una persona que ha logrado la armonía interior. En el decenio de 1960 a este proceso se le llamaba "tener la cabeza organizada", pero prácticamente en todos los períodos históricos se ha utilizado un concepto similar para describir este paso necesario para vivir una buena vida. Alguien que está en armonía, sin importar lo que esté haciendo, o lo que le suceda, sabe que su energía psíquica no está siendo derrochada por la duda, el lamento, la culpabilidad y el temor, sino que siempre se emplea útilmente. La coherencia interior conduce finalmente a la serenidad y la fortaleza interior que admiramos en las personas que parecen estar bien consigo mismas.

El propósito, la resolución y la armonía unifican la vida y le dan significado al transformarla en una experiencia perfecta de flujo. Cualquiera que logre este estado nunca carecerá realmente de ninguna otra cosa. Una persona cuya conciencia esté tan ordenada no necesita temer los sucesos inesperados, ni siquiera la muerte. Vivir cada momento tendrá sentido y la mayoría de ellos serán agradables. Esto seguramente suena a algo muy deseable. ¿Cómo podemos lograrlo?

Cultivar el propósito

En las vidas de muchas personas es posible encontrar un propósito unificador que justifica las cosas que hacen día a día, una meta que atrae como un campo magnético su energía psíquica, una meta de la que dependen todas las metas menores. Esta meta definirá los desafíos a los que una persona necesita enfrentarse a fin de transformar su vida en una actividad de flujo. Sin tal propósito, incluso la conciencia mejor ordenada carece de significado.

A lo largo de la historia humana se han realizado innumerables intentos para descubrir metas definitivas que dieran significado a la experiencia. Frecuentemente estos intentos han sido muy diferentes entre sí. Por ejemplo, en la antigua civilización griega, según el filósofo social Hannah Arendt, los hombres buscaron lograr la inmortalidad mediante los actos heroicos, mientras que en el mundo cristiano las mujeres y hombres esperaron alcanzar la vida eterna mediante actos virtuosos. Las metas definitivas, en la opinión de Arendt, deben tener en cuenta la mortalidad: deben dar a los hombres y las mujeres un propósito que se extienda más allá de la tumba. Tanto la inmortalidad como la eternidad proporcionan esto, pero de muy diferentes maneras. Los héroes griegos realizaron actos nobles para atraer la admiración de sus compañeros, esperando que sus actos personales de valentía fueran transmitidos en las canciones y en las historias de generación en generación. Su identidad, por lo tanto, continuaría existiendo en la memoria de sus descendientes. Los santos, por el contrario, renunciaban a su individualidad para fundir sus pensamientos y acciones con la voluntad de Dios, esperando vivir para siempre después de la unión con Él. El héroe y el santo dedicaron la totalidad de su energía psíquica a la meta que lo abarcaba todo y que prescribía un modelo coherente de comportamiento a seguir hasta su muerte, lo que convertía sus vidas en experiencias unificadas de flujo. Los demás miembros de la sociedad ordenaban sus acciones menos elevadas basándose en estos modelos, lo que les ofrecía un significado menos claro, pero más o menos adecuado, a sus vidas.

Cada cultura humana, por definición, contiene sistemas de significado que pueden servir como propósito para que los individuos puedan ordenar sus metas. Por ejemplo, Pitrim Sorokin dividió las diversas épocas de la civilización occidental en tres tipos, que según él se vienen alternado unos a otros desde hace veinticinco siglos, a veces han durado centenares de años, a veces simplemente unas décadas. A estas fases de cultura las denominó *sensatas*, *ideacionales* e *idealistas*; y ha intentado demostrar que en cada una existe un conjunto diferente de prioridades que justifican las metas de la existencia.

Las culturas sensatas se integran alrededor de visiones de la realidad diseñadas para satisfacer a los sentidos. Tienden a ser epicúreas, utilitarias, y se preocupan primordialmente de las necesidades concretas. En tales culturas el arte, la religión, la filosofía y el comportamiento cotidiano glorifican y justifican las metas según el punto de vista de experiencias tangibles. Según Sorokin, la cultura sensata predominó en Europa desde el -440 al -200, con su punto culminante entre el -420 y el -400; ha vuelto a ser dominante una vez más en el siglo pasado o por lo menos en las democracias avanzadas del capitalismo. Las personas en una cultura sensata no son necesariamente más materialistas, pero organizan sus metas y justifican su comportamiento con la referencia primordial del placer y de la viabilidad en lugar de utilizar principios más abstractos. Los desafíos que contemplan casi conciernen exclusivamente a cómo hacer la vida más fácil, más cómoda y más amena. Tienden a identificar el bien con lo bueno y desconfían de los valores idealizados.

Las culturas ideacionales se organizan sobre principios opuestos a las sensatas: desprecian lo que es tangible y se afanan por lograr fines sobrenaturales y no materiales. Ponen énfasis en los principios abstractos, el ascetismo y la transcendencia de los intereses materiales. El arte, la religión, la filosofía y la justificación del comportamiento cotidiano se subordinan a la realización de este orden espiritual. Las personas dirigen su atención a la religión o la ideología, y consideran sus desafíos no desde el punto de vista de hacer la vida más fácil, sino de alcanzar la convicción y la claridad interior. Grecia desde el -600 al -500, y Europa occidental desde el año -200 al 400 son los puntos culminantes de esta visión, según Sorokin. Unos ejemplos más recientes y perturbadores serían el intervalo nazi en Alemania, los regímenes comunistas en Rusia y China y la restauración islámica en Irán.

Un sencillo ejemplo puede ilustrar la diferencia entre las culturas organizadas alrededor de los principios sensatos y los ideacionales. En nuestra cultura, y también en las sociedades fascistas, se aprecia que el cuerpo esté en forma y se rinde culto a la belleza del cuerpo humano. Pero las razones para hacerlo son muy diferentes. En nuestra cultura sensata, el cuerpo se cultiva a fin de lograr salud y placer. En una cultura ideacional, el cuerpo se valora primariamente como símbolo de algún principio abstracto de perfección metafísica como el asociado con la idea de la "raza aria" o la "valentía romana". En una cultura sensata, un cartel de una guapa joven podría producir una respuesta sexual que sería usada para fines comerciales. En una cultura ideacional, el mismo cartel haría una declaración ideológica y se usaría para fines políticos.

Por supuesto, en ningún momento un grupo de personas determina su propósito únicamente a través de una de estas dos maneras de ordenar la experiencia y excluye a la otra. En cualquier momento determinado, diversos subtipos y combinaciones del punto de vista sensato e ideacional pueden coexistir en la misma cultura, e incluso en la conciencia del mismo individuo. El estilo de vida *yuppie*, por ejemplo, se basa primariamente en los principios sensatos, mientras el fundamentalismo del "cinturón de la Biblia" se apoya sobre principios ideacionales. Estas dos formas, en sus muchas variantes, coexisten con cierta incomodidad en nuestro sistema social actual. Y cualquiera de ellas, funcionando como un sistema de metas, puede ayudar a organizar la vida en una actividad coherente de flujo.

No solamente la cultura, sino también los individuos personifican estos sistemas de significado en su comportamiento. Los líderes del mundo de los negocios como Lee Iacocca o H. Ross Perot, cuyas vidas están ordenadas por desafíos empresariales concretos, frecuentemente muestran los mejores aspectos del enfoque sensato de la vida. Los aspectos más primitivos del punto de vista sensato están representados por alguien como Hugh Heffner, cuya "filosofía *playboy*" celebra el simple logro del placer. Los representantes del enfoque ideacional son los ideólogos y los místicos, quienes abogan por soluciones trascendentales, tales como la fe ciega en la providencia divina. Hay, por supuesto, muchas combinaciones y permutaciones diferentes: telepredicadores como Bakkers o Jimmy Swaggart públicamente exhortan a su auditorio a valorar las metas ideacionales, mientras que en privado se entregan al lujo y a la sensualidad.

Ocasionalmente una cultura triunfa en integrar estos dos principios dialécticamente opuestos en una totalidad convincente que conserva las ventajas de ambos, mientras neutraliza las desventajas de cada uno. Sorokin llama a estas culturas "idealistas". Combinan la aceptación de la experiencia sensitiva concreta con la veneración de los fines espirituales. En Europa occidental, la baja Edad Media y el Renacimiento fueron clasificados por Sorokin como relativamente más idealistas, con los puntos culminantes alcanzados en las primeras dos décadas del siglo XIV. No es necesario decir que la solución idealista parece ser la preferible, porque evita la apatía que es frecuentemente la tónica en un mundo puramente materialista y el ascetismo fanático que malogra muchos sistemas ideacionales.

La simple tricotomía de Sorokin es un método discutible de categorizar las culturas, pero es útil para ilustrar algunos de los principios según los cuales los hombres y las mujeres acaban por ordenar sus metas definitivas. La opción sensata siempre es bastante popular. Implica responder a desafíos concretos y determinar la vida propia en términos de una actividad de flujo que tiende hacia los fines materiales. Entre sus ventajas está el hecho de que las reglas son comprendidas por todos y esa retroalimentación es clara (desear la salud, el dinero, el poder y la satisfacción sexual raramente levanta controversias). Pero la opción ideacional también tiene sus ventajas: las metas metafísicas puede que nunca se logren, pero entonces el fracaso es casi imposible de probar: el creyente puede deformar siempre la retroalimentación para usarla como una demostración de que él ha tenido razón, que él está entre los elegidos. Probablemente la manera más satisfactoria para unificar la vida en una actividad omnímoda de flujo es mediante el modo idealista. Pero establecer desafíos que impliquen la mejora de las condiciones materiales a la vez que se persiguen fines espirituales no es fácil, especialmente cuando la cultura como una totalidad es predominantemente de carácter sensato.

Otra manera de describir cómo los individuos ordenan sus acciones es centrándose en la complejidad de los desafíos que se marcan, en vez de en su contenido. Quizá lo que más importa no es si una persona es materialista o ideacional, sino lo diferenciadas e integradas que están las metas que persigue en estas áreas. Como se discutió en el apartado final del capítulo 2, la complejidad depende de lo bien que un sistema desarrolle sus potencialidades y sus características únicas y de lo bien relacionadas que estén unas con otras estas características. En este sentido, un enfoque sensato de la vida, bien pensado, que responda a una gran variedad de experiencias humanas concretas y que sea internamente uniforme, sería preferible al idealismo no reflexivo, y viceversa.

Existe el consenso entre los psicólogos que estudian tales temas de que las personas desarrollan su concepto de quienes son y de lo que quieren lograr en la vida según una sucesión de pasos. Cada hombre o mujer empieza con una necesidad de conservar la personalidad para evitar que el cuerpo y sus metas básicas se desintegren. En este punto el significado de la vida es simple; equivale a la supervivencia, la comodidad y el placer. Cuando la seguridad de la personalidad física no está en duda, la persona puede expandir el horizonte de su sistema de significado para abrazar los valores de una comunidad: la familia, el barrio, un grupo religioso o étnico. Este paso conduce a una complejidad mayor de la personalidad, aunque por lo general implica conformidad con las normas convencionales. El paso siguiente en el desarrollo es el individualismo reflexivo. La persona nuevamente vuelve a su interior, halla nuevos terrenos para la autoridad y el valor dentro de sí misma. Ya no se seguirá conformando ciegamente, sino que desarrollará una conciencia autónoma. En este punto la meta principal en la vida es el deseo del crecimiento, de la mejora, la actualización de las potencialidades. El cuarto paso, que se construye sobre todos los previos, es un alejamiento final de la personalidad, la búsqueda de la integración con otras personas y con los valores universales. En esta etapa final, la persona sumamente individualizada funde sus intereses de buena gana con los de una totalidad mayor como, Siddhartha, cuando deja que el río tome el gobierno de su barca.

En este escenario construir un sistema complejo de significado parece implicar el enfocar la atención alternativamente en la personalidad y en el otro. Primero, la energía psíquica se invierte en las necesidades del organismo, y el orden psíquico es equivalente al placer. Cuando este nivel se logra temporalmente, la persona puede empezar a invertir su atención en las metas de una comunidad, lo que es significativo corresponde a los valores del grupo, la religión, el patriotismo y la aceptación y el respeto de otras personas ofrecen los parámetros del orden interior. El siguiente movimiento dialéctico vuelve la atención de nuevo sobre la personalidad: habiendo logrado un sentimiento de pertenecer a un sistema humano más grande, la persona ahora siente el desafío de discernir los límites de su potencialidad personal. Esto conduce a los intentos de actualizar la personalidad, a la experimentación con diferentes habilidades, diferentes ideas y disciplinas. En esta etapa es el disfrute, en lugar del placer, lo que se convierte en la fuente principal de gratificaciones. Pero puesto que esta fase implica convertirse en un buscador, la persona también puede tropezar con una crisis, un cambio de carrera y una lucha cada vez más desesperada contra las limitaciones de la capacidad individual. En este punto la persona está lista para el último cambio en la dirección de la energía: habiendo descubierto lo que uno puede y, más importante todavía, lo que no puede hacer sola, la meta definitiva se funde con un sistema mayor que la persona: una causa, una idea, una entidad trascendental.

No todos se mueven siguiendo las etapas de esta espiral de complejidad ascendente. Algunos pocos nunca tienen la oportunidad de ir más allá del primer nivel. Cuando las demandas de la supervivencia son tan apremiantes que una persona no puede dedicar mucha atención a cualquier otra cosa, no tendrá suficiente energía psíquica disponible para invertir en las metas de la familia o de la comunidad. Los propios intereses, por sí solos, darán significado a su vida. La mayoría de personas probablemente están confortablemente situadas en la segunda etapa de desarrollo, donde el bienestar de la familia, la empresa, la comunidad o la nación son las fuentes de significado. Muchos menos alcanzan el tercer nivel de individualismo reflexivo, y únicamente unos pocos aparecen de nuevo para forjar una unidad con los valores universales. Por ello estas etapas no necesariamente reflejan lo que sucede o lo que sucederá; simbolizan lo que puede suceder si una persona tiene suerte y consigue controlar la conciencia.

Las cuatro etapas aquí planteadas forman uno de los modelos más simples para describir la aparición de significado a lo largo de un gradiente de complejidad; otros modelos detallan seis o incluso ocho etapas. El número de pasos no importa; lo que cuenta es que la mayoría de las teorías reconocen la importancia de esta tensión dialéctica, esta alternancia entre diferenciación por un lado, e integración por el otro. Desde este punto de vista, la vida individual parece consistir en una serie de diferentes "juegos", con diferentes metas y desafíos, que cambian con el tiempo mientras la persona madura. La complejidad requiere que invirtamos energía en desarrollar cualquier habilidad con la que hemos nacido, llegando a ser autónomos, independientes, conscientes de nuestra originalidad y de sus limitaciones. A la vez debemos invertir energía en reconocer, comprender y hallar la manera de adaptarnos a las fuerzas más allá de los límites de nuestra individualidad. Por supuesto no *tenemos obligación* de emprender ninguna de estas tareas. Pero si no lo hacemos, tarde o temprano lo lamentaremos.

Forjar la resolución

El propósito da dirección a los propios esfuerzos, pero no hace necesariamente la vida más fácil. Las metas pueden conducir a todo tipo de problemas, hasta el punto de que uno se sienta tentado a abandonar y encontrar algún guión menos exigente para poder ordenar sus acciones. El precio que uno paga por cambiar las metas cuando los obstáculos las amenazan es que aunque uno pueda lograr una vida más amena y cómoda, es probable que acabe por sentirse vacío y sin significado.

Los Padres Peregrinos, que fueron los primeros en asentarse en este país, decidieron que la libertad para adorar a Dios según su conciencia era necesaria para mantener la integridad de sus personalidades. Creyeron que nada importaba más que mantener el control sobre su relación con el ser supremo. La suya no fue una elección novedosa de una meta definitiva por la que ordenar la propia vida; muchas otras personas la habían tomado anteriormente. Lo que distinguió a los Peregrinos fue que –como los judíos de Masada, los mártires cristianos, los cátaros del sur de Francia en la Edad Media, que habían hecho una elección similar– ellos no permitieron que la persecución y las privaciones embotaran su resolución. Siguieron la lógica de sus convicciones adondequiera que les condujese, actuando *como si* sus valores requiriesen que abandonasen la comodidad y la propia vida por ellos. Y porque actuaron así, sus metas *se convirtieron* en valiosas, sin importar si lo eran o no originariamente. Porque sus metas habían llegado a ser valiosas mediante el compromiso, ayudaron a dar significado a la existencia de los Peregrinos.

Ninguna meta puede tener mucho efecto a menos que se la tome seriamente. Cada meta prescribe un conjunto de consecuencias, y si uno no está dispuesto a considerarlas, la meta pierde su sentido. El alpinista que decide escalar un pico difícil sabe que se agotará y peligrará durante el ascenso. Pero si él abandona demasiado fácilmente, se revelará que su búsqueda tenía poco valor. Lo mismo es cierto de todas las experiencias de flujo: hay una relación mutua entre las metas y el esfuerzo que requieren. Las metas justifican el esfuerzo que exigen al principio, pero luego será el esfuerzo el que justifique la meta. Uno se casa porque el cónyuge parece digno de compartir nuestra vida con él, pero a menos que uno se comporte como si esto fuese cierto, la asociación perderá valor con el tiempo.

Si lo tomamos todo en consideración, no puede decirse que el género humano haya carecido de coraje para respaldar sus resoluciones. Miles de millones de padres, en todas las épocas y en todas las culturas, se han sacrificado por sus hijos y, gracias a esto, la vida ha sido más significativa para ellos mismos. Probablemente tanto como los que han dedicado todas sus energías a conservar sus campos y su ganado. Otros millones más lo han entregado todo en aras de su religión, su país o su arte. Para quienes lo han hecho de forma coherente, a pesar del dolor y del fracaso, la vida como una totalidad tuvo una oportunidad para convertirse en un episodio extendido de flujo: un conjunto de experiencias enfocado, concentrado e internamente coherente que, gracias a su orden interno, sentían que tenía significado y que era agradable.

Pero como la complejidad de la cultura evoluciona, se vuelve más difícil lograr este grado de resolución total. Hay simplemente demasiadas metas que compiten por ser la más importante, y ¿quién dice que valen que se les dedique toda una vida? Hace unas décadas una mujer se sentía perfectamente justificada si ponía el bienestar de su familia como su meta definitiva. Parcialmente era debido a que no tenía muchas otras opciones. Hoy en día, ahora que puede ser una mujer de negocios, una erudita, una artista e incluso soldado, ya no es "obvio" que ser esposa y madre deba ser la primera prioridad de una mujer. El mismo empacho de riquezas nos afecta a todos. La movilidad nos ha liberado de estar atados a nuestros lugares de nacimiento: no hay razones para implicarse en la comunidad de donde uno proviene, para identificarse con el lugar de nuestro nacimiento. Si el pasto parece más verde al otro lado de la cerca, nosotros simplemente nos vamos al otro campo (¿qué te parece abrir un restaurante en Australia?). Los estilos de vida y las religiones son elecciones que fácilmente cambiamos. En el pasado un cazador era cazador hasta que se moría, un herrero pasaba la vida perfeccionando su arte. Ahora podemos desprendernos de nuestras identidades ocupacionales a voluntad: nadie necesita seguir siendo un contable para siempre.

La riqueza de opciones que hoy tenemos a nuestro alcance ha extendido la libertad personal hasta un grado inconcebible hace cien años. Pero la consecuencia inevitable de poder realizar tantas elecciones atractivas es la incertidumbre de propósito; la incertidumbre, a su vez, mina la resolución y, al carecer de resolución, acabamos por desvalorizar la elección. Por lo tanto, la libertad no necesariamente ayuda a encontrarle significado a la vida, más bien sucede lo contrario. Si las reglas de un juego son demasiado flexibles, la concentración flaquea y es más difícil lograr una experiencia de flujo. El compromiso con una meta y con las reglas que supone alcanzarla es mucho más fácil cuando las elecciones son pocas y están claras.

Esto no implica que sería preferible regresar a los valores rígidos y a las elecciones limitadas del pasado (incluso si eso fuese posible, que no lo es). La complejidad y la libertad que tenemos, y por la que nuestros antepasados han luchado tan duramente, son un desafío que debemos encontrar la manera de dominar. Si lo logramos, las vidas de nuestros descendientes serán infinitamente más ricas que cualquier cosa anteriormente experimentada sobre este planeta. Si no lo hacemos, corremos el peligro de dispersar nuestras energías persiguiendo metas contradictorias y sin sentido.

Pero entre tanto, ¿cómo hacemos para saber dónde invertir nuestra energía psíquica? Nadie *allí fuera* nos dirá: «aquí tiene una meta que vale la pena dedicarle toda una vida». Porque no existe la certeza absoluta, cada persona debe descubrir su propio propósito definitivo. Mediante ensayo y error, cultivando intensamente nuestros intereses podemos desentrañar la madeja de las metas contradictorias, y escoger la que dé propósito a nuestra acción.

El conocimiento de sí mismo –un antiguo remedio tan viejo que fácilmente olvidamos su valor– es el proceso mediante el cual uno puede organizar las distintas opciones. «Conócete a ti mismo» estaba escrito sobre la entrada al oráculo de Delfos, y desde siempre incalculables epigramas piadosos han ensalzado su virtud. La razón por la que encontramos tantas veces repetido el consejo es que funciona. Sin embargo, cada generación necesita redescubrir lo que estas palabras significan, lo que el consejo realmente implica para cada individuo. Y para convertirlo en algo útil debemos expresarlo desde el punto de vista del conocimiento actual y prever un método contemporáneo para su aplicación.

El conflicto interior es el resultado de la lucha que se establece para obtener la atención. Demasiados deseos, demasiadas metas incompatibles pugnan para conducir la energía psíquica hacia sus propios fines, por lo que la única manera de reducir el conflicto es determinar qué es lo esencial y qué no lo es, y arbitrar prioridades entre las metas que permanezcan. Hay básicamente dos maneras de realizar esto: lo que los antiguos llamaron la *vita activa*, una vida de acción, y la *vita contemplativa*, o el camino de la reflexión.

Una persona que está inmersa en la *vita activa*, logra flujo mediante la involucración total en los desafíos externos concretos. Muchos grandes líderes, como Winston Churchill o Andrew Carnegie, se marcaron metas para toda la vida que ellos persiguieron con gran resolución, sin pugnas internas o dudas acerca de las prioridades. Los ejecutivos de gran éxito, los profesionales experimentados y los artesanos con talento aprenden a confiar en su buen juicio y en su competencia para empezar a actuar con la espontaneidad natural de los niños. Si el ámbito para la acción les desafía lo suficiente, una persona puede experimentar flujo continuamente gracias a su vocación, así dejan el mínimo espacio posible para notar la entropía de la vida normal. De esta manera la armonía en la conciencia se restaura indirectamente, no se enfrentan a las contradicciones ni tratan de decidirse entre metas y deseos contradictorios, sino que, al perseguir las metas elegidas con tanta intensidad, toda contradicción desaparece.

La acción ayuda a crear orden interior, pero también tiene sus desventajas. Una persona totalmente dedicada a lograr fines pragmáticos puede eliminar los conflictos internos, pero frecuentemente al precio de disponer de unas opciones excesivamente restringidas. El joven ingeniero que hace todo lo posible por llegar a ser gerente de planta a la edad de 45 años y dedica todas sus energías a tal fin, puede dedicarse totalmente a ello durante varios años y sin vacilación. Tarde o temprano, sin embargo, las alternativas aplazadas reaparecerán en forma de lamentos y dudas insoportables. ¿Valió la pena sacrificar mi salud para conseguir el ascenso? ¿Qué les ha sucedido a aquellos encantadores hijos míos que de repente se han convertido en hoscos adolescentes? Ahora que he logrado poder y seguridad financiera, ¿qué hago con ello? En otras palabras, las metas que han sostenido la acción durante un período determinado de tiempo, no tienen el poder suficiente para dar significado a la totalidad de la vida.

Esta es la presunta ventaja de una vida contemplativa. Al realizar una reflexión desapegada sobre la experiencia, sopesar de forma realista las opciones y sus consecuencias parece ser el mejor enfoque para disfrutar de la vida. Ya se practique, en el diván del psicoanalista, donde los deseos reprimidos se reintegran laboriosamente al resto de la conciencia, o bien se lleve a cabo tan metódicamente como en el examen de conciencia de los jesuitas, que requiere revisar las propias acciones una o más veces al día para verificar si lo que uno ha hecho en las últimas horas está conforme con nuestras metas a largo plazo, podemos buscar el conocimiento de nosotros mismos de innumerables maneras, y cada una de ellas, potencialmente, nos conduce a una mayor armonía interior.

Idealmente la actividad y la reflexión deberían complementarse y apoyarse entre sí. La acción por sí misma es ciega; la reflexión es impotente. Antes de invertir grandes cantidades de energía en una meta, vale la pena hacerse esta pregunta fundamental: ¿esto es algo que yo realmente quiero hacer?, ¿es algo con lo que disfruto haciéndolo?, ¿lo disfrutaré probablemente en el futuro?, ¿el precio que yo –y los demás– tendrán que pagar por ello, vale la pena?, ¿seré capaz de vivir conmigo mismo si lo logro?

Estas preguntas aparentemente fáciles son casi imposibles de contestar para quien ha perdido el contacto con su propia experiencia. Si un hombre no se ha molestado en averiguar qué es lo que quiere, si su atención está tan envuelta en conseguir metas externas que fracasa en darse cuenta de sus propios sentimientos, entonces no puede planificar una acción con significado. Por otra parte, si el hábito de la reflexión se desarrolla de forma correcta, una persona no necesita rebuscar mucho en su alma para decidir si un curso de acción será entrópico o no. Sabrá, casi intuitivamente, que este ascenso le producirá más tensión que disfrute, o que esta amistad particular, que le parece tan atractiva, produciría tensiones inaceptables dentro del marco de su matrimonio.

Es relativamente fácil traer orden a la mente durante breves períodos de tiempo; cualquier meta realista puede hacerlo. Un juego, un incidente en el trabajo, un feliz paréntesis en el hogar, enfocarán la atención y producirán una experiencia armoniosa de flujo. Pero es mucho más difícil extender este estado del ser a la totalidad de vida. Para esto es necesario invertir energía en metas que son tan persuasivas que justifican nuestros esfuerzos incluso cuando nuestros recursos se agotan y cuando el destino rehúsa implacablemente darnos una oportunidad para tener una vida cómoda. Si las metas están bien elegidas y si tenemos el coraje para atenernos a ellas a pesar de los obstáculos, estaremos tan enfocados en las acciones y en los acontecimientos que nos rodean que no tendremos tiempo para estar tristes. Y entonces captaremos directamente un sentido de orden en la urdimbre y en la trama de la vida que hace que cada pensamiento y cada emoción encaje en una totalidad armoniosa.

Recuperar la armonía

La consecuencia de forjar la vida mediante el propósito y la resolución es un sentimiento de armonía interior, un orden dinámico en los contenidos de la conciencia. Pero podríamos argumentar, ¿por qué debe ser tan difícil lograr este orden interior?, ¿por qué debemos luchar tan duramente para hacer de la vida una experiencia coherente de flujo?, ¿no nacen las personas en paz consigo mismas, no está naturalmente ordenada la naturaleza humana?

La condición original de los seres humanos, con anterioridad al desarrollo de una conciencia autorreflexiva, debe haber sido un estado de paz interior solo perturbado por mareas de hambre, sexualidad, dolor y peligro. Las formas de entropía psíquica que actualmente nos causan tanta angustia –los deseos incumplidos, las expectativas que nos desilusionaron, la soledad, la frustración, la inquietud, la culpabilidad– probablemente han sido invasores recientes de la mente. Son los subproductos del aumento tremendo en complejidad de la corteza cerebral y del enriquecimiento simbólico de la cultura. Ellos son el lado oscuro de la aparición de la conciencia.

Si interpretamos las vidas de los animales desde un punto de vista humano, llegaríamos a la conclusión de que están en flujo la mayoría del tiempo porque su percepción de lo que deben hacer generalmente coincide con lo que están dispuestos a hacer. Cuando un león siente hambre, comenzará a gruñir y buscará una presa hasta que su hambre esté satisfecha; después se tumbará al sol, soñando lo que los leones sueñan. No hay razón para creer que sufre por tener ambiciones no satisfechas, o que está abrumado por las responsabilidades. Las habilidades de los animales se equiparan siempre a las demandas concretas porque sus mentes únicamente contienen la información acerca de lo que está realmente presente en el ambiente en relación a sus estados corporales, determinados por el instinto. Por lo tanto, un león hambriento únicamente percibe lo que le ayudará a encontrar una gacela, mientras que un león saciado se concentra totalmente en la calidez del sol. Su mente no sopesa posibilidades que no están a su alcance en ese momento; ni imagina alternativas más placenteras, ni es perturbado por el temor al fracaso.

Los animales sufren, así como nosotros sufrimos, cuando se frustran sus metas biológicamente programadas. Sienten los dolores del hambre, del dolor y de la insatisfacción de sus impulsos sexuales. Los perros criados para ser los amigos del hombre se sienten angustiados cuando sus dueños se van y les dejan solos. Pero los animales, a excepción del hombre, no son la causa de sus propios sufrimientos, ellos no han evolucionado lo suficiente para ser capaces de sentirse confusos y desesperados incluso después de que todas sus necesidades estén satisfechas. Cuando están libres de los conflictos externamente inducidos, se sienten en armonía con ellos mismos y experimentan la concentración sutil que en las personas nosotros llamamos flujo.

La entropía psíquica peculiar de la condición humana implica ver más cosas que realizar de las que uno puede realmente cumplir, y sentirse capaz de cumplir más de lo que las condiciones permiten. Pero esto solo es posible si uno tiene en cuenta más de una meta a la vez, siendo consciente al mismo tiempo de los deseos en conflicto. Puede suceder únicamente cuando la mente no solo sabe lo que *es* sino también lo que *podría ser*. Cuanto más complejo sea cualquier sistema, más espacio deja abierto para las alternativas y más cosas pueden ir mal. Esto seguramente es aplicable a la evolución de la mente: como ha aumentado su poder para manejar información, la potencialidad para el conflicto interior también ha aumentado. Cuando hay demasiadas demandas, opciones, desafíos, nos ponemos ansiosos; cuando hay pocos, nos sentimos aburridos.

Para seguir con la analogía evolutiva, y para extenderla desde la evolución biológica a la social, probablemente sea cierto que en las culturas menos desarrolladas, donde el número y complejidad de papeles sociales, de metas alternativas y de cursos de acción son insignificantes, las oportunidades para experimentar flujo son mayores. El mito del "buen salvaje" está basado en la observación. Cuando los pueblos de culturas pre-literarias están libres de las amenazas externas, frecuentemente muestran una serenidad que parece envidiable al visitante de una cultura más diferenciada. Pero el mito solo cuenta la mitad de la historia: cuando el "salvaje" está hambriento o herido no es más feliz de lo que nosotros seríamos en las mismas condiciones; y él puede estar hambriento o enfermo más a menudo que nosotros. La armonía interior de las personas tecnológicamente menos avanzadas es el lado positivo de sus elecciones limitadas y de su estable repertorio de habilidades, así como la confusión en nuestra alma es la consecuencia necesaria de disponer de oportunidades ilimitadas y de poder perfeccionarnos constantemente. Goethe representó este dilema en el pacto que el doctor Fausto, el arquetipo del hombre moderno, hizo con Mefistófeles: el buen doctor ganó conciencia y poder, pero al precio de introducir la desarmonía en su alma.

No hay necesidad de visitar tierras lejanas para ver cómo el flujo puede ser una parte natural de la vida. Cada niño, antes de que su conciencia de sí mismo empiece a interferir, actúa espontáneamente con entrega total y con participación plena. El aburrimiento es algo que los niños tienen que aprender a la fuerza, como respuesta a elecciones artificialmente restringidas. De nuevo hemos de afirmar que esto no significa que los niños estén siempre felices. Los padres crueles o descuidados, la pobreza y la enfermedad, los accidentes inevitables hacen que los niños sufran intensamente. Pero un niño rara vez está triste sin una buena razón. Es comprensible que las personas sientan tanta nostalgia por sus años de infancia; al igual que el Iván Ilich de Tolstoi, muchos sienten que la serenidad de la niñez, la participación total en el aquí y el ahora, son cada vez más difíciles de retener con el paso de los años.

Cuando solo somos capaces de imaginarnos unas pocas oportunidades y unas pocas posibilidades, es relativamente fácil lograr la armonía. Los deseos son simples, las elecciones claras. Hay poco lugar para el conflicto y ninguna necesidad de llegar a compromisos. Este es el orden de los sistemas sencillos, un orden ocasionado por la falta de oportunidades, si queremos llamarlo así. Es una armonía frágil; paso a paso, con el aumento de complejidad, las oportunidades de que el sistema genere entropía internamente también aumentan.

Podemos aislar muchos factores para explicar por qué la conciencia aumenta su complejidad. En el ámbito de las especies, la evolución biológica del sistema nervioso central es una de las causas. Al no estar dirigida enteramente por los instintos y los reflejos, la mente se dota con la dudosa bendición de la elección. En el ámbito de la historia humana, el desarrollo de la cultura –de los idiomas, de los sistemas de creencias, de las tecnologías– es otra razón por la que los contenidos de la mente se diferencian cada vez más. Cuando los sistemas sociales evolucionan y las tribus cazadoras dispersas se apiñan en ciudades, surgen roles sociales más especializados que frecuentemente requieren acciones y pensamientos opuestos en una misma persona. Cada hombre deja de ser un cazador que compartía habilidades e intereses con los demás hombres. El granjero y el molinero, el sacerdote y el soldado ven el mundo de manera diferente cada uno. No hay una única manera correcta de comportarse, y cada rol requiere habilidades diferentes. Dentro de la vida individual también sucede: con la edad cada persona se enfrenta a metas cada vez más contradictorias, a oportunidades incompatibles para la acción. Las opciones de un niño son normalmente pocas y coherentes; con cada año que pasa, aumentan. La claridad anterior que hizo posible el flujo espontáneo se oscurece por una cacofonía de valores dispares, creencias, elecciones y comportamientos.

Pocos argumentarían que una conciencia más simple, aunque sea más armoniosa, es preferible a una más compleja. Aunque podamos admirar la serenidad del león en el descanso, el indígena sin preocupaciones que acepta su destino o el niño totalmente entregado al presente, no pueden ofrecernos un modelo para resolver nuestro problema. El orden basado en la inocencia está ahora más allá de nuestro alcance. Una vez que la fruta ha sido arrancada del árbol del conocimiento, el camino de regreso al edén está cerrado para siempre.

La unificación del significado en los temas vitales

En vez de aceptar la unidad de propósito que nos ofrecen las instrucciones genéticas o las reglas de la sociedad, nuestro desafío es crear armonía basándonos en la razón y la elección. Filósofos como Heidegger, Sartre y Merleau-Ponty han reconocido esta tarea de hombre moderno llamándola *el proyecto*, que es el término que emplean para las acciones orientadas a la consecución de metas que ofrecen dar forma y significado a la vida de un individuo. Los psicólogos han usado términos como *los afanes propios* o *los temas vitales*. En cada caso, estos conceptos identifican un conjunto de metas vinculado a una meta definitiva que da importancia a todo lo que hace esta persona.

El tema vital, como un juego que prescribe las reglas y las acciones que hay que seguir para experimentar flujo, identifica qué hará agradable la existencia. Con un tema vital, todo lo que sucede tendrá un significado (no necesariamente un significado positivo, pero un significado de todos modos). Si una persona destina todas sus energías a conseguir unos millones de dólares antes de llegar a los 30 años, cualquier suceso es un paso hacia adelante o hacia atrás de esta meta. La retroalimentación clara la mantendrá implicada en sus acciones. Aun cuando pierda todo su dinero, sus pensamientos y sus acciones están ligadas por un propósito común y se vivirán como algo útil. De forma parecida, una persona que decide que encontrar una cura para el cáncer es lo que quiere lograr por encima de todo lo demás, normalmente sabrá si está más cerca de la meta o no, y en ambos casos lo que deberá hacer está claro, y cualquier cosa que haga tendrá sentido.

Cuando la energía psíquica de una persona se une a un tema vital, la conciencia logra estar en armonía. Pero no todos los temas vitales son igualmente productivos. Los filósofos existenciales distinguen entre proyectos *auténticos* e *inauténticos*. El primer tipo describe el tema de una persona que se da cuenta de que es libre de elegir y toma una decisión personal basándose en una evaluación racional de su experiencia. No importa cuál sea la elección, mientras sea una expresión de lo que la persona auténticamente siente y cree. Los proyectos inauténticos son los que una persona escoge porque siente que debe hacerlo, porque son los que todos los demás hacen y, por lo tanto, no hay alternativa. Los proyectos auténticos están motivados intrínsecamente, se eligen por lo que valen en sí mismos; los inauténticos están motivados por fuerzas externas. Una distinción similar existe entre los temas vitales *descubiertos*, cuando una persona escribe el guión de sus acciones extrayéndolo de su experiencia personal y de su libertad de elección, y los temas vitales *aceptados*, cuando una persona simplemente acepta el papel predeterminado de un guión escrito hace muchos años por los demás.

Ambos tipos de temas vitales ayudan a dar significado a la vida, pero cada uno tiene desventajas. El tema vital aceptado marcha bien mientras el sistema social es sólido; si no lo es, puede atrapar a la persona en metas perversas. Adolf Eichmann, el nazi que serenamente condenó a decenas de miles de personas a las cámaras de gas, era un hombre para quien las reglas de la burocracia eran sagradas. Probablemente experimentó flujo mientras organizaba los intrincados horarios de los trenes, se aseguraba de que los escasos convoyes de trenes estuvieran disponibles donde se les necesitaba y que los cuerpos se transportasen con el menor gasto posible. Nunca pareció preguntarse si lo que le habían ordenado hacer era correcto o incorrecto. Mientras él cumpliese las órdenes, su conciencia estaba en armonía. Para él, el significado de la vida era formar parte de una institución fuerte y bien organizada; nada más le importaba. En una época pacífica y bien ordenada un hombre como Adolf Eichmann podría haber sido un pilar estimado de la comunidad. Pero la vulnerabilidad de su tema vital es evidente cuando una persona sin escrúpulos y demente asume el control de la sociedad; entonces un ciudadano correcto se convierte en un cómplice de los crímenes sin tener que cambiar sus metas y sin darse cuenta, aparentemente, de la inhumanidad de sus acciones.

Los temas vitales descubiertos son frágiles por una razón diferente: porque son el producto de una lucha personal para definir el propósito de la vida, tienen menos legitimidad social; porque a menudo son nuevos e idiosincráticos, incluso las otras personas pueden pensar que son propósitos locos o destructivos. Alguno de los temas vitales más poderosos se basan en antiguas metas humanas, pero redescubiertos de nuevo y libremente elegidos por el individuo. Malcolm X, quien al principio de su vida siguió el guión del comportamiento de los jóvenes de las barriadas, peleando y traficando con drogas, descubrió en la cárcel, por medio de la lectura y la reflexión, un conjunto distinto de metas con las que lograr dignidad y respeto propio. En esencia él se inventó una identidad enteramente nueva, aunque formada con pedazos de logros humanos anteriores. En vez de continuar con el juego de los ladrones y los macarras, creó un propósito más complejo capaz de ayudar a dar orden a las vidas de muchas otras personas marginales, negras o blancas.

Un hombre entrevistado en uno de nuestro estudios, a quien nosotros designaremos como E., nos ofrece otro ejemplo de como puede descubrirse un tema vital, aunque el propósito subyacente es uno muy antiguo. E. creció siendo hijo de una familia de inmigrantes pobres a principios de siglo. Sus padres solo sabían unas palabras en inglés y apenas eran capaces de leer y escribir. Ellos se sentían intimidados por la marcha frenética de la vida en Nueva York, pero veneraban y admiraban a los Estados Unidos y a las autoridades que los representaban. Cuando él tenía siete años, sus padres se gastaron una buena parte de sus ahorros para comprarle una bicicleta en su cumpleaños. Unos días después, mientras pedaleaba por el barrio, un automóvil que había ignorado un stop le atropelló. E. sufrió serias heridas y su bicicleta quedó destrozada. El conductor del automóvil era un médico rico; condujo a E. al hospital, pidiéndole que no lo denunciara por lo que había sucedido, pero prometiendo regresar para pagar todos los gastos y para comprarle una nueva bicicleta. Convenció a E. y sus padres y ellos conjuntamente aceptaron el trato. Por desgracia el médico no volvió a aparecer y el padre de E. tuvo que pedir dinero para pagar la cara factura del hospital; la bicicleta nunca se reemplazó.

Este suceso podría haber sido un trauma que dejase su cicatriz sobre E. para siempre, convirtiéndole en un cínico que mirase de entonces en adelante por sus propios intereses, costasen lo que costasen. En vez de eso, E. sacó una curiosa lección de su experiencia. La usó para crear un tema vital que no solamente dio significado a su vida sino que ayudó a reducir la entropía en la experiencia de muchas otras personas. Durante muchos años después del accidente, E. y sus padres se sentían resentidos, desconfiados y confusos respecto a las intenciones de los desconocidos. El padre de E. se sentía un fracasado, empezó a beber y se convirtió en una persona malhumorada y silenciosa. Parecía que la pobreza y la impotencia tenían sus efectos acostumbrados. Pero cuando E. cumplió los 14 o 15 años de edad, tuvo que leer en la escuela la Constitución estadounidense y sus primeras diez enmiendas. Él relacionó los principios de estos documentos con su propia experiencia. Y gradualmente se convenció de que la pobreza de su familia y la alienación que sufrían no era por su culpa, sino que eran el resultado de no ser conscientes de sus derechos, de no saber las reglas del juego, de no tener una representación eficaz entre aquellos que tenían poder.

Decidió llegar a ser abogado, no solo para mejorar su propia vida, sino para asegurarse de que las injusticias que tuvo que sufrir no les ocurriesen tan fácilmente a otros en su misma posición. Una vez que se trazó esta meta, su resolución fue firme. Fue aceptado en la escuela de derecho, trabajó para un juez famoso, llegó él mismo a ser juez y en el cenit de su carrera estuvo varios años en el gabinete que ayuda al presidente a mejorar la política y la legislación de los derechos civiles para ayudar a las personas menos favorecidas. Hasta el fin de su vida sus pensamientos, sus acciones y sus sentimientos estuvieron unificados por el tema que había elegido siendo un adolescente. Cualquier cosa que hizo hasta el fin de sus días era parte de un gran juego, construido por metas y reglas con las que él se regía. Sintió que su vida tuvo significado y disfrutó enfrentándose a los desafíos que aparecieron en su camino.

El ejemplo de E. ilustra varias características comunes de cómo las personas descubren sus temas vitales. En primer lugar, el tema es, en muchos casos, una *reacción a un gran daño per-*

sonal sufrido en una fase temprana de la vida (no tener padres, ser abandonado o ser tratado injustamente). Pero lo que importa no es el trauma en sí; el suceso externo nunca determina cuál va a ser el tema. Lo que importa es la interpretación que uno hace del sufrimiento. Si el padre es un alcohólico violento, sus hijos tienen varias opciones para explicar qué es lo que funciona mal: pueden decirse a sí mismos que el padre es un bastardo que merece morir; que es un hombre, y todos los hombres son débiles y violentos; que la pobreza es la causa de la aflicción del padre, y que la única manera de evitar este destino es llegar a ser rico; que una gran parte de su comportamiento se debe a la impotencia y a la falta de educación. Solo la última de estas explicaciones igualmente probables va en la dirección de un tema vital parecido al que E. fue capaz de desarrollar.

Así que la próxima pregunta es, ¿qué tipos de explicaciones del propio sufrimiento promueven temas vitales negentrópicos? Si un niño que sufre abusos causados por un padre violento llega a la conclusión de que el problema es inherente a la naturaleza humana, que todos los hombres son débiles y violentos, no hay muchas cosas que puedan hacer. ¿Cómo puede un niño cambiar la naturaleza humana? Para encontrar un propósito en el sufrimiento hay que interpretarlo como un *desafío posible*. En este caso, E. formuló su problema buscando la causa en la impotencia de las minorías y no en los fallos de su padre. E. fue capaz de *desarrollar las habilidades apropiadas* –su formación legal– para enfrentarse a los desafíos que él vio en la raíz de lo que había sido un agravio en su vida personal. Lo que transforma las consecuencias de un suceso traumático en un desafío que da significado a la vida es lo que en el capítulo anterior se denominó una *estructura disipativa*, o la capacidad para establecer orden desde el desorden.

Finalmente, un tema vital complejo, negentrópico, rara vez se formula como respuesta a un simple problema personal. En su lugar, el *desafío se generaliza a otras personas o a la humanidad en su conjunto*. Por ejemplo, en el caso de E., él atribuyó el problema de la impotencia, no solamente a sí mismo o a su propia familia, sino a todos los inmigrantes pobres en la misma situación que habían estado sus padres. Así cualquier solución que encontrase a su propio problema beneficiaría no solamente a sí mismo, sino a muchos otros. Esta manera altruista de generalizar las soluciones es típica de los temas vitales negentrópicos; trae armonía a las vidas de muchas personas.

Gottfried, otro de los hombres entrevistados por nuestro equipo de la Universidad de Chicago, nos ofrece un ejemplo similar. Cuando era un niño, Gottfried estaba muy apegado a su madre; sus recuerdos de aquellos años son hermosos y cálidos. Pero antes de que llegase a cumplir los diez años, su madre desarrolló un cáncer y murió con grandes dolores. El joven podría haberse sentido triste y deprimido, o podría haber adoptado como defensa el cinismo. En vez de eso, empezó a pensar en la enfermedad como su enemigo personal y juró derrotarla. Con el tiempo se licenció en medicina y se convirtió en un investigador de oncología; los resultados de su trabajo han llegado a ser parte del conocimiento que finalmente liberará a la humanidad de esta enfermedad. En este caso, nuevamente, una tragedia personal se transformó en un desafío al que poder enfrentarse. Al desarrollar las habilidades para enfrentarse al desafío, el individuo mejora las vidas de otras personas.

Desde Freud, los psicólogos han estado interesados en explicar cómo los traumas de la niñez producen disfunciones psíquicas en el adulto. Esta causalidad es bastante fácil de comprender. Es más difícil explicar, y más interesante, el resultado opuesto: los ejemplos de cómo el sufrimiento da a una persona el incentivo para llegar a ser un gran artista, un sabio estadista o un científico. Si uno piensa que los sucesos externos deben determinar los resultados psíquicos, entonces tiene sentido ver la respuesta neurótica al sufrimiento como algo normal y la respuesta constructiva como "defensa" o "sublimación". Pero si uno piensa que esa persona tiene la elección de cómo va a responder ante los sucesos externos, qué significado atribuirá al sufrimiento, entonces puede interpretarse la respuesta constructiva como algo normal y la neurótica como el fracaso para aceptar el desafío, como una falla en la capacidad para lograr flujo.

¿Qué hace que algunas personas sean capaces de desarrollar un propósito coherente, mientras otras salen adelante con gran esfuerzo en una vida vacía o sin sentido? No hay una respuesta simple, por supuesto, porque si una persona descubrirá o no un tema armonioso en el caos evidente de la experiencia viene determinado por muchos factores, tanto internos como externos. Es más fácil dudar de si esta vida tiene sentido si uno nace deforme, pobre y oprimido. Pero incluso así, esto no es inevitable: Antonio Gramsci, el filósofo del socialismo humano y un hombre que ha dejado una marca profunda en el pensamiento europeo reciente, nació jorobado en un cobertizo miserable de campesinos. Mientras crecía, su padre estuvo encarcelado durante muchos años (y resultó que fue encarcelado injustamente), y la familia apenas podía sobrevivir de día en día. Antonio era tan enfermizo cuando era un niño, que se ha dicho que su madre le vestía con sus mejores ropas cada noche y lo ponía a dormir en un ataúd, suponiendo que estaría muerto por la mañana. Este no fue un comienzo muy prometedor. Pero a pesar de estas y muchas otras desventajas, Gramsci luchó por sobrevivir e incluso logró conseguir una educación por sí mismo. Y no paró cuando alcanzó una modesta seguridad como profesor, porque había decidido que lo que realmente quería en la vida era luchar contra las condiciones sociales que destrozaron la salud de su madre y destruyeron el honor de su padre. Acabó por ser profesor en la universidad, diputado en el parlamento y uno de los líderes más valientes contra el fascismo. Hasta el final, antes de que finalmente muriese en una de las cárceles de Mussolini, escribió hermosos ensayos sobre el maravilloso mundo que puede ser nuestro si dejamos de tener miedo y avaricia.

Hay tantos ejemplos de este tipo de personalidad que uno ciertamente no puede asumir una relación causal directa entre el desorden externo durante la niñez y la carencia interna de significado en la vida posterior: Thomas Edison era un niño enfermizo, pobre y al que su profesor creía un retrasado; Eleanor Roosevelt era una joven solitaria y neurótica; los primeros años de Albert Einstein estuvieron llenos de preocupaciones y desilusiones; pero a pesar de esto, todos acabaron creando unas vidas vigorosas y útiles para sí mismos.

Si hay una estrategia compartida por estas y por otras personas que consiguen darle significado a su experiencia, es algo tan simple y obvio que casi avergüenza mencionarlo. Aunque, puesto que lo descuidamos tan a menudo, especialmente hoy en día, vale la pena revisarlo. La estrategia consiste en extraer del orden logrado por las generaciones anteriores los modelos que nos ayudarán a evitar el desorden en nuestra propia mente. Hay mucho conocimiento –o información bien ordenada– acumulado en la cultura, listo para ser utilizado. La música, la arquitectura, el arte, la poesía, el drama, el baile, la filosofía y la religión están ahí, para que todos podamos verlos como ejemplo de cómo la armonía puede imponerse sobre el caos. Aunque tantas personas los ignoren y esperen crear significado en sus vidas por sus propios medios.

Hacerlo de ese modo es como tratar de construir la cultura material desde la nada en cada generación. Nadie en su sano juicio querría comenzar a reinventar la rueda, el fuego, la electricidad y los millones de objetos y procesos que ahora pensamos que forman parte del entorno humano. En su lugar, aprendemos a hacer estas cosas recibiendo información ordenada gracias a los profesores, a los libros o a los modelos, para beneficiarnos del conocimiento del pasado y finalmente superarlo. Desechar la información sobre cómo vivir tan duramente acumulada por nuestros antepasados, o esperar descubrir un conjunto viable de metas solo mediante nuestros propios recursos es arrogancia insensata. Las oportunidades de éxito son las mismas que si tratásemos de construir un microscopio de electrones sin las herramientas ni los conocimientos de la física.

La personas que cuando llegan a ser adultos desarrollan temas vitales coherentes suelen recordar que cuando eran muy jóvenes, sus padres les contaban historias y les leían libros. Cuando los cuentos de hadas, las historias bíblicas, las gestas heroicas históricas y los acontecimientos familiares los cuenta un adulto que nos ama y en quien confiamos, a menudo se convierten en las primeras experiencias de orden significativo que una persona obtiene de la experiencia del pasado. En contraste, encontramos en nuestros estudios que los individuos que nunca se propusieron una meta o que aceptaron sin cuestionarse las que les impuso la sociedad, tendían a no recordar que sus padres les hubiesen leído o contado historias cuando eran niños. Los espectáculos infantiles de la televisión del sábado por la mañana, con su sensacionalismo inútil, es improbable que logren el mismo propósito.

Cualesquiera que sean los antecedentes personales, hay todavía muchas oportunidades en la vida para extraer significado del pasado. La mayoría de personas que descubren complejos temas vitales recuerdan a una persona mayor o a una figura histórica a quien ellos admiraron y que les sirvió como modelo, o recuerdan haber leído un libro que les dio a conocer nuevas posibilidades para la acción. Por ejemplo, un científico social ahora famoso, ampliamente respetado por su integridad, cuenta cómo cuando estaba en su temprana adolescencia, leyó *Historia de dos ciudades*, y quedó tan impresionado por el caos social y político que Dickens describió –que era similar al caos que sus padres habían experimentado en Europa después de la I guerra mundial– que decidió, entonces y allí mismo, que dedicaría su vida a tratar de comprender por qué las personas se hacían la vida imposible las unas a las otras. Otro muchacho joven, criado en un duro orfanato, pensó para sí mismo, después de leer por casualidad una narración de Horacio Alger donde un joven tan pobre y solitario como él se abre camino en la vida gracias a un poco de buena suerte y a una gran dosis de trabajo duro: «si él puede hacerlo,¿por qué yo no?». Hoy esta persona es un banquero retirado muy conocido por su filantropía. Otros recuerdan haber cambiado para siempre al descubrir el orden racional de los *Diálogos* platónicos o por los actos valerosos de los personajes de una novela de ciencia ficción.

En su mejor vertiente, la literatura contiene información ordenada sobre conductas, modelos de propósito y ejemplos de vidas organizadas con éxito alrededor de metas significativas. Muchas personas enfrentadas a la aleatoriedad de la existencia han obtenido esperanza del conocimiento de quienes antes se habían enfrentado a problemas similares y habían sido capaces de dominarlos. Y si esto sucede en la literatura; ¿qué sucederá con la música, el arte, la filosofía y la religión?

Ocasionalmente dirijo un seminario para gerentes empresariales sobre el tema de cómo manejar la crisis de la madurez. Muchos de estos ejecutivos con éxito, que han subido tan alto como han podido dentro de sus organizaciones, y que frecuentemente sienten el desorden en su familia y en su vida privada, aceptan la oportunidad de pasar algún tiempo pensando qué es lo que ellos quieren hacer a continuación. Desde hace años, he confiado en las mejores teorías e investigado los resultados de la psicología evolutiva para las conferencias y discusiones. Y estaba razonablemente contento de cómo funcionaban estos seminarios, y los participantes normalmente sentían que habían aprendido algo útil. Pero nunca estaba lo bastante satisfecho y pensaba que aquel material no tenía suficiente sentido.

Finalmente se me ocurrió probar algo más inusitado. Empecé el seminario con una revisión rápida de la *Divina comedia* de Dante. Después de todo, tenía seiscientos años de antigüedad y era la descripción más antigua que conocía de una crisis de la madurez y de su resolución. «En medio del viaje de nuestra vida –escribe Dante en el primer verso de su enormemente largo y rico poema–, me encontré dentro de un bosque oscuro, porque había perdido completamente el buen camino». Lo que sucede después es un relato interesantísimo y en muchos aspectos todavía pertinente acerca de las dificultades que encontramos en la madurez.

Ante todo, vagando en el bosque oscuro, Dante cuenta que tres fieras bestias le acechan, relamiéndose anticipadamente. Son un león, un lince y una loba que representan, entre otras cosas, la ambición, el deseo y la concupiscencia. En lo que concierne al protagonista contemporáneo de uno de los éxitos editoriales de 1988, el financiero de Nueva York de la *Hoguera de las vanidades* de Tom Wolfe, el instrumento de perdición de Dante se convierte en deseo de poder, sexo y dinero. Para evitar ser destruido por ellos, Dante trata de escapar subiendo a una colina. Pero las bestias se acercan más y más, y en su desesperación Dante pide la ayuda divina. Su rezo es contestado por una aparición: es el fantasma de Virgilio, un poeta que murió unos mil años antes de que Dante naciera, pero cuyos sabios y majestuosos versos Dante admiró tanto que había pensado en el poeta como su mentor. Virgilio trata de tranquilizar a Dante: la buena noticia es que hay una manera de salir del bosque oscuro, pero la mala noticia es que el camino atraviesa el infierno. Y a través del infierno ellos siguen lentamente su camino, siendo testigos de los sufrimientos de aquellos que nunca eligieron una meta y del destino aún peor de aquellos cuyo propósito en la vida había sido aumentar la entropía, los llamados "pecadores".

Yo estaba bastante preocupado acerca de cómo estos ejecutivos empresariales se tomarían esta parábola de tantos siglos atrás. Temía que existía el riesgo de que pensaran que era un derroche de su valioso tiempo. No tuve razón en preocuparme. Nunca tuvimos una discusión tan abierta y tan seria de los errores de la madurez y de las opciones para enriquecer los años que vendrían a continuación, como la que siguió a la charla sobre la *Divina comedia*. Más tarde, varios participantes me contaron privadamente que comenzar el seminario con Dante había sido un gran idea. Su historia enfocó los puntos clave tan claramente que fue mucho más fácil pensar y hablar de ellos después.

Dante también es un modelo importante por otra razón. Aunque su poema tiene una profunda ética religiosa, está muy claro para cualquiera que la lea que la cristiandad de Dante no es una creencia aceptada sino una creencia descubierta. En otras palabras, el tema vital religioso que él creó fue construido gracias a los mejores conocimientos de la cristiandad combinados con la mejor filosofía griega y la sabiduría islámica que se había filtrado en Europa. Al mismo tiempo, su infierno se puebla densamente con papas, cardenales y clérigos condenados al eterno sufrimiento. Incluso su primer guía, Virgilio, no es un santo cristiano sino un poeta pagano. Dante reconoció que cada sistema de orden espiritual, cuando se incorpora a una estructura mundana como es una iglesia organizada, comienza a sufrir los efectos de la entropía. Así, para extraer significado de un sistema de creencias una persona debe comparar primero la información contenida en él con su experiencia concreta, quedarse con lo que tenga sentido y entonces rechazar el resto.

En nuestros días, de vez en cuando todavía encontramos personas cuyas vidas revelan un orden interior basado en los descubrimientos espirituales de las grandes religiones del pasado. A pesar de que leemos todos los días sobre la amoralidad del mercado de valores, la corrupción de los contratos de Defensa y la carencia de principios en los políticos, existen ejemplos de lo contrario. Así, también hay empresarios de éxito que ocupan sus ratos libres en los hospitales acompañando a los pacientes agonizantes porque creen que ayudar a las personas que sufren es una parte necesaria de una vida con significado. Y muchas personas siguen obteniendo fortaleza y serenidad de la oración, personas para quienes un sistema de creencias personalmente significativo ofrece metas y reglas para intensas experiencias de flujo.

Pero parece claro que una mayoría cada vez mayor no se siente ayudada por los sistemas tradicionales de creencias y religiones. Muchos son incapaces de separar la verdad en las viejas doctrinas de las distorsiones y degradaciones que el tiempo les ha añadido, y, como no pueden aceptar el error, también rechazan la verdad. Otros están tan desesperados por tener algún orden, que se agarran rígidamente a cualquier creencia que esté a mano –cualesquiera que sean sus defectos– y se convierten en fundamentalistas cristianos, musulmanes o comunistas.

¿Hay alguna posibilidad de que un nuevo sistema de metas y medios aparezca para ayudar a dar significado a las vidas de nuestros hijos en el próximo siglo? Alguna personas confían en que la Cristiandad, restaurada su gloria anterior, contestará a esta necesidad. Algunos todavía creen que el comunismo resolverá el problema de caos en la experiencia humana y que su orden se esparcirá a través del mundo. En la actualidad, ninguno de estos resultados parece probable.

Si una nueva fe capturará nuestra imaginación, deberá ser una que explique racionalmente las cosas que sabemos, las que sentimos, las que esperamos y las que tememos. Deberá ser un sistema de creencias que ordene nuestra energía psíquica hacia metas significativas, un sistema que ofrezca reglas para un modo de vivir que pueda producir flujo.

Es difícil imaginar que un sistema de creencias como este no se base, por lo menos en algún grado, en lo que la ciencia ha dado a conocer sobre la humanidad y sobre el universo. Sin tal fundamento, en nuestra conciencia permanecería la fisura entre la fe y el conocimiento. Pero si la ciencia debe sernos de verdadera ayuda, tendrá que transformarse. Además de las diversas disciplinas especializadas que pretenden describir y controlar los aspectos aislados de la realidad, tendrá que desarrollarse una interpretación integradora de todos los conocimientos y relacionarlos con el género humano y su destino.

Una manera de realizar esto es mediante el concepto de evolución. Todo lo que importa a la mayoría a nosotros –preguntas como: ¿de dónde venimos?, ¿adónde vamos?, ¿qué poderes determinan nuestras vidas?, ¿qué es bueno y qué es malo?, ¿cómo nos relacionamos los unos con los otros y con el resto del universo?, ¿cuáles son las consecuencias de nuestras acciones? –podrían discutirse de manera sistemática desde el punto de vista de lo que ahora sabemos sobre la evolución y aún más desde el punto de vista de lo que vamos a saber sobre el tema en el futuro.

La crítica obvia de esta situación es que la ciencia en general, y la ciencia de la evolución en particular, se ocupa de lo que *es* y no de lo que *debería ser*. La fe y las creencias, por otra parte, no están limitadas por la realidad; se ocupan de lo que es correcto, de lo que es deseable. Pero una de las consecuencias de una fe evolutiva podría ser una integración más cercana entre lo que *es* y lo que *debería ser*. Cuando comprendamos mejor por qué somos como somos, cuando veamos más claramente los orígenes de los impulsos instintivos, de los controles sociales, de las expresiones culturales –todos ellos elementos que contribuyen a la formación de la conciencia–, será más fácil dirigir nuestras energías hacia donde deberían ir.

Y la perspectiva evolutiva también nos indica una meta digna de nuestras energías. Parece que no hay ninguna duda acerca del hecho de que a lo largo de los miles de millones de años de actividad sobre la tierra, han aparecido formas de vida cada vez más complejas que han culminado en el intrincado sistema nervioso humano. A su vez, la corteza cerebral ha evolucionado hasta llegar a la conciencia, que ahora envuelve la tierra tan completamente como la atmósfera. La realidad de la complejidad es tanto un *es* como un *debe ser*: ha sucedido –dadas las condiciones que ofrece la tierra, es el límite de lo que podría suceder– pero no podría continuar a menos que nosotros deseemos que lo haga. El futuro de la evolución está ahora en nuestras manos.

Hace unos pocos miles de años –unos pocos segundos en el tiempo total de la evolución– la humanidad ha logrado adelantos increíbles en la *diferenciación* de la conciencia. Hemos desarrollado una humanidad que se ha separado de las otras formas de vida. Hemos concebido a seres humanos individuales separados unos de otros. Hemos inventado la abstracción y el análisis, es decir, la capacidad de separar entre sí las dimensiones de los objetos y de los procesos, tales como la velocidad de un objeto descendente de su peso y de su masa. Es esta diferenciación lo que ha producido la ciencia, la tecnología y el poder inaudito de la humanidad para construir y para destruir su entorno.

Pero la complejidad consiste tanto en la *integración* como en la diferenciación. La tarea de las próximas décadas y siglos es darse cuenta de este componente de la mente tan poco desarrollado. Así como hemos aprendido a separarnos los unos de los otros y del entorno, ahora necesitamos aprender a reunirnos con otras entidades alrededor de nosotros sin perder nuestra individualidad ganada con tanta dificultad. La fe más prometedora para el futuro podría basarse en la comprensión de que el universo entero es un sistema relacionado por leyes comunes y que no tiene sentido imponer nuestros sueños y deseos sobre la naturaleza sin tenerla en cuenta. Al reconocer las limitaciones de la voluntad humana, al aceptar un papel cooperativo en vez de un papel dirigente en el universo, deberíamos sentir el alivio del exiliado que finalmente vuelve al hogar. Entonces el problema del significado se resolvería como la fusión del propósito del individuo con el flujo universal.

NOTAS

Capítulo 1.
Página12.
Felicidad. El punto de vista de Aristóteles sobre la felicidad está en su mayoría claramente desarrollado en los libros I y IX de la *Ética a Nicómaco*, capítulos 9 y 10. La investigación contemporánea sobre la felicidad llevada a cabo por psicólogos y otros científicos sociales ha comenzado relativamente tarde, pero recientemente el tema ha alcanzado una gran importancia. Uno de los primeros trabajos en este campo, y todavía muy influyente, ha sido *La estructura del bienestar psicológico* (Bradburn, 1969), que indicó que la felicidad y la infelicidad eran independientes la una de la otra; en otras palabras, simplemente porque una persona sea feliz no significa que no pueda también estar triste al mismo tiempo. El doctor Ruut Veenhoven de la Universidad Erasmus de Rotterdam, en Holanda, ha publicado recientemente *Databook of Happiness* que resume 245 encuestas llevadas a cabo en 32 países entre los años 1911 y 1975 (Veenhoven, 1984); un segundo volumen está todavía en preparación.

La Fundación Archimedes de Toronto, en Canadá, también tiene como tarea hacer el seguimiento de las investigaciones realizadas sobre el bienestar y la felicidad humana; su primer directorio apareció en 1988. El libro *Psychology of Happiness* del psicólogo social Michael Argyle de Oxford, se publicó en 1987. Otro resumen general de los conceptos y de los resultados de las investigaciones en esta área es el volumen de Strack, Argyle y Schwartz (1990).

Lujos materiales con los que nadie había soñado. Descripciones actuales y serias de las condiciones de vida cotidiana en siglos pasados pueden encontrarse en una serie de libros que tienen como recopiladores generales a Philippe Aries y a Georges Duby, titulados *A History of Private Life*. El primer volumen, *Desde la Roma Pagana a Bizancio*, editado por Paul Veyne, se publicó en 1987. Otra serie magistral sobre el mismo tema es *The Structures of Everyday Life* de Fernand Braudel, cuyo primer volumen apareció en inglés en 1981. Para saber acerca de los cambios en el mobiliario doméstico, véase también Le Roy Ladurie (1979) y Csikszentmihalyi y Rochberg-Halton (1981).

Página 16

Flujo. Mi trabajo sobre la experiencia óptima comenzó con mi tesis doctoral, que era un estudio sobre cómo creaban una pintura los artistas jóvenes. Algunos de los resultados aparecieron en el libro *The Creative Vision* (Getzels y Csikszentmihalyi, 1976). Desde entonces han aparecido varias docenas de artículos académicos sobre el tema. El primer libro que describía directamente la experiencia de flujo fue *Beyond Boredom and Anxiety* (Csikszentmihalyi, 1975). El último resumen de la investigación académica sobre la experiencia de flujo es el libro colectivo *Optimal Experience: Psychological Studies of Flow in Consciousness* (Csikszentmihalyi y Csikszentmihalyi, 1988).

Página 17

El Método de Muestreo de la Experiencia. Usé por primera vez esta técnica en un estudio acerca de unos trabajadores adultos en 1976; la primera publicación fue acerca de un estudio de los adolescentes (Csikszentmihalyi, Larson y Prescott, 1977). Disponen de detalladas descripciones del método en Csikszentmihalyi y Larson (1984, 1987).

Página 18

Aplicaciones del concepto de flujo. Se describen en el primer capítulo de *Optimal Experience* (Csikszentmihalyi y Csikszentmihalyi 1988).

Página 19

Metas. Las explicaciones más antiguas del comportamiento humano las encontramos en Aristóteles, que supuso que las acciones eran motivadas por metas. Sin embargo, la psicología moderna ha demostrado que muchas cosas que hace la gente pueden explicarse más ponderadamente a través de causas más simples y, frecuentemente, inconscientes. Como resultado, la importancia de las metas en la dirección del comportamiento se ha desacreditado mucho. Hay algunas excepciones, como Alfred Adler (1956), quien creyó que las personas desarrollan jerarquías de metas que conforman sus decisiones a lo largo de la vida; y los psicólogos estadounidenses Gordon Allport (1955) y Abraham Maslow (1968), quienes creyeron que, tras satisfacer las necesidades más básicas, las metas podían empezar a ser efectivas en dirigir las acciones. Las metas también han recobrado una cierta credibilidad en la psicología cognitiva, donde investigadores tales como Molinero, Galanter y Pribram (1960), Mandler (1975), Neisser (1976) y Emde (1980) han usado el concepto para explicar la secuencia de la toma de decisiones y la regulación del comportamiento. Yo no sostengo que la mayoría de la gente actúe la mayor parte del tiempo de la manera en que lo hace porque trate de lograr sus metas; sino que solo cuando lo hacen así experimentan un sentimiento de control que está ausente cuando el comportamiento no es motivado por metas elegidas conscientemente (véase Csikszentmihalyi, 1989).

Página 22

Caos. Podría parecer extraño que un libro que trata acerca de la experiencia óptima deba preocuparse del caos del universo. La razón para ello es que el valor de la vida no puede entenderse excepto en contraposición al fondo de sus problemas y peligros. Incluso desde la primera obra conocida de la literatura, el *Gilgamesh*, que se escribió hace 35 siglos (Mason, 1971), ha sido normal empezar con una revisión de la caída del hombre antes de aventurarse a sugerir modos de mejorar la condición humana. Quizás el mejor prototipo sea la *Divina comedia* de Dante, donde el lector primero tiene que pasar a través de las puertas del infierno («per me si va nell'eterno dolore... ») antes de que pueda contemplar la solución a los problemas de la vida. En este contexto nosotros seguimos estos ilustres ejemplos, no por seguir simplemente la tradición, sino porque psicológicamente tiene sentido.

Página 25

Jerarquía de necesidades. La bien conocida fórmula de la relación entre las necesidades "de orden inferior", tales como la supervivencia y la seguridad, y las metas "más elevadas", como el desarrollo de la personalidad, fue descubierta por Abraham Maslow (1968, 1971).

Aumentar expectativas. Según muchos autores, la insatisfacción crónica con el *statu quo* es un aspecto de modernidad. Al hombre moderno por excelencia, el Fausto de Goethe, el diablo le dio poder con la condición de que nunca estuviese satisfecho con lo que tenía. Un tratamiento de este tema, excelente y actual, puede encontrarse en Berman (1982). Es más probable, sin embargo, que ese anhelo de poseer más de lo que uno tiene sea una característica humana bastante universal, que probablemente tuvo algo que ver con el desarrollo del conocimiento.

Esta felicidad y la satisfacción con la vida dependen de cuán pequeña se perciba la brecha entre lo que uno desea y lo que uno posee, pero se ha observado con frecuencia que las expectativas tienden a subir. Por ejemplo, en una votación llevada a cabo en 1987 y publicada en el *Chicago Tribune* (24 septiembre, sección 1, p. 3), los estadounidenses que ganan más de 100.000 dólares en un año (y que constituyen el 2% de la población) creer que para vivir confortablemente ellos necesitarían 88.000; mientras que quienes ganan menos de 100.000 dólares piensan que con 30.000 sería suficiente. Los más ricos también dijeron que ellos necesitarían un cuarto de millón para cumplir sus sueños, mientras el precio del sueño del estadounidense medio era solo de una quinta parte de esta suma.

Entre los eruditos que han estudiado la calidad de vida, muchos han encontrado hallazgos similares: por ejemplo, Campbell, Converse, y Rodgers (1976), Davis (1959), Lewin y otros (1944 [1962]), Martin (1981), Michalos (1985) y Williams (1975). Sin embargo, estos enfoques tienden a centrarse en las condiciones extrínsecas de la felicidad, tales como la salud, la solvencia financiera, etc., a diferencia del enfoque de este libro, cuyo objetivo es la felicidad que resulta de las acciones de una persona.

Página 26

Controlando la vida propia. El esfuerzo para lograr autodominio es una de las metas más antiguas de la psicología humana. En un resumen lúcido de varios cientos de libros de diferentes tradiciones intelectuales dirigidas al control de la personalidad (por ejemplo, el yoga, filosofías diversas, el psicoanális, la psicología de la personalidad, la autoayuda), Klausner (1965) encontró que los objetos a los que se dirigia el control podían resumirse en cuatro categorías: 1) control de la actuación o del comportamiento; 2) control de los impulsos fisiológicos subyacentes; 3) control de funciones intelectuales, es decir, del pensamiento; 4) control de las emociones, es decir, del sentimiento.

La cultura como defensa contra el caos. Véase, por ejemplo, el resumen de Nelson (1965) sobre este punto. Hay unos tratamientos interesantes de los efectos positivos e integradores de la cultura en el concepto de "sinergia" de Ruth Benedict (Maslow y Honigmann, 1970) y en los sistemas generales de perspectiva de Laszlo (1970). (Véase también Redfield, 1942; von Bertalanffy, 1960, 1968; y Polanyi, 1968, 1969.) Para tener un ejemplo de cómo los individuos crean el significado en un contexto cultural, véase Csikszentmihalyi y Rochberg-Halton (1981).

Las culturas creen ser el centro del universo. El etnocentrismo parece ser uno de los principios básicos de toda cultura; véase por ejemplo LeVine y Campbell (1972), Csikszentmihalyi (1973).

Página 28

Ansiedad ontológica. Los expertos acerca de la ansiedad ontológica (o existencial) han sido, por lo menos en los últimos siglos, los poetas, los pintores, los dramaturgos y otros artistas diversos. Entre los filósofos hay que mencionar a Kierkegaard (1944, 1954), Heidegger (1962), Sartre (1956) y Jaspers (1923, 1955); entre los psiquiatras, Sullivan (1953) y Laing (1960, 1961).

El significado. Una experiencia es significativa cuando se relaciona positivamente con las metas de una persona. La vida tiene significado cuando tenemos un propósito que justifica nuestros afanes, y cuando la experiencia está ordenada. Para lograr este orden en la experiencia frecuentemente es necesario postular la existencia de alguna fuerza sobrenatural o de un plan de la providencia, sin el cual la vida puede no tener sentido. Véase también Csikszentmihalyi y Rochberg-Halton (1981). El problema del significado se comentará en más profundidad en el capítulo 10.

Página 31

La religión y la pérdida de significado. La religión todavía sirve como escudo contra el caos, según muestran varios estudios que declaran que existe una satisfacción más alta con la vida entre los adultos que se consideran personas religiosas (Bee, 1987, p. 373). Pero recientemente ha habido varios autores que afirman que el efecto de los valores culturales que sostuvieron nuestra sociedad ya no es tan eficaz como lo fue antaño; por ejemplo, véase Daniel Bell (1976) sobre el declive de los valores capitalistas y Robert Bellah (1975) sobre el declive de la religión. Al mismo tiempo, está claro que aun en la llamada "Edad de la Fe" en Europa, durante toda la Edad Media, la sociedad se hallaba acosada por la duda y la turbación. Véase la excelente descripción de Johann Huizinga (1954) y Le Roy Ladurie (1979) sobre la agitación espiritual de aquellos tiempos.

Página 32

Las tendencias en la patología social. Para las estadísticas sobre el uso de energía, véase *Statistical Abstracts of the U.S.* Departamento de Comercio de los EE.UU., 1985, p. 199); sobre la pobreza, véase ibíd., p. 457. Las tendencias del crimen violento están extraídas del *U.S. Dept. of Justice's Uniform Crime Reports* (25 de julio, 1987, p. 41), el *Statistical Abstracts* (1985, p. 166) y los *U.S. Social Indicators* del Departamento de Comercio (1980, pp. 235, 241). Las estadísticas de enfermedades venéreas están en los *Abstracts of the U.S.* (1985, p. 115); para el divorcio véase ibíd., p. 88.

Las cifras acerca de la salud mental son del *U.S. Social Indicators*, p. 93. Las cifras presupuestarias están en *U.S. Statistical Abstracts.* (1985, p. 332).

Página 33

Para la información sobre el número de **adolescentes que viven en familias junto a sus dos padres** véanse Brandwein (1977), Cooper (1970), Glick (1979) y Weitzman (1978). Para las estadísticas de crímenes, véase *U.S. Statistical Abstracts* (1985, p. 189).

La patología adolescente. Para el tema del suicidio y del homicidio entre adolescentes, véase *Vital Statistics of the United States*, 1985 (Departamento de Salud y Servicios Sociales de EE.UU., 1988), gráfico 8.5. Los cambios en las puntuaciones SAT se hallan en el *U.S. Statistical Abstracts* (1985, p. 147). Según estimaciones fiables, los suicidas adolescentes han aumentado por encima del 300% entre 1950 y 1980, y sobre todo entre los grupos privilegiados de blancos, los adolescentes varones de la clase media (*Social Indicators*, 1981). Las mismas tendencias se hallan en crímenes, homicidios, embarazos ilegítimos, enfermedades venéreas y dolencias psicosomáticas (Wynne, 1978, Yankelovich, 1981). En 1980 uno de cada diez alumnos de escuela superior tomaba a diario drogas psicotrópicas (Johnston, Bachman y O'Malley, 1981). Para completar este cuadro de pesimismo debemos mencionar que en la mayoría de las culturas se considera que los adolescentes son problemáticos (Fox, 1977). «La gran confusión interna y el desorden externo de la adolescencia son universales y los determinantes culturales solo les afectan de forma moderada». (Kiell, 1969, p. 9). Según Offer, Ostrov y Howard (1981), solo el 20% de los adolescentes contemporáneos podrían considerarse "problemáticos", pero incluso esta estimación conservadora representa un enorme número de gente joven.

Página 35

Socialización. La necesidad de aplazar la gratificación a fin de funcionar en sociedad ya fue comentada por Freud en *Civilization and Its Descontents* (1930). Brown (1959) realizó una refutación apasionada de los argumentos de Freud. Para trabajos clásicos sobre la socialización véanse Clausen (1968) y Zigler y Child (1973). Un amplio estudio reciente de socialización en la adolescencia podrá encontrarlo en Csikszentmihalyi y Larson (1984).

Página 36

Los controles sociales. Algunos buenos ejemplos de cómo se imponen los controles sociales mediante la creación de dependencias químicas es el caso de la introducción española del ron y el coñac en Centroamérica (Braudel, 1981, pp. 248-249), el uso de whisky en la expropiación de los territorios de los indios norteamericanos y las guerras del opio chinas. Herbert Marcuse (1955, 1964) ha discutido extensamente cómo los grupos sociales dominantes retienen para sí mismos la sexualidad y la pornografía para imponer controles sociales. Como Aristóteles dijo hace muchos años, «el estudio del placer y el dolor pertenece al ámbito del filósofo político» (*Ética*, libro VII, capítulo 11).

Los genes y las ventajas personales. El argumento de que los genes están programados en su propio beneficio, y no para mejorar la vida de sus portadores, fue formulado por primera vez de una manera coherente por Dawkins (1976), aunque el refrán «el pollo no es más que la manera que utiliza un huevo para hacer otro huevo», que sintetiza muy bien la idea de Dawkins, es mucho más antiguo.

Para otra tener otro punto de vista sobre esta materia, véanse Csikszentmihalyi y Massimini (1985) y Csikszentmihalyi (1988).

Página 40

Vías de liberación. La historia de esta búsqueda es tan rica y larga que es imposible hacerle justicia en un espacio tan corto. Acerca de la tradición mística véase Behanan (1937) y Wood sobre el yoga (1954), y también Scholem (1969) sobre el misticismo judío. En la filosofía se podría elegir a Hadas (1960) sobre el humanismo griego; a Arnold (1911) y Murray (1940) sobre los estoicos; y a MacVannel (1896) sobre Hegel. Para filósofos más contemporáneos véase Tillich (1952) y Sartre (1956). Un reinterpretación reciente de la noción aristotélica de virtud, que es muy similar en algunos aspectos al concepto de actividad autotélica o flujo que en este libro presentamos, puede encontrarse en el trabajo de Alasdair MacIntyre (1984). En historia destacan, Croce (1962), Toynbee (1934) y Berdiáev (1952); en sociología Marx (1844 [1956]), Durkheim (1897, 1912), Sorokin (1956, 1967) y Gouldner (1968); en psicología, Angyal (1941, 1965), Maslow (1968, 1970) y Rogers (1951); en antropología, Benedict (1934), Mead (1964) y Geertz (1973). Esta es simplemente una selección personal entre una cantidad enorme de posibles elecciones.

Página 41

El control de la conciencia. El control de la conciencia tal como lo describimos en este capítulo incluye las cuatro manifestaciones de autodominio contempladas por Klausner (1965) y enumeradas en su nota de la página 10. Una de las más antiguas técnicas conocidas para lograr tal control son las diversas disciplinas yoguis desarrolladas en la India durante más de mil quinientos años; las comentaremos más ampliamente en el capítulo 5. Los seguidores de la medicina holística creen que el estado mental del paciente es sumamente importante para determinar el curso de su salud física; véase también Cousins (1979) y Siegel (1986). Eugene Gendlin (1981), un colega mío de la Universidad de Chicago, ha desarrollado una técnica contemporánea para controlar la atención, a la que llama "focalización". En esta obra yo no propongo ninguna técnica en especial; en su lugar presento un análisis conceptual de qué control y qué placer conllevan, así como también doy ejemplos prácticos para que el lector pueda desarrollar el método que mejor se adecúe a sus inclinaciones y condiciones.

Página 42

Rutinización. El argumento en este libro es, por supuesto, una reminiscencia del concepto de Weber (1922) de rutinizacion de carisma desarrollado en su obra *La psicología social de las religiones*, y de la idea más antigua de Hegel de que el "el mundo del espíritu" finalmente se convierte en el "mundo de naturaleza" (por ejemplo, Sorokin, 1950). El mismo concepto lo desarrollan Berger y Luckmann (1967) desde el punto de vista sociológico.

Capítulo 2
Páginas 45-46

Conciencia. Este concepto ha sido central en muchas religiones y sistemas filosóficos, por ejemplo, los de Kant y Hegel. Los primeros psicólogos, como Ach (1905), trataron de definirlo en términos científicos modernos, con poco éxito. Durante varias décadas, las ciencias del comportamiento abandonaron enteramente la noción de conciencia, porque se pensaba que los autoinformes de estados internos carecían de validez científica. Recientemente existe un renovado interés en el tema (Pope y Singer 1978). Pueden hallar una síntesis del desarrollo histórico del tema en Boring (1953) y Klausner (1965). Smith (1969), quien acuñó el término "conductismo introspectivo", da una definición del término "conciencia" que es muy parecida a cómo la usamos en esta obra: «la experiencia consciente es un suceso interno respecto del cual uno hace, directamente, lo que uno quiere hacer» (Smith, 1969, p. 108). De todas maneras, como siempre, hay poca superposición entre el concepto que desarrollamos en este libro y el de Smith o el de cualquier otro psicólogo orientado a la conducta. La diferencia principal es que mi énfasis radica en la dinámica subjetiva de la experiencia y en su primacía fenomenológica. Una definición más amplia de la conciencia se dará en las secciones siguientes de este capítulo.

Páginas 48-49

Fenomenología. El término "fenomenológico" no lo uso para denotar mi adhesión a los principios o métodos de un pensador o escuela en particular. Solo significa que el enfoque del problema de cómo estudiar la experiencia se halla influido en gran parte por los descubrimientos de Husserl (1962), Heiddegger (1962, 1967), Sartre

(1956), Merleau-Ponty (1962, 1964) y algunos de sus traductores a las ciencias sociales, por ejemplo Natanson (1963), Gendlin (1962), Fisher (1969), Wann (1960) y Schutz (1962). Si desea leer una obra de introducción clara y breve a la fenomenología de Husserl consulte los libros de Kohak (1978) y Kolakowski (1987). Sin embargo, para entender esta obra no es necesario compartir ningún supuesto fenomenológico. El razonamiento debe sustentarse en sus propios méritos y ser entendido en sus propios términos. Lo mismo también es cierto para la teoría de la información (véase Wiener, 1948 [1961]).

Página 49

Soñar. Stewart (1972) informa que los sinoi de Malasia aprenden a controlar sus sueños y que por medio de ello logran una inusitada maestría también sobre la conciencia en estado de vigilia. Si esto es cierto (aunque parece dudoso), es una excepción interesante que prueba la regla general; en otras palabras, significa que entrenando la atención uno puede controlar la conciencia incluso durante el sueño (Csikszentmihalyi, 1982a). Un método reciente de expansión de la conciencia ha tratado de hacer justamente esto. "Sueño lúcido" es un intento de controlar los procesos de pensamiento durante el sueño (La Berge, 1985).

Página 52

Límites de la conciencia. La primera afirmación general realizada sobre el número de informaciones que pueden procesarse de forma simultánea la hizo Miller (1956). Orme (1969), basándose en los cálculos de von Uexkull (1957), ha llegado a la conclusión de que 1/18 de segundo es el umbral de discriminación. Los científicos cognitivos que han estudiado las limitaciones de la atención son: Simon (1969, 1978), Kahneman (1973), Hasher y Zacks (1979), Eysenck (1982) y Hoffman, Nelson y Houck (1983). Las demandas atencionales necesarias para llevar a cabo los procesos cognitivos se comentan en Neisser (1967, 1976), Treisman y Gelade (1980) y Treisman y Schmidt (1982). Las demandas atencionales para almacenar y recuperar la información desde la memoria las han estudiado Atkinson y Shiffrin (1968), y Hasher y Zacks (1979), pero la importancia de la atención y sus limitaciones eran ya bien conocidas por William James (1890).

Páginas 53-54

Limitaciones para procesar el habla. Para hallar más información sobre la necesidad de 40 bits por segundo véase Liberman, Mattingly y Turvey (1972), y Nusbaum y Schwab (1986).

Página 54

El uso del tiempo. La primera tabulación generalizada de cómo la gente pasa su tiempo fue el proyecto nacional de Szalai (1965). Las cifras que cito en este libro se basan en mis estudios con el Método de Muestreo de la Experiencia (MME), por ejemplo, Csikszentmihalyi, Larson y Prescott (1977), Csikszentmihalyi y Graef (1980), Csikszentmihalyi y Larson (1984), Csikszentmihalyi y Csikszentmihalyi (1988).

Página 55

Ver la televisión. Los sentimientos que la gente dice sentir mientras ve la televisión se comparan con experiencias en otras actividades en los estudios MME por Csikszentmihalyi, Larson y Prescott (1977), Csikszentmihalyi y Kubey (1981), Larson y Kubey (1983) y Kubey y Csikszentmihalyi (en prensa).

Página 56

La energía psíquica. Los procesos que tienen lugar en la conciencia –los pensamientos, las emociones, la voluntad y la memoria– han sido descritos por los filósofos desde la antigüedad, y también por algunos de los psicólogos pioneros (por ejemplo Ach, 1905). Para una síntesis, véase Hilgard (1980). Realizaron enfoques más energéticos de la conciencia Wundt (1902), Lipps (1899), Ribot (1890), Binet (1890) y Jung (1928 [1960]). Algunos enfoques contemporáneos están representados por Kahneman (1973), Csikszentmihalyi (1978, 1987) y Hofman, Nelson y Houck (1983).

Página 60

La atención y la cultura. La capacidad de los melanesios para recordar con precisión ubicaciones sobre la superficie del mar es descrita por Gladwin (1970). La referencia a los muchos nombres para la nieve que usan los esquimales puede encontrarse en Bourguignon (1979).

La personalidad. Los psicólogos han pensado innumerables maneras de describir la personalidad, desde el enfoque psicológico-social de George Herbert Mead (1934 [1970]) y Sullivan (1953) a la psicología analítica de Carl Gustav Jung (1933 [1961]). Actualmente, sin embargo, los psicólogos tratan de evitar hablar de la "personalidad"; en su lugar se limitan describir el "autoconcepto". Un buen resumen del desarrollo de este concepto lo encontrarán en Damon y Hart (1982). Otro enfoque usa el término "auto-eficacia" (véase Bandura, 1982). El modelo de la personalidad desarrollado en estas páginas ha sido influido por muchas fuentes, y se describe en Csikszentmihalyi (1985a), y Csikszentmihalyi y Csikszentmihalyi (1988).

Página 64

Desórdenes en la conciencia. Los psicólogos han estudiado las emociones negativas, tales como el enfado, la angustia, la tristeza, el miedo, la vergüenza, el desprecio o el asco, de forma muy exhaustiva: Ekman (1972), Frijda (1986), Izard, Kagan y Zajonc (1984), y Tomkins (1962). Pero estos investigadores generalmente suponen que cada emoción está "conectada" separadamente en el sistema nervioso central como una respuesta a un conjunto específico de estímulos, en vez de ser una respuesta integrada del propio sistema. Los psiquiatras y psicólogos clínicos están familiarizados con "los estados de ánimo disfóricos" tales como la ansiedad y la depresión que interfieren en la concentración y el funcionamiento normal (Beck, 1976; Blumberg, Izard, 1985; Hamilton, 1982; Lewinsohn y Libet, 1972; Seligman y otros, 1984).

Página 68

Ordenar. Lo que el orden –o la negentropía psíquica– implica se comentará en las páginas siguientes; véanse también Csikszentmihalyi (1982a), y Csikszentmihalyi y Larson (1984). Básicamente se refiere a la carencia de conflicto entre los fragmentos de información presentes en la conciencia de un individuo. Cuando la información está en armonía con las metas de una persona, la conciencia de esa persona está "ordenada". El mismo concepto se aplica también a la carencia de conflictos entre individuos, cuando sus metas están en armonía entre sí.

Página 70

Flujo. La investigación original y el modelo teórico de la experiencia de flujo fueron descritos por vez primera en *Beyond Boredom and Anxiety* (Csikszentmihalyi, 1975). Desde entonces un gran número de obras han usado el concepto de flujo, y se ha acumulado al respecto una extensa investigación. Algunos ejemplos son la aplicación del concepto a la antropología por Victor Turner (1974), a la sociología por Mitchell (1983), y a la evolución por Crook (1980). Eckblad (1981), Amabile (1983), Deci y Ryan (1985) lo usan para desarrollar sus teorías de la motivación. Para resúmenes de los hallazgos de las distintas investigaciones, véanse Massimini y Inghilleri (1986), y Csikszentmihalyi y Csikszentmihalyi (1988).

«**Es maravilloso...**» La cita está en Csikszentmihalyi (1975), p. 95.

Página 71

Complejidad. La complejidad es una función que indica lo bien que la información se diferencia e integra en la conciencia de una persona. Una persona compleja es aquella capaz de acceder a la información de forma directa y precisa, y también capaz de relacionar los diversos fragmentos entre sí; por ejemplo, una persona cuyos deseos, emociones, pensamientos, valores y acciones están fuertemente individualizados pero sin contradecirse entre sí. Véanse, por ejemplo, Csikszentmihalyi (1970), Csikszentmihalyi y Csikszentmihalyi (1988), y Csikszentmihalyi y Larson (1984). La noción de complejidad utilizada en este libro está relacionada con el mismo concepto tal y como lo utilizan algunos biólogos evolutivos (por ejemplo Dobzhansky, 1962, 1967), y ha sido influida por la poética clarividencia de Teilhard de Chardin (1965). Una definición muy prometedora de la complejidad en los sistemas físicos, definida como "profundidad termodinámica", estaba siendo investigada por Heinz Pagels (1988) antes de su reciente e inesperada muerte. Por su definición, la complejidad de un sistema es la diferencia entre la cantidad de información necesaria para describir el sistema en su estado presente y la cantidad necesaria para describir todos los estados que podría haber alcanzado desde el punto en que cambió a partir del último estado. Aplicando esto a la psicología de la personalidad, uno podría decir que una persona compleja es aquella cuyo comportamiento e ideas no pueden explicarse con facilidad y cuyo desarrollo no era obviamente predecible.

Página 72

«**Ninguna situación...**» La cita es de Csikszentmihalyi, 1975, p. 94.

Capítulo 3
Página 76
Para la investigación de la relación entre la felicidad y riqueza, véanse Diener, Horwitz y Emmons (1985), Bradburn (1969), y Campbell, Converse y Rodgers (1976),
Página 77
Placer y disfrute. Toda la *Ética a Nicómaco* de Aristóteles trata de este tema, en especial el libro III, capítulo 11, y el libro VII. Véase también Csikszentmihalyi y Csikszentmihalyi (1988, pp. 24-25).
Página 79
El goce de los niños con la actividad. Los primeros psicólogos alemanes postularon la existencia del *Funktionlust*, o el placer que se obtiene utilizando el cuerpo en actividades tales como correr, golpear, columpiarse, etc. (Groos, 1901; Buhler, 1930). Luego Jean Piaget (1952) declaró que una de las etapas sensomotoras del desarrollo físico del infante estaba caracterizada por "el placer de ser la causa". En los Estados Unidos, Murphy (1947) postula la existencia de impulsos sensitivos y de actividad para explicar el sentimiento de placer que a veces dan la vista, el sonido o los músculos. Estos hallazgos se incorporaron en una teoría de estimulación óptima o excitación óptima principalmente mediante el trabajo de Hebb (1955) y Berlyne (1960), quienes asumieron que el placer era la consecuencia de un equilibrio óptimo entre la estimulación entrante y la capacidad de sistema nervioso para asimilarla. La extensión de esta explicación básicamente neurológica del por qué uno encuentra placer en la acción fue realizada por White (1959), deCharms (1968), y Deci y Ryan (1985), quienes observaron el mismo fenómeno pero desde el punto de vista de la personalidad o del organismo consciente. Sus explicaciones se apoyan en el hecho de que esa acción provee placer porque da a la persona un sentimiento de competencia, eficacia o autonomía.
Página 80
Aprender en la edad adulta. La importancia de aprender en etapas tardías de la vida ha recibido recientemente la atención que precisaba. Para conocer algunas de las ideas básicas en este campo lea las afirmaciones pioneras de Mortimer Adler (Adler, 1956), Tough (1978) y Gross (1982).

Página 81

Entrevistas. La mayoría de las entrevistas mencionadas en este libro fueron recogidas en el curso de las investigaciones mencionadas en Csikszentmihalyi (1975), y Csikszentmihalyi y Csikszentmihalyi (1988). Más de 600 entrevistas adicionales fueron realizadas por el profesor Fausto Massimini y sus colaboradores en Europa, Asia y el suroeste de los Estados Unidos.

Página 83

Éxtasis. Marghanita Laski (1962) realizó un estudio muy extenso de casos de experiencias religiosas extáticas. Abraham Maslow (1971), que fue quien acuñó el término "experiencia cumbre" para describir tales sucesos, jugó un papel muy importante para ayudar a dar legitimidad a la consideración de tales fenómenos por parte de los psicólogos. Es justo decir, sin embargo, que Laski y Maslow pensaban que el éxtasis era una epifanía fortuita que sucedía más o menos por sí misma, en vez de ser un proceso natural que puede controlarse y educarse. Para una comparación entre el concepto de Maslow de experiencia cumbre y el flujo, véase Privette (1983). Al parecer las experiencias extáticas son más comunes de lo que uno podría pensar. En marzo de 1989, un 30% de las personas de un muestreo representativo nacional de 1.000 estadounidenses contestaron afirmativamente a la afirmación: «usted ha sentido cerca una fuerza espiritual poderosa que pareció elevarle más allá de su personalidad». Un 12% sostuvo que había experimentado este sentimiento frecuentemente o en varias ocasiones (*General Social Survey*, 1989).

Páginas 83-84

Leer como una actividad favorita de flujo. Este hallazgo se comenta en Massimini, Csikszentmihalyi y Delle Fave (1988). Un libro reciente que describe en forma detallada cómo el leer proporciona disfrute es Nell (1988).

Página 84

Las relaciones sociales como una actividad de flujo. Todas las investigaciones llevadas a cabo con el Método de Muestreo de Experiencia confirman el hecho de que simplemente estar con otras personas generalmente mejora el ánimo de una persona de forma significativa, sin tener en cuenta lo que suceda. Esto parece ser cierto tanto en adolescentes (Csikszentmihalyi y Larson, 1984) como en adultos (Larson, Csikszentmihalyi y Graef 1980) y en personas de más edad (Larson, Mannell y Zuzanek, 1986). Pero para disfrutar realmente de la compañía de otras personas se requieren habilidades interpersonales.

Página 85

«Muchas obras...» La cita está extraída de un estudio acerca de cómo describen la experiencia estética los conservadores de museos de arte (Csikszentmihalyi y Robinson, en prensa, p. 51).

Páginas 86-87

El profesor Maier-Leibnitz describió su ingeniosa manera de contar el transcurrir del tiempo mediante los dedos en una comunicación personal (1986).

Página 87

La importancia de las actividades de **microflujo** se examinó en *Beyond Boredom and Anxiety* (Csikszentmihalyi, 1975, pp. 140-178). Esta investigación mostró que si a la gente se le pedía que no realizase sus hábitos acostumbrados, tales como chasquear los dedos, mover la cabeza afirmativamente, silbar o bromear con los amigos, en un plazo de pocas horas se volvían irritables. Frecuentemente informaban también de pérdida de control y alteraciones de comportamiento después de un único día de privación de microflujo. Pocas personas eran capaces o estaban dispuestas a seguir sin estos pequeños hábitos durante más de 24 horas.

Página 88

La relación equilibrada entre los desafíos y las habilidades se reconoció desde el mismo principio como una de las condiciones centrales de la experiencia de flujo (por ejemplo, Csikszentmihalyi, 1975, pp. 49-54). El modelo original asumía que este disfrute ocurriría a lo largo de toda la diagonal, o lo que es lo mismo, cuando los desafíos y las habilidades estaban ambos muy reducidos, y también cuando ambos estaban muy elevados. Los hallazgos empíricos de la investigación condujeron a una modificación del modelo. La gente no disfrutó con las situaciones en las que sus habilidades y los desafíos del exterior eran inferiores a sus niveles acostumbrados. El nuevo modelo predice únicamente flujo cuando desafíos y habilidades están relativamente equilibrados y por encima del nivel medio del individuo; esta predicción se confirmó en las investigaciones llevadas a cabo con el Método de Muestreo de la Experiencia (Carli, 1986; Csikszentmihalyi y Nakamura, 1989; Massimini, Csikszentmihalyi y Carli, 1987). Además, estas investigaciones han demostrado que la condición de ansiedad (desafío alto, habilidades bajas) es relativamente poco frecuente en la vida cotidiana y se vive de forma mucho más negativa que la condición de aburrimiento (desafío bajo, habilidades altas).

Página 89

«Te sientes ...», **«Te involucras tanto...»**, y **«... la concentración...»**, están en Csikszentmihalyi (1975, p. 39). **«Leer es...»** está en Allison y Duncan (1988, p. 129). La relación entre el disfrute y la atención enfocada fue percibida claramente hace cuatro siglos por Montaigne (1580 [1958], p. 853): «yo disfruto [...] [de la vida] dos veces más que otros, puesto que la medida del disfrute depende de la atención mayor o menor que nosotros le prestemos».

Página 90

«La mística de la escalada...» está extraída de Csikszentmihalyi (1975, pp. 47-48).

Páginas 91-92

«Yo encuentro una satisfacción muy especial...» está en Delle Fave y Massimini (1988, p. 197). **«Experimenté junto a un sentimiento de satisfacción...»** está en Hiscock (1968, p. 45), y **«Cada vez ...»** está en Moitessier (1971, p. 159); las dos últimas se citan en Macbeth (1988, p. 228).

Página 92

Pintar. La distinción entre artistas más y menos originales es que los primeros pintan con una idea general y frecuentemente vaga de lo que quieren realizar, mientras los segundos tienden a empezar con el cuadro claramente visualizado en la mente. Así, los artistas originales deben descubrir mientras van pintando qué es lo que quieren hacer, usando retroalimentación desde el propio trabajo en marcha para sugerir nuevos enfoques. Los artistas menos originales acaban por pintar el cuadro que se hallaba en su cabeza, que no tiene ninguna oportunidad para crecer y desarrollarse. Pero para tener éxito en su proceso abierto de creación, el artista original debe tener bien internalizados los criterios de qué es arte, para que pueda escoger o desechar los elementos adecuados en la pintura a medida que la realiza (Getzels y Csikszentmihalyi, 1976).

Página 93

La **cirugía** como una experiencia de flujo se describe en Csikszentmihalyi (1975, 1985b).

Página 94

Sensibilidades excepcionales. El sentido común nos dice que niños diferentes desarrollarán talentos diferentes. Algunos niños tienen una gran facilidad para el movimiento físico, otros para la música, o para los idiomas, o para relacionarse con los demás. Esta impresión recientemente se ha formalizado en una teoría: "la teoría de las inteligencias múltiples" de Howard Gardner (1983). Gardner y sus colaboradores de Harvard están trabajando para construir una batería de pruebas que abarque cada una de las siete dimensiones de la inteligencia que han identificado gracias a sus investigaciones.

La importancia de la **retroalimentación para los ciegos** se comenta en Massimini, Csikszentmihalyi y Delle Fave (1988, pp. 79-80).

Página 96

«**Es como si...**» es de Csikszentmihalyi (1975, p. 40).

Páginas 96-97

«**La cancha...**» y «**Los niños de mi edad...**» están en Csikszentmihalyi (1975, pp. 40-41); «**Cuando lo estás haciendo [escalar]...**» está en ibíd., p. 81, y «**Consigo una sensación...**» en ibid., p. 41. "**No importan los pequeños inconvenientes ...**" está en Crealock (1951, pp. 99-100), citado en Macbeth (1988, pp. 221-222). La cita de Edwin Moses está en Johnson (1988, p. 6).

Página 98

«**Me siento calmada...**» y «**... tengo un sentimiento generalizado...**» están en Csikszentmihalyi (1975, pp. 44, 45).

Páginas 98-99

La atracción del riesgo y del peligro la ha estudiado ampliamente Marvin Zuckerman (1979), quien identificó la "búsqueda de sensaciones" como una característica de la personalidad. Un tratamiento más divulgativo del tema se halla en el libro de Ralph Keyes (1985).

Página 100

Uno de los estudios psicológicos más antiguos del **juego** es el de Kusyszyn (1977). Culin (1906, pp. 32, 37, 43), David (1962) y Huizinga (1939 [1970]) argumentan que los juegos de azar han surgido de los aspectos adivinatorios de las ceremonias religiosas.

Página 101

Morphy y Fischer. La similitud entre las carreras de estos dos campeones de ajedrez que vivieron separados por un siglo, es desde luego sorprendente. Paul Charles Morphy (1837–1884) llegó a ser un maestro del ajedrez en su temprana adolescencia; cuando tenía 22 años de edad viajó a Europa, donde ganó a todos los que osaron jugar contra él. Después, cuando volvió a Nueva York, sus potenciales competidores pensaban que era demasiado bueno, y tenian miedo de jugar contra él incluso cuando las probabilidades les eran favorables. Privado de su única fuente de flujo, Morphy se convirtió en una persona encerrada en sí misma y que mostraba un comportamiento excéntrico y paranoide. Véanse en Waitzkin (1988) los paralelismos con la carrera de Bobby Fischer. Hay dos líneas de explicación para tales coincidencias. Una es que las personas con una organización psíquica frágil se sienten atraídas de forma desproporcionada por el ajedrez. La otra línea opina que el ajedrez, a niveles ultracompetitivos, requiere un compromiso completo de la energía psíquica y puede llegar a ser adictivo. Cuando un jugador llega a ser el campeón y gana todos los desafíos de la actividad en que ha invertido tanta atención, corre un serio riesgo de desorientación porque la meta que ha ordenado su conciencia ya no tiene sentido.

Página 102

Las apuestas entre indios norteamericanos se describen en Culin (1906), Cushing (1896) y Kohl (1860). Carver (1796, p. 238) describe cómo los iroqueses jugaban hasta perder todo lo que poseían, incluyendo sus mocasines, y entonces andaban descalzos el camino de regreso a su casa, andando sobre nieve de tres pies de profundidad. Un observador de los indios tarahumara de México informó que «él [...] podía jugar [al palo o a los dados] desde una noche a todo un mes, hasta perderlo todo excepto su esposa y sus niños; ahí se fijaba el límite» (Lumholtz 1902 [1987], p. 278).

Los cirujanos que afirman que operar puede crear "adicción" se citan en Csikszentmihalyi (1975, pp. 138-139).

«Es como un sentimiento zen...» está en ibíd., p. 87.

Página 103

«Uno se olvida de sí mismo...» está en Moitessier (1971, p. 52) citado en Macbeth (1988, p. 22). **«Comprendo una cosa...»** está en Sato (1988, p. 113),.

Página 104

Para el **sentido de autotrascendencia** que se experimenta al escalar véase Robinson (1969); mientras que para la misma vivencia en el ajedrez, la hallará en Steiner (1974).

Página 105

Se ha escrito extensamente sobre el **peligro de perder el Yo** como resultado de tener una experiencia "trascendente". Uno de los tratamientos más antiguos de esta posibilidad está en Le Bon (1895 [1960]), cuyo trabajo influyó en el de McDougall (1920) y Freud (1921). Algunos estudios recientes que tratan de la relación entre la autoconciencia y el comportamiento han sido realizados por Diener (1979), Wicklund (1979), y Scheier y Carver (1980). Desde el punto de vista de nuestro modelo de complejidad, una persona desindividualizada que pierde su Yo en el grupo se integra, pero no se diferencia. Tal persona deja el control de la conciencia al grupo y fácilmente puede actuar de forma peligrosa. Para beneficiarse de la transcendencia hay que tener, también, una personalidad fuertemente diferenciada o individualizada. George Herbert Mead (1934 [1970]) realizó una contribución muy importante en la descripción de la relación dialéctica entre el **Yo**, o la parte activa de la personalidad, y el **sí mismo**, o el autoconcepto reflejado.

Página 108

«**Suceden dos cosas...**» está en Csikszentmihalyi (1975, p. 116).

Página 109

La conexión esencial entre algo así como felicidad, disfrute, e incluso virtud, por un lado, y **recompensa intrínseca o autotélica** por el otro ha sido generalmente reconocida por los pensadores en una gran variedad de tradiciones culturales. Es un aspecto esencial del concepto taoísta de Yu, o vivir correctamente (por ejemplo, las escrituras fundamentales de Chuang Tzu, traducidas por Watson 1964); el concepto de virtud de Aristóteles (MacIntyre, 1984); y la actitud hindú hacia la vida que infunde la Bhagavad-Gîtâ.

Página 111

Las generalizaciones acerca de cómo las personas se hallan **insatisfechas con su trabajo** y con **el tiempo de ocio** están basadas en nuestra investigación con el Método de Muestreo de la Experiencia (por ejemplo, Csikszentmihalyi y Graef, 1979, 1980; Graef, Csikszentmihalyi, y Gianinno, 1983; Csikszentmihalyi y LeFevre 1987,

1989; y LeFevre, 1988). Las conclusiones están extraídas de las respuestas instantáneas que los trabajadores anotaron cuando se les preguntaba, en momentos aleatorios, mientras estaban trabajando. Sin embargo, cuando los trabajadores responden a encuestas a gran escala, frecuentemente tienden a dar respuestas globales mucho más favorables. Una síntesis de 15 estudios acerca de la satisfacción en el trabajo efectuada entre 1972 y 1978, concluyó que un 3% de los trabajadores de los Estados Unidos están "muy insatisfechos" con su trabajo, un 9% están "algo insatisfechos", un 36% "algo satisfechos", y un 52% están "muy satisfechos" (Argyle, 1987, pp. 31-63). Una encuesta nacional más reciente llevada a cabo por Robert Half International y aparecida en el *Chicago Tribune* (18 octubre de 1987, sección 8) tiene unos resultados menos halagüeños. Según este estudio, un 24% de la fuerza de trabajo de los EE.UU., o sea un trabajador de cada cuatro, está bastante insatisfecho con su trabajo. Nuestros métodos de medición de la satisfacción puede que sean demasiado pesimistas, aunque es probable que los métodos de encuesta den resultados demasiado optimistas. Debería ser fácil averiguar si un grupo de personas está "satisfecho" o "insatisfecho" con su trabajo. Pero en realidad, como la satisfacción es un concepto relativo, es muy difícil dar una respuesta objetiva a esta pregunta aparentemente sencilla. Es como si uno debiera decir "medio lleno" o "medio vacío" cuando se le pregunta cómo describir un vaso con agua hasta la mitad. En un libro reciente, obra de dos científicos sociales alemanes muy conocidos, los autores llegaron a conclusiones diametralmente opuestas sobre las actitudes de los trabajadores alemanes hacia el trabajo: uno afirmaba que amaban el trabajo y el otro que lo odiaban, aunque ambos fundaban sus conclusiones en la misma base de datos, proveniente de una detallada y exhaustiva encuesta (Noelle-Neumann y Strumpel, 1984). El descubrimiento, contrario a la intuición, de que las personas tienden a considerar el trabajo tanto o más satisfactorio que el ocio, ha sido descrito por varios investigadores (por ejemplo, Andrews y Withey, 1976, Robinson, 1977). Por ejemplo, Veroff, Douvan y Kulka (1981) informan que el 49% de hombres con un empleo afirman que el trabajo les satisface más que el ocio, mientras que solo el 19% dicen que el ocio es más satisfactorio que el trabajo.

Página 112

Los peligros de adicción al flujo se tratan con mayor detalle en Csikszentmihalyi (1985b).

Página 113

El crimen como flujo. Una descripción de cómo la delincuencia juvenil puede ocasionar experiencias de flujo se da en Csikszentmihalyi y Larson (1978).

La cita de **Oppenheimer** está en Weyden (1984).

Página 114

«**El agua puede ser buena o mala...**» Este fragmento de Demócrito está citado por De Santillana (1961 [1970], p. 157).

Capítulo 4
Páginas 116-118

Jugar. Después del *Homo ludens* de Huizinga, que apareció en 1939, quizás el libro más importante sobre el juego y el jugar haya sido *Les Jeux et les Hommes* de Roger Caillois (1958).

Página 118

Mímica. Un ejemplo óptimo de cómo un disfraz ritual puede ayudar a salirse de la experiencia ordinaria lo da Monti (1969, pp. 9-15), en su explicación del uso de máscaras ceremoniales en el oeste africano: «Desde un punto de vista psicológico el origen de la máscara también puede ser explicado por la más atávica *aspiración del ser humano a escapar de sí mismo para enriquecerse con otras existencias distintas* –un deseo que obviamente no puede cumplirse en el nivel físico– a fin de aumentar su propio poder mediante la identificación con fuerzas universales, divinas o demoníacas, cualesquiera que sean. Es un deseo de romper con la constricción humana de ser un individuo forjado en un molde específico e inmutable y encerrado en un ciclo de vida y muerte que no deja ninguna *posibilidad a la aventura existencial conscientemente elegida*» (las cursivas son mías).

Página 119

Flujo y descubrimiento. Cuando se pidió que ordenasen 16 actividades muy differentes según su mayor o menor parecido a la actividad de flujo, los grupos más cualificados de escaladores, compositores de música, jugadores de ajedrez, etc., estudiados por Csikszentmihalyi (1975, p. 29) enumeraron la frase «diseñar o descubrir algo nuevo» como la que más se parecía a su actividad de flujo.

Página 120

Flujo y crecimiento. El tema de cómo las experiencias de flujo fomentan el crecimiento de la personalidad se comenta en Deci y Ryan (1985), y Csikszentmihalyi (1982b, 1985a). Anne Wells (1988) ha demostrado que las mujeres que invierten más tiempo en actividades de flujo tienen un concepto más positivo de sí mismas.

Página 122

Flujo y ritual. El antropólogo Victor Turner (1974) vio en la ubicuidad de los procesos rituales en las sociedades sin escritura un indicio de que estos ritos eran las oportunidades de experimentar flujo socialmente aceptadas. Los rituales religiosos en general suelen conducir a la experiencia de flujo (véase Carrington, 1977; Csikszentmihalyi, 1987; I. Csikszentmihalyi, 1988; y Wilson, 1985 y en prensa). Una buena introducción a la relación histórica entre lo sagrado y las dimensiones seculares del ocio puede encontrarse en el texto *Leisure* de John R. Kelly (1982, p. 53-68).

Flujo y arte. Una descripción de cómo las experiencias estéticas visuales pasivas pueden producir flujo se da en Csikszentmihalyi y Robinson (en prensa).

La importancia religiosa de los **juegos de pelota de los mayas** se describe en Blom (1932) y Gilpin (1948). *Pok-ta-pok*, es como se llamaba un juego parecido al baloncesto, que tenía lugar en un patio de piedra y cuyo fin era que un equipo tirase la pelota a través del aro de piedra del equipo adversario, aro que estaba situado a unos 8,5 metros sobre el campo; se jugaba sin tocar la pelota con las manos. El padre Diego Durán, un misionero español de los primeros en llegar a América, ofrece una vívida descripción: «...Era un juego de mucha recreación y regocijo para ellos, especialmente para los que lo tomaban por pasatiempo y por entretenimiento, entre los cuales había quien la jugase con tanta destreza y maña que en una hora acontecía no parar la pelota de un cabo a otro, sin hacer falta ninguna, solo con las asentaderas, sin que pudiesen llegar a ella con la mano, ni pie, ni con pantorrilla ni brazo...» (citado en Blom, 1932). Al parecer, tales juegos a veces finalizaban en sacrificios humanos o con el asesinato de los miembros del equipo perdedor (Pina Chan, 1969).

Página 124

Flujo y sociedad. La idea de que el tipo de actividades de flujo que una sociedad pone a la disposición de su gente podría reflejar algo esencial sobre la sociedad en sí misma fue sugerida por primera vez en Csikszentmihalyi (1981a, 1981b). Véase también Argyle (1987, p. 65).

Página 125

El tema del **relativismo cultural** es demasiado complejo para poder hacer en este libro una evaluación no sesgada. Una revisión del concepto óptima (pero no imparcial) la realiza el antropólogo Melford Spiro (1987), quien en un reciente relato autobiográfico describe por qué cambió su modo de pensar de una aceptación sin críticas de la igualdad del valor de las prácticas culturales a un cierto reconocimiento de las formas patológicas que las culturas pueden adoptar de vez en cuando. Los filósofos y los otros humanistas frecuentemente acusan a los científicos sociales, a veces con justificación, de "demoler" los valores absolutos que son importantes para la supervivencia de la cultura (por ejemplo, Arendt, 1958, Bloom, 1987). El sociólogo italosuizo Vilfredo Pareto (1917, 1919) ha sido uno de los eruditos más conscientes de los peligros de la relatividad inherente a su disciplina.

Página 126

Trabajadores ingleses. La historia clásica de cómo los trabajadores ingleses libres se transformaron en regimientos de obreros industriales la cuenta el historiador E. P. Thompson (1963).

Los desconfiados **dobu** fueron estudiados por el antropólogo Reo Fortune (1932 [1963]). Para la situación trágica de los *ik* de Uganda véase Turnbull (1972).

Página 127

Yanomami. Esta fiera tribu fue inmortalizada por los escritos del antropólogo Napoleon Chagnon (1979). La **tribu nigeriana triste** fue descrita por Laura Bohannan, bajo el seudónimo E. S. Bowen (1954). Colin Turnbull (1961) dio una descripción de los pigmeos del bosque de **Ituri**. La cita que hace referencia a **Shushwap** fue hecha en 1986, en una carta de Richard Kool al autor.

Página 128

La información sobre el **Gran Santuario de Isé** es una comunicación personal de Mark Csikszentmihalyi.

Páginas 130-131

Para los porcentajes de **gente feliz en diferentes naciones**, véase George Gallup (1976) El estudio que mostró que los estadounidenses eran casi tan felices como los cubanos y los egipcios fue llevado a cabo por Easterlin (1974). Para una discusión general acerca de la felicidad y las diferencias interculturales véase Argyle (1987, pp. 102-111).

Página 131

Riqueza y felicidad. Tanto Argyle (1987) como Veenhoven (1984) están de acuerdo, basándose en su evaluación de prácticamente todos los estudios de campo llevados a cabo hasta hoy, en que hay una evidencia concluyente de una correlación positiva pero muy modesta entre la felicidad o la satisfacción con la vida y el bienestar material.

La **distribución del tiempo** de los trabajadores estadounidenses tiene como base nuestros estudios MME (por ejemplo, Csikszentmihalyi y Graef, 1980; Graef, Csikszentmihalyi y Gianinno, 1983; Csikszentmihalyi y LeFevre, 1987, 1989). Esta estimación es muy parecida a la obtenida mediante encuestas mucho más extensas (por ejemplo, Robinson, 1977).

Página 133

El exceso de estímulos en la esquizofrenia. El concepto de anhedonia fue desarrollado por vez primera por el psiquiatra Roy Grinker. El exceso de estímulos y la sintomatología de los desórdenes de la atención han sido estudiados, entre otros, por Harrow, Grinker, Holzman y Kayton (1977), y Harrow, Tucker, Hanover y Shield (1972). Las citas están en McGhie y Chapman (1961, pp. 109, 114). He argumentado que existe una continuidad entre la carencia de experiencias de flujo debida a psicopatologías graves y a desórdenes leves de la atención frecuentemente ocasionados por la privación social en Csikszentmihalyi (1978, 1982a).

Páginas 135-136

Entre los estudios sobre los **esquimales** que vale la pena leer están los de Carpenter (1970, 1973). La destrucción de culturas **caribeñas** se describe en Mintz (1985). El concepto de **anomia** fue desarrollado, originariamente, por Émile Durkheim en su obra *Suicide* (1897 [1951]). La mejor introducción al concepto de **alienación** está en los manuscritos de Karl Marx, especialmente sus *Manus-*

critos económicos y filosóficos de 1844 (véase Tucker, 1972). El sociólogo Richard Mitchell (1983, 1988) argumentó que la anomia y la alienación son los equivalentes sociales de la ansiedad y del aburrimiento, respectivamente, y que ocurren cuando la gente no puede encontrar flujo porque las condiciones de la vida cotidiana son demasiado caóticas o demasiado predecibles.

Página 137

La hipótesis neurofisiológica en lo que concierne a atención y al flujo está basada en las investigaciones siguientes: Hamilton (1976, 1981) Hamilton, Holcomb y De la Peña (1977), y Hamilton, Haier y Buchsbaum (1984). Esta línea de investigación ahora continúa con el uso de equipo más sofisticado para el registro de la actividad cerebral.

Página 138

La activación cortical es la cantidad de actividad eléctrica en la corteza cerebral en un momento determinado en el tiempo; su amplitud (en microvoltios) se ha utilizado para indicar el esfuerzo general que tiene lugar en el cerebro en ese momento. Cuando las personas concentran su atención, su activación cortical generalmente aumenta, indicando así un aumento del esfuerzo mental.

Página 139

El estudio acerca de las **familias autotélicas** se halla en Rathunde (1988). Sus hallazgos están en conformidad con muchas investigaciones previas, por ejemplo que los niños que se sienten seguros de sus lazos familiares se arriesgan más en el comportamiento exploratorio (Ainsworth, Bell y Stayton, 1971; Matas, Arend y Sroufe 1978), o que un balance óptimo entre el amor y la disciplina es el mejor contexto para la crianza de un niño (Bronfenbrenner de 1970, Devereux, 1970; Baumrind, 1977). El enfoque sistémico de los estudios acerca de la familia, que es muy parecido al desarrollado en este libro, fue investigado en situaciones clínicas por Bowen (1978).

Página 142

La gente del flujo. Este es el término que Richard Logan (1985, 1988) utilizó para describir a los individuos que son capaces de transformar pruebas difíciles en experiencias de flujo. La cita **«Si el alcance de la experiencia...»** está en Burney (1952, pp. 16-18).

Página 143

El arresto de **Eva Zeisel** se describe en un perfil del *New Yorker* (Lessard, 1987). Cómo una **dama china** sobrevivió a las brutalidades de la Revolución Cultural es el tema de *Life and Death in Shanghai* (Cheng, 1987). Las explicaciones de la estancia en prisión de **Solzhenitsin** están en *El archipiélago Gulag* (1976).

Página 144

El relato de **Tollas Tibor** se reconstruyó gracias a las conversaciones personales que tuvimos con él en el verano de 1957, cuando salió de la cárcel después de la revolución húngara.

Páginas 145-146

La cita de **Solzhenitsin** se ha extraído de Logan (1985). **Bettelheim** presenta sus generalizaciones sobre la cárcel fundamentándolas en sus experiencias en un campo de concentración en el artículo "comportamiento individual y de masas en situaciones extremas" (1943); para **Frankl** véase *Man's Search of a Meaning* y *The Unheard Cry of Meaning* (1963, 1978).

El fragmento de **Russell** está extraído de un artículo de la revista *Self* (Merser, 1987, p. 147).

Capítulo 5

Página 150

Los festivales **tarahumara,** que incluyen carreras rituales a pie subiendo y bajando las montañas del norte de México durante centenares de kilómetros, se describen en Lumholtz (1902 [1987]) y Nabokov (1981). Una narración de los elementos de ritual involucrados en los deportes modernos se halla en el estudio de los juegos olímpicos modernos de MacAloon (1981).

Página 152

El **complejo de Ícaro** fue estudiado por Henry A. Murray (1955). Llegados a este punto, podría ser apropiado para enfrentarnos con firmeza al concepto freudiano de sublimación, un tema que, si lo obviamos, puede dejarnos con el sentimiento de haber dejado un problema sin resolver. Los usos superficiales del pensamiento de Freud han llevado a mucha gente a interpretar cualquier acción que no esté dirigida a la satisfacción de deseos sexuales básicos, o como una defensa, cuando pretende frenar un deseo inaceptable que de otra manera no podría expresarse, como una sublimación, cuando una meta aceptable sustituye un deseo que no podría expresarse sin riesgos en su forma original. En el mejor de los casos, la sublimación es un pobre sustituto para el placer insatisfecho que ayuda a disfrazar. Por ejemplo, Bergler (1970) ha argumentado que los juegos que implican riesgo alivian la culpabilidad de la sexualidad y de la agresión. Según el "complejo de Ícaro", un saltador de altura trata de escapar de las ligaduras de un enredo edípico de una manera socialmente aceptable, pero sin resolver realmente el conflicto básico que motiva sus acciones. De forma parecida, Jones (1931) y Fine (1956) han explicado el juego del ajedrez como una manera de sobrellevar la ansiedad de la castración (hacer mate al rey del adversario con la ayuda de la reina es una representación sublimada de la castración del padre con la colaboración de la madre), y el alpinismo se ha explicado por la sublimación de la codicia del pene. Nadie parece hacer otra cosa, según este punto de vista, que resolver una ansiedad infantil todavía no superada.

La consecuencia lógica de reducir toda motivación a una búsqueda del placer instigada por unos deseos básicos genéticamente programados, resulta ser un fracaso a la hora de explicar muchos comportamientos que diferencian al ser humano del resto de especies animales. Para ilustrar esto, es útil examinar el papel del disfrute desde una perspectiva evolutiva.

La vida la moldea tanto el futuro como el pasado. El primer pez que salió del mar y se adentró en la tierra seca no estaba programado para hacerlo, pero explotó las potencialidades no utilizadas en su ser para aprovechar las oportunidades de un ambiente totalmente nuevo. Los monos que usan palos para pescar hormigas a la boca de los hormigueros no siguen un destino marcado en sus genes, sino que experimentan con las posibilidades que en el futuro pueden conducirles al uso consciente de las herramientas, y de ahí a lo que nosotros llamamos el progreso. Y ciertamente la historia humana solo puede entenderse como la acción de individuos que lucharon para realizar sus sueños. No es una cuestión de teleología –la creencia de que nuestras acciones son el resultado de un destino previamente establecido–, porque la teleología es también un concepto mecanicista. Las metas que nosotros perseguimos no están determinadas por adelantado ni establecidas en nuestros genes. Se descubren en el proceso de disfrutar extendiendo nuestras habilidades a nuevos escenarios y nuevos ambientes.

El placer parece ser el mecanismo que la selección natural utiliza para asegurarse de que los seres humanos evolucionaremos y llegaremos a ser más complejos. (Este argumento se ha plasmado en Csikszentmihalyi y Massimini [1985], I. Csikszentmihalyi [1988] y M. Csikszentmihalyi [1988]. Las implicaciones evolutivas del flujo también fueron percibidas por Crook [1980].) Simplemente, el placer de comer hace que queramos comer más, y el placer del amor físico nos hace desear el sexo; necesitamos hacer ambas cosas a fin de sobrevivir y reproducirnos, y el disfrute nos motiva para hacer cosas que nos empujan más allá del presente y nos llevan hacia el futuro. No tiene sentido creer que solo la búsqueda del placer es la fuente "natural" de los deseos y que cualquier otra motivación debe ser su pálido reflejo. Las recompensas por alcanzar nuevas metas son tan genuinas como las gratificaciones por satisfacer las necesidades de siempre.

Página 155

El estudio de la relación entre **la felicidad y el consumo de energía** se comenta en Graef, Gianinno y Csikszentmihalyi (1981).

Página 156

Las citas de **bailarines** estadounidenses están en Csikszentmihalyi (1975, p. 104). La del bailarín italiano está en Delle Fave y Massimini (1988, p. 212).

Páginas 157-161

La práctica de la **sexualidad**. Una óptima revisión histórica de las ideas occidentales sobre el amor y de los comportamientos que lo acompañan se halla en los tres volúmenes de *The Nature of Love* de Irving Singer (1981). Un compendio contemporáneo de los puntos de vista de diversos psicólogos sobre el amor lo realizó Kenneth Pope (1980). Una afirmación muy reciente sobre el tema la ha realizado el psicólogo de Yale Robert Sternberg (1988), quien extiende la descripción clásica de amor como *eros* o como *agape* a tres componentes: la intimidad, la pasión y el compromiso. Liza Dalby (1983), una antropóloga estadounidense que estuvo unos años formándose como *geisha* en Kyoto, da una buena descripción de los refinamientos implicados en el enfoque oriental de la sexualidad. Para la carencia de romance en la antigüedad, véase Veyne (1987, especialmente pp. 202–205).

Página 162

La manera en que las reglas de la orden jesuita creada por san Ignacio de **Loyola** ayudan a organizar la vida como una actividad unificada, potencialmente adecuada para proporcionar la experiencia de flujo a aquellos que las siguieran, están descritas en I. Csikszentmihalyi (1986, 1988) y Toscano (1986).

Una breve introducción al **yoga** de Patañjali puede encontrarse en la *Encyclopaedia Britannica* (1985, vol. 12, p. 846). Eliade (1969) nos ofrece una inmersión más completa en el tema.

Página 166

Algunos de los descubrimientos contemporáneos más importantes sobre la psicología de la **estética** están en los trabajos de Arnheim (1954, 1971, 1982) y Gombrich (1954, 1979), quienes acentúan el papel del orden (o entropía negativa) en el arte. Para los enfoques orientados más psicoanalíticamente, véanse los tres volúmenes editados por Mary Gedo, *Psychoanalytic Perspectives on Art* (1986, 1987, 1988).

«Ese maravilloso...» está en Csikszentmihalyi y Robinson (en prensa).

Páginas 167-168

«Cuando miro unos trabajos...» y **«En un día como este...»** están en Csikszentmihalyi y Robinson (en prensa).

Página 169

El **uso de música por los pigmeos** se describe en Turnbull (1961).

La **importancia de la música** en las vidas de los estadounidenses se menciona en *The Meaning of Things* (Csikszentmihalyi y Rochberg-Halton 1981), donde se encontró que para los adolescentes el objeto más importante en el hogar era el equipo de música. La entrevista del **policía** también es de la misma fuente. Cómo la música ayuda a los adolescentes a recuperar su optimismo, y su papel en proporcionar una matriz de solidaridad entre compañeros, se comenta en Csikszentmihalyi y Larson (1984), y Larson y Kubey (1983).

Página 170

Las grabaciones musicales enriquecen la vida. Oí proponer esta afirmación de forma enérgica (pero pienso que bastante errónea) al filósofo estético Eliseo Vivas durante una conferencia pública en el Lake Forest College, Illinois, a finales de los años 60.

Página 171

Durkheim desarrolló su concepto de "efervescencia colectiva" como precursor de la religiosidad en su *Elementary Forms of Religious Life* (1912 [1967]). El concepto "communitas" de Victor Turner nos ofrece una perspectiva contemporánea sobre la importancia de la interacción social espontánea (1969, 1974).

Los escritos de **Carlos Castaneda** (por ejemplo, 1971, 1974), tan influyentes hace una década, ahora apenas producen un murmullo en la conciencia colectiva. Se han dicho muchas cosas desacreditando la autenticidad de sus relatos. Los últimos volúmenes de la saga perdurable del aprendiz de hechicero parecen ser algo confusos e inútiles. Pero los primeros cuatro volúmenes contienen muchas ideas importantes presentadas de forma inquietante; para estos es aplicable el viejo refrán italiano: *se non è vero, è ben trovato*, o sea: «puede no ser cierto, pero está bien pensado».

Páginas 171-172

Las etapas de la escucha musical se describen en un estudio empírico inédito realizado por Michael Heifetz en la Universidad de Chicago. El musicólogo Leonard Meyer (1956) propuso una trayectoria de desarrollo similar.

Página 173

Platón expresa sus puntos de vista sobre la música en la *República*, libro III, en el diálogo entre Glauco y Sócrates sobre los fines de la educación. La idea que sostienen es que los niños no deberían exponerse a músicas "quejumbrosas" o "relajadas", porque ambas socavarían su carácter, de modo que las armonías jónicas y lidias deberían eliminarse del plan de estudios. Las únicas armonías aceptables serían las dorias y las frigias, porque encarnan «el son de la necesidad y el son de la libertad», que inculcarán coraje y templanza en el joven. Piense lo que piense cada uno acerca del gusto musical de Platón, está claro que se tomó la música muy en serio. He aquí lo que dice Sócrates (libro III, p. 401): «y por lo tanto dije, Glauco, que la formación musical es un instrumento más potente que cualquier otro, porque el ritmo y la armonía encuentran su camino hacia el interior del alma, sobre la que se asientan, impartiendo gracia y haciendo que el alma de quien se educa apropiadamente esté llena de gracia...».

Alan Bloom (1987, especialmente pp. 68-81) nos ofrece una defensa apasionada de Platón y una denuncia contra la música moderna, presumiblemente porque tiene una gran afinidad con las armonías jónicas y lidias.

Página 174

La historia de **Lorin Hollander** está extraída de las conversaciones que tuvimos con ella en 1985.

Página 175

Comer. Por ejemplo, los estudios MME muestran que de las tareas primordiales que realiza un estadounidense adulto durante un día normal, comer es el que más le motiva intrínsecamente (Graef, Csikszentmihalyi y Giannino, 1983). Los adolescentes puntúan en un segundo nivel de afecto positivo el comer (después de socializar con los compañeros, que es lo más positivo), y en niveles muy altos de motivación intrínseca, solo inferiores a escuchar música, practicar algún deporte o juego y descansar (Csikszentmihalyi y Larson, 1984, p. 300).

Página 176

Ciro el Grande. La información proviene de Jenofonte (-431/-350), de su obra la *Ciropedia*, un relato de ficción sobre la vida de Ciro. Pero Jenofonte era el único contemporáneo que había servido realmente en el ejército de Ciro, y quien nos ha dejado un registro escrito de tal hombre y sus proezas (véase también su *Anábasis*, traducido como *The Persian Expedition*, Warner, 1965).

Página 178

Puritanos y placer. Sobre este tema véase la extensa recopilación de Foster Rhea Dulles (1965), el relato de Jane Carson acerca de la Virginia colonial (1965) y el capítulo 5 de Kelly (1982).

Capítulo 6

Página 180

Leer. En las entrevistas llevadas a cabo por el profesor Massimini alrededor del mundo, leer libros era la actividad de flujo más frecuentemente mencionada, especialmente en grupos tradicionales que sufren un proceso de modernización (Massimini, Csikszentmihalyi y Delle Fave, 1988, pp. 74-75). Véase también el estudio de Nell de cómo leer ofrece placer (1988).

Rompecabezas mentales. El historiador holandés Johann Huizinga (1939 [1970]) argumenta que la ciencia y el aprendizaje en general tuvieron su origen en los juegos de palabras.

Página 181
«[Las obras de] arte...» está en Csikszentmihalyi y Robinson (en prensa).

Página 182
El estado normal de la mente es el caos. Esta conclusión tiene como base las diversas evidencias recogidas con el MME. Por ejemplo, de todas las cosas que hacen los adolescentes, "pensar" es la actividad que menos les motiva intrínsecamente y una de las actividades puntuadas más alto en afecto negativo y pasividad (Csikszentmihalyi y Larson, 1984, p. 300). Esto es así porque la gente solo dice que piensa cuando no hace nada, cuando no hay ninguna demanda externa sobre su mente. El mismo modelo sirve también para los adultos, que se sienten menos felices y motivados cuando su mente no está ocupada en una actividad estructurada externamente (Kubey y Csikszentmihalyi en, prensa). Los diversos experimentos de privación sensorial también muestran que sin el aporte estructurado de información, la organización de la conciencia tiende a descomponerse. Por ejemplo, George Miller escribe: «la mente sobrevive ingiriendo información» (Miller, 1983, p. 111). Una afirmación más general es que los organismos sobreviven ingiriendo negentropía (Schrödinger, 1947).

La calidad negativa de la experiencia de *ver la televisión* ha sido documentada por varios estudios MME, por ejemplo Csikszentmihalyi y Kubey (1981), Csikszentmihalyi y Larson (1984), Csikszentmihalyi, Larson y Prescott (1977), Kubey y Csikszentmihalyi (en prensa), y Larson y Kubey (1983).

Página 184
Imágenes mentales. Para leer algún trabajo de Singer sobre el soñar despierto, véase Singer (1966, 1973, 1981), y Singer y Switzer (1980). En el pasado decenio se ha desarrollado en los EE.UU. un interés generalizado por las "imágenes mentales".

Página 185
La referencia a **Buñuel** está en Sacks (1970 [1987], p. 23).

Recitar nombres de antepasados. Generalmente, la tarea de recordar pertenece a los miembros más viejos de la tribu, y a veces se asigna al jefe. Por ejemplo: «El jefe de los melanesios [...] no tiene ningún trabajo administrativo, no tiene ninguna función, estrictamente hablando. [...] Pero en él [...] se hallan presentes el mito, la tradición, las alianzas y la fuerza del clan. [...] Cuando él pronuncia con sus labios los nombres del clan y las frases maravillosas que han conmovido a varias generaciones, hace que el tiempo se detenga. [...] La autoridad del jefe descansa en una simple cualidad que es única: él mismo es la Palabra del clan» (Leenhardt, 1947 [1979], pp. 117-118). Un ejemplo de cuán complejo puede ser el parentesco está ilustrado en el trabajo de Evans-Pritchard sobre los nuer del Sudán, que dividen a sus ascendientes en linajes máximos, mayores, menores y mínimos, todos conectados entre sí por cinco o seis generaciones anteriores (Evans-Pritchard, 1940 [1978]).

Página 187

Acertijos. La rima traducida por Charlotte Guess, así como también el material de la página siguiente, provienen del famoso relato de Robert Graves (1960) acerca de los origenes de la poesía y de la escritura en *La diosa blanca*. Graves perteneció a ese período maravilloso de la vida académica británica en que el aprendizaje académico serio coexistió con los vuelos sin límites de la imaginación, el período en el que C.S. Lewis y R.R. Tolkien enseñaban los clásicos y escribían ciencia ficción en Oxford. Las reconstrucciones mitopoéticas de Graves son discutibles, pero ofrecen a las personas de a pie un sentimiento de cómo podría haber sido la calidad de pensamiento y de la experiencia en un pasado distante, y con un alcance que no puede conseguirse en trabajos académicos menos arriesgados.

Página 189

Memorización. H.E. Garrett (1941) ha revisado la evidencia experimental que contribuyó al abandono de la memorización como método de aprendizaje en las escuelas; véase también Suppies (1978). La evidencia demostró que aprender sílabas sin sentido no mejoraba la aptitud para recordar. Es difícil entender por qué aceptaron los educadores que tales resultados les hiciesen abandonar la memorización de textos con significado.

Página 190

El control de la memoria. Recordar, como soñar, parece ser un proceso que no se halla bajo el control voluntario de la personalidad; no podemos traer a la conciencia la información que rehúsa ser recordada. Pero, como soñar, si uno está dispuesto a invertir energía en ello puede mejorarse la memoria. Con un poco de método y disciplina se puede construir una serie de recursos mnemotécnicos para ayudar a recordar el material que de otra manera caería en el olvido. Para una revisión reciente de cómo algunos de estos métodos se usaron en la Antigüedad y en el Renacimiento, véase Spence (1984).

Página 192

La referencia a **Arquitas** y sus experimentos con el pensamiento está en De Santillana (1961 [1970], p. 63).

La evolución de la aritmética y la geometría. Wittfogel (1957) da un brillante relato materialista del desarrollo de las ciencias (también de las formas políticas) sobre la base del desarrollo previo de las técnicas de irrigación.

Que **los nuevos productos culturales** se desarrollan más en aras del placer que de la necesidad se argumenta en Csikszentmihalyi (1988). Esto parece ser cierto incluso en la introducción de técnicas básicas como el uso de los metales: «En varias áreas del mundo se ha visto, y en el caso de la innovación metalúrgica en particular, que el desarrollo del bronce y otros metales como materias primas útiles fue muy posterior al fenómeno de su primera utilización como nuevos y atractivos materiales, empleados en contextos de exhibición. [...] En la mayoría de los casos la metalurgia parece haberse practicado primariamente porque los productos tenían unas propiedades nuevas que los hicieron atractivos para usar como símbolos y adornos personales, de manera que llamasen la atención y con ello atrajesen o mejorasen el prestigio personal» (Renfrew, 1986, pp. 144, 146).

Huizinga (1939 [1970]) argumentó que, al principio, instituciones tales como la religión, la ley, el gobierno y las fuerzas armadas comenzaron como formas de juego y solo gradualmente llegaron a ser algo rígido y serio. Similarmente Max Weber (1930 [1958]) puntualizó que el capitalismo comenzó como un juego audaz de los empresarios y luego, cuando sus prácticas llegaron a estar consolidadas en leyes y convenciones, se convirtió en "una jaula de acero".

Páginas 193-194

Para las anécdotas concernientes a **Demócrito**, véase De Santillana (1961 [1970], p. 142 y ss.).

Página 195

Para una introducción a las **sagas de Islandia**, véase la recopilación de Skuli Johnson (1930).

Página 197

El argumento acerca de cómo la **conversación** ayuda a mantener el universo simbólico está en Berger y Luckmann (1967).

Página 200

Koch (1970, 1977) nos explica de forma muy bella cómo puede enseñarse **poesía** a los niños del gueto y a la gente mayor sin educación formal que se halla en los hogares para jubilados.

Página 201

Escritura y depresión. Por lo menos desde el romanticismo, los artistas de todas clases han tenido que ser personas "torturadas" o "impelidas por el demonio". Hay evidencias razonablemente buenas de que muchos escritores y artistas modernos de hecho muestran una gran variedad de síntomas obsesivos y depresivos (véase, por ejemplo, Álvarez, 1973; Berman, 1988; Csikszentmihalyi 1988; y Matson 1980). Recientemente se ha escrito también con profusión acerca de la relación entre la depresión maníaca y la creatividad literaria (Andreasen, 1987; Richards y otros, 1988). Es muy probable, sin embargo, que esta relación entre la entropía psíquica y la creatividad artística sea el resultado de las expectativas culturales específicas y del rol poco definido del papel artístico, en vez de ser algo necesariamente inherente al arte o a la creatividad. En otras palabras, si para sobrevivir como un artista en un ambiente social determinado una persona tiene que mostrar su inseguridad, negligencia, ridiculez y una carencia de los símbolos expresivos usualmente compartidos, probablemente mostrará los efectos psíquicos de estas condiciones adversas. Vasari, en 1550, fue uno de los primeros en expresar su preocupación por la personalidad de los artistas italianos jóvenes de la época, ya influida por el manierismo, un precursor de los estilos barroco y romántico, y que mostraban un «cierto elemento de salvajismo y locura» que hacía que los artistas fuesen seres «extraños y excéntricos» de una forma que los artistas previos no habían sido (Vasari, 1550 [1959], p. 232). En períodos anteriores, tales como los miles de años de civilización egipcia, o durante la Edad Media, los artistas aparentemente eran personas bastante bien ajustadas (Hauser,

1951). Y por supuesto, hay varios ejemplos recientes de grandes artistas, como J. S. Bach, Goethe, Dickens o Verdi, que refutan la existencia de un vínculo necesario entre la creatividad y la neurosis.

Página 202

Recordar el pasado personal. En parte bajo la influencia de las narraciones psicobiográficas realizadas por Erickson de las vidas de Hitler, Gorki, Lutero y Gandhi (1950, 1958, 1969), la psicología del desarrollo vital se ha preocupado por la "narrativa personal" (véase Cohler, 1982; Freeman, 1989; Gergen y Gergen, 1983, 1984; McAdams, 1985; Robinson, 1988; Sarbin, 1986; y Schafer, 1980). Esta perspectiva sostiene que saber cómo una persona ve su propio pasado es una de las mejores maneras para predecir qué hará en el futuro.

Páginas 202-203

Cada hogar un museo. Csikszentmihalyi y Rochberg-Halton (1981) estudiaron unos 300 miembros de familias que hubiesen estado al menos tres generaciones residiendo en Chicago y sus alrededores a los que se les pidió que mostrasen a los entrevistadores sus objetos favoritos, y que explicasen las razones que tenían para apreciarlos.

Páginas 205-206

Las cuatro citas de *La estructura de las revoluciones científicas* de **Thomas Kuhn** (1962) están en las páginas 24, 38, 38 y 36, respectivamente. Una de las promesas más interesantes de la teoría del flujo es que puede ayudar a explicar por qué se adoptan ciertas ideas, prácticas y productos, mientras otros son ignorados u olvidados, puesto que hasta hoy las historias de las ideas, de las instituciones, y de las culturas trabajan casi exclusivamente dentro de un paradigma formado por el determinismo económico. Además, podría ser revelador considerar cómo la historia se halla dirigida por el placer que los individuos obtienen o prevén obtener de diferentes cursos de acción. Un primer paso en esta dirección es el análisis de las razones para el éxito de la orden jesuita en los siglos XVI y XVII realizado por Isabella Csikszentmihaly (1988).

Página 207

Adelantos. Iría en contra del mensaje central de este libro sostener que la experiencia de flujo es "buena para usted" en el sentido de que ayuda a las personas a lograr el éxito científico o de cualquier otro tipo. Debemos afirmar una y otra vez que lo que cuenta es la calidad de experiencia que proporciona el flujo y que esta cualidad es más importante para lograr la felicidad que las riquezas o la fama. A la vez, sería ingenuo ignorar el hecho de que la gente con éxito tiende a disfrutar de lo que hace de forma poco acostumbrada. Esto puede indicar que esta gente que disfruta con lo que hace hará un buen trabajo (aunque, como sabemos, la correlación no implica causalidad). Hace mucho tiempo, Maurice Schlick (1934) indicó lo importante que era el placer para mantener la creatividad científica. En un interesante estudio reciente, B. Eugene Griessman entrevistó una gran variedad de personajes con éxito, desde Francis H. C. Crick, el codescubridor de la doble espiral del ADN, a Hank Aaron, Julie Andrews y Ted Turner. Quince de estas celebridades completaron un cuestionario en el que clasificaron la importancia relativa de 33 características personales, tales como la creatividad, la competencia y la amplitud de conocimientos, desde el punto de vista de qué fue lo que les ayudó a lograr el éxito. La característica que la mayoría eligió (un promedio de 9,86 sobre una escala de 10 puntos) era el disfrute del trabajo (Griessman, 1987, pp. 294-295).

Otro indicio de cómo puede vincularse el flujo al éxito se sugiere en el trabajo de Larson (1985, 1988). En un estudio realizado en un instituto, los estudiantes tenían que realizar una tarea durante un mes. Sus resultados mostraron que los estudiantes que se aburrieron escribieron unos trabajos que los profesores encontraron aburridos, mientras que los estudiantes que se divirtieron escribiendo los trabajos los hicieron de modo que fuesen agradables de leer (se realizó este estudio controlando las diferencias en inteligencia o capacidad entre los estudiantes). La sugerencia obvia es que la persona que experimenta flujo en una actividad tendrá como resultado un producto que los otros valorarán mejor.

La entrevista con la esposa de **Susumu Tonegawa** apareció en *USA Today* (13 octubre, 1987, p. 2A).

Página 210

La asombrosa variedad de cosas **que aprenden los adultos** en sus ratos libres se describe en las investigaciones de Allen Tough (1978); véase también Gross (1982). Una de las áreas de conocimiento a la que personas corrientes siguen realizando contribuciones es la que concierne a la salud. Uno sigue oyendo cómo la gente (frecuentemente las madres) nota alguna peculiaridad en los modelos de salud de los miembros de su familia, que cuando se comunica a los expertos en salud resulta tener consecuencias beneficiosas. Por ejemplo, Berton Roueché (1988) informa que una mujer en Nueva Inglaterra, consternada por el hecho de que su hijo y muchos de sus amigos sufrieran dolores artríticos en la rodilla, alertó a los doctores de esta coincidencia sospechosa y, como resultado de su información, los investigadores "descubrieron" la enfermedad de Lyme, una enfermedad potencialmente grave transmitida por garrapatas.

Página 212

Puede ser presuntuoso presentar una "lista de lectura" de los grandes **filósofos**, pero simplemente nombrarlos sin dar ninguna referencia agraviaría también nuestros escrúpulos profesionales; así que aquí está. Los trabajos más importantes en cada área podrían incluir los siguientes. Con respecto a la ontología son: *Vernunftige Gedanken* de Christian von Wolff, *La crítica de la razón pura* de Kant, *Las ideas: introducción general a la fenomenología pura* de Husserl, y *Ser y tiempo* de Heidegger (1962); para estas dos últimas podría ser una buena idea comenzar con las introducciones a Husserl realizadas por Kohak (1978) y por Kolakowski (1987), y Heidegger por George Steiner (1978 [1987]). Desde el punto de vista de la ética, uno ciertamente desearía abordar la *Ética a Nicómaco* de Aristóteles; los tratados de Tomás de Aquino sobre los actos humanos, sobre los hábitos, y sobre la vida activa y contemplativa en la *Summa Theologica*; la *Ética* de Spinoza; y de Nietzsche, *Más allá del bien y del mal* y la *Genealogía de la moral*. En la estética, "Reflexiones sobre la poesía" de Alexander Baumgarten, la *Estética* de Benedetto Croce, *El sentido de belleza* de Santayana y *Los principios del arte* de Collingwood. La serie de 54 volúmenes de *Great Books of the western World* editados por Mortimer Adler y publicados por la Encyclopædia Britannica es una buena introducción a la mayoría de los pensadores que influyeron en nuestra cultura; los dos primeros volúmenes *Syntopicon* contienen un resumen de las ideas principales de los libros que siguen a continuación y pueden ser especialmente útiles al filósofo aficionado.

Página 214

Medvedev (1971) nos ofrece un relato verídico de cómo las políticas agrícolas de **Lysenko**, basadas en el dogma leninista, dieron como resultado la falta de alimentos en la Rusia soviética. Véase también Lecourt (1977).

Capítulo 7
Página 217

Para más información sobre el tiempo destinado a **trabajar por pueblos preliterarios,** véase el trabajo excelente realizado por Marshall Sahlins (1972) y la estimación de Lee (1975). Algunas ideas sobre la manera de trabajar en la Europa medieval podrá encontrarlas en Le Goff (1980) y Le Roy Ladurie (1979). El esquema típico de un día de trabajo de los trabajadores ingleses antes y después de la Revolución Industrial ha sido reconstruido por E. P. Thompson (1963). El papel cambiante de las mujeres como trabajadoras en el sector público lo comentan, entre otros, Clark (1919) y Howell (1986).

Página 221

Serafina Vinon es uno de los miembros de los grupos estudiados por Delle Fave y Massimini (1988). Su cita «**Me da una gran satisfacción...**» está en la p. 203.

Página 222

La cita «**Yo soy libre...**» está en ibíd.

Página 226

Desarrollo y complejidad. Mientras que la psicología del desarrollo ha permanecido en su mayor parte determinadamente libre de valores (por lo menos en su retórica, si no en su sustancia), el departamento de psicología de la Universidad de Clark mantiene una orientación hacia los valores relativamente fuerte en su enfoque del desarrollo humano, basada en la noción de que la complejidad es la meta del crecimiento humano (por ejemplo, Kaplan, 1983; Werner, 1957; Werner y Kaplan, 1956). Para los trabajos más recientes en esta misma dirección véanse Robinson (1988) y Freeman y Robinson (en prensa).

Página 227

«**Ting cortaba...**» está en Watson (1964, p. 46), quien tradujo los capítulos interiores de Chuang Tzu.

Algunos críticos. La crítica que describe el flujo como un estado mental exclusivamente occidental fue una de la primeras que recibió el concepto de flujo. El contraste específico entre flujo y *yu* se comenta en Sun (1987). Esperamos que la evidencia intercultural presentada en Csikszentmihalyi y Csikszentmihalyi (1988) tranquilice a los escépticos, que se darán cuenta de que la experiencia de flujo se comenta casi exactamente en los mismos términos en culturas no occidentales muy diferentes a la nuestra.

Página 228

«Sin embargo...» está en Watson (1964, p. 97). Waley (1939, p. 39) es el erudito que piensa que la cita no describe el *yu*, sino a su opuesto, mientras que Graham (citado en Crandall, 1983) y Watson (1964) creen que describe la manera propia de matar de Ting, y que por lo tanto se refiere al *yu*.

Página 230

Navajos. Las entrevistas con pastores navajos fueron realizadas por el grupo del profesor Massimini durante los veranos de 1984 y 1985.

La vida de los **tejedores ingleses** durante los siglos XVII y XVII está descrita por E.P. Thompson (1963).

Páginas 233-235

Las entrevistas de flujo de **cirujanos** fueron realizadas por la doctora Jean Hamilton y descritas por ella misma e I. Csikszentmihalyi (M. Csikszentmihalyi, 1975, pp. 123-139). Páginas 235-236

Las dos primeras citas están en Csikszentmihalyi (1975), p. 129, las dos siguientes en ibíd., p. 136.

Página 238

El estudio MME que mide cuánto flujo sienten los **trabajadores estadounidenses** en su trabajo y en el ocio se comenta en Csikszentmihalyi y LeFevre (1987, 1989) y LeFevre (1988).

Páginas 241-242

Descontento. Los bajos porcentajes de trabajadores descontentos fueron calculados por un metaanálisis realizado en 1980 sobre 15 encuestas nacionales entre 1972 y 1978; véase Argyle (1987, p. 32).

Nuestros estudios acerca de los trabajadores estadounidenses. Además del estudio MME, en este libro aprovecho datos que he recogido en un período de cinco años (1984-1988) entre 400 directivos de diversos lugares del país, que asistieron a los Seminarios de gestión Vail organizados por la Oficina de Educación Continua de la Universidad de Chicago.

Página 244

Es más fácil disfrutar del trabajo. Que el ocio puede ser un problema para mucha gente es un tema reconocido desde hace mucho tiempo por los psicólogos y los psiquiatras. Por ejemplo, el Grupo para el Fomento de la Psiquiatría terminó uno de sus informes en 1958 con esta declaración: «para muchos estadounidenses, el ocio es peligroso». Gussen (1967) llega a la misma conclusión tras revisar algunos de los males psicológicos de aquellas personas que no pueden adaptarse al ocio. El papel de la televisión como una manera de enmascarar los peligros del tiempo libre también se ha comentado con frecuencia. Por ejemplo, Conrad (1982, p. 108) escribe: «la revolución tecnológica original tuvo como meta ahorrar tiempo, hacer menos pesado el trabajo; el consumismo, que es la última fase de esta revolución, tiene por objetivo derrochar el tiempo que hemos ahorrado, y la institución de la que se sirve para lograr este propósito es la televisión…».

La industria del ocio. Es difícil estimar el valor económico del ocio, porque el valor de la tierra del país utilizada con fines de recreo y el costo del espacio dedicado al ocio en el hogar y en los edificios públicos es verdaderamente incalculable. El gasto directo en ocio en Estados Unidos se estima que llegó a los 160 mil millones de dólares en 1980, doblando la cantidad gastada en 1970 una vez actualizada la inflación. La familia promedio gasta cerca del 5% de sus ingresos directamente en ocio (Kelly 1982, p. 9).

Capítulo 8
Página 248

La importancia de la interacción humana. Todos los estudios MME muestran que la calidad de la experiencia mejora cuando hay otras personas alrededor y se deteriora cuando la persona está sola, aun cuando lo esté por elección propia (Larson y Csikszentmihalyi, 1978, 1980; Larson, Csikszentmihalyi y Graef, 1980). Una descripción vívida de cómo y por qué la gente depende de la opinión pública para establecer sus propias creencias se halla en el trabajo de Elisabeth Noelle-Neumann (1984). Desde una perspectiva filosófica, Martin Heidegger (1962) ha analizado nuestra dependencia continua de los demás, o la representación intrapsíquica de otras personas que llevamos en nuestras mentes. Los conceptos relacionados en este tema son la "generalización del otro" de Charles Cooley (1902) y el concepto freudiano de "superego".

Estar entre hombres. Este apartado se debe a Hannah Arendt y su brillante tratamiento de los ámbitos públicos y privados en *The Human Condition* (1958).

Página 249

La compañía de los demás. Nuevamente nos referimos a los hallazgos de los estudios MME mencionados en la última nota. Que las interacciones con los demás mejoran el estado de ánimo durante el resto del día ha sido comentado por Lewinsohn y Graf (1973), Lewinsohn y Libet (1972), MacPhillamy y Lewinsohn (1974) y Lewinsohn y otros (1982). Lewinsohn y su grupo han desarrollado las aplicaciones clínicas de una psicoterapia basada en el aumento al máximo de las interacciones y de las actividades amenas. Si queremos desarrollar una terapia que tenga como base la experiencia de flujo –y ya se han dado pasos en esa dirección desde la Facultad de Medicina de la Universidad de Milán, Italia–, ésta también puede ser la ruta a seguir. O sea, hay que esforzarse por aumentar la frecuencia e intensidad de las experiencias óptimas, más que (o además de) disminuir la incidencia de las experiencias negativas.

Página 250

Los babuinos. Stuart Altmann (1970) y Jeanne Altmann (1970, 1980) posiblemente saben más sobre las relaciones sociales entre estos primates que cualquier otra persona. Su trabajo indica que el papel de la sociabilidad para asegurar la supervivencia de tales primates nos da una buena pista respecto a cómo y por qué evolucionaron "los instintos" sociales en los humanos.

Página 251

La gente es flexible. Fue durante la realización de la tesis doctoral de Patrick Mayers (1978), que utilizó el Método de Muestreo de la Experiencia para reunir los datos, donde primero nos dimos cuenta de que los adolescentes mencionaron las interacciones con sus amigos tanto como la experiencia más agradable del día como la que más ansiedad les produjo o la que más les aburrió. Esto no suele suceder con otras categorías de actividades, que eran, en general, o siempre aburridas o siempre agradables. Desde entonces el hallazgo también se ha encontrado en sujetos adultos.

La toma de conciencia de cuán importantes son las habilidades de **comunicación** para una gestión eficaz estaba ya sugerida en los datos recogidos en el programa Vail (véase nota a p. 242). Los directivos de nivel medio, especialmente, desean desarrollar en primer lugar una mayor habilidad en la comunicación.

Libros acerca de la etiqueta social. Para un ejemplo al respecto, véase el libro de Letitia Baldridge *Complete Guide to a Great Social Life*, cuyos consejos incluyen perlas de sabiduría como «la lisonja es una herramienta inmensamente útil...». y «cualquier anfitrión [...] está orgulloso de tener invitados bien vestidos en su fiesta; transmiten al acontecimiento un cierto aroma de éxito». (Compárese esta última cita con el comentario de Samuel Johnson registrado en *Life* por Boswell, 27 de marzo, 1976: «las ropas elegantes solo son buenas porque son un medio de que te tengan respeto».) Léase la entrevista en *Newsweek* (5 octubre 1987, p. 90).

Página 252

Las relaciones humanas son maleables. Este ha sido uno de los principios básicos del interaccionismo simbólico en la sociología y la antropología (véase Goffman, 1969, 1974; Suttles, 1972). También subyace al enfoque sistémico de la terapia de familia, por ejemplo, Jackson (1957), Bateson (1978), Bowen (1978) y Hoffman (1981).

Página 253

La soledad insoportable. Véanse las notas a la p. 248.

Los domingos por la mañana. Que la gente tiende a tener un número insólito de colapsos nerviosos el domingo por la mañana fue registrado ya por los psicoanalistas de finales de siglo en Viena (véase Ferenczi, 1950). Ellos, de todos modos, atribuyeron el hecho a razones más complicadas que las que nosotros postulamos en este libro.

Página 254

La literatura sobre **ver la televisión** es tan enorme que un breve resumen probablemente se alargaría demasiado. En Kubey y Csikszentmihayi (en prensa) hallarán una reseña bastante completa. Dada la escala del fenómeno y sus implicaciones sociales y económicas es muy difícil mantener la objetividad científica cuando tratamos el tema de la televisión. Algunos investigadores la defienden resueltamente, sosteniendo que los espectadores son perfectamente capaces de usar la televisión para sus propios propósitos y que ven lo que les interesa, mientras que otros interpretan los datos para mostrar que la televisión convierte a sus espectadores en seres pasivos y disgustados. No es preciso decir que este autor pertenece a la segunda facción.

Página 255

La conclusión de que **las drogas no expanden la conciencia** se basa en entrevistas realizadas a 200 artistas a los que nuestro equipo estudió durante 25 años (véase Getzels y Csikszentmihalyi, 1965, 1976; Csikszentmihalyi, Getzels y Kahn, 1984). Aunque los artistas tiendan a glorificar las experiencias inducidas por las drogas, aún tengo que oír que un trabajo creativo (o por lo menos uno que los artistas pensaran que era bueno) haya sido producido enteramente bajo la influencia de las drogas.

Coleridge y *Kubla Khan*. Uno de los ejemplos más frecuentemente citados de cómo las drogas ayudan a la creatividad es la afirmación de Colerigde de que escribió *Kubla Khan* en un relámpago de inspiración ocasionado por la ingestión de láudano (opio). Pero Schneider (1953) ha arrojado serias dudas sobre esta historia, presentando pruebas documentales de que Coleridge escribió varias versiones del poema y de que se había inventado la historia del opio para apelar a los gustos románticos de los lectores de inicios del siglo xix. Presumiblemente, si él hubiera vivido hoy en día, habría hecho lo mismo.

Página 257

Nuestra investigación sobre los **adolescentes con talento** muestra que muchos fracasan en desarrollar sus habilidades no porque tengan déficits cognitivos, sino porque no pueden soportar el estar solos, y son superados por los compañeros capaces de tolerar el aprendizaje difícil y la necesidad de practicar para perfeccionar un talento (para un informe pionero sobre este tema, véase Nakamura, 1988 y Robinson, 1986). En un estudio posterior, los estudiantes de matemáticas de igual talento de un instituto se dividieron entre quienes por criterios objetivos y subjetivos estaban estudiando todavía matemáticas el último año, y quienes no lo hacían. Lo que se encontró fue que los estudiantes que aún estudiaban matemáticas pasaban el 15% de su tiempo fuera de la escuela estudiando, el 6%

en actividades estructuradas de ocio (por ejemplo, tocar un instrumento musical, hacer deporte), y el 14% en actividades no estructuradas, como andar por ahí con compañeros y socializar. Mientras que para los estudiantes que no hacían matemáticas en el curso superior, los porcentajes respectivos eran del 5%, 2%, y 26%. Puesto que cada porcentaje de punto corresponde a una hora de cada actividad por semana, las cifras significan que los estudiantes todavía interesados en las matemáticas gastan una hora más a la semana estudiando que realizando actividades no estructuradas, considerando que los estudiantes que no seguirán con las matemáticas gastan 21 horas más en una semana socializando que estudiando. Cuando un adolescente llega a ser exclusivamente dependiente de la compañía de sus compañeros, hay muy pocas oportunidades de desarrollar una habilidad compleja.

Página 260

La descripción del estilo de vida de **Dorothy** está basada en mi experiencia personal.

Página 261

Para **Susan Butcher**, véase *The New Yorker* (5 octubre 1987, pp. 34–35).

Página 264

Grupos de parentesco. Uno de los ensayos más elocuentes sobre los efectos civilizadores de la familia en el género humano se halla en *Les structures élémentaires de la parenté* de Lévi-Strauss (1947 [1969)). La afirmación **sociobiológica** fue articulada por primera vez por Hamilton (1964), Trivers (1972), Alexander (1970) y E. O. Wilson (1975). Para contribuciones más tardías a este tema véase Sahlins (1976), Alexander (1979), Lumdsen y Wilson (1983), y Boyd y Richerson (1985). La literatura acerca del apego es ahora muy amplia; los trabajos clásicos en este área incluyen el trabajo de John Bowlby (1969) y el de Mary D. Ainsworth y otros (1978).

Página 265

La primogenitura. Para los efectos de las leyes de la herencia en Europa véase Habakuk (1955); en Francia, véase Pitts (1960); en Austria y Alemania, véase Mitterauer y Sieder (1983).

Página 269

Monogamia. Según algunos sociobiólogos, la monogamia tiene una ventaja absoluta sobre cualquier otra de las combinaciones de apareamiento. Si suponemos que los hermanos se ayudan el uno al otro en proporción a los genes que comparten, entonces los niños de parejas monógamas se ayudarán más el uno al otro porque comparten más genes que los niños cuyos padres no son los mismos. Así, bajo las presiones de la selección, los niños de las parejas monógamas conseguirán más ayuda y, por tanto, podrán sobrevivir más fácilmente y reproducirse proporcionalmente más que los niños de parejas polígamas que crezcan en un ambiente similar. Cambiando el nivel de explicación de lo biológico al nivel cultural, parece claro que, si las otras cosas permanecen igual, las parejas monógamas estables son capaces de suministrar mejor apoyo psicológico y mejores recursos financieros para sus hijos. Solo desde un punto de vista estrictamente económico la monogamia consecutiva (o la frecuencia de divorcios) parece ser una manera poco eficiente de redistribuir ingresos y propiedades. Para la situación de las familias monoparentales, económica y de otra clase, véase, por ejemplo, Hetherington (1979), McLanahan (1988) y Tessman (1978).

Cistothorus palustris. Las prácticas maritales del pájaro de las marismas se hallan descritas en la *Encyclopædia Britannica* (1985, vol. 14, p. 701).

Página 270

La cita de **Cicerón** sobre de la libertad se hallaba escrita sobre mi libreta de tareas de séptimo grado de escuela, pero a pesar de varios intentos he sido incapaz de encontrar su fuente. Sinceramente espero no que sea apócrifa.

Página 271

Complejidad familiar. Siguiendo la definición de la complejidad que da Pagels (1988), también podríamos decir que una familia cuyas interacciones son más difíciles de describir y cuyas futuras interacciones son más difíciles de predecir sobre la base del conocimiento actual, es más compleja que una familia que es más fácil de describir y de predecir. Tal medida presumiblemente dará resultados muy similares para una medición de la complejidad basada en la diferenciación y en la integración.

Página 275

Adolescentes de zonas residenciales. El antropólogo Jules Henry (1965) dio una descripción muy interesante de qué significaba criarse en un área residencial hace una generación. Más recientemente, Schwartz (1987) comparó seis comunidades de la región central de los Estados Unidos desde el punto de vista de qué oportunidades daban a los adolescentes para experimentar la libertad y el respeto de sí mismos, y encontró grandes diferencias entre una comunidad y otra, lo que sugiere que hay que eliminar las generalizaciones sobre qué implica ser un adolescente en nuestra sociedad, porque podrían ser no demasiado precisas.

Si los padres hablaran más. En un estudio sobre adolescentes que asistían a un instituto muy bueno en una zona residencial, encontramos que aunque los adolescentes pasen un 12,7% de su tiempo con sus padres, el tiempo que estaban solos junto a sus padres sumaba un promedio de tan solo cinco minutos al día, la mitad del cual se ocupaba en ver la televisión juntos (Csikszentmihalyi y Larson, 1984, p. 73). Es difícil imaginar cómo puede darse algún tipo de comunicación de valores profundos en tan corto período de tiempo. Podría ser verdad que es "la calidad de tiempo" lo que importa, pero hasta cierto punto la cantidad tiene su importancia sobre la calidad.

Página 276

Embarazos en adolescentes. Los Estados Unidos están a la cabeza de los países desarrollados en embarazos, abortos y nacimientos entre las adolescentes. De cada 1.000 muchachas entre las edades de 15 y 19 años, 96 se quedarán embarazadas cada año en los Estados Unidos. El país con cifras más próximas es Francia, con 43 embarazos por 1.000 (Mall, 1985). El número de nacimientos fuera del matrimonio entre las adolescentes se ha doblado entre 1960 y 1980 (Schiamberg, 1988, p. 718). A esta velocidad, se ha estimado que el 40% de las muchachas que hoy tienen 14 años llegarán estar embarazadas por lo menos una vez antes de cumplir los 20 años (Wallis y otros, 1985).

Página 277

Las familias que proporcionan flujo. Las características de familias que facilitan el desarrollo de personalidades autotélicas en los niños fueron estudiadas por Rathunde (1988).

Página 279

Estados de ánimo positivos con los amigos. Cuando los adolescentes están con sus amigos, dicen que tienen niveles significativamente más altos de felicidad, dignidad, fuerza y motivación –aunque niveles más inferiores de concentración y eficiencia cognitiva– que los que dicen tener en cualquier otro contexto social (Csikszentmihalyi y Larson, 1984). El mismo modelo es válido para la gente de más edad estudiada con el MME. Por ejemplo, los adultos casados y las parejas de jubilados dicen tener los estados de ánimo más positivos e intensos cuando están con los amigos, que cuando están con sus cónyuges o hijos, o en cualquier otra compañía.

Modelos de alcoholismo. Los distintos modelos de beber en público y los modelos resultantes de interacción social que hacen posibles, se describen en Csikszentmihalyi (1968).

Página 282

Instrumental contra expresivo. La distinción entre estas dos funciones fue incorporada a la literatura sociológica por Talcott Parsons (1942). Para las aplicaciones contemporáneas véase Schwartz (1987), quien argumenta que uno de los problemas principales con los adolescentes es que hay muy pocas oportunidades para el comportamiento expresivo dentro de los lindes de la sociedad y por ello tienen que recurrir a la desviación social.

Página 285

Política. Hannah Arendt (1958) define la política como el modo de interacción que permite a los individuos conseguir una retroalimentación objetiva sobre sus virtudes y debilidades. En una situación política, en la que una persona tiene la oportunidad de argumentar un punto de vista y convencer a sus compañeros de su mérito, emergen las capacidades ocultas de un individuo, pero este tipo de retroalimentación imparcial solo puede ocurrir en un "ámbito público", donde cada persona está dispuesta a escuchar y a evaluar a los demás según sus méritos. Según Arendt, el ámbito público es el mejor medio para el crecimiento personal, la creatividad y la autorrevelación.

Página 287

La irracionalidad de los enfoques económicos. Max Weber (1930 [1958]), en su famoso ensayo sobre la ética protestante, argumentó que la racionalidad aparente de los cálculos económicos era engañosa. El trabajo duro, el ahorro, la inversión, la ciencia entera de la producción y del consumo se justifican por la creencia de que hacen la vida más feliz. Pero Weber sostiene que después de que esta ciencia se perfeccionase y desarrollase sus metas propias, se fundamentó sobre la lógica de la producción y del consumo y no sobre la felicidad del ser humano. Llegados a este punto, el comportamiento económico deja de ser racional, porque ya no está orientado a la meta que originalmente lo justificó. El argumento de Weber se aplica a muchas otras actividades que, después de desarrollar claramente sus metas y sus reglas, llegan a ser autónomas de sus propósitos originales y empiezan a realizarse por razones intrínsecas, porque son divertidas. Esto fue reconocido por el mismo Weber, quien se quejó de que el capitalismo, que se originó como una vocación religiosa, había llegado a ser con el tiempo un mero "juguete" para empresarios y una "jaula de hierro" para todos los demás. Véase también Csikszentmihalyi y Rochberg-Halton (1981, capítulo 9).

Capítulo 9
Página 291

Esta sección entera hasta la página 297 utiliza con profusión transcripciones de entrevistas que puso a mi disposición el profesor Massimini. Yo traduje al inglés las respuestas efectuadas en italiano.

La cita de Franz **Alexander** se halla en Siegel (1986, p. 1). La estrategia de Norman Cousins para controlar su enfermedad se describe en su *Anatomy of an Illness* (1979).

Página 297

«Cuando un hombre sabe...» está en las *Letters to Boswell* de Johnson, 19 de septiembre de 1777.

Estrés. Hans Selye, que empezó a estudiar la fisiología del estrés en 1934, lo define como el resultado generalizado, ya sea mental o físico, de cualquier exigencia sobre el cuerpo (1956 [1978]). Un avance importante en la investigación de los efectos psicológicos de tales exigencias fue el desarrollo de una escala que intenta medir su gravedad (Holmes y Rahe, 1967). Sobre esta escala el estrés más alto es el ocasionado por "la muerte del cónyuge" con un valor de 100; "el casamiento" tiene un valor de 50 y "la navidad" un valor de 12. En otras palabras, el impacto de cuatro navidades es casi igual a la tensión de casarse. Debemos afirmar que tanto los sucesos positivos como los negativos pueden ocasionar estrés, puesto que ambos presentan "exigencias" a las que hay que adaptarse.

Página 298

Apoyos. De los diversos recursos que mitigan los efectos de los acontecimientos estresantes, los apoyos o las redes sociales han sido estudiados de forma más extensa (Lieberman y otros, 1979). La familia y los amigos frecuentemente proporcionan ayuda material, apoyo emocional y la información que sea necesaria (Schaefer, Coyne y Lazarus, 1981). Pero el interés en otras personas parece aliviar el estrés: «aquellos que tienen interés en los demás y preocupaciones más allá de sí mismos parecen tener menos experiencias estresantes y en ellos el estrés tiene menos efecto sobre la ansiedad, la depresión y la hostilidad; realizan esfuerzos más activos para arreglar sus problemas» (Crandall, 1984, p. 172).

Página 299

Estilos de enfrentarse a los problemas. En la experiencia de estrés actúa de mediador el estilo de manejar el tema que tenga cada persona. El mismo suceso podría tener resultados psicológicos positivos o negativos, según los recursos interiores de la persona. "Resistencia" es el término acuñado por Salvatore Maddi y Suzanne Kobasa para describir la tendencia de ciertas personas a responder frente a las amenazas transformándolas en desafíos manejables. Los tres componentes principales de la resistencia son el compromiso con las propias metas, un sentido de mando y el disfrute frente a los desafíos (Kobasa, Maddi y Kahn, 1982). Un término similar es el concepto de Vaillant (1977) de "defensa madura", el concepto de Lazarus de "manejar" (Lazarus y Folkman, 1984) y el concepto de "fortaleza de la personalidad" que midió en encuestas Elisabeth Noelle-Neumann (1983, 1985) en Alemania. Todos estos estilos de manejo de situaciones –resistencia, defensas maduras y manejo transformativo– comparten muchas similitudes con las características de la personalidad autotélica descrita en esta obra.

Página 300

Coraje. Que la gente considera el coraje la razón principal para admirar a otras personas se reveló de los datos de mi estudio acerca de familias de tres generaciones cuando Bert Lyons lo analizó para su tesis doctoral (1988).

Página 302

Estructuras disipativas. Para el significado de este término en las ciencias natuales véase Prigogine (1980).

Página 304

Habilidades transformativas en la adolescencia. Un estudio longitudinal llevado a cabo con el MME (Freeman, Larson y Csikszentmihalyi, 1986) sugiere que los adolescentes de casi 20 años tienen tantas experiencias negativas con la familia, con los amigos y a solas como los adolescentes más jovenes, pero que ellos las interpretan con mayor tranquilidad, o sea, que los conflictos que a los 13 años de edad les parecen una tragedia, a los 17 años se ven como algo perfectamente manejable.

Página 305

Autoconfianza natural. Para el desarrollo de este concepto véase Logan (1985, 1988).

Página 307

«Cada cristal individual...» Esta cita de Chouinard está extraída de Robinson (1969, p. 6).

Página 308

«Mi cabina es pequeña...» está en Lindbergh (1953, pp. 227-228).

Página 310

Descubriendo nuevas metas. Que una personalidad compleja surge de las diversas experiencias en el mundo, así como una pintura creativa surge de la interacción entre el artista y sus materiales, se argumenta en Csikszentmihalyi (1985a), y Csikszentmihalyi y Beattie (1979).

Página 311

El descubrimiento de los artistas. El proceso de resolver problemas o realizar descubrimientos en el arte se describe en varios artículos que comienzan con Csikszentmihalyi (1965) y terminan con Csikszentmihalyi y Getzels (1989). Véase también Getzels y Csikszentmihalyi (1976). Muy brevemente, nuestros hallazgos muestran que los estudiantes de arte que en 1964 pintaban de la manera que describimos en este libro (es decir, acercándose al lienzo sin una imagen clara de lo que sería la pintura una vez finalizada) tenían, 18 años después, significativamente más éxito –según las normas de la comunidad artística– que sus compañeros que tenían en su mente el producto acabado de antemano. Otras características, tales como la competencia técnica, no diferenciaron a los dos grupos.

Página 312
Establecer metas realistas. Se ha comentado que los adultos que se comprometen consigo mismos con metas a muy largo plazo, con pocas gratificaciones a corto plazo, están menos satisfechos con sus vidas que la gente que tiene metas a corto plazo más fáciles (Bee, 1987, p. 373). Por otra parte, el modelo de flujo sugiere que tener metas demasiado fáciles desagradaría igualmente. Ni un extremo ni otro permiten que una persona disfrute totalmente de la vida.

Capítulo 10
Página 326
Hannah Arendt describe la diferencia entre sistemas de significado construidos sobre la eternidad y sobre la inmortalidad en *The Human Condition* (1958).
Página 327
Sorokin consiguió realizar su clasificación de culturas en los cuatro volúmenes de su *Social and Cultural Dynamics*, que apareció en 1937. (Un único volumen abreviado se publicó con el mismo título en 1962.) El trabajo de Sorokin ha caído casi completamente en el olvido por parte de los sociólogos, quizá por su idealismo anticuado, quizá porque en las décadas cruciales de los decenios de 1950 y 1960 fue ensombrecido por el trabajo de su teóricamente más astuto colega de Harvard, Talcott Parsons. Es probable que con el tiempo este erudito metodológicamente innovador reciba el reconocimiento que merece.
Página 331
Secuencias en el desarrollo de la personalidad. Hay varias teorías muy similares sobre las etapas de desarrollo que alternan entre la atención enfocada sobre la personalidad y la atención enfocada primariamente sobre el ambiente social. Una fue desarrollada por Erikson (1950), quien creyó que los adultos tenían que desarrollar primero un sentido de la identidad, luego de la intimidad, después de la generatividad y finalmente alcanzarían una etapa de integridad; otra por Maslow (1954), cuya jerarquía de necesidades le condujo desde la necesidad de la seguridad fisiológica a la actualización de la personalidad mediante el amor y la pertenencia; otra teoría fue desarrollada por Kohlberg (1984), quien sostuvo

que el desarrollo moral empieza en un sentido del derecho y del agravio basado en los intereses personales y termina con la ética basada en principios universales; otra por Loevinger (1976), quien entendía que el desarrollo del ego avanza desde una acción impulsiva autoprotectora a un sentido de integración con el ambiente. Helen Bee (1987, especialmente los capítulos 10 y 13) da un buen resumen de este y otros modelos de desarrollo "en espiral".

Página 337

Vita activa y vita contemplativa. Estos términos aristotélicos son usados ampliamente por Tomás de Aquino en su análisis de la buena vida y por Hannah Arendt (1958).

Página 338

Una descripción de cómo las reglas **jesuitas** ayudaron a crear orden en la conciencia de quienes las siguieron se expone en Isabella Csikszentmihalyi (1986, 1988) y Marco Toscano (1986).

Página 339

Aparición de la conciencia. Un golpe mortal en la dirección de especular sobre cómo surgió la conciencia en los seres humanos fue realizado por Jaynes (1977), quien lo atribuye a la conexión entre los hemisferios cerebrales izquierdo y derecho, que él especula que ocurrió hace solo 3.000 años. Véase también Alexander (1987) y Calvin (1986). Por supuesto esta fascinante pregunta es probable que permanezca para siempre más allá del alcance de la certeza.

Página 340

La vida interior de animales. Hasta qué punto algún otro animal distinto al ser humano puede tener sentimientos que se acerquen a los nuestros se ha discutido extensivamente; véase von Uexkull (1921). Los estudios recientes de primates que se comunican con personas parecen sugerir que algunos de ellos tienen emociones incluso en ausencia de estímulos concretos (por ejemplo, que pueden sentirse tristes con el recuerdo de un compañero fallecido), pero la evidencia sobre este punto aún no es concluyente.

Página 341

La conciencia de los pueblos preliterarios. Entre muchos otros, el antropólogo Robert Redfield (1955) argumentó que las sociedades tribales eran demasiado simples y homogéneas para que sus miembros fuesen capaces de tomar una postura autorreflexiva hacia sus creencias y acciones. Antes de que la primera revolución urbana hiciese posibles las ciudades hace 5.000 años, la gente aceptaba la realidad que su cultura les presentaba sin demasiadas preguntas y no existía otra alternativa que la conformidad. Otros autores, tales como el antropólogo Paul Radin (1927), han afirmado encontrar una gran elaboración filosófica y libertad de conciencia entre los pueblos "primitivos". Es dudoso que esta discusión tan antigua se resuelva pronto.

Página 342

La novela de **Lev Tolstoi** se ha reimprimido frecuentemente; véase Tolstoi (1886 [1985]).

Que la **complejidad de los roles sociales** haya dado como resultado una mayor complejidad en la conciencia ha sido argumentado por De Roberty (1878) y por Draghicesco (1906), quien desarrolló elaborados modelos teóricos de evolución social basados en la suposición de que la inteligencia es una función de la frecuencia e intensidad de las interacciones humanas, y por muchos otros hasta ahora, incluyendo los psicólogos rusos Vygotsky (1978) y Luria (1976).

Páginas 343-344

El concepto de **Sartre** del proyecto se describe en *El ser y la nada* (1956). El concepto de "afán propio" fue inventado por Allport (1955). Para el concepto de tema vital, definido como «el conjunto de problemas que una persona desea resolver por encima de todo lo demás y los medios que la persona encuentra para lograr esta solución», véase Csikszentmihalyi y Beattie (1979).

Página 345

Hannah Arendt (1963) escribió un autorizado análisis de la vida de Adolf **Eichmann**.

Página 346

La autobiografía de Malcolm X (1977) es una descripción clásica del desarrollo de un tema vital.

Página 348

Proyecto de temas vitales negentrópicos. La idea contraria a la intuición de que la transferencia de atención de los problemas personales a los problemas de los demás ayuda en el crecimiento personal, subyace en el trabajo de los psicólogos del desarrollo mencionados en la nota para la página 331; véase también Crandall (1984) y la nota de la p. 297.

Página 350

La mejor biografía de **Antonio Gramsci** es la escrita por Giuseppe Fiore (1973).

Página 351

Edison, Roosevelt y Einstein. Goertzel y Goertzel (1962) detallan las vidas infantiles de 300 mujeres y hombres eminentes y muestran lo poco previsibles que fueron sus logros posteriores en referencia a las condiciones en las que crecieron.

La evolución cultural es otro concepto prematuramente desechado por los científicos sociales en las últimas décadas. Entre los intentos de mostrar que el concepto todavía es viable véanse, por ejemplo, Burhoe (1982), Csikszentmihalyi y Massimini (1985), Lumdsen y Wilson (1981, 1983), Massimini (1982) y White (1975).

Páginas 352-353

Los libros como agentes socializadores. Para los estudios sobre el efecto de los libros y de las historias contadas en la niñez sobre los posteriores temas vitales de los individuos véase Csikszentmihalyi y Beattie (1979), y Beattie y Csikszentmihalyi (1981).

Página 354

Religión y entropía. Véase, por ejemplo, el ensayo de Georg Wilhelm Friedrich Hegel, escrito en 1798 pero no publicado hasta 110 años más tarde: *Der Geist der Christentums und sein Schiksal* (El espíritu de la cristiandad y su destino), en el que refleja la materialización que las enseñanzas de Cristo sufrieron tras arraigar en una Iglesia.

Página 357

Evolución. Un gran número de eruditos y científicos, desde una gran diversidad de campos, ha expresado la creencia de que una comprensión científica de la evolución que tenga en cuenta las metas de los seres humanos y las leyes del universo propocionará la base para un nuevo sistema de significados. Véase, por ejemplo, Burhoe (1976), Campbell (1965, 1975, 1976), Csikszentmihalyi y Massimini (1985), Csikszentmihalyi y Rathunde (1989), Teilhard de Chardin (1965), Huxley (1942), Mead (1964), Medawar (1960) y Waddington (1970). Es sobre esta fe sobre la que podrá construirse una nueva civilización. Pero la evolución no garantiza el progreso (Nitecki, 1988). El género humano puede quedarse fuera del proceso evolutivo. Si vamos a quedar fuera o no depende en gran medida de las decisiones que estamos a punto de tomar. Y estas decisiones es probable que sean más inteligentes si comprendemos cómo funciona la evolución.

REFERENCIAS

Ach, N. 1905. *Über die Willenstätigkeit und das Denkens*. Gottingen: Vandenhoeck & Ruprecht.
Adler, A. 1956. *The individual psychology of Alfred Adler*. Nueva York: Basic Books.
Adler, M.J. 1956. Why only adults can be educated. En *Great issues in education*. Chicago: Great Books Foundation.
Ainsworth, M.D.S., Bell, S.M. y Stayton, D.J. 1971. Individual differences in strange-situation behavior of one-year-olds. En H.R. Schaffer, ed., *The origins of human social relations*. Londres: Academic Press.
Ainsworth, M., Blehar, M., Waters, E. y Wall, S. 1978. *Patterns of attachment*. Hillsdale, N.J.: Erlbaum.
Alexander, R.D. 1974. The evolution of social behavior. *Annual Review of Ecology and Systematics* 5:325-83.
—. 1979. Evolution and culture. En N.A. Chagnon y W. Irons, eds., *Evolutionary biology and human social behavior: An anthropological perspective* (pp. 59-78). North Scituate, Mass.: Duxbury Press.
—. 1987. *The biology of moral systems*. Nueva York: Aldine de Guyter.
Allison, M.T. y Duncan, M.C. 1988. Women, work, and flow. En M. Csikszentmihalyi y I.S. Csikszentmihalyi, eds., *Optimal experience: Studies of flow in consciousness* (pp. 118-137). Nueva York: Cambridge University Press.
Allport, G.W. 1955. *Becoming: Basic considerations for a psychology of personality*. New Haven: Yale University Press.

Altmann, J. 1980. *Baboon mothers and infants*. Cambridge: Harvard University Press.
Altmann, S.A. y Altmann, J. 1970. *Baboon ecology: African field research*. Chicago: University of Chicago Press.
Álvarez, A. 1973. *The savage god*. Nueva York: Bantam.
Amabile, T.M. 1983. *The social psychology of creativity*. Nueva York: Springer Verlag.
Andreasen, N.C. 1987. Creativity and mental illness: Prevalence rates in writers and their first degree relatives. *American Journal of Psychiatry* 144(10):1288-92.
Andrews, F.M., y Withey, S.B. 1976. *Social indicators of well-being*. Nueva York: Plenum.
Angyal, A. 1941. *Foundations for a science of personality*. Cambridge: Harvard University Press.
—. 1965. *Neurosis and treatment: A holistic theory*. Nueva York: Wiley.
Aquino, T. de (1985). *Summa theologica. Aquinas' Summa: An introduction and interpretation* (by E.J. Gratsch). Nueva York: Alba House.
Archimedes Foundation. 1988. *Directory of human happiness and well-being*. Toronto.
Arendt, H. 1958. *The human condition*. Chicago: University of Chicago Press.
—. 1963. *Eichmann in Jerusalem*. Nueva York: Viking Press.
Argyle, M. 1987. *The psychology of happiness*. Londres: Methuen.
Aries, P. y Duby, G., eds. gen. 1987. *A history of private life*. Cambridge, Mass.: Belknap Press.
Aristóteles. (1980). *Ética a Nicómaco*. Libro I; libro III, capítulo 11; libro VII, capítulo 11; libro IX, capítulos 9, 10. En *Aristotle's Nicomachean Ethics,* comentario y análisis por F.H. Eterovich. Washington, D.C.: University Press of America.
Arnheim, R. 1954. *Art and visual perception: A psychology of the creative eye*. Berkeley: University of California Press.
—. 1971. *Entropy and art*. Berkeley: University of California Press.
—. 1982. *The power of the center*. Berkeley: University of California Press.
Arnold, E.V. 1911 (1971). *Roman Stoicism*. Nueva York: Books for Libraries Press.

Atkinson, R.C. y. Shiffrin, R.M. 1968. Human memory: A proposed system and its control processes. En K. Spence y J. Spence, eds., *The psychology of learning and motivation,* vol. 2. Nueva York: Academic Press.

Baldridge, L. 1987. *Letitia Baldridge's complete guide to a great social life.* Nueva York: Rawson Assocs.

Bandura, A. 1982. Self-efficacy mechanisms in human agency. *American Psychologist* 37:122–147.

Bateson, G. 1978. The birth of a double bind. En M. Berger, ed., *Beyond the double bind* (p. 53). Nueva York: Brunner/Mazel.

Baumgarten, A. 1735 (1936). Reflections on poetry. En B. Croce, ed., *Aesthetica.* Bari: Laterza.

Baumrind, D. 1977. Socialization determinants of personal agency. Conferencia realizada en el encuentro bianual de Society for Research in Child Development, Nueva Orleans.

Beattie, O. y Csikszentmihalyi, M. 1981. On the socialization influence of books. *Child Psychology and Human Development* 11(1):3-18.

Beck, A.T. 1976. *Cognitive therapy and emotional disorders.* Nueva York: International Universities Press.

Bee, H.L. 1987. *The journey of adulthood.* Nueva York: Macmillan.

Behanan, K.T. 1937. *Yoga: A scientific evaluation* Nueva York: Macmillan.

Bell, D. 1976. *The cultural contradictions of capitalism.* Nueva York: Basic Books.

Bellah, R.N. 1975. *The broken covenant: American civil religion in a time of trial.* Nueva York: Seabury Press.

Benedict, R. 1934. *Patterns of culture.* Boston: Houghton Mifflin.

Berdyaev, N. 1952. *The beginning and the end.* Londres: Geoffrey Bles.

Berger, P.L. y Luckmann, T. 1967. *The social construction of reality.* Garden City, N.Y.: Anchor Books.

Bergler, E. 1970. *The psychology of gambling.* Nueva York: International Universities Press.

Berlyne, D.E. 1960. *Conflict, arousal, and curiosity.* Nueva York: McGraw-Hill.

Berman, Marshall Howard, 1982. *All that is solid melts into air.* Nueva York: Simon & Schuster.

Berman, Morris. 1988. The two faces of creativity. En J. Brockman, ed., *The reality club* (pp. 9-38). Nueva York: Lynx Books.

Bettelheim, B. 1943. Individual and mass behavior in extreme situations. *Journal of Abnormal and Social Psychology* 38:417-452.

Binet, A. 1890. La concurrence des états psychologiques. Revue *Philosophique de la France et de l'Étranger* 24:138-155.

Blom, F. 1932. The Maya ball. En M. Ries, ed. *Middle American Research Series, 1*. Nueva Orleans: Tulane University Press.

Bloom, A. 1987. *The closing of the American mind*. Nueva York: Simon & Schuster.

Blumberg, S.H. y Izard, C.E. 1985. Affective and cognitive characteristics of depression in 10- and 11-year-old children. *Journal of Personality and Social Psychology* 49:194-202.

Boring, E.G. 1953, A history of introspection. *Psychological Bulletin* 50(3):169-189.

Boswell, J. 1964. *Life of Samuel Johnson*. Nueva York: McGraw.

Bourguignon, E. 1979. *Psychological anthropology*. Nueva York: Holt, Rinehart & Winston.

Bowen, E. S. (seud. de Laura Bohannan). 1954. *Return to laughter*. Nueva York: Harper & Bros.

Bowen, M. 1978. *Family therapy in clinical practice*. Nueva York: Aronson.

Bowlby, J. 1969. *Attachment and loss*. Vol. 1: Attachment. Nueva York: Basic Books.

Boyd, R. y Richerson, P.J. 1985. *Culture and the evolutionary process*. Chicago: University of Chicago Press.

Bradburn, N. 1969. *The structure of psychological well-being*. Chicago: Aldine.

Brandwein, R.A. 1977. After divorce: A focus on single parent families. *Urban and Social Change Review* 10:21-25.

Braudel, F. 1981. *The structures of everyday life*. Vol. 2: *Civilization and capitalism, 15th-18th century*. Nueva York: Harper & Row.

Bronfenbrenner, U. 1970. *Two worlds of childhood*. Nueva York: Russell Sage.

Brown, N.O. 1959. *Life against death*. Middletown, Conn.: Wesleyan University Press.

Buhler, C. 1930. *Die geistige Entwicklung des Kindes*. Jena: G. Fischer.

Burhoe, R.W. 1976. The source of civilization in the natural selection of coadapted information in genes and cultures. *Zygon* 11(3):263-303.

—. 1982. Pleasure and reason as adaptations to nature's requirements. *Zygon* 17(2):113-131.

Burney, C. 1952. *Solitary confinement*. Londres: Macmillan.

Caillois, R. 1958. *Les jeux et les hommes*. Paris: Gallimard.

Calvin, W. H. 1986. *The river that flows uphill: A journey from the big bang to the big brain*. Nueva York: Macmillan.

Campbell, A.P. 1972. Aspiration, satisfaction, and fulfillment. En A.P. Campbell y P.E. Converse, eds., *The human meaning of social change* (pp. 441-466). Nueva York: Russell Sage.

Campbell, A.P., Converse, P.E. y Rodgers, W.L. 1976, *The quality of American life*. Nueva York: Russell Sage.

Campbell, D.T. 1965. Variation and selective retention in sociocultural evolution. En H.R. Barringer, G.I. Blankston y R.W. Monk, eds., *Social change in developing areas* (pp. 19-42). Cambridge: Schenkman.

—. 1975. On the conflicts between biological and social evolution and between psychology and moral tradition. *American Psychologist* 30:1103-1125.

—. 1976. Evolutionary epistemology. En D.A. Schlipp, ed., *The library of living philosophers* (pp. 413–463). LaSalle, Ill.: Open Court.

Carli, M. 1986. Selezione psicologica e qualita dell'esperienza. En F. Massimini y P. Inghilleri, eds., *L'esperienza quotidiana* (pp. 285-304). Milán: Franco Angeli.

Carpenter, E. 1970. *They became what they beheld*. Nueva York: Ballantine.

—. 1973. *Eskimo realities*. Nueva York: Holt.

Carrington, P. 1977. *Freedom in meditation*. Nueva York: Doubleday Anchor.

Carson, J. 1965. *Colonial Virginians at play*. Williamsburg, Va.: Colonial Williamsburg, Inc.

Carver, J. 1796. *Travels through the interior parts of North America*. Filadelfia.

Castaneda, C. 1971. *A separate reality*. Nueva York: Simon & Schuster.

—. 1974. *Tales of power*. Nueva York: Simon & Schuster.
Chagnon, N. 1979. Mate competition, favoring close kin, and village fissioning among the Yanomamo Indians. En N.A. Chagnon y W. Irons, eds., *Evolutionary biology and human social behavior* (págs. 86-132). North Scituate, Mass.: Duxbury Press.
Cheng, N. 1987. *Life and death in Shanghai*. Nueva York: Grove Press.
Chicago Tribune. 24 septiembre 1987.
Chicago Tribune. 18 octubre 1987.
Clark, A. 1919. *The working life of women in the seventeenth century*. Londres.
Clausen, J.A., ed. 1968. *Socialization and society*. Boston: Little, Brown.
Cohler, B.J. 1982. Personal narrative and the life course. En P.B. Bates y O.G. Brim, eds., *Life span development and behavior*, vol. 4. Nueva York: Academic Press.
Collingwood, R.G. 1938. *The principles of art*. Londres: Oxford University Press.
Conrad, P. 1982. *Television: The medium and its manners*. Boston: Routledge & Kegan.
Cooley, C.H. 1902. *Human nature and the social order*. Nueva York: Charles Scribner's Sons.
Cooper, D. 1970. *The death of the family*. Nueva York: Pantheon.
Cousins, N. 1979. *Anatomy of an illness as perceived by the patient*. Nueva York: Norton.
Crandall, J. E. 1984, Social interest as a moderator of life stress. *Journal of Personality and Social Psychology* 47:164-174.
Crandall, M. 1983. On walking without touching the ground: "Play" in the *Inner Chapters of the Chuang-Tzu* En V. H. Muir, ed., *Experimental essays on Chuang-Tzu* (pp. 101-123). Honolulú: University of Hawaii Press.
Crealock, W.I.B. 1951. *Vagabonding under sail*. Nueva York: David McKay.
Croce, B. 1902 (1909). *Aesthetics*. Nueva York: Macmillan.
—. 1962. *History as the story of liberty*. Londres: Allen & Unwin.
Crook, J.H. 1980. The *evolution of human consciousness*. Nueva York: Oxford University Press.
Csikszentmihalyi, I. 1986. Il flusso di coscienza in un contesto stori-

co: Il caso dei gesuiti. En F. Massimini y P. Inghilleri, eds., *L'esperienza quotidiana* (pp. 181-196). Milán: Franco Angeli.

—. 1988. Flow in a historical context: The case of the Jesuits. En M. Csikszentmihalyi & I.S. Csikszentmihalyi, eds., *Optimal experience: Psychological studies of flow in consciousness* (pp. 232-248). Nueva York: Cambridge University Press.

Csikszentmihalyi, M. 1965. Artistic problems and their solution: An exploration of creativity in the arts, Tesis doctoral no publicada, University of Chicago.

—. 1968. A cross-cultural comparison of some structural characteristics of group drinking. *Human Development* 11:201-216.

—. 1969. The Americanization of rock climbing. *University of Chicago Magazine* 61(6):20-27.

—. 1970. Sociological implications in the thought of Teilhard de Chardin. *Zygon* 5(2):130-47.

—. 1973. Socio-cultural speciation and human aggression. *Zygon* 8(2):96-112.

—. 1975. *Beyond boredom and anxiety*. San Francisco: Jossey-Bass.

—. 1978. Attention and the wholistic approach to behavior. En K.S. Pope y J.L. Singer, eds., *The stream of consciousness* (págs. 335-358). Nueva York: Plenum.

—. 1981a. Leisure and socialization. *Social Forces* 60:332-40.

—. 1981b. Some paradoxes in the definition of play. En A. Cheska, ed., *Play as context* (pp. 14-26). Nueva York: Leisure Press.

—. 1982a. Towards a psychology of optimal experience. En L. Wheeler, ed., *Review of personality and social psychology,* vol. 2. Beverly Hills, Calif.: Sage.

—. 1982b. Learning, flow, and happiness. En R. Gross, ed., *Invitation to life-long learning* (pp. 167-187). Nueva York: Fowlett.

—. 1985a. Emergent motivation and the evolution of the self. En D. Kleiber y M.H. Maehr, eds., *Motivation in adulthood* (pp. 93-113). Greenwich, Conn.: JAI Press.

—. 1985b. Reflections on enjoyment. *Perspectives in Biology and Medicine* 28(4): 469-97.

—. 1987. The flow experience. En M. Eliade, ed., *The encyclopedia of religion,* vol. 5 (pp. 361-363). Nueva York: Macmillan.

—. 1988. The ways of genes and memes. *Reality Club Review* 1 (1):107-128.

—. 1989. Conciousness for the 21st century. Conferencia presentada en ELCA Meeting, *Year 2000 and Beyond,* 30 marzo-2 abril, St. Charles, Illinois.

Csikszentmihalyi, M. y Beattie, O. 1979. Life themes: A theoretical and empirical exploration of their origins and effects. *Journal of Humanistic Psychology* 19:45-63.

Csikszentmihalyi, M., y Csikszentmihalyi, I.S., eds. 1988. *Optimal experience: Psychological studies of flow in consciousness.* Nueva York: Cambridge University Press.

Csikszentmihalyi, M. y Getzels, J.W. 1989. Creativity and problem finding. En F.H. Farley y R.W. Neperud, eds., *The foundations of aesthetics* (pp. 91-116). Nueva York: Praeger.

Csikszentmihalyi, M., Getzels, J.W. y Kahn, S. 1984. *Talent and achievement: A longitudinal study of artists.* A report to the Spencer Foundation and to the MacArthur Foundation. Chicago: University of Chicago.

Csikszentmihalyi, M. y Graef, R. 1979. *Flow and the quality of experience in everyday life.* Manuscrito inédito, University of Chicago.

—. 1980. The experience of freedom in daily life, *American Journal of Community Psychology* 8:401-414.

Csikszentmihalyi, M. y Kubey, R. 1981. Television and the rest of life. *Public Opinion Quarterly* 45:317-328.

Csikszentmihalyi, M. y Larson, R. 1978. Intrinsic rewards in school crime. *Crime and Delinquency* 24:322-335.

—. 1984. *Being adolescent: Conflict and growth in the teenage years..* Nueva York: Basic Books.

—. 1987. Validity and reliability of the Experience-Sampling Method. *Journal of Nervous and Mental Disease* 175(9):526-536.

Csikszentmihalyi, M., Larson, R. y Prescott, S. 1977. The ecology of adolescent activity and experience. *Journal of Youth and Adolescence* 6:281-294.

Csikszentmihalyi, M. y LeFevre, J. 1987. The experience of work and leisure. *Third Canadian Leisure Research Conference,* Halifax, N.S., 22-25 mayo.

—. 1989. Optimal experience in work and leisure. *Journal of Personality and Social Psychology* 56(5):815-822.

Csikszentmihalyi, M. y Massimini, F. 1985. On the psychological selection of bio-cultural information. *New Ideas in Psychology* 3(2):115-138.

Csikszentmihalyi, M. y Nakamura, J. 1989. The dynamics of intrinsic motivation. En R. Ames y C. Ames, eds., *Handbook of motivation theory and research,* vol. 3 (pp. 45-71). Nueva York: Academic Press.

Csikszentmihalyi, M. y Rathunde, K. 1989. The psychology of wisdom: An evolutionary interpretation. En R.J. Sternberg, ed., *The psychology of wisdom.* Nueva York: Cambridge University Press.

Csikszentmihalyi, M. y Robinson, R. En prensa. *The art of seeing.* Malibu, Calif.: J.P. Getty Press.

Csikszentmihalyi, M. y Rochberg-Halton, E. 1981. *The meaning of things: Domestic symbols and the self.* Nueva York: Cambridge University Press.

Culin, S. 1906. Games of North American Indians. *24th Annual Report.* Washington, D.C.: Bureau of American Ethnology.

Cushing, F.H. 1896. Outlines of Zuni creation myths. *13th Annual Report.* Washington, D.C.: Bureau of American Ethnology.

Dalby, L.C. 1983. *Geisha.* Berkeley: University of California Press.

Darnon, W. y Hart, D. 1982. The development of self-understanding from infancy through adolescence. *Child Development* 53:831-857.

Dante, A. (1965). *The divine comedy.* Trans. G. L. Bickerstein. Cambridge: Harvard University Press.

David, F,N. 1962. *Games, gods, and gambling.* Nueva York: Hafner.

Davis, J.A. 1959. A formal interpretation of the theory of relative deprivation. *Sociometry* 22:280-296.

Dawkins, R. 1976. *The selfish gene.* Nueva York: Oxford University Press.

deCharms, R. 1968. *Personal causation: The internal affective determinants of behavior.* Nueva York: Academic Press.

Deci, E.L. y Ryan, R.M. 1985. *Intrinsic motivation and self-determination in human behavior.* Nueva York: Plenum Press.

Delle Fave, A. y Massimini, F. 1988. Modernization and the changing contexts of flow in work and leisure. En M. Csikszentmihalyi y I.S. Csikszentmihalyi, eds., *Optimal experience: Studies of flow in consciousness* (pp. 193-213). Nueva York: Cambridge University Press.

De Roberty, E. 1878. *La sociologie.* París.

De Santillana, G. 1961 (1970). *The origins of scientific thought*. Chicago: University of Chicago Press.

Devereux, E. 1970. Socialization in cross-cultural perspective: Comparative study of England, Germany, and the United States. En R. Hill y R. Konig, eds., *Families in East and West: Socialization process and kinship ties* (pp. 72-106). París: Mouton.

Diener, E. 1979. Deindividuation: The absence of self-awareness and self-regulation in group members. En P. Paulus, ed., *The psychology of group influence*. Hillsdale, N.J.: Erlbaum.

—. 1979. Deindividuation, self-awareness, and disinhibition. *Journal of Personality and Social Psychology* 37:1160-1171.

Diener, E., Horwitz, J. y Emmons, R.A. 1985. Happiness of the very wealthy. *Social Indicators Research* 16:263-270.

Dobzhansky, T. 1962. *Mankind evolving: The evolution of the human species*. New Haven: Yale University Press.

—. 1967. *The biology of ultimate concern*. Nueva York: NewAmerican Library.

Draghicesco, D. 1906. *Du rol de l'individu dans le déterminisme social*. París.

Dulles, F.R. 1965. *A history of recreation: America learns to play*. 2d ed. Englewood Cliff's, N.J.: Prentice-Hall.

Durkheim, E. 1897 (1951), *Suicide*. Nueva York: Free Press.

—. 1912 (1967). *The elementary forms of religious life*. Nueva York: Free Press.

Easterlin, R.A. 1974, Does economic growth improve the human lot? Some empirical evidence. En P. A. David y M. Abramovitz, eds., *Nations and households in economic growth*. Nueva York: Academic Press.

Eckblad, G. 1981. *Scheme theory: A conceptual framework for cognitive-motivational processes*. Londres: Academic Press.

Ekman, P. 1972. Universals and cultural differences in facial expressions of emotions. En *Current theory in research on motivation, Nebraska symposium on motivation*, vol. 19 (pp. 207-283). Lincoln: University of Nebraska Press.

Eliade, M. 1969. *Yoga: Immortality and freedom*. Princeton: Princeton University Press.

Emde, R. 1980. Toward a psychoanalytic theory of affect. En S. Greenspan y E. Pollack, eds., *The course of life*. Washington, D.C.: U.S. Government Printing Office.

Encyclopædia Britannica. 1985. 15ª ed. Chicago: Encyclopædia Britannica, Inc.

Erikson, E.H. 1950. *Childhood and society*. Nueva York: W.W. Norton.

—. 1958. *Young man Luther*. Nueva York: W.W. Norton.

—. 1969. *Gandhi's truth: On the origins of militant nonviolence*. Nueva York: W.W. Norton.

Evans-Pritchard, E.E. 1940 (1978). *The Nuer*. Nueva York: Oxford University Press.

Eysenck, M.W. 1982. *Attention and arousal*. Berlín: Springer Verlag.

Ferenczi, S. 1950. Sunday neuroses. En S. Ferenczi, ed., *Further contributions to the theory and technique of psychoanalysis* (pp. 174-177). Londres: Hogarth Press.

Fine, R. 1956. Chess and chess masters. *Psychoanalysis 3:7-77*.

Fiore, G. 1973. *Antonio Gramsci: Life of a revolutionary*. Nueva York: Schocken Books.

Fisher, A.L. 1969. *The essential writings of Merleau-Ponty*. Nueva York: Harcourt Brace.

Fortune, R.F. 1932 (1963). *Sorcerers of Dobu*. Nueva York: Dutton.

Fox, V. 1977. Is adolescence a phenomenon of modern times? *Journal of psychiatry* 1:271-290.

Frankl, V. 1963. *Man's search for meaning*. Nueva York: Washington Square.

—. 1978. *The unheard cry for meaning*. Nueva York: Simon & Schuster.

Freeman, M. 1989. Paul Ricoeur on interpretation: The model of the text and the idea of development. *Human Development* 28:195-312.

Freeman, M., Larson, R. y Csikszentmihalyi, M. 1986. Immediate experience and its recollection. *Merrill Palmer Quarterly* 32(2):167-185.

Freeman, M. y Robinson, R.E. En prensa. The development within: An alternative approach to the study of lives. *New Ideas in Psychology*.

Freud, S. 1921. Massenpsychologie und Ich-Analyse. *Vienna Gesammelte Schrifien* 6:261.

—. 1930 (1961). *Civilization and its discontents*. Nueva York: Norton.

Frijda, N.H. 1986. *The emotions*. Nueva York: Cambridge University Press.

Gallup, G.H. 1976. Human needs and satisfactions: A global survey. *Public* 40:459-467.

Gardner, H. 1983. *Frames of mind*. Nueva York: Basic Books.

Garrett, H.E. 1941. *Great expriments in psychology*. Boston: Appleton Century Crofts.

Gedo, M.M., ed. 1986-1988. *Psychoanalytic perspectives on art*. Vol. I, 1986; vol. II, 1987; vol. III, 1988. Hillsdale, N.J.: Analytic Press.

Geertz, C. 1973. *The interpretatton of culture*. Nueva York: Basic Books.

Gendlin, E.T. 1962. *Experiencing and the creation of meaning*. Glencoe: Free Press.

—. 1981. *Focusing*. Nueva York: Bantam.

General Social Survey. 1989 (Marzo). Chicago: National Opinion Research Center.

Gergen, K. y Gergen, M. 1983. Narrative of the self. En T. Sarbin y K. Scheibe, eds., *Studies in social identity* (pp. 254-273). Nueva York: Praeger.

—. 1984. The social construction of narrative accounts. En K. Gergen y M. Gergen, eds., *Historical social psychology* (pp. 173-189). Hillsdale, N.J.: Erlbaum.

Getzels, J.W. y Csikszentmihalyi, M. 1965. *Creative thinking in art students: The process of discovery*. HEW Cooperative Research Report S-080, University of Chicago.

—. 1976. *The creative vision: A longitudinal study of problem finding in art*. Nueva York: Wiley Interscience.

Gilpin, L. 1948. *Temples in Yucatan*. Nueva York: Hastings House.

Gladwin, T. 1970. *East is a big bird. Navigation and logic on Puluat atoll*. Cambridge: Harvard University Press.

Glick, P.G. 1979. Children of divorced parents in demographic perspective. *Journal of Social Issues* 35:170-182.

Goertzel, V. y Goernel, M.G. 1962. *Cradles of eminence*. Boston: Little, Brown.

Goffman, E. 1969. *Strategic interaction*. Philadelphia: University of Pennsylvania Press.

—. 1974. *Frame analysis: An essay on the organization of experience*. Nueva York: Harper & Row.

Gombrich, E.H. 1954. Psychoanalysis and the history of art. *International Journal of Psychoanalysis* 35:1-11.

—. 1979. *The sense of order*. Ithaca, N.Y.: Cornell University Press.

Gouldner, A.W. 1968. The sociologist as partisan: Sociology and the welfare state. *American Sociologist* 3:103-116.

Graef, R. 1978. *An analysis of the person by situation interaction through repeated measures*. Tesis doctoral no publicada, University of Chicago.

Graef, R., Csikszentmihalyi, M. y Giannino, S.M. 1983. Measuring intrinsic motivation in everyday life. *Leisure Studies* 2:155-168.

Graef, R., McManama Giannino, S. y Csikszentmihalyi, M. 1981. Energy consumption in leisure and perceived happiness. En J.D. Clayton et al., eds., *Consumers and energy conservation*. Nueva York: Praeger.

Graves, R. 1960. *The white goddess: A historical grammar of poetic myth*. Nueva York: Vintage Books.

Griessman, B.E. 1987. *The achievement factors*. Nueva York: Dodd, Mead.

Groos, K. 1901. *The play of man*. Nueva York: Appleton.

Gross, R., ed. 1981. *Invitation to life-long learning*. Nueva York: Fowlett.

Group for the Advancement of Psychiatry, 1958 (agosto). *The psychiatrist's interest in leisure-time activities*. Report 39, Nueva York.

Gussen, J. 1967. The psychodynamics of leisure. En P. A. Martin, ed., *Leisure and mental health: A psychiatric viewpoint* (pp. 51-169). Washington, D.C.: American Psychiatric Association.

Habakuk, H.J. 1955. Family structure and economic change in nineteenth century Europe. *Journal of Economic History* 15 (enero):1-12.

Hadas, N. 1960 (1972). *Humanism: The Greek ideal and its survival*. Gloucester, Mass.: C.P. Smith.

Hamilton, J.A. 1976. Attention and intrinsic rewards in the control of psychophysiological states. *Psychotherapy and Psychosomatics* 27:54-61.

—. 1981. Attention, personality, and self-regulation of mood: Absorbing interest and boredom. En B. A. Maher, ed., *Progress in Experimental Personality Research* 10:282-315.

Hamilton, J.A., Haier, R.J. y. Buchsbaum, M.S. 1984. Intrinsic enjoyment and boredom coping scales: Validation with personality evoked potential and attentional measures. *Personality and Individual Differences* 5(2):183-193.

Hamilton, J.A., Holcomb, H.H. y De la Peña, A. 1977. Selective attention and eye movements while viewing reversible figures. *Perceptual and Motor Skills* 44:639-644.

Hamilton, M. 1982. Symptoms and assessment of depression. En E.S. Paykel, ed., *Handbook of affective disorders*. Nueva York: Guilford Press.

Hamilton, W.D. 1964. The genetical evolution of social behavior: Parts 1 and 2. *Journal of Theoretical Biology* 7:1-52.

Harrow, M., Grinker, R.R., Holzman, P.S. y Kayton, L. 1977. Anhedonia and schizophrenia. *American Journal of Psychiatry* 134:794-797.

Harrow, M., Tucker, G.J., Hanover, N.H. y Shield, P. 1972. Stimulus overinclusion in schizophrenic disorders. *Archives of General Psychiatry* 27:40-45.

Hasher, L. y Zacks, R.T. 1979. Automatic and effortful processes in memory. *Journal of Experimental Psychology: General* 108:356-388.

Hauser, A. 1951. *The social history of art*. Nueva York: Knopf.

Hebb, D. O. 1955. Drive and the CNS. *Psychological Review* (julio) 243-252.

Hegel, G.F. 1798 (1974). *Lectures on the philosophy of religion, together with a work on the proofs of the existence of God*. Trad. E.B. Speirs. Nueva York: Humanities Press,

Heidegger, M. 1962. *Being and time*. Londres: SCM Press.

—. 1967. *What is a thing?* Chicago: Regnery.

Henry, J. 1965. *Culture against man*. Nueva York: Vintage.

Hetherington, E.M. 1979. Divorce: A child's perspective. *American Psychologist* 34:851-858.

Hilgard, E. 1980. The trilogy of mind: Cognition, affection, and conation. *Journal of the History of the Behavioral Sciences* 16:107-117.

Hiscock, E.C. 1968. *Atlantic cruise in Wanderer III*. Londres: Oxford University Press.

Hoffman, J.E., Nelson, B. y Houck, M.R. 1983. The role of attentional resources in automatic detection. *Cognitive Psychology* 51:379-410.

Hoffman, L. 1981. *Foundations of family therapy: A conceptual framework for systems change*. Nueva York: Basic Books.

Holmes, T.H. y Rahe, R.H. 1967. The social readjustment rating scale. *Journal of Psychometric Research* 11:213-218.

Howell, M.C. 1986. *Women, production, and patriarchy in late medieval cities*. Chicago: University of Chicago Press.

Huizinga, J. 1939 (1970). *Homo ludens: A study of the play element in culture*. Nueva York: Harper & Row.

—. 1954. *The waning of the Middle Ages*. Garden City, N.Y.: Doubleday.

Husserl, E. 1962. *Ideas: General introduction to pure phenomenology*. Nueva York: Collier.

Huxley, J.S. 1942. *Evolution: The modern synthesis*. Londres: Allen and Unwin.

Izard, C.E., Kagan, J. y Zajonc, R.B. 1984. *Emotions, cognition, and behavior*. Nueva York: Cambridge University Press.

Jackson, D.D. 1957. The question of family homeostasis. *Psychiatric Quarterly Supplement* 31:79-90.

James, W. 1890. *Principles of psychology: Vol. 1*. Nueva York: Henry Holt.

Jaspers, K. 1923. *Psychopathologie générale*. 3ª ed. París.

—. 1955. *Reason and Existence*. Nueva York: Noonday.

Jaynes, J. 1977. *The origin of consciousness in the breakdown of the bicameral mind*. Boston: Houghton Mifflin.

Johnson, R. 1988. Thinking yourself into a win. *American Visions* 3:6-10.

Johnson, Samuel. 1958. *Works of Samuel Johnson*. New Haven: Yale University Press,

Johnson, Skuli. 1930, *Pioneers of freedom: An account of the Icelanders and the Icelandic free state, 879-1262*. Boston: Stratford Co.

Johnston, L., Bachman, J. y O'Malley, P. 1981. *Student drug use in America*. Washington, D.C.: U.S. Department of Health and Human Services, National Institute of Drug Abuse.

Jones, E. 1931. The problem of Paul Morphy. *International Journal of Psychoanalysis* 12:1-23.

Jung, C.G. 1928 (1960). On psychic energy. En *C.G. Jung, collected works*, vol. 8. Princeton: Princeton University Press.

—. 1933 (1961). *Modern man in search of a soul*. Nueva York: Harcourt Brace Jovanovich.

Kahneman, D. 1973. *Attention and effort*. Englewood Cliffs, N.J.: Prentice-Hall,

Kant, I. 1781 (1969). *Critique of pure reason*. Trad. N. Smith. Nueva York: St. Martin's.

Kaplan, B. 1983. A trio of trials. En R.M. Lerner, ed., *Developmental Psychology: Historical and philosophical perspectives*. Hillsdale, N.J.: Erlbaum.

Kelly, J.R. 1982. *Leisure*. Englewood Cliffs, N,J.: Prentice-Hall.

Keyes, R. 1985. *Chancing it: Why we take risks*. Boston: Little, Brown.

Kiell, N. 1969. *The universal experience of adolescence*. Londres: University of Londres Press.

Kierkegaard, S. 1944. *The concept of dread*. Princeton: Princeton University Press.

—. 1954. *Fear and trembling, and the sickness unto death*. Garden City, N.Y.: Doubleday.

Klausner, S.Z. 1965. *The quest for self-control*. Nueva York: Free Press.

Kobasa, S.C., Maddi, S.R. y Kahn, S. 1982. Hardiness and health: A prospective study. *Journal of Personality and Social Psychology* 41:168-177.

Koch, K. 1970. *Wishes, lies, and dreams: Teaching children to write poetry*. Nueva York: Chelsea House.

—. 1977. *I never told anybody: Teaching poetry writing in a nursing home*. Nueva York: Random House.

Kohak, E. 1978. *Idea & experience: Edmund Husserl's project of phenomenology*. Chicago: University of Chicago Press.

Kohl, J.G. 1860. *Kitchi-Gami: Wanderings round Lake Superior*. Londres.

Kohlberg, L. 1984. *The psychology of moral development: Essays on moral development*, vol. 2, San Francisco: Harper & Row.

Kolakowski, L. 1987. *Husserl and the search for certitude*. Chicago: University of Chicago Press..

Kubey, R. y Csikszentmihalyi, M. En prensa. *Television and the quality of life*. Hillsdale, N.J.: Erlbaum.

Kuhn, T.S. 1962. *The structure of scientific revolutions*. Chicago: University of Chicago Press.

Kusyszyn, I. 1977. How gambling saved me from a misspent sabbatical. *Jourmal of Humanistic Psychology* 17:19-25.

La Berge, S. 1985. *Lucid dreaming: The power of being awake and aware of your dreams*. Los Angeles: Jeremy Tarcher.

Laing, R.D. 1960. *The divided self*. Londres: Tavistock.

—. 1961. *The self and others*. Londres: Tavistock.

Larson, R. 1985. Emotional scenarios in the writing process: An examination of young writers' affective experiences. En M. Rose, ed., *When a writer can't write* (pp. 19-42) Nueva York: Guilford Press.

—. 1988. Flow and writing. En M. Csikszentmihalyi y S. Csikszentmihalyi, eds., *Optimal experience: Psychological studies of flow in consciousness* (pp. 150-171). Nueva York: Cambridge University Press.

Larson, R. y Csikszentmihalyi, M. 1978. Experiential correlates of solitude in adolescence. *Journal of Personality* 46(4):677-693.

—. 1980. The significance of time alone in adolescents' development. *Journal of Adolescent Medicine 2* (6):33-40.

—. 1983. The Experience Sampling Method. En H.T. Reis, ed., *Naturalistic approaches to studying social interaction (New Directions for Methodology of Social and Behavioral Science, No. 15)*. San Francisco: Jossey-Bass.

Larson, R., Csikszentmihalyi, M. y Graef, R. 1980. Mood variability and the psychosocial adjustment of adolescents. *Journal of Youth and Adolescence* 9:469-490.

Larson, R. y Kubey, R. 1983. Television and music: Contrasting media in adolescent life. *Youth and Society* 15:13-31.

Larson, R., Mannell, R. y Zuzanek, J. 1986. Daily well-being of older adults with family and friends. *Psychology and Aging* 1(2):117-126.

Laski, M. 1962. *Ecstasy: A study of some secular and religious experiences*. Bloomington: Indiana University Press.

Laszlo, E. 1970. *System, structure and experience*. Nueva York: Gordon & Breach.

Lazarus, R.S. y Folkman, S. 1984. *Stress, appraisal, and coping*. Nueva York: Springer.

Le Bon, G. 1895 (1960). *The crowd*. Nueva York: Viking.

Lecourt, D. 1977. *Proletarian science*. Londres: New Left Books.

Lee, R.B. 1975. What hunters do for a living. En R.B. Lee e I. de Vore, eds., *Man the hunter* (pp. 30-48). Chicago: Aldine.

Leenhardt, M. 1947 (1979). *Do Kamo*. Chicago: University of Chicago Press.

LeFevre, J. 1988. Flow and the quality of experience in work and leisure. En M. Csikszentmihalyi y I. S. Csikszentmihalyi, eds., *Optimal experience: Psychological studies of flow in consciousness* (pp. 317-318). Nueva York: Cambridge University Press.

Le Goff, J. 1980. *Time, work, and culture in the Middle Ages*. Chicago: University of Chicago Press.

Le Roy Ladurie, L. 1979. *Montaillou*. Nueva York: Vintage.

Lessard, S. 1987. Profiles: Eva Zeisel. *New Yorker* 13 abril, 60-82.

LeVine, R.A. y Campbell, D.T. 1972. *Ethnocentrism: Theories of conflict, ethnic attitudes, and group behavior*. Nueva York: Wiley.

Lévi-Strauss, C. 1947 (1969). *Les structures élémentaires de la parenté*. París: PUF.

Lewin, K. *et al*. 1944 (1962). Level of aspiration. En J. McV. Hunt, ed., *Personality and behavioral disorders* (pp. 333-378). Nueva York: Ronald Press.

Lewinsohn, P.M. y Graf, M. 1973. Pleasant activities and depression. *Journal of Consulting and Clinical Psychology* 41:261-268.

Lewinsohn, P.M. y Libet, J. 1972. Pleasant events, activity schedules, and depression. *Journal of Abnormal Psychology* 79:291-295.

Lewinsohn, P.M. *et al*. 1982, Behavioral therapy: Clinical applications. En A.J. Rush, ed., *Short-term therapies for depression*. Nueva York: Guilford.

Liberman, A.M., Mattingly, I.G. y Turvey, M.T. 1972. Language codes and memory codes. En A.W. Melton y E. Martin, eds., *Coding Processes in human memory*. Nueva York: Wiley.

Lieberman, M. A. *et al*. 1979. *Self-help groups for coping with crisis: Origins, members, processes, and impact*. San Francisco: Jossey-Bass.

Lindbergh, C. 1953. *The Spirit of St. Louis*. Nueva York: Scribner.

Lipps, G.F. 1899. *Grundriss der psychophysik*. Leipzig: G.J. Goschen.

Loevinger, J. 1976, *Ego development*. San Francisco: Jossey-Bass.

Logan, R. 1985. The "flow experience" in solitary ordeals. *Journal of Humanistic Psychology* 25(4):79-89.

—. 1988. Flow in solitary ordeals. En M. Csikszentmihalyi y I.S. Csikszentmihalyi, eds., *Optimal experience: Psychological studies of flow in consciousness* (pp. 172-180). Nueva York: Cambridge University Press.

Lumdsen, C.J. y Wilson, E.O. 1981. *Genes, mind, culture: The coevolutionary process*. Cambridge: Harvard University Press.

—. 1983. *Promethean fire: Reflections on the origin of mind*. Cambridge: Harvard University Press.

Lumholtz, C. 1902 (1987). *Unknown Mexico,* vol. 1. Nueva York: Dover Publications.

Luria, A.R. 1976. *Cognitive development: Its cultural and social foundations*. Cambridge: Harvard University Press.

Lyons, A.W. 1988. *Role models: Criteria for selection and life cycle changes*. Tesis doctoral no publicada, University of Chicago.

McAdams, D. 1985. *Power, intimacy and the life story*. Homewood, Ill.: Dorsey Press.

MacAloon, J. 1981. *This great symbol*. Chicago: University of Chicago Press.

Macbeth, J. 1988. Ocean cruising. En M. Csikszentmihalyi e I.S. Csikszentmihalyi, eds., *Optimal experience: Psychological studies of flow in consciousness* (pp. 214-231). Nueva York: Cambridge University Press.

McDougall, W. 1920. *The group mind*. Cambridge: Cambridge University Press.

McGhie, A. y Chapman, J. 1961. Disorders of attention and perception in early schizophrenia. *British Journal of Medical Psychology* 34:103-116.

MacIntyre, A. 1984. *After virtue: A study in moral therapy*. Notre Dame: University of Notre Dame Press.

McLanahan, S. 1988. *Single mothers and their children: A new American dilemma*. Nueva York: University Press of America.

MacPhillamy, D.J. y Lewinsohn, P.M. 1974. Depression as a function of levels of desired and obtained pleasure. *Journal of Abnormal Psychology* 83 : 651-657.

MacVannel, J.A. 1896. *Hegel's doctrine of the will*. Nueva York: Columbia University Press.

Malcolm X. 1977. *The autobiography of Malcolm X*. Nueva York: Ballantine.

Mall, J. 1985. A study of U.S. teen pregnancy rate. *Los Angeles Times,* 17 marzo, p. 27.

Mandler, G. 1975. *Man and emotion*. Nueva York: Wiley.

Marcuse, H. 1955. *Eros and civilization*. Boston: Beacon.

—. 1964. *One-dimensional man*. Boston: Beacon.

Martin, J. 1981. Relative deprivation: A theory of distributive injustice for an era of shrinking resources. *Research in Organizational Behavior* 3:53-107.

Marx, K. 1844 (1956). *Karl Marx: Selected writings in sociology and social filosophy*. Ed. T.B. Bottomore y Maximilien Rubel. Londres: Watts.

Maslow, A. 1954. *Motivation and personality*. Nueva York: Harper.

—. 1968. *Toward a psychology of being*. Nueva York: Van Nostrand.

—. 1969. *The psychology of science*. Chicago: Regnery.

—. ed. 1970. *New knowledge in human values*. Chicago: Regnery.

—. 1971. *The farther reaches of human nature*. Nueva York: Viking.

Maslow, A. y Honigmann, J.J. 1970. Synergy: Some notes of Ruth Benedict. *American Anthropologist* 72:320-333.

Mason, H., trad. 1971. *Gilgamesh*. Boston: Houghton Mifflin.

Massimini, F. 1982. Individuo e ambiente: I papua Kapauku della Nuova Guinea occidentale. En F. Perussia, ed., *Psicologia ed ecologia* (pp. 27-154). Milán: Franco Angeli.

Massimini, F., Csikszentmihalyi, M. y Carli, M. 1987. The monitoring of optimal experience: A tool for psychiatric rehabilitation. *Journal of Nervous and Mental Disease* 175(9):545-549.

Massimini, F., Csikszentmihalyi, M. y Delle Fave, A. 1988. Flow and biocultural evolution. En M. Csikszentmihalyi e I.S. Csikszentmihalyi, eds., *Optimal experience: Studies of flow in consciousness* (pp. 60-81). Nueva York: Cambridge University Press.

Massimini, F. e Inghilleri, P., eds. 1986. *L'Esperienza quotidiana: Teoria e metodo d'analisi*. Milán: Franco Angeli.

Matas, L., Arend, R.A. y Sroufe, L.A. 1978. Continuity of adaptation in the second year: The relationship between quality of attachment and later competence. *Child Development* 49:547-556.

Matson, K. 1980. *Short lives: Portraits of creativity and self-destruction*. Nueva York: Morrow.

Mayers, P. 1978. *Flow in adolescence and its relation to the school experience*. Tesis doctoral no publicada, University of Chicago.

Mead, G.H. 1934 (1970). *Mind, self and society*. Ed. C.W. Morris. Chicago: University of Chicago Press.

Mead, M. 1964. *Continuities in cultural evolution*. New Haven: Yale University Press.

Medawar, P. 1960. *The future of man*. Nueva York: Basic Books.

Medvedev, Z. 1971. *The rise and fall of Dr. Lysenko*. Garden City, N.Y.: Doubleday.

Merleau-Ponty, M. 1962. *Phenomenology of perception*. Nueva York: Humanities.

—. 1964. *The primacy of perception*. Ed. J.M. Edie. Evanston, Ill.: Northwestern University Press.

Merser, C. 1987. A throughly modern identity crisis. *Self* octubre, 147.

Meyer, L.B. 1956. *Emotion and meaning in music*. Chicago: University of Chicago Press.

Michalos, A.C. 1985. Multiple discrepancy theory (MDT). *Social Indicators Research* 16:347-413.

Miller, G.A. 1956. The magical number seven, plus or minus two: Some limits on our capacity to process information, *Psychological Review* 63:81-97.

–. 1983. Informavors. En F. Machlup y U. Mansfield, eds., *The study of information*. Nueva York: Wiley.

Miller, G.A., Galanter, E.H. y Pribram, K. 1960. *Plans and the structure of behavior*. Nueva York: Holt.

Mintz, S. 1985. *Sweetness and power: The place of sugar in modern history*. Nueva York: Viking.

Mitchell, R.G., Jr. 1983. *Mountain experience: The psychology and sociology of adventure,* Chicago: University of Chicago Press.

—. 1988. Sociological implications of the flow experience. En M. Csikszentmihalyi e I.S. Csikszentmihalyi, eds., *Optimal experience: studies of flow in consciousness* (pp. 36-59). Nueva York: Cambridge University Press.

Mitterauer, M. y Sieder, R. 1983. *The European family : Patriarchy to partnership from the Middle Ages to the present*. Chicago: University of Chicago Press.

Moitessier, B. 1971. *The long way*. Trad. W. Rodarmor. Londres: Granada.

Montaigne, M. de. 1580 (1958). *The complete essays of Montaigne*. Trad. Donald M. Frame. Stanford: Stanford University Press.

Monti, F. 1969. *African masks*. Londres: Paul Hamlyn.

Murphy, G. 1947. *Personality: A biosocial appoach to origins and structure*. Nueva York: Harper.

Murray, G. 1940. *Stoic, Christian and humanist*. Londres: S. Allen & Unwin.

Murray, H.A. 1955. American Icarus, *Clinical Studies of Personality*, vol 2. Nueva York: Harper.

Nabokov, P. 1981. *Indian running*. Santa Barbara: Capra Press.

Nakamura, J. 1988. Optimal experience and the uses of talent. En M. Csikszentmihalyi e I.S. Csikszentmihalyi, eds., *Optimal experience: studies of flow in consciousness* (pp. 319-326). Nueva York: Cambridge University Press.

Natanson, M.A., ed. 1963. *Philosophy of the social sciences*. Nueva York: Random House.

Neisser, U. 1967. *Cognitive psychology*. Nueva York: Appleton Century Crofts.

—. 1976. *Cognition and reality*. San Francisco: Freeman.

Nell, V. 1988. *Lost in a book: The psychology of reading for pleasure*. New Haven: Yale University Press.

Nelson, A. 1965. Self-images and systems of spiritual direction in the history of European civilization. En S.Z. Klausner, ed., *The quest for self control* (pp. 49-103). Nueva York: Free Press.

Newsweek. 5 octubre 1987.

New Yorker. 5 octubre 1987, pp. 33-35.

Nietzsche, F. 1886 (1989). *Beyond good and evil. Prelude to a philosophy of the future*. Trad. W. Kaufmann. Nueva York: Random House.

—. 1887 (1974). *Genealogy of morals and peoples and countries*. Nueva York: Gordon Press.

Nitecki, M.H., ed. 1988. *Evolutionary progress*. Chicago: University of Chicago Press.

Noelle-Neumann, E. 1983. *Spiegel-Dokumentation: Personlickeitsstarke*. Hamburg: Springer Verlag.

—. 1984. *The spiral of silence: Public opinion-our social skin*. Chicago: University of Chicago Press.

—. 1985. Identifying opinion leaders. Paper presented at the 38th ESOMAR Conference, Wiesbaden, Alemania Occidental 1-5 septiembre.

Noelle-Neumann, E. y Strumpel, B. 1984. *Mach Arbeit krank? Macht Arbeit glucklich?* Munich: Pieper Verlag.

Nusbaum, H.C. y Schwab, E.C., eds. 1986. The role of attention and active processing in speech perception. En *Pattern recognition by humans and machines,* vol. 1 (pp. 113-157). Nueva York: Academic Press.

Offer, D., Ostrov, E. y Howard, K. 1981. *The adolescent: A psychological self-portrait.* Nueva York: Basic Books.

Orme, J.E. 1969. *Time, experience, and behavior.* Londres: Iliffe.

Pagels, H. 1988. *The dreams of reason-the computer and the rise of the sciences of complexity.* Nueva York: Simon & Schuster.

Pareto, V. 1917. *Traité de sociologie générale,* vol. 1. París.

—. 1919. *Traité de sociologie générale,* vol. 2. París.

Parsons, T. 1942. Age and sex in the social structure. *American Sociological Review* 7:604-616.

Piaget, J. 1952. *The origins of intelligence in children.* Nueva York: International Universities Press.

Pina Chan, R. 1969. *Spiele und Sport in alten Mexico.* Leipzig: Edition Leipzig.

Pitts, Jesse R. 1964. The case of the French bourgeoisie. En R.L. Coser, ed., *The family: Its structure and functions.* Nueva York: St. Martin's Press.

Platón. *República,* libro III, 401.

Polanyi, M. 1968. The body-mind relation. En W.R. Coulson S.C.R. Rogers, eds., *Man and the science of man* (pp. 84-133). Columbus: Bell & Howell.

—. 1969. *Knowing and being.* Ed. Marjorie Grene. Chicago: University of Chicago Press.

Pope, K.S. 1980. *On love and loving.* San Francisco: Jossey-Bass.

Pope, K.S. y Singer, J.L. 1978, *The stream of consciousness.* Nueva York: Plenum.

Prigogine, I. 1980, *From being to becoming: Time and complexity in the physical sciences.* San Francisco: W.H. Freeman.

Privette, G. 1983. Peak experience, peak performance, and flow: A comparative analysis of positive human experiences. *Journal of Personality and Social Psychology* 83(45):1361-1368.

Radin, P. 1927. *Primitive man as philosopher.* Nueva York: D. Appleton & Co.

Rathunde, K. 1988. Optimal experience and the family context. En M. Csikszentmihalyi e I.S. Csikszentmihalyi, eds., *Optimal experience: Psychological studies of flow in consciousness* (pp. 342-363). Nueva York: Cambridge University Press.

Redfield, R., ed. 1942. *Level of integration in biological and social systems*. Lancaster, Pa.: J. Catell Press.

—. 1955. *The little community: View points for the study of a human whole*. Chicago: University of Chicago Press.

Renfrew, C. 1986. Varna and the emergence of wealth in prehistoric Europe. En A. Appadurai, ed., *The social life of things* (pp. 141-168). Nueva York: Cambridge University Press.

Ribot, T.A. 1890. *The psychology of attention*. Chicago: Open Court Publishing.

Richards, R., Kinney, D.K., Lunde, I., Benet, M et al. 1988. Creativity in manic depressives, cyclothymes, their normal relatives, and control subjects, *Journal of Abnormal Psychology* 97(3):281-288.

Robinson, D. 1969. The climber as visionary. *Ascent* 9:4-10.

Robinson, J.P. 1977. *How Americans use time*. Nueva York: Praeger.

Robinson, R.E. 1986. Differenze tra i sessi e rendimento scolastico: Aspetti dell'esperienza quotidiana degli adolescenti dotati in matematica. En F. Massimini e P. Inghilleri, eds., *L'esperienza quotidiana* (pp. 417-436). Milán: Franco Angeli.

—. 1988. Project and prejudice: Past, present, and future in adult development. *Human Development*. 31:158-175.

Rogers, C. 1951. *Client-centered therapy*. Boston: Houghton Mifflin.

Roueché, B. 1988. Annals of medicine. *New Yorker* 12 septiembre, 83-89.

Sacks, O. 1970 (1987). *The man who mistook his wife for a hat*. Nueva York: Harper & Row.

Sahlins, M.D. 1972. *Stone age economics*. Chicago: Aldine Press.

—. 1976. *The use and abuse of biology: An anthropological critique of sociobiology*. Ann Arbor: University of Michigan Press.

Santayana, G. 1986. *The sense of beauty*. Nueva York: Charles Scribner's Sons.

Sarbin, T., ed. 1986. *Narrative psychology: The storied nature of human conduct*. Nueva York: Praeger.

Sartre, J.P. 1956. *Being and nothingness*. Nueva York: Philosophical Library.

Sato, I. 1988. Bosozoku: Flow in Japanese motorcycle gangs. En M. Csikszentmihalyi e I.S. Csikszentmihalyi, eds., *Optimal experience: Psychological studies of flow in consciousness* (pp. 92-117). Nueva York: Cambridge University Press.

Schaefer, C., Coyne, J.C. y Lazarus, R.S. 1981. The health-related functions of social support. *Journal of Behavioral Medicine* 4(4):381-406.

Schafer, R. 1980. Narration in the psychoanalytic dialogue. *Critical Inquiry* 7:29-54.

Scheier, M.F. y Carver, C.S. 1980. Private and public self-attention, resistance to change, and dissonance reduction. *Journal of Personality and Social Psychology* 39:390-405.

Schiamberg, L.B. 1988. *Child and adolescent development.* Nueva York: Macmillan.

Schlick, M. 1934. Über das Fundament der Erkentniss. *Erkentniss 4*. Traducción al inglés en A. J. Ayer, ed., 1959, *Logical positivism.* Nueva York: Free Press.

Schneider, E. 1953. *Coleridge, opium, and Kubla Khan.* Chicago: University of Chicago Press.

Scholem, G. 1969. *Major trends in Jewish mysticism.* Nueva York: Schocken Books.

Schrödinger E. 1947. *What is life? The physical aspects of the living cell.* Nueva York: Macmillan.

Schutz, A. 1962. *The problem of social reality.* The Hague: Martinus Nijhoff.

Schwartz, G. 1987. *Beyond conformity and rebellion.* Chicago: University of Chicago Press.

Schwarz, N. y Clore, G.L. 1983. Mood, misattribution, and judgments of well-being: Informative and directive functions of affective states. *Journal of Personality and Social Psychology* 45:513-523.

Seligman, M.E.P. 1975. *Helplessness: On depression, development, and death* San Francisco: Freeman.

Seligman, M.E.P., Peterson, C., Kaslow, N.J., Tannenbaum, R.L., Alloy, L.B., y Abramson, L.Y. 1984. Attributional style and depressive symptoms among children. *Journal of Abnormal Psychology* 93:235-238.

Selye, H. 1956 (1978). *The stress of life.* Ed. rev. Nueva York: McGraw-Hill.

Siegel, B.S. 1986. *Love, medicine, and miracles.* Nueva York: Harper & Row.

Simon, H.A. 1969. *Sciences of the artificial.* Boston: MIT Press.

—. 1978. Rationality as process and as product of thought. *American Economic Review* 68:1-16.

Singer, I. 1981. *The nature of love* (2ª ed.). Vol. 1: Plato to Luther; vol. 2: Courtly and romantic; vol. 3: The modern world. Chicago: University of Chicago Press.

Singer, J.L. 1966. *Daydreaming: An introduction to the experimental study of inner experiences*. Nueva York: Random House.

—. 1973. *The child's world of make-believe*. Nueva York: Academic Press.

—. 1981. *Daydreaming and fantasy*. Oxford: Oxford University Press.

Singer, J.L. y Switzer, E. 1980. *Mind play: The creative uses of fantasy*. Englewood Cliffs, N.J.: Prentice-Hall.

Smith, K.R. 1969. *Behavior and conscious experience: A conceptual analysis*. Athens: Ohio University Press.

Solzhenitsyn, A. 1976. *The gulag archipelago*. Nueva York: Harper & Row.

Sorokin, P. 1950. *Explorations in altruistic love and behavior, a symposium*. Boston: Beacon Press.

—. 1956. *Fads and foibles in modern sociology*. Chicago: Regnery.

—. 1962. *Social and cultural dynamics*. Nueva York: Bedminster.

—. 1967. *The ways and power of love*. Chicago: Regnery.

Spence, J.D. 1984. *The memory palace of Matteo Ricci*. Nueva York: Viking Penguin.

Spinoza, B. de. 1675 (1981). *Ética*. Trad. G. Eliot. Wolfeboro, N.H.: Longwood Publishing Group.

Spiro, M.E. 1987. *Culture and human nature: Theoretical papers of Melford E. Spiro*. Chicago: University of Chicago Press.

Steiner, G. 1974. *Fields of force*. Nueva York: Viking.

—. 1978 (1987). *Martin Heidegger*. Chicago: University of Chicago Press.

Sternberg, R.J. 1988. *The triangle of love: Intimacy, passion, commitment*. Nueva York: Basic Books.

Stewart, K. 1972. Dream exploration among the Sinoi. En T. Roszak, ed., *Sources*. Nueva York: Harper & Row.

Strack, F., Argyle, M. y Schwarz, N., eds. 1990. *The social psychology of subjective well-being*. Nueva York: Pergamon.

Sullivan, H.S. 1953. *The interpersonal theory of psychiatry*. Nueva York: Norton.

Sun, W. 1987. *Flow and Yu: Comparison of Csikszentmihalyi's theory and Chuang-tzu's philosophy*. Conferencia presentada en el encuentro de la Anthropological Association for the Study of Play, Montreal, marzo.

Suppies, P. 1978. *The impact of research on education*. Washington, D.C.: National Academy of Education.

Suttles, G. 1972. *The social construction of communities*. Chicago: University of Chicago Press.

Szalai, A., ed. 1965. *The use of time: Daily activities of urban and suburban populations in twelve countries*. París: Mouton.

Teilhard de Chardin, P. 1965. *The phenomenon of man*. Nueva York: Harper & Row.

Tessman, J. 1978. *Children of parting parents*. Nueva York: Aronson.

Thompson, E,P. 1963. *The making of the English working class*. Nueva York: Viking.

Tillich, P. 1952. *The courage to be*. New Haven: Yale University Press.

Tolstoi, L. 1886 (1985). *The death of Ivan Ilych*. Ed. M. Beresford. Oxford and Nueva York: Basil Blackwell.

Tomkins, S.S. 1962. *Affect, imagery and consciousness*. Vol. 1: *The positive affects*. Nueva York: Springer Verlag.

Toscano, M. 1986. Scuola e vita quotidiana: Un caso di selezione culturale. En F. Massimini y P. Inghilleri, eds., *L'esperienza quotidiana* (pp. 305-318). Milán: Franco Angeli.

Tough, A. 1978. *Adults' learning prospects: A fresh approach to theory and practice in adult learning*. Toronto: Ontario Institute for Studies in Education.

Toynbee, A.J. 1934. *A study of history*. Londres: Oxford University Press.

Treisman, A.M. y Gelade, G. 1980. A feature integration theory of attention. *Cognitive Psychology* 12:97-136.

Treisman, A.M. y Schmidt, H. 1982. Illusory conjunctions in the perception of objects. *Cognitive Psychology* 14:107-141.

Trivers, R.L. 1972. Parental investment and sexual selection, En B.H. Campbell, ed., *Sexual selection and the descent of man, 1871-1971* (pp. 136-179). Chicago: Aldine.

Tucker, R.C. 1972. *Philosophy and myth in Karl Marx*. 2ª ed. Cambridge: Cambridge University Press.

Turnbull, C.M. 1961. *The forest people*. Garden City, N.Y.: Doubleday.
—. 1972. *The mountain people*. Nueva York: Simon & Schuster.
Turner, V. 1969. *The ritual process*. Nueva York: Aldine.
—. 1974. Liminal to liminoid in play, flow, and ritual: An essay in comparative symbology. *Rice University Studies* 60(3):53-92.
USA Today. 1987. Entrevista con Susumu Tonegawa. 13 octubre, p. 2A.
U.S. Dept. of Commerce. 1980. *Social indicators, III*. Washington, D.C.: Bureau of the Census.
U.S. Dept. of Commerce. 1985. *Statistical abstracts of the U.S., 1986*. 106^a ed. Washington, D.C.: Bureau of the Census.
U.S. Dept. of Health & Human Services. 1988. *Vital statistics of the United States, 1985, II*. Hyattsville, Md.: U.S. Dept. of Health.
U.S. Dept. of Justice. 1987. *Uniform Crime Reports* 7:25 Washington, D.C.: Dept. of Justice.
Vaillant, G.E. 1977. *Adaptation to life*. Boston: Little, Brown.
Vasari, G. 1550 (1959). *Lives of the most eminent painters, sculptors, ard architects*. Nueva York: Random House.
Veenhoven, R. 1984. *Databook of happiness*. Boston: Dordrecht-Reidel.
Veroff, J., Douvan, E. y Kulka, R.A. 1981. *The inner American*. Nueva York: Basic Books.
Veyne, P., ed. 1987. *From pagan Rome to Byzantium*. Vol. 1 de *A history of private life,* P. Aries y G. Duby, eds. gen. Cambridge, Mass.: Belknap Press.
von Bertalanffy, L. 1960. *Problems of life*. Nueva York: Harper & Row.
—. 1968. *General system theory: Foundations, development, applications*. Nueva York: G. Braziller.
von Uexkull, J. 1921. *Umwelt und Innenwelt der Tiere*. 2^a ed. Berlín.
—. 1957. *Instinctive behaviour,* Londres: Methuen.
von Wolff, C. 1724. *Vernunftige Gedanken von dem Krafften des Verstandes*. Halle im Magdeburg: Rengerische Buchhandl. Traducción al inglés (1963) por R. Blackwell, *Preliminary discourse on philosophy in general*. Indianápolis: Bobbs-Merrill.
Vygotsky, L.S. 1978. *Mind in society: The development of higher psychological processes,* M. Cole, V. John-Steiner, S. Scribner y E. Souberman, eds. Cambridge: Harvard University Press.

Waddington, C.H. 1970. The theory of evolution today. En A. Koestler y J.R. Smythies, eds., *Beyond reductionism*. Nueva York: Macmillan.

Waitzkin, F. 1988. *Searching for Bobby Fischer*. Nueva York: Random House.

Waley, A. 1939. *Three ways of thought in ancient China*. Londres: G. Allen & Unwin.

Wallis, C., Booth, C., Ludtke, M. y Taylor, E. 1985. Children having children. *Time* 9 diciembre, pp. 78-90.

Wann, T.W., ed. 1960. *Behaviorism and phenomenology*. Chicago: University of Chicago Press.

Warner, R, trad. 1965. *The Persian expedition*. Baltimore: Penguin Books.

Watson, B., trad. 1964, *Chuang Tzu, basic writings*. Nueva York: Columbia University Press.

Weber, M. 1922. Die protestantische Ethik und der Geist des Kapitalismus. En I.C.B. Mohr, ed., *Gesammelte Aufsatze zur Religions-Sociologie*. Vol. 1: *Die Wirtschaftsethik der Welt religionen* (pp. 237-268). Tübingen. Traducción al inglés (1946) en H.A. Gerth y C.W. Mills, eds., *From Max Weber: Essays in sociology* (pp. 267-301). Nueva York: Oxford University Press.

—. 1930 (1958). *The Protestant ethic and the spirit of capitalism*. Londres: Allen & Unwin.

Weitzman, M.S. 1978. Finally the family. *Annals of the AAPSS* 435:60-82.

Wells, A. 1988. Self-esteem and optimal experience. En M. Csikszentmihalyi e I.S. Csikszentmihalyi, eds., *Optimal experience: Psychological studies of flow in consciousness* (pp. 327-341) Nueva York: Cambridge University Press.

Werner, H. 1957. *Comparative psychology of mental development*. Ed. Rev. Nueva York: International Universities Press.

Werner, H. y Kaplan, B. 1956. The developmental approach to cognition: Its relevance to the psychological interpretation of anthropological and ethnolinguistic data. *American Anthropologist* 58:866-880.

Weyden, P. 1984. *Day one*. Nueva York: Simon & Schuster.

White, L.A. 1975. *The concept of cultural systems*. Nueva York: Columbia University Press.

White, R.W. 1959. Motivation reconsidered: The concept of competence. *Psychological Review* 66:297-333.

Wicklund, R.A. 1979. The influence of self-awareness on human behavior. *American Scientist* 67:182-193.

Wiener, N, 1948 (1961). *Cybernetics, or control and communication in the animal and the machine.* Cambridge: MIT Press.

Williams, R.M. Jr. 1975. Relative deprivation. En L.A. Coser, ed., *The idea of social structure: Papers in honor of Robert K. Merton* (pp. 355-378). Nueva York: Harcourt Brace Jovanovich.

Wilson, E.O. 1975. *Sociobiology: The new synthesis.* Boston: Belknap Press.

Wilson, S.R. 1985. Therapeutic processes in a yoga ashram. *American Journal of Psychotherapy* 39:253-262.

—. En prensa. Personal growth in a yoga ashram: A social psychological analysis. *The social scientific study of religion,* vol. 2.

Wittfogel, K. 1957. *Oriental despotism.* New Haven: Yale University Press.

Wolfe, T. 1987. *The bonfire of the vanities.* Nueva York: Farrar, Straus.

Wood, E. 1954. *Great system of yoga.* Nueva York: Philosophical Library.

Wundt, W. 1902. *Grundzuge der physiologischen Psychologie,* vol. 3. Leipzig.

Wynne, E.A. 1978. Behind the discipline problem: Youth suicide as a measure of alienation. *Phi Delta Kappan* 59:307-315.

Yankelovich, D. 1981. *New rules: Searching for self-fulfillment in a world turned upside down.* Nueva York: Random House.

Zigler, E.F. y Child, I.L. 1973. *Socialization and Reading,* Mass.: Addison-Wesley.

Zuckerman, M. 1979. *Sensation seeking.* Hillsdale, N.J.: Erlbaum.

SUMARIO

Prólogo 9

1.- La revisión del concepto de la felicidad 12
   Introducción 12
   Repaso 18
   Las raíces del descontento 22
   Los escudos de la cultura 26
   Recuperar la experiencia 34
   Vías de liberación 40

2.- La anatomía de la conciencia 45
   Los límites de la conciencia 52
   La atención como energía psíquica 56
   Entrar en la personalidad 60
   El desorden en la conciencia: la entropía psíquica ... 64
   Orden en la conciencia: flujo 68
   La complejidad y el crecimiento de la personalidad ... 71

3.- El disfrute y la calidad de la vida 74
   Placer y disfrute 77
   Los elementos del disfrute 81
   La experiencia autotélica 109

4.- Las condiciones del flujo 115
  Actividades que producen flujo 116
  Flujo y cultura 124
  La personalidad autotélica 133
  La gente del flujo 142

5.- El cuerpo en flujo 148
  Más alto, más rápido, más fuerte 151
  La alegría del movimiento 155
  El sexo como flujo 157
  El control definitivo: el yoga y las artes marciales 161
  El flujo producido por los sentidos: el goce de ver 166
  El flujo de la música 168
  El disfrute del gusto 174

6.- El flujo del pensamiento 180
  La madre de la ciencia 185
  Las reglas de los juegos mentales 191
  El juego de las palabras 196
  Favorecer a Clío 201
  Las delicias de la ciencia 204
  Amar la sabiduría 210
  Aficionados y profesionales 212
  El desafío de aprender durante toda la vida 215

7.- El trabajo como flujo 217
  Trabajadores autotélicos 218
  Trabajos autotélicos 229
  La paradoja del trabajo 237
  El derroche del tiempo libre 244

8.- Disfrutar de la soledad y de los demás 247
  El conflicto entre estar solo y estar con otros 248
  El dolor de la soledad 253
  Vencer la soledad 260

El flujo y la familia 264
Disfrutar con los amigos 278
La comunidad más amplia 285

9.- Engañar al caos 288
Las tragedias transformadas 289
Manejar el estrés 296
El poder de las estructuras disipativas 300
La personalidad autotélica: resumen 311

10.- La elaboración del significado 319
Lo que significa el significado 321
Cultivar el propósito 325
Forjar la resolución 332
Recuperar la armonía 338
La unificación del significado en los temas vitales 342

Notas 358

Referencias 415

Fluir de Mihaly Csikszentmihalyi
se terminó de imprimir en noviembre de 2020
en los talleres de Corporativo Prográfico, S.A de C.V.,
Calle Dos Núm. 257, Bodega 4, Col. Granjas San Antonio,
C.P. 09070, Alcaldía Iztapalapa, Ciudad de México, México.